四川师范大学伦理学研究所高端平台建设项目经费资助

四 川 师 范 大 学 哲 学 学 院 ｜**承办**

哲学探索

总第2辑

唐代兴 主编

中国社会科学出版社

图书在版编目（CIP）数据

哲学探索. 2021年. 第1辑：总第2辑 / 唐代兴主编. —北京：中国社会科学出版社，2021. 8

ISBN 978-7-5203-8631-9

Ⅰ. ①哲…　Ⅱ. ①唐…　Ⅲ. ①哲学-文集　Ⅳ. ①B-53

中国版本图书馆CIP数据核字（2021）第109516号

出 版 人	赵剑英
责任编辑	刘亚楠
责任校对	杨　林
责任印制	张雪娇
出　　版	中国社会科学出版社
社　　址	北京鼓楼西大街甲158号
邮　　编	100720
网　　址	http://www.csspw.cn
发 行 部	010-84083685
门 市 部	010-84029450
经　　销	新华书店及其他书店
印　　刷	北京君升印刷有限公司
装　　订	廊坊市广阳区广增装订厂
版　　次	2021年8月第1版
印　　次	2021年8月第1次印刷
开　　本	787×1092　1/16
印　　张	19.5
插　　页	2
字　　数	369千字
定　　价	118.00元

凡购买中国社会科学出版社图书，如有质量问题请与本社营销中心联系调换

电话：010-84083683

目录

哲学与人类未来

传统与现代

批评与交流

巴蜀哲人

卷首语

哲学之“爱智”，总是以旁观的“沉思”方式面对存在困境或生存危机探求根本的解救之道。当世的根本存在困境和生存危机，同样源于如何更好解决“存在安全”和“生活保障”这一永恒的类存在问题展开环境与技术的博弈，必然突破地缘存在模式并沦陷于全球化丛林。

一

在全球化丛林中，谋求解决国际社会的有序性问题自然要求哲学的入场，《量子全息理论的本体论新解》论证“部分不仅存在于整体中，部分也包含整体”，揭示“全息责任”的世界伦理。国际关系本体论思考，将根本的、长在的存在本体论问题牵扯了出来，《语义场：动静合生的存在本体》尝试重新审视“变中不变”和“不变中变”这一贯穿古今的哲学现象，抉发其动静合生的场本体存在。

全息责任观揭示：“对个人的损害，其实也是整个世界的道德问题”；同样，漠视或伤害整体，也是个人的道德问题。《从全民抗疫的道德镜鉴中探寻公共卫生治理之道》和《新冠肺炎疫情中老年人生命健康权保障》从整体与个体两个维度予以间接印证：无论个人、群体，还是民族国家，担当全息责任之实质，就是如何生活“在一起”。《走向伦理精神》展示有责任的伦理学家怎样执着探索当世之人如何“在一起”的伦理精神；《道德学何以可能》则是有责任的伦理学家如何面对道德沉沦的现代进程孜孜不倦地探求道德重建的学问，仍然是为了解决如何“在一起”的问题。

二

全球化丛林的始作俑者，是现代主义。

现代主义，其人本动力是“人是唯一的目的”，经济学动力是“物质幸福无限论”和“自然资源无限论”，政治学动力是“无限度的扩张”和“有组织的不负责任”。此三者合谋推动现代主义走向自我终结，开出后现代主义。后现代哲学主要代表大卫·格里芬自述献身建设性后现代哲学的最终努力，是“期盼一个比当前社会更加美好的世界秩序是完全合理的”。重建这种合理的世界秩序，既需要博厚的中国智慧，更需要从生活中抉发哲学的活力，《文明冲突与中国和谐智慧》和《以“有趣”的哲学回应丰富的生活》分别打开这两个维度的话语空间。前者强调：中国哲学之能为重建合理的世界秩序做出特别的贡献，是因为它在本质上诉求“人与天调，然后天地之美生”。后者表明：哲学需要从生活中不断获取致思的动力，源于“哲学与生活的合而为一”，更因为“形而上学缺乏时代基础”而没落。后一判断刚好与现代主义自我终结之历史进程形成鲜明映照：不是时代没有形而上学基础，而是哲学应和时势之需抛弃了形而上学基础。无用的哲学的根本之用，就在于它以形上方式发现世界之道，然后为人类存在设限、为生活世界立法。当哲学取消自身的责任，人类只能自我迷失于“无限度的扩张”和“有组织的不负责任”。《英雄所见不同》和《自然语言处理困境及其哲学思考》为基因技术和人工智能技术无限研发的乐观辩护，亦流露出潜在忧惧；《从生态马克思到生态文明》和《从工业文明到生态文明》则断然宣告：人类自我保存的唯一出路是恢复自然生态，重建人与环境共生，需要建立环境博弈技术的人类机制，更要解决人们对无限度的物质幸福的刚性需求和全球化丛林陷阱。努力于前者，或可打开新的生活本体论哲学；致力于后者，或可重启存在本体论哲学。但最需要原创的勇敢和返本开新的坚毅。

三

哲学，既是人类的，也是民族国家的。哲学的人类性，缘发于对民族国家的历史洞见与远虑所形成的人性存在的张力，生成建构起哲学返本开新的精神品质和会通古今的思想气质。《王船山神圣气本论的哲学典范》和《我们应该以什么方法解读孟子之良心》，从个别来诠释哲学返本开新的精神品质；《用进步儒学取代自由儒学》和《西方儒家民主研究评介》，却从一般来诠释哲学会通古今、引颈未来的思想气质。《马克·波斯特历史唯物主义批判论析》和《〈认识论元批判〉：破解思维与存在关系之谜的马克思主义方案》，从不同方面展开批评的批评，展示了哲学返本开新的（1）根本认知论是继往开来的历史发展观；（2）根本方法论是平等的交流与批判，以实现在“损益”与“因革”中前进。

哲学，既是世界的，也是地域的。哲学的世界性，缘发于它的地域性。对地域存在局限的突围，生成哲学的世界想象、世界气质、世界玄思。溯源美国的活力，不可忽略其西部精神；弘大中华文明的魅力，需要会通巴蜀的神秘。自古以来，发达的中原文化经过黄土高坡的“大风”最后滑降于“难于上青天”的巴蜀腹地：巴蜀，既成为中华文明的最后“遗存地”，也是中华思想的最终“回水沱”，四面环山的封闭存在，乃天赋其纯质、层累、厚重的思想禀赋和精神气质，一旦被突破“秦岭”的文化意志所激发，必然内生出世界视野和人类向往的哲学情愫，生生不息出独具神韵的巴蜀哲学。它通过一代代巴蜀哲人而返本开新，继往开来。《美是本体 知行递变》和《君子之学也，以美其身》或许可作巴蜀哲学之一当世小注。

思想家自述

建设性后现代主义研究三十年

[美]大卫·格里芬 撰/王俊锋　周邦宪 译

【内容摘要】怀特海的过程哲学是有机哲学。它以内在价值和内在关系的事件作为建构世界的基础，反对传统的实体主义。建设性后现代主义以怀特海哲学为思想资源，探索有机论世界观，重新诠释人与人、人与自然、人与社会之间的关系，甄别现代主义的盲点，洞见后现代社会的新存在方式，并以怀特海的生态哲学为思想基础，诠释生态文明及其前景，为更好地推进世界生态文明建设提供互鉴的动力。

【关键词】怀特海哲学；深层生态学；建设性后现代主义；有机论世界观；世界生态文明

三十多年前，我在《后现代科学》一书的中文序言中提出，希望中国在推动现代化的进程中不要重蹈西方现代化的覆辙。假若如此，中国实际上是后现代化了。我和小约翰·柯布博士一直认为，中国在21世纪的发展趋向将是我们这个星球未来的关键。考虑到中国的巨大及其惊人的活力，考虑到她注定要发挥的全球影响力，因此她今日的现代化进程必将对人类未来如何与自然相处产生重大影响。令人欣慰的是，中国政府是世界上第一个把建设“生态文明”作为主要发展目标的政府。这一点是非常重要的，因为只有中国和印度（连同美国和欧洲一道）尽快采取这种后现代转向，我们这个星球上的文明才有机会幸存。通过提倡建设生态文明，中国已显示了向这种后现代方向迈进的意图和决心。在建设生态文明方面，中国显然比美国更有希望。因为美国政府业已成为大财团的傀儡，指望这样的政府带领人民走向生态文明显然是不现实的。但美国民间一直没有停止推动生态转折的努力，世界范围的后现代思潮也正方兴未艾。

本文所论及的“后现代”，指的是建设性后现代主义，即坚持现代性最好的方面而拒绝其消极的和负面的方面。虽然建设性后现代主义有许多含义和维度，然而最重要的维度是其对人类现代物质文明与自然界之间整体的和谐关系的驱动导向作用。因此，建设性后现代主义也被称为“生态后现代主义”。

一　后现代主义概念的提出

“后现代”一词在这些年来迅速流行，这说明人们越来越不满足于现代性。与此同时，人们也认识到，现代性不仅有一个开始，还可以有一个终结。尽管直到最近，“现代”一词总是被当作赞美之词或是“当代”的同义词，但人们越来越强烈地意识到，我们可以而且应该抛弃现代性。事实上，我们必须这样做，否则我们和地球上的绝大多数生命都难逃灭亡的厄运。

人们不再把现代性看作所有历史一直寻求和所有社会都应该遵循的人类社会规范，而将其视为人类认识自身和自然的一种扭曲形态。我们已经意识到，传统社会已延续了几千年，而现代社会是否能够存在一百年还是个问题，因此人们开始对传统社会的智慧予以新的关注。与此同时，人们也不再把现代主义的世界观看作“终极真理”，而将其他的不同世界观看成“迷信”。现代世界观逐渐被当作众多世界观中的一种，它有它的洞见，也有它的盲点。

尽管19世纪以前曾发生过反现代运动，如浪漫主义者和卢德派的运动，但后现代在今天的广泛传播，说明人们反现代的情绪比以往都要普遍和强烈，也表明要战胜现代性，就必须跨越现代性，而不是恢复世界的前现代形式。如果说后现代主义这个“属”有什么共同之处的话，那么它指的是一种广泛的情绪而不是统一的教条，即人类可以而且必须超越现代性。

刚才已经提及，后现代没有统一的教条并有很多含糊且矛盾的含义和用法。例如，在艺术和文明领域，后现代主义便包含了19世纪末20世纪初的反“现代主义”的含义；后现代建筑又与后现代文学批评大相径庭。在某些领域，后现代又用于指称一种被人们称为新时代形而上学的各种思想和体系的混杂物，尽管这种思想体系很多时候是前现代的而不是后现代的。甚至在哲学领域，后现代也代表了两种截然不同的立场。这两种立场都试图超越17世纪以笛卡儿—培根—牛顿的科学为基础的现代世界观，又试图通过与这种世界观互为条件从而形成新的世界秩序。然而，这两种立场超越现代的方式是非常不同的。

与文学艺术的后现代主义密切相关的是哲学的后现代主义，它发端于实用主义、维特根斯坦、海德格尔、德里达以及其他一些近代法国思想家，我们称之为解构性后现代主义，它试图以反世界观的方式超越现代世界观，即解构现代世界观中不可或缺的要素，如神圣、自我、目的、意义、现实世界以及真理。由于解构主义拒斥极权主义，所以它很容易走向相对主义甚至是虚无主义。解构主义也被称为“超现代主义”，因为它解构的是现代性终极目的的前提和基础。

二　建设性后现代主义的含义

与解构性后现代主义相反，我所支持的后现代主义是建设性的。它试图超越现代世界观，但不是通过消除上述世界观本身存在的可能性，而是通过对现代前提和传统概念的修正，从而建构新的世界观。建设性或修正的后现代主义是一种科学的、道德的、美学的和宗教的直觉的新体系。它反对的并不是科学本身，而是反对排他的科学主义的世界观。

建设性后现代主义的思想活动并不局限于一种修正的世界观，它与新世界观互为前提。一个后现代世界一方面涉及具有后现代精神的个人；另一方面它最终也包含后现代的社会和全球秩序。超越现代世界意味着超越现代社会存在的个人主义、人类中心主义、父权制机械化、唯经济主义、消费主义、民族主义和军国主义。建设性后现代思想强调，深刻而广泛的解放必须来自现代性本身，它为我们的生态、和平、女权和其他解放提供依据。然而，与前现代相对的后现代思想不同，建设性后现代主义并不因现代世界的消极因素而抛弃或完全否定现代世界的积极因素。

从解构性后现代主义者的立场而言，修正的建设性后现代主义仍属于陈旧的或是不彻底的观念，因为它不仅希望保留对现代性至关重要的人类自我观念、历史意义和统一真理的积极意义，而且希望挽救神性世界、宇宙含义和复魅的自然等一些前现代概念的积极意义。然而，从它的拥护者看来，这种修正的后现代主义不仅对我们的经验而言是充分的，而且是真正的后现代。它并没有不加反思地简单利用现代性的各种前提，而是对其进行了必要的批判和改造。由于它重新回归有机论，并为有机论提供非感官感知的理论依据，因此它能从现代性拒斥的前现代思想和实践中恢复真理和价值观。这种建设性的、修正的后现代主义是现代真理和价值观与前现代真理和价值观的创造性结合。

为什么以前的反现代运动没能改变现代性，建设性后现代运动却能够超越现代性呢？其理论依据是什么？首先，以前的反现代运动主要是号召我们回到前现代社会的生活和思想方式而不是呼吁向前进步，而人类的精神是不可能后退的。其次，以前的反现代运动不是拒斥现代科学，对其轻描淡写，就是从根本上假设它是合理的。因而，这些运动的基础只能建立在现代性的消极社会和精神之上；而建设性后现代运动把自然科学本身当作反现代世界观合理性的依据。再次，现代性及其世界观对自然、社会和精神的毁灭性影响，目前来看，该运动比以往任何时候都更透彻。最后，目前的运动意识到：现代性的持续将危及地球上的所有生命，这也是当前运动最独特的地方。随着人们对现代世界观及现代社会中存在的军国主义、核主义和生态灾难的相互关系的认识的加深，这种意识极大地推动了人们思考后现代世界观的依据，并设想后现代世界观中人与人、人与自然以及人与整个宇宙之间的相互关系。

假若建设性后现代主义运动能够取得成功，带给我们的将是持久的和平与幸福。所有精神的困惑、社会的冲突、生态的灾难等问题都会得到解决。生态主义者相信，世界性宗教所揭示的人类内心深处超文化的邪恶倾向是存在的，这是一个深刻的真理。因而新的范式或其他任何社会活动，都不会即刻逾越这一问题。人们所认为的“生命就是抢劫”，这是有限存在在激烈竞争的社会中生存的固有特性，这是任何社会—政治—经济—生态秩序都无法克服的。这两条真理提醒我们不要抱有任何一蹴而就的希望，但这并不等于我们应该顺从现有的秩序。世界观的转变，可能会极大地强化人类的邪恶和冲突性竞争，特别是生态破坏，也可能会极大地缓解类似倾向。现代性加剧了这种倾向并使之达到了人们无法想象的程度。因此，我们期盼一个比当前社会更加美好的世界秩序是完全合理的。

三 为什么怀特海哲学是后现代的

虽然怀特海并未宣传自己的哲学是“后现代”的，但这个概念却隐含在其1925年所写的《科学与近代世界》一书中。他在该著作中曾写道，物理学和哲学两门学科近来的发展都已超越了作为现代世界基础的某些科学和哲学的观念。

1904年怀特海曾讨论过威廉·詹姆斯一篇名为“意识存在吗?”的文章，在该文中怀特海所宣称的现代的终结的观点得到了最清晰的讨论。怀特海认为该文的要点在于：他否认意识是不同于物质世界的另一种实体。怀特海指出，笛卡儿首先提出了物质与心灵是两种不同实体的观点，并由此建立了二元论。

如果说笛卡儿是开创了现代思想的伟大思想家，那么，詹姆斯对笛卡儿二元论的挑战与该时期物理学对“科学唯物主义”的挑战结合起来，就由此开启了后现代哲学的“新纪元”。怀特海认为这种“双重挑战标志着持续了250余年的时代的终结”[①]。怀特海认为那个时期的科学与哲学是全然现代的。与此同时，他也认为自己的哲学旨在将相对论和量子力学的哲学含义与詹姆斯反对的二元论观

① ［英］Alfred North Whitehead, *Science and the Modern World,* New York : Free Press, 1997, p.143.

点相互融合①，因此是后现代的，虽然怀特海和詹姆斯本尊并未使用后现代一词。

约翰·柯布（John Cobb）20 世纪 60 年代的一篇文章中，将后现代用于指称怀特海的哲学。柯布认为，主流的现代思想将实在等同于感官感知的对象，因此排除了超验性的存在，从而导致了相对主义和虚无主义。分析了上述问题之后，柯布阐述了怀特海的哲学，并认为他的哲学是独特的，也是后现代的，因为它具有以下三大特征：在认识论上，反对感官感知；在本体论上，以内在价值和内部关系的事件取代物质实体；认识论和本体论的依据是怀特海对现代科学中的问题的反思。

在柯布之后的几本著作中，他重申了怀特海的观点是后现代的，特别是 1975 年《多元时代的基督》一书中，柯布引申了“后现代”一词的含义：它指的是超越了单一真理观的多元方法和思考方式，同时又不会走入全然相对主义的困境。柯布的文章对我深有启发，因而我在 1972 年论述柯布哲学的一篇文章中首次使用了“后现代”这一术语。

与柯布一样将怀特海哲学视为后现代的还有很多哲学家。如弗洛伊德·梅森（Floyd Mason）（怀特海哲学对其他学说也产生了很大影响）推崇的“后现代科学”，指的就是克服了机械的、还原论的和行为主义的方法的科学。1973 年，人们以更大的规模提倡“后现代科学”，哈罗德·谢林对怀特海哲学做了更详细的阐发。同年，查尔斯·阿尔梯耶那指出，怀特海哲学完美地阐释了许多美国诗人所表达的事实与价值之间的联系（阿尔梯耶那所说的是典型后现代的美国诗人）。1976 年，弗雷德里克·费利认为怀特海提出的“后现代科学”是必要的，因为它有助于克服现代观念所造成的生态危机。

在很长一段时间内，我一直以为人们从 1964 年开始才将怀特海哲学认为是“后现代”的，其实在 1944 年便已经有学者这样做了。小约翰·兰德尔（John Jr. Randle）在 1944 年的《“后现代”自然哲学》一文中，认为怀特海是后现代运动的先锋之一。小约翰·兰德尔认为，后现代自然主义的最大优点在于它反对现代的、机械的、还原论的自然主义，因此能够克服自然主义同道德的、审美的以及宗教的价值之间的矛盾。小约翰·兰德尔的观点完全与怀特海的哲学相一致。②

怀特海认为，形而上学对宇宙观而言是必要的，然而很多后现代主义思想家却认为，形而上学是我们应该超越的。这一分歧在很大程度上是由对形而上学

① Alfred North Whitehead, *Science and the Modern World,* New York : Free Press, 1997, p.143.

② Alfred North Whitehead, *Process and Reality: an Essay in Cosmology,* New York : Free Press, 1978, p.15.

的定义不同造成的，因为怀特海对形而上学有他自己独特的看法。

例如，很多后现代思想家都是以康德对形而上学的定义为前提的。康德认为，形而上学应该超越一切可以经验的事物，它是完全理性的。怀特海却认为，形而上学就是要努力建构一个前后一致的观念体系，“依据这一体系，我们生活中的任何经验都可以得到合理的解释”。除此之外，形而上学也被理解为一种方法，为了体系的严密性，与经验相矛盾是必然的。而怀特海却坚持反对为了体系而排除经验，我们必须考虑“全部证据”以及“所有的经验”“什么都不能被忽略”。①

受海德格尔影响的思想家有时也这样描述形而上学：它必然致力于对自然的支配。然而，怀特海的形而上学却告诉大家：我们对实际存在的经验“是一种价值经验”②。

四　为什么建设性后现代主义是生态的?

建设性后现代主义是一种生态后现代主义，在众多的生态学中，我认为怀特海的深层生态学是当前最佳的选择。首先，怀特海的哲学是深层生态的（我在后文中会着重阐述怀特海深层生态学与生物圈平等生态学的主要区别）且具有现实的指导意义；其次，它是值得信任的，因为它具有完整的思想体系；最后，它是包容与批判的，它能调和不同观点之间的矛盾，并能洞见其他观点中的优点。

在我阐述怀特海的哲学为什么是深层的生态学之前，首先我先阐释“深层生态学”一词的含义，然后再说明为什么怀特海哲学能调和不同深层生态哲学之间的核心矛盾。

1.深层生态学的含义

“深层生态学”一词的含义颇为模糊。就其最普遍的意义而言，它指的是所有非人类中心主义的环境伦理学：尊重其他物种的内在价值（而不以人类的需求为核心价值）并呼吁环境保护为根本目的的学说，我们可称它们为“非人类中心主义的深层生态学”。从这一层面而言，所有专注于动物权利的人士都是深层生态论者。

深层生态论者关注的是整体的生物圈，他们并没有对生命存在进行截然二分，认为动物之外的存在没有值得尊重的固有价值，我们也可将该理论称为“生

① Alfred North Whitehead, *Adventures of Ideas,* New York: Free Press, 1967, p.226.

② Alfred North Whitehead, *Modes of Thought,* New York: Free Press, 1966，p.116.

物圈深层生态学”。

在生物圈深层生态学中，也存在截然不同的两派。如创造了“深层生态学”一词的阿恩·奈斯（Arne Naess）的追随者认为，要成为一个真正的生态论者，就必须承认“生物的平等性”，反对对价值进行任何形式的区分这一类理论我们也可以称其为“平等主义的深层生态学”。

怀特海的深层生态学，承认动物解放论对价值不平等性的直觉判断。与此同时，怀特海的深层生态学反对任何形式的二元论：在动物和其他存在之间截然二分，在这个意义上怀特海支持的是生物圈生态学。因此，怀特海的深层生态学与动物解放论和生物圈深层生态学有共通之处，也有非常大的理论差异。

在此，本文想着重为大家分析怀特海的深层生态学与奈斯型平等主义的深层生态学之间的区别，它们的主要矛盾根源于对“内在价值”的定义。

奈斯曾明确承认，他关于生物平等主义的直觉判断是有问题的。他认为自己的哲学是生态的，意指他的哲学是“直接与行为相关的直觉”。而后奈斯继续说道：人的行为不可能与生物平等的主张真正吻合，并承认自己并不知道“如何准确地解释该直觉”。对此他做了两个非常谨慎的解释：存在着一种生物的固有价值，它对于万物都是平等的；每一生物同时也有其内在价值，在这个意义上所有生物也是平等的。

我们在这里要注意的是：在奈斯的表述中，固有价值和内在价值是可以互换的概念，而怀特海的深层生态学在两者之间做了明确的区分。怀特海认为，唯有有经验的事物才会把自身当成目的，而这是一事物是否具有内在价值的核心。因此怀特海认为唯有有经验的事物才具有价值，同时内在价值是相对于他者的（外在）价值而言的，无论我们所指的他者是动物还是人。他者甚至可以是同一持续个体的不同时期。例如，我的某些先前经验，在它是当下的即刻经验时具有自身的内在价值；而当其成为过去时，对往后的经验而言便具有外在价值。同时，某物的固有价值（在奈斯的哲学中）是相对于人类的价值而言的，就如奈斯关于深层生态学的八点纲要所说的：地球上的人类生命和非人类生命其幸福和繁荣都有自己的价值，这些价值与它们是否能服务于人类没有任何关系。

因此，奈斯所言的“固有价值”在很大程度上是怀特海所说的“外在价值”。特别需要指出的是，机体的固有价值包括它的生态价值，即维持生态系统的价值。为了此文讨论的需要，我们暂且不论审美价值和工具价值，而主要集中讨论生态价值，并将其作为固有价值（奈斯哲学的定义）中最重要的一类外在价值（怀特海哲学的范畴）。所以无论从怀特海的内在价值还是奈斯的固有价值而言，我认为奈斯型的生物平等主义都是站不住脚的。

2. 怀特海深层生态学的哲学基础

怀特海虽然认为唯有有经验的事物才具有内在价值，但他并未如笛卡儿等二元论者那样，将世界分为具有内在价值和不具有内在价值的两类完全不同的存在物。与此相反，怀特海认为自然界的所有层面都具有某种程度的内在价值，其哲学基础便是怀特海的泛经验论。

怀特海认为完全没有经验的事物是不存在的，在此意义层面而言，怀特海是泛经验主义的。但是我们要特别注意，这里的“泛”指的是非感官的直觉，也就是同感:（经验中）的原始要素是同感，也就是在另一事态中感受该感受、与另一事态完全一致地感受该感受。① 也就是说，我们通过对自身身体的摄入，可以直接认识到世界是由我们可同感的存在物构成，同感是我们最本能的反应。

怀特海认为哲学的任务是“意识到自身主观性显露过多的最初时刻，并对其进行修正”。他认为，我们要修正的正是意识的这一偏见：由于它专注于自己的创造，因此模糊了个体产生和得以显现的外在客观整体。怀特海说，这种自我修正是让我们时刻谨记我们是世界整体的一部分。

怀特海从非感官的泛经验主义出发，把经验灌注于存在的所有个体。但这并不意味着任何类型的个体都具有人类这么高层次的经验。活细胞所具有的经验相对原子、电子或大分子而言，也是高层次的经验了。更重要的是怀特海在提醒我们：存在物的经验的不同，只是程度上的，而不是种类上的。

怀特海的泛经验主义亦可称为“有组织的双重泛经验主义”。他认为个体组织的方式有两种：第一种方式，某个层面的个体可以组织形成更高层面的个体，进而把整体变成如查尔斯·哈茨霍恩（Charles Hartshorne）所说的“合成个体”。人和松鼠等就是典型的例证，因为构成身体的无数细胞产生了一个更高级的个体，我们将其称为“灵魂”或“心灵”，它把由细胞组成的聚合物转变为个体；在第二种方式中，大量的个体也能被组织，但不能形成更高层次的经验存在物。在这种方式中，产生的是聚合的、非个体化的群聚，如石头、桌子、山川等。石头里的经验只是构成石头的形形色色的分子的经验，其本身是不具有经验的。

由此可知，怀特海认为感官经验的对象有两种类型：一种能够发起行动并对环境做出统一的反应，如松鼠、蛇等动物；另一种没有这样的能力，如石头、星星、桌子等。在这里怀特海虽然对感官经验的对象做了二元区分，但并不是笛

① Alfred North Whitehead, *Process and Reality: an Essay in Cosmology,* New York : Free Press, 1978, p.162.

卡儿式的二元论，更不会引起笛卡儿式二元论的悖论。这是因为在笛卡儿看来，组成世界的基本单位是惰性且没有内在关系的原子，而怀特海认为世界的基本单元是具有内在关系和经验的。因此，怀特海的世界是充满价值和经验的："我们要把人生过程中到处都可以经验到的价值转移到体现过程本身的维度中。"①

从怀特海的泛经验主义，我们也能更好地理解笛卡儿式二元论的错误根源。由于现实实有可以组织为聚合的群集，而现实实有在聚合的组织形式中，其自发性和经验被遮蔽了。在我们的感官感知中，我们感知的是模糊的聚合物，而无法感知个体的实际存在。因此，我们所经验到的东西似乎都是被动的，有自发能量的个体由于我们感官的限制而无法呈现，由此造成了人与自然是完全不同类型的错觉。

这也是为什么怀特海用非感官经验作为认知的基础的原因。感官感知在意识中是非常重要的知觉方式，但它的重要性并不是因为它是基础的知觉方式（现代哲学坚持的观点），而正是由于它是派生的，因为意识本身便是一种派生的经验形式。每一种经验事态都包含不同的经验，而意识是经验客体的一种特殊形式。意识并不会呈现在基础或早期的经验要素中，而只能出现于后期的经验事态。"意识只能模糊地表现……经验中的原始要素。"②所谓"经验中的原始要素"，指的是通过非感官感知摄入的成分，它们出现的阶段比意识更早。因此，假如意识要呈现它们，也只能是模糊的。

我们只有通过非感官的摄入，才能经验到自然界的内在价值。例如，我们可以以意识的方式摄入经验的先前事态，并由此记忆它们是快乐还是痛苦。另外，我们也可以以非感官知觉的形式直接经验我们身体的成员，同感它们的快乐或痛苦。如果我们从更基础的方式去认识自然界，我们就会认为自然界是由众多生机勃勃、充满激情和欲望的事件组成的充满动感的复合体，它们都有自身的内在价值。

假如我们认同怀特海的泛经验主义和内在价值理论，那么，我们也能更好地理解怀特海深层生态学和奈斯型深层生态学之间的分歧（我认为两者之间的差异是表面的且能够被克服）。奈斯型深层生态学否认事物内在价值的普遍性，并得出生物固有价值平等的结论。而怀特海在某种意义而言也支持生物固有价值平等，但其哲学依据是不同的。怀特海哲学认为固有价值包含了内在价值和生态价值两个方面，并认为它们之间成反比的关系。也就是说，一方面，内在价值越少

---

① Alfred North Whitehead, *Science and the Modern World,* New York : Free Press, 1997, p.93.

② Alfred North Whitehead, *Process and Reality: an Essay in Cosmology*, New York : Free Press, 1978, p.162.

的个体，如细菌、树木、昆虫或浮游生物，它们就越蕴含着极大的生态价值。没有它们，我们整个生态系统就会崩溃。另一方面，那些具有极大内在价值的个体（有极高的经验水平，对自身有极大的价值和价值追求），如海豚和灵长类动物，生态价值却微乎其微。特别是人类，基本上无生态价值可言，甚至可以说对整个生态系统的影响是负面的。没有人类存在，大多数的生命形式会存在得更好，作为整体的生态系统的平衡也不会受到威胁。如果整个生态的固有价值可以用这种反比关系来衡量，那我们可以得出所有生命形式具有相同的固有价值的结论。

3. 怀特海深层生态学的总结

怀特海的深层生态学认为固有价值包含内在价值和生态价值两个方面，但我们不能执其一端。例如，土地伦理学者正确地认识到生态金字塔底端的物种，如软体虫、树木、微生物等的重要性。但如果他们只关注于生态价值，就会得出关心人类和其他哺乳动物是不必要的结论。如果把这种观点推到极致，便会得出“反人类”的结论。

此外，动物解放论者主要关心的是内在价值，他们关注的对象是个体。动物解放论者同样正确地认识到，在所有生命存在的形式中，哺乳动物具有最大的潜能和创造性，因此具有最大的内在价值。我们的一切伦理是减少高级动物的痛苦并使之繁荣。如果这些动物 / 人类解放论者只关心内在价值，他们努力的方向和目标便与土地伦理学者完全相反。有些深层生态论者具有对生态价值的关注和对人类厌恶的倾向，动物解放论者将他们称为“生态法西斯主义”。

然而，如果我们能够意识到任何事物的存在都包含了内在价值和生态价值两个方面，并且它们以反比的关系存在，那么我们就不会做非此即彼的选择。相反，我们会认识到两种伦理是彼此需要、彼此互补的关系，两种关怀都是被需要和被认可的。两种伦理致力的目标和理想，可以拧成一绳，最终成为一条更壮阔的河流。

我们有充分的理由相信怀特海的哲学不仅是后现代的，也是深层生态的。他的深层生态学既包括生态的解放，也包括人类的解放。

五　建设性后现代主义主要理论要点

1. 内在经验和内在联系

我认为怀特海的后现代世界观是一种深刻的生态世界观，怀特海哲学有着深层的生态情结。首先，怀特海哲学认为所有的个体，从最大的个体到最小的存在，都有内在价值。怀特海认为的“价值”指的是事物内在的真实性，因而他拒绝“笛卡儿关于事物的科学教条”，并认为它缺少内在价值。笛卡儿关于人与自然之间的绝对二元区分，是现代科学和现代性的前提。怀特海指出，这种二元论已经导致了完全消极的结果，因为它滋养了“忽视环境问题的习惯”。然而，我们必须清楚地认识到，任何关于终极目的的思考都必须承认环境的重要性。怀特海希望用一种崇敬的态度看待所有的存在物，就像他自己所说的：“任何事物本身都有某种价值……正是因为这一特征，现实才得以构成，道德观念才得以阐释。我们没有理由和权利否定这一宇宙本质的深层经验。”

怀特海哲学具有深刻的生态情结，还因为怀特海认为所有事物之间的联系是内在的。因而，我们与其他事物之间的关系不仅构成了我们的本质，也构成了事物的本质。也正因为如此，怀特海再一次拒斥了笛卡儿的现代特征的世界观。

笛卡儿认为，世界是由“自在的”（其存在不需他物）实体构成的；相反，怀特海认为每个个体都产生于它与环境之间的关系，因此这些关系构成了它的本质。

这种新的个体观念意味着人类就是生态本身的思想。因为当我们这样看待我们自身时，我们便不会认为我们是与自然相对立的存在。恰恰相反，我们会将我们视为自然不可分割的组成部分。自然构成了我们的存在，无论它是积极的还是消极的。同时，我们的实践也将影响自然，从而创造未来……不管是好的还是坏的。

2. 机体主义与后现代精神

建设性后现代主义是有机主义的世界观。在这一点上，建设性后现代主义同时超越了现代的二元论和实用主义。与信奉二元论的现代人不同，建设性后现代主义的个人并不认为自己是栖身于充满敌意和冷漠的自然之中的异乡人。相反，正像查伦·斯普雷特纳克所强调的，建设性后现代主义在世界中拥有一种家园的归属感，他们把其他存在称为具有其自身经验、价值和目的的存在物，并能感受于这些存在之间的亲情关系。由于这种亲情感和家园感，建设性后现代主义的个人在交往中以享受和自在的态度取代了现代人的统治欲和占有欲。

同时，这种与自然融为一体的后现代意识同实用主义的现代意识之间也存在着天壤之别（在实用主义看来，融为一体意味着一种决定论的相对主义）。自然中存在着不同层次的个体，他们都有着某种程度的目的和自由。承认人类思想或灵魂的存在，并不意味着人类可以对其他存在为所欲为。我们虽然有着超凡的自决能力，然而这种能力也是一把双刃剑，它既可以用来行善，也可以用来作恶。由于自然中处处存在不同水平的价值经验，否认人类是“创造之君”，否定其他存在都是为人类所用的工具，并不意味着人的内在价值等同于昆虫。因此，建设性后现代世界观就产生了如下的精神：将人类的福祉与生态的关注融为一体。

也正是因为这种有机主义（自我与自然界中的其他个体相类似），后现代思想家也在后现代科学中寻找他们对自我理解的理论支持。如果说现代精神是以物理学为基础的（自然的最终要素只是外在地与它们的环境发生关系），那么建设性后现代思想家们则以生态学和量子力学为科学基础：我们完全是由内在关系构成的社会存在物。同样的，建设性后现代思想家们认为各种层次的存在都有不同程度的自我决定的能力：我们不仅是社会关系的社会存在，也能在某种程度上对我们所处的环境做出自决的反应，我们都是具有创造性的存在物。如果现代世界的观点导致了自然的祛魅，那么建设性后现代主义努力重构的便是自然的返魅。我们所有关于过去、未来、神圣性以及伦理和美学规范等各种要素的相互融合，都是建立在返魅的自然的基础之上的。

建设性后现代主义所倡导的有机主义，并不是让我们回到前现代的传统主义——在前现代的传统主义中，人们失去了现代人所具有的对新事物和未来的积极向往——它只是恢复了人们对过去的关注和敬意。虽然后现代有机主义承认我们是由内在关系构成的，但它并不把这种关系局限于当下客体的关系。正如罗伯特·谢尔德拉克所说的，我们体现着许多流传已久的“习惯”。

后现代主义还包含着未来利益的基础，而现代的激进的个人主义则无法提供这样的基础。由于现代性认为未来与现在之间没有内在的联系，个人合理的自我利益被假定不会跨越他的有限的生命之外。例如，某位当代杰出的思想家被问及为什么我们要从事一些可能在我们死后75年才会产生影响的活动时，他说他对此没有合理的解释。后现代思想家认为，未来和现在之间的作用方式，是不同于过去与现在的。如果它们之间的内在联系以同样的方式发生，也就排斥了自由的存在。但是，当前的某些存在的确具有深远的意义，未来必须在当下的土壤中生长，现在的贡献实际上包含着对未来的影响。现代世界存在着毁灭地球的核武器，从这一可能性的引申意义中我们认识到，展望未来对当下的存在具有重大的建设性意义。一旦我们能够意识到这一点，我们就会发现，为保护百年或千年之后的地球行动与为保护过去遗迹的行动提供资金支持，两者都是合理的。

3. 后现代社会

相对而言，建设性后现代主义关于全球政策在内的社会规范方面的思想并没有非常成熟。20 世纪以来，哲学家和自然科学家一直在发展一种后现代世界观，有些观点甚至可能追溯得更远。虽然当代思想家可以利用一些早就存在的预见，但总体而言，人们对经济、政治、农业科学政策、性别、全球秩序、教育和其他社会政策的后现代探索仍处于初级阶段，对上述问题尚未形成成熟的后现代观点。本文并不打算描述有关后现代社会及普遍的后现代世界将会如何等这类问题。在这里，我只是就现代社会中出现的一些问题做一些评论，并提出后现代精神所蕴含的某些后现代社会理论家所坚持的总体方向。

建设性后现代主义对内在关系的强调，使得后现代思想家一直致力于超越社会个人主义和二元论。在社会个人主义方面，赤裸裸的个人和具有经济职能的民族国家是两个焦点。后现代思想是公共的或社区主义的，它强调社会政策应当指向保存或重建不同形式的地方共同体。基于此，后现代主义与支持保存民间机构的公共政策的新保守主义在某种程度上很可能结为同盟。另外，强调内在联系、有机整体和创造性的建设性后现代社会思想的另一个总体特征是力图克服现代社会机械化的犯法。例如，迪恩·弗罗伊登伯格（Dean Freudeberger）强调，只有减少农业机械化的程度并增加农业的有机性，农业才是可持续的。同理，农业的第一要点不再是让大批劳动者像机器一样高效工作，而是要发挥他们的想象力与创造力，并满足他们参与决策的需要。

本文认为建设性后现代社会思想的所有特征之间，彼此形成一个增加论证有效性的网络。在这里最后阐述后现代社会思想的最后一个特征，即后现代社会的思想拒斥现代社会政策的实用主义以及被这种实用主义信条所驱动的追求无限增长的政策。如果我们能使社会的经济方面返回到它的合理位置，那么，那种认为我们在工作中必须和机器人一样高效而不顾及我们享受与否的观点就变得非常荒谬了。

实用主义时代的终结还会给我们带来其他更多的好处。比如，一旦金钱和物质利益不再是我们的首选，经济财富不再是社会地位的充分条件，从而让我们朝着这种认知去实践生活，即当经济财富到达一定限度之后它们并不会增进我们的幸福，那么实现全球平等的可能性就会大大增加。在这种全球平等中，所有人都具有为健康和创造性生活所必需的经济保障。同样，如果我们有这样的认知，就是达利所暗示的，一旦我们克服了实用主义的信条，我们就再也不会为人类过去对地球的破坏和统治而暗暗得意。

尽管我一直在阐述建设性后现代思想超越现代性的弱点的方法和途径，但是，这并不意味着现代性就一无是处，现代性也有值得后现代继承和发扬的优秀品质。这些品质包括进步的信念——法国大革命提出的“自由、平等、博爱”的三位一体的理想。我曾以“共同体”（community）为主题讨论过博爱，接下来我想阐述一下我对自由、平等的思考，然后再讨论进步的信念与理想。

现代性将自由和平等视为不可兼得的。它认为得到或实现更多的其中之一，另一方就是失去或难以实现。这也是为什么现代的两种政治—经济制度只提倡其中之一而无法兼顾：资本主义民主强调自由而忽视了平等；马克思的社会主义强调平等而忽视了自由。

现代资本主义民主提倡的自由，就其优点而言，是人类一项史无前例的创举。尽管我必须去除这种自由的某些方面（如果我们想可持续发展地生存，我们就必须去除诸如无限制的消费和环境污染等方面的自由），但是，在建设性后现代世界中，自由的许多方面应当得到保留和发扬，譬如阅读、言论、结社、信仰、出版、建议、迁移、隐私和诉讼等方面。如果我们不期盼建构与这些自由相容的社区和平等形式，不批判现代民主在实现这些自由方面的失败，也就不会再把它们作为我们的理想。

我认为，这些理想的实现是有限度的，而不是绝对的。资本主义社会在实践中并没有成为全球自由的捍卫者，却因为少数人不受限制的经济自由损害了大多数人的经济和政治自由。虽然大多数第一世界的资本主义国家在其国内鼓励民主，然而对第三世界国家，它们却通过强加不平等的经济条约而反对民族自决。即使在这些第一世界国家中，资本主义的经济自由也意味着否定他人的自由，美国和南非对待黑人的态度就是一个很好的例证。资本主义民主中的政治自由和出版自由，实际上比表面可见的限制还要更多：公民通常只能给富人认可的候选人投票，大多数新闻和媒体同样被富人所控制。尽管富人阶层对政治和主要报刊的控制并不像社会主义的批评者所描绘的那样彻底，但也比主要刊物所承认的要大得多。总之，虽然资本主义民主实现了自由的很多方面，但是这些自由并不具有公认的理想性，因为资本主义在很大程度上把富人保护和积累财富放在了自由的首要位置。

资本主义民主在平等理想和社会理想方面都存在很大的问题。的确，资本主义民主在某些方面，特别是在美学和文化品位上促进了平等主义。托克维尔（Tocqueville）认为，平等是现代的中心理想，这一理想在美国得到了最彻底的体现。但是，资本主义的世界秩序已经在每个国家内部、在每个国家之间造成了前所未有的贫富差距。在资本主义社会中，财富的主要作用是权力和地位，因而财富的差距意味着生活的绝大多数方面都存在着明显的不平等。在财富、地位和权力都不平等的条件下是不可能得到平等的机会的。

现代社会主义社会试图创造一个能够在最大限度内缩小资本主义社会中存

在的不平等现象。虽然现代社会主义并没有实现这一理想，但不能否定它在这方面取得的进步。在后现代世界中，这种通向平等的运动应当得到认可和支持。我认为现代社会主义国家所最需要努力的方面是认真思考滥用政治权力对人们的伤害，以及自由保障和政治权力之间的关系。此外，就是真正重新认识自由与平等和经济进步互不相容的问题。

迈向后现代世界并不是回归前现代世界的生活方式，也不是逃避现代性所带来的恐惧，这是我一直着重强调的，后现代世界意味着要吸收现代性的优点并超越它的缺点。现代性的个人主义拒斥我们与过去、我们与土地以及我们彼此之间的内在联系，它摧毁而不是保护了共有理想。如前所述，共有一直被现代社会看成自由和进步的对立面。现代世界在自由和平等方面做了很多重要的工作，但是如何将两者有机地结合在一起，现代世界却很少涉及，因为它认为双方在很大程度上是相互冲突的。这种理解似乎也可以归结到现代性的个人主义上。后现代对内在关系有着深刻的感受和认同，它并不把自由、平等和共有视为对立，而是把它们看成是相辅相成的。因此，在后现代世界看来，没有自由和平等，就没有真正的、持久的共有；没有共有和平等，也不会有真正持久的自由。因此，我希望后现代社会能找到将三者有机统一的有效方式。

关于建设性后现代主义的未来，早在1998年第3届国际怀特海大会上我就曾提出“21世纪是怀特海的世纪”。坦率地说，那个时候我觉得这个提议是梦想，但是现在觉得它似乎是一个现实。2015年世界各地有3000多人——包括200位来自中国的代表云集克莱蒙，参加第10届国际怀特海大会暨第9届生态文明国际论坛，这在20年前是不可想象的事。此外，近年来欧洲的“怀特海热”，特别是中国学者对建设性后现代主义在生态、教育、科学、经济、农业、法学等领域应用的全方位探索，都令我备受鼓舞。如果说牛顿奠定了近代哲学的基础，那么我认为现在怀特海可以替代牛顿。

这方面中国有得天独厚的条件，因为中国是创造并遵循《易经》的民族，变化的观念、有机联系的思想可以说是中国文化的DNA，中国人接受建设性后现代主义没有思想上的障碍。如果通过规避西方现代性的弊端，中国引领世界走向生态文明，那么21世纪注定是中国的世纪，用我的理解，这也就是怀特海的世纪，因为怀特海本人清清楚楚地说过，他的过程哲学更贴近中国传统哲学。很高兴在中国走向生态文明的过程中，建设性后现代主义能够有所助益。虽然实现生态文明长路漫漫，但我们无疑是走在正确的方向上的。

【作者简介】大卫·格里芬，美国建设性后现代思想家、过程哲学家，美国中美后现代研究院副院长，美国过程研究中心主任。主要学术著作有:《解开世界之死结》《后现代科学》《后现代精神》《复魅何须超自然主义》《为了危机中的星球的后现代政治》《怀特海的另类后现代哲学》等10部。由于其对生态文明的关怀，曾获诺贝尔和平奖提名。

【译者简介】王俊锋，1983年生，浙江大学宗教学博士，主要研究领域为过程哲学与佛教的比较研究。在《中国过程研究》《求是学刊》《跨文化对话》《香港基督教文化评论》等刊物发表学术论文数篇，现为温州社会科学院教师；周邦宪，1948年生，怀特海著作主要译者。1996年开始致力于翻译过程哲学著作，先后译有怀特海的《观念的冒险》《过程与实在》《宗教的形成》《符号的意义及效果》等，2008年被中美后现代发展研究院聘为外籍研究员。

道德学何以可能

李建华

【内容提要】因人们习惯于“伦理”与“道德”的互释与互用，也就用“伦理学”取代了“道德学”，但还是有思想家，如康德、休谟等经常使用“道德学”概念，这说明道德学与伦理学是存在差异的；道德学存在的前提当然是伦理与道德的差别，道德学存在的基础是人性的善与恶，当然更主要的是忠实于道德自身，展示道德运行的基本原理，这就是道德“存在—价值—内化—外释—演化”的开放性视景；如果道德学可以作为一种不同于伦理学的独立知识形态而成立，那么伦理学上的一些理论争论就可以得到科学解释，如目的论与道义论之争、规范伦理学与美德伦理学之争。

【关键词】道德；伦理；人性；道德学；伦理学

当学生或从事其他学科研究的朋友问我“为什么伦理学是研究道德问题的学问？为什么伦理学不叫道德学？”时，真的有些茫然。是呀，研究经济的叫经济学，研究政治的叫政治学，研究法现象的叫法学，研究物理现象的叫物理学，如此等等，而研究道德的却叫伦理学，当然无法理喻。每逢提问，我自然会按“常识”尽力去解释，伦理与道德是如何等义或近义的，“伦理学”是如何从日文翻译过来引进中国的，伦理学又或称道德哲学，伦理学是哲学的二级学科，等等。其实，我知道，这些“约定俗成”的种种理由，其解释多少有些勉强和乏力，甚至连自己都说服不了。不踏实终归不踏实，无数次的反思，无数次的迷惑，无数次的再反思。也许诚如休谟所言：“对于那些可以提交人类理性法庭的最重要的问题，我们现在仍然愚昧无知。”也许我们有理由相信，学术史上传续的种种“常识”也许真的出了问题，只是大多数人不愿意去细究，即使细究也不愿意去表达而已。道德不仅仅是行为规范，更是深植于我们生命体内的一种流动，所以我提出独立开辟道德学研究，也许会显得有些不太合时宜，或者多此一举，但实属长期认真思考的结果，是对是错，留给大家去讨论和批评，学术本就应该如此。

一 “道德学”研究由来已久

思想史上早已有人提过“道德学”或者尝试过“道德学”研究。据我有限的阅读，有位韩妙第试图构建道德学理论体系。他一再强调，他的道德学不是老子《道德经》理论的翻版或现代的诠释，而是基于不同人、群体、机构在社会交往中所应具有的行为要求、范式以及标准。“道德学”所强调的道德是建立在风俗、规则以及规律基础上的道德。它促使社会中的人、机构以及组织在其表现行为的时候必须遵循所在地区的风俗、规则以及规律等底线和要求，而不是凌驾于其上从而为所欲为。“道德学”理论还可以用来协调、互动和建设各种民族、宗教以及政治派别之间交流和平衡，并表达各自的价值诉求。也就是说，在百科学术定位上，应该将“道德”这一科目列入情感学理论体系，属于“情商”这一理论领域。所以，“道德”事实上是人的“情商”中的高级境界。他认为，“道德”在社会中事实上能起到降低社会管理成本的作用，通过“道德”的作用机制或规则，使得很多社会事务、问题、矛盾以及不利的因素通过“道德”这一规则机制得以高速、高效地解决。“道德”还可以推动社会组织、机构以及人群或个人之间的利他行为，有利于整个人文情怀的塑造、社会文明的建设、各种资源的共享，从而使得整个社会避免矛盾的尖锐化，能够进入有序化、和谐化以及伦理化的稳定状态。他强调，“道德”不是法律，更不是制度，即“道德”不是万能的。因此“道德”不是治理社会的最高准则，而是维护社会稳定的一种最低标准。所以，不能将社会的制度替换成“道德”，从而以“道德”来治理国家、组织以及机构。总之，“道德学”理论就是针对社会演化中各种问题、事务以及矛盾，有的放矢地加以协调、管理以及调节，从而避免高成本社会运转。他还用“道德的现象、道德的形态、道德的本质、道德的规律、道德的价值”五章来构建道德学理论体系。只可惜，在网络上只能看到其内容介绍和提纲，看不到具体内容，更找不到纸质版本。

1937 年 4 月，台湾商务印书馆出版了温公颐先生的《道德学》一书，这应该说是国内第一本道德学著作了。作者称，他的道德学基本上是以英国马肯桀（John S. Mackinzie）之道德学教本（*A Manual of Ethics*, 1929）为蓝本的。他在“自序”中对书名作了说明：本书标题为“道德学”实即普通所谓“伦理学”，然不沿用通名而特标“道德学”者原因有二。第一，他于民国二十二年（1933 年）

任国立北平师范大学道德学一科讲演时，该科已用是名，当时为省手续计，编印讲义，仍沿用之，未加改易。第二，他认为“伦理”与“道德”名异而实同。“伦理”意指人与人相处之群的道理，而“道德”一词亦然。①可见，温公颐先生觉得伦理与道德没有区别，“道德学”与“伦理学”互用没有什么关系，只是沿用了“道德学”的传统罢了。温公颐先生用“道德学之旨归、道德之心理及社会要素、道德标准和道德生活”四个部分建构了他的道德学体系。这是我见过的体系最完备的《道德学》，非常受启发。如果温公颐先生的理由是成立的，那么，我国目前大部分伦理学教材或专著，都可以被称为“道德学”，因为除了在导论部分的章节上出现有“伦理”字眼，其他所有章节标题几乎全是以“道德”为内容。其实，我国伦理学的老前辈周原冰先生、李奇先生等就曾把伦理学称为“道德科学”。

给我道德学研究提供学术胆识和灵感的还有英国著名哲学家大卫·休谟。他在《人性论》一书的“引论”中，认为一切科学对于人性总是或多或少地有些关系，任何学科不论与人性离多远，总会通过这样或那样的途径回到人性，他特别提到了逻辑、道德学、批评学和政治学。他说：“逻辑的唯一目的在于说明人类推理能力的原理和作用，以及人类观念的性质；道德学和批评学研究人类的鉴别力和情绪；政治学研究结合在社会里并且相互依存的人类。在逻辑、道德学、批评学和政治学这四门科学中，几乎包括尽了一切需要我们研究的种种重要事情，或者说一切可以促进或装饰人类心灵的种种重要事情。”②可见，道德学在他的思想体系中占有十分重要的地位。休谟的《人性论》本身也分“论知性、论情感、道德学”三卷，并且他研究知性和情感是为研究道德学作铺垫的，可以说他的人性理论就是道德学。休谟由此开创了源于人性中的情感要素而产生的自然主义道德哲学，与康德基于理性要素的理想主义道德哲学，成为影响至今的两大道德哲学主流。我在研究道德情感问题时，深受休谟的影响，这也成了我写作道德学著作的动因之一。其实，康德在《道德形而上学原理》中，也曾提及相同思想。他认为，关于自然规律的学问称为物理学，关于自由规律的学问称为伦理学。前者是自然学说，后者是道德学说。他认为，人们可以把以经验为依据的哲学称为经验哲学，而把通过先天原则来制定自己学说的哲学称为纯粹哲学。单纯的形式上的纯粹哲学就是逻辑学，当它限制在知性的一定对象上的时候就是形而上学。形而上学又有两种：自然形而上学和道德形而上学。伦理学同物理学一样既有经

---

① 温公颐：《道德学》，台湾商务印书馆 1937 年版，第 5–6 页。

② ［英］大卫·休谟：《人性论》，关文运译，商务印书馆 1983 年版，第 7 页。

验的部分，也有理性的部分，经验部分特别称为实践人学，理性部分本身被称为道德学。在这时，康德把伦理学区分为实践人学与道德学，不过这里的“道德学”是在道德哲学意义上使用的。康德凭借其道义论奠定了自己的地位，但也由此招致许多批评，这种批评无非两个层面：一是直接针对其狭义伦理学即道德学的形式主义和先天主义特征；二是针对广义伦理学即至善学的神学特征。这里我无意去讨论康德伦理学的缺陷，但他对伦理学的广义与狭义之分有一定道理，起码看到了伦理学与道德学的差异性。康德在《纯粹理性批判》中，于“至善理想作为纯粹理性最后目的之规定根据”提出三个问题：(1）我能够知道什么？(2）我应该做什么？（3）我可以希望什么？他认为对第二个问题的回答就是道德学的内容。同样，康德在《逻辑学讲义》中，把上述三个问题扩展为四个问题：(1）我能够知道什么？（2）我应该做什么？（3）我可以希望什么？(4）人是什么？这些问题分别由形而上学、道德学、宗教学、人类学来回答。可见，道德学在康德的理论视域中属于狭义伦理学。

国内学者唐代兴先生在其《伦理学原理》中对“道德学”有过思考。他初步区分了伦理学、道德学与美德学。他认为，伦理敞开为道德和美德两个维度及其方法，伦理主要是指遵循自然之理而把原本自然的人造就成文明人的一种生存方式，对这种生存方式的理性关照和整体拷问，就是伦理学；对于“人伦理地生活何以实现”问题的展开必然要建构道德学与美德学。道德学要讨论三个问题：人在日常生活中其行为合道德何以可能？人的日常行为应该合什么样的道德？人的日常行为如何才可做到合道德？第一个问题形成道德哲学，第二个问题形成道德规范，第三个问题形成道德应用。而道德学的核心问题是道德规范，所以道德学其实就是规范伦理学。与道德学不同，美德学则围绕舍利执爱原理的建构和实施而展开，因为美德从特定意义上是道德的卓越状态，而道德是使人成其为人的重要条件，它要求必须有限度地谋求利益。① 唐代兴先生对道德学内涵与定位的界定是非常有启发意义的。

二　道德与伦理的现代断裂

如果说道德学有什么隐义性前提的话，首先应该是道德与伦理在现代社会中发生了断裂，尽管这一判断还有待进一步证实，但已初露端倪，必须认真对待，我在《伦理与道德的互释及其侧向》② 一文中对此已有论述。

---

① 唐代兴：《伦理学原理·导论》，上海三联书店2018年版，第1–15页。

② 李建华：《伦理与道德的互释及其侧向》，《武汉大学学报》（哲学社会科学版）2020年第3期。

格蒙特·鲍曼在《后现代伦理学》中提出一个非常严肃的问题：进入后现代，是否存在没有伦理规范的道德？他本人当然是做出了正面回答。其基本依据：一是自然人性是道德的依据而不能成为伦理的基础，伦理的依据是基于道德规范之上的法律规范的放大呈现；二是按照理性原则组织起来的现代社会使个体遭受了不确定性的痛苦，将个体道德责任通过立法转换为普遍性伦理的努力彻底失败了，并且无法找到解决道德困境的办法；三是只有个体的道德能力才能使社会持续存在，才能使社会幸福成为可能，学会生活才是人们相互之间保持友好善良关系的根基。其实，与其说是鲍曼在为完全可以存在“没有伦理规范的道德”寻找理由，不如说是他在寻求一种使道德摆脱伦理“桎梏”的后现代伦理方案，这个方案的核心是将道德从人为创设的伦理规范的坚硬盔甲中释放出来（或者是放弃将其保留在伦理规范中的雄心），也意味着将道德重新个人化。将道德重新个人化，可以使道德从伦理中解放出来，可以使人类的道德能力担负起人类共存的使命，因为只有个人道德，才能使伦理协商与共识成为可能，才能使“伦理进程”从“终结线”回归到“出发点”。这是一条道德决定伦理的思想路线，当然也只是对后现代伦理的展望，其意味是深刻而悠远的，其中最重要的是喻示着建立道德学的必要性。

也许人类道德生活的初始状态是比较简单的，即个体生活与共同体生活的同一或同构，道德生活与伦理生活没有实质性的区别，特别是在汉语语境中，伦理与道德互用或连用成为一种习惯。但是 ethic 与 moral 毕竟是两个情形不同的术语，虽然对两个概念的差异化使用作学术史的考察比较困难，但做些横断面的相对区分还是非常必要的，这是道德学成立的重要前提，哪怕存在学术风险。

伦理虽然也是规则性的，但其偏重于调节个人与他人、个人与社会、个人与类之间的关系，其价值态度和立场是在相互关系中发生的，追求一种正义与和谐的境界。道德或美德主要是个体对自我的道德要求与规范，“应当如何”或“正当”是个人与自己内心的对话，目的是使自己成为一个善良之人；虽然是自己跟自己发生道德关系，但这是基于主客同一的，不同于一般的伦理关系。在中国古代文化语境下，道德更具有“顿悟”等人文倾向，偏重于个体生命的内在心得与体悟。所以，伦理是关系性概念，无关系则无伦理，而道德是个体性概念，现之于社会关系则需伦理介入。在此意义上讲，“伦理”是“道德”的下位概念或二级概念。[①]

正因为道德具有自我性、主体性特点，也使得道德带有明显的主观性和不

① 尧新瑜:《“伦理”与“道德”概念的三重比较义》,《伦理学研究》2006 年第 4 期。

可共享性，道德只属于自己的精神世界，特别是当自己受到良心谴责或心灵安慰时，往往是闭门思过或“独乐乐”。因为道德的自我性、主体性特点，不会因个人好恶而改变其性质，相对于道德而言，伦理具有明显的可公度性和可共享性。所以，黑格尔把道德看作自由意志的主观精神的形式[①]，而把伦理看成主观精神与客观精神的统一，统一体是家庭、市民社会、国家这些客观存在的伦理实体。

道德在本质上是自律的，而伦理偏重于他律。因道德的自主性特征，道德常常是对自己发出“我应当如何”的价值指令；而伦理因是双方或多方关系的角逐，需要有超越于任何一方利益之上的行为规则，伦理的指令常常是“你们应当如何”或“大家应当如何”，这对于伦理主体而言具有某种外在制约性。当然，当伦理规则被普遍接受并被自觉遵守时会表现出自律性特点，但其基础是他律性的。而道德始终专注于对自己的要求，但当道德没有成为自我需要时，也是一种他律性的强制，道德的约束作用只能通过自觉自律来实现，正是在此意义上马克思才讲“道德的基础是人类精神的自律”[②]。

道德作为一种人生态度，总是以善恶观念去评价自我与他人，是一种自我完善的价值指向，也是表现为目的性价值与实践性目的。所以道德往往是绝对原则性的，而伦理则是相对情境性的。因为道德是个体性承载，道德律令具有“元价值”的属性，同时具有普遍性的约束力，不会因个体、个别、个性而改变其要求，如传统道德“仁、义、礼、智、信”和当下的“爱国、敬业、诚信、友善”等都是具有普遍意义的刚性要求。因伦理是关系性承载，伦理关系又是场域性的，会因时、因地、因情有所不同。如“不说谎”这是一条伦理规则，源于“诚实”的道德要求，但医生经常会善意“说谎”，国家保密人员不能“讲真话”。美国伦理学家约瑟夫·弗莱彻的“境遇伦理学”列举了许多伦理情境性的例子。

另外，道德本身包含了“道德的”与“不道德的”两个层面，即善与恶，但在日常使用中，常常认为“道德”就是“道德的”，不包含“不道德的”评价，如“道德理想”中的“道德”是指“道德的”理想而非“不道德的”理想。但当我们说“伦理”的时候，就只是指“合乎伦理的”这一层，不包含“非伦理”和“反伦理”，如“伦理主体”中的“伦理”就是具有伦理性的主体，不是反伦理的主体。

上述六个方面的相对区分也许并不全面，更谈不上精确，但不同论域中准确使用“伦理”还是“道德”，无论是对于伦理学和道德学研究，还是对于具体

---

① ［德］黑格尔：《法哲学原理》，范扬、张企泰译，商务印书馆 1982 年版，第 111 页。

② 《马克思恩格斯全集》第 3 卷，人民出版社 1995 年版，第 39–40 页。

的道德生活实践，都是非常有意义的，也是非常紧迫的，即便难以将二者“泾渭分明”，但在分辨基础上的互释，只不过是路径不同罢了，这也不失为一种严肃而谨慎的办法，许多思想家曾有过尝试。

不得不承认，伦理与道德虽然各有侧重，但还是存在过渡或转换的元素，这就是“位分”。“位分”实际上是讲个体在社会生活中的地位、身份是特定的，具有一定的边界，不能混淆，不能互换，由此产生特定的义务法则，由“是什么”直接内生出道德“应当”，如中国儒家所倡导的“君君、臣臣、父父、子子”，我们日常生活中的“男人应该像个男人”“父亲应该像个父亲”等，这就是我们常说的“身份道德”，身份道德同时喻示着道德的适应域是身份。所谓“身份”，一般意义上是指出身和社会地位。身份一般有两类：指派身份和自塑身份，前者是个人无法选择的，如出身、成分、性别；后者是主体自我选择并自己塑造的，如职业身份。身份虽然是一种符号，但它是分享社会权益和获得社会资源的唯一依据。从理论上讲，身份一方面是社会体系的最基本的结构部分，也是具体社会阶级、阶层、群体、职业的结构标志，如果以身份作为社会管理的唯一对象，就会产生身份制，身份制是在身份的基础上“社会再生产 ”（social reproduction）的社会产品，因此，身份和身份制既是条件又是结果。另一方面，在身份制下的身份又是一种意识形态性的定位，反映了阿尔图塞所说的统治意识形态和社会主体之间的召唤关系。这种身份制下的身份固化与变迁的管理就形成了身份政治。如中国的亲属制度促成了中国社会的人伦体系，规范为中国的“礼制”“宗法”及绵延久远的伦理思想体系。伦理与道德的相互解释与转化是需要一定条件的，但这也至少说明，道德学与伦理学是可能相互影响的，或者说，二者可以共存于一种“大伦理学”或广义伦理学的视野之中。

三　道德的存在样态与运行

道德学能否成立，还须考虑的问题是如何看待作为道德学研究对象的道德现象及其运行体系，而现行道德哲学研究对此似乎有诸多忽视，如何客观描述道德存在样态问题就是其中之一。究其认识原因大体有二：一是认为道德存在问题不成其为问题，认为道德本身是客观存在的，对现行理论表现出一种特有的满足；二是认为道德样态难以把握，因为道德存在于“人心”，道德秩序是一种心灵秩序，无法直观描述。于是，以“伦理学”名义出现的道德哲学体系在认识道德现象时，不同程度地出现了“自以为是”的武断，导致了无可奈何的普遍认可和接受，以至于千篇一律的“伦理学”教科书不断出现，但对自己研究对象的“道德现象”却少有深究。当然，也不乏一些勇敢的探索者提出过富有创见的构想，但也终因是一家之言的探索，也就只能成为探索中的一家之言。社会道德建设的现实任务从理论和实践上都对道德理论体系问题的深入探讨提出了紧迫要求。我们从“道德是行为规范的总和”过渡到“道德是一种特殊的社会现象”，这不能不说是认识上的进步，但对“道德现象”本身的认识就仁智各见了。在此我们基于道德复杂性现实，运用系统方法，立足于对道德现象的动态性把握，展示道德运行的基本原理，这就是“存在—价值—内化—外释—演化”的开放性视景。道德的这种演进不仅仅是各要素之间的“内循环”周转，而且是整体性的“螺旋式”上升过程。

道德学的建立首先依赖于它的研究对象——道德的系统结构。有了系统的道德和道德的系统，才有我们称之为“社会道德现象”的现象。不成为系统的道德的东西，就无法进入道德学的视域，就不能成为道德学的研究对象。正因为有了客观存在的道德系统，才有对这种道德系统的认识以及在此基础上的理论提升。也正是基于这样的认识，我们才可以说“道德学是关于道德问题的理论的系统化和科学化”。由此可见，道德学体系内容的展开是对道德系统内容的再现，有什么样的道德系统，就会有什么样的道德学范式，二者不可分割。

目前，国内学界对道德现象存在多种划分方法，但基本上是沿袭苏联教科书，趋于一致的是“三分法”，即道德基本理论、道德规范、道德活动三大部分。这种伦理学体系布局确实突出了伦理学研究的主要问题，同时也印证了由认识到实践的马克思主义认识论在道德生活中的正确性，认识逻辑、理论逻辑与实践逻辑达成了统一，这也是这种伦理学体系影响深广的主要原因。但这种伦理学体系基本没有把“伦理”纳入其中，而是用“道德”取而代之，导致宏观研究偏多而微观研究不够，导致对现实道德生活关切不够。在确认“道德学就是研究道德发生、发展及其演化规律的科学”这一理论判断的真实性前提下，立足于道德自身的变化规律，试图对道德学的构建提出一种新思路。一个较为完整又具有开放性的道德学体系应由五个部分构成：道德存在、道德价值、道德内化、道德外释、道德演化，是涉及道德哲学、道德人类学、道德心理学、道德社会学、道德进化学等学科知识的有机“汇聚”。

道德存在（moral existence）是道德学研究的起点。任何一种具体的道德学所面对的道德都是既定的，首先必须研究它的由来，它存在的合理性，它存在的方式等问题，这是道德学应解决的首要问题。道德何以会发生？这是道德学研究的难题之一，以往我们对此所做的发生学意义上的道德社会学分析其结论不太令人满意。如果我们把发生学研究同非发生学研究结合起来，广泛吸收文化人类学、遗传学、心理学等成果，进行综合性研究，也许会更接近真理。道德与伦理究竟是什么关系？如何在互释的基础上进行区分？道德与人性的关系是什么？人性究竟如何决定道德？道德的“承载体”是什么？是个体还是群体抑或兼而有之？道德与自我是什么关系？为什么需要道德？对这些问题的回答决定了道德存在的主体、缘由与样态。同时，道德的存在是一种价值性存在，是以善与恶为标志的，或者说善与恶的问题是道德学的基本问题，我们之所以将之置于存在论之中，无非是说明道德存在是一种善恶的存在，是道德现象区别于其他一切文化现象的根本特征，由此说明人类道德不是天生的，一切道德先验论的主张都与本论格格不入。

道德价值（moral values）研究道德的存在意义问题，即道德对人、社会和人类有何实际价值。鉴于我们对道德学研究领域的限定，在本文中我们仅仅讨论道德的个体价值：道德自由、道德权利、道德尊严与道德幸福。因为道德的社会（群体）价值必须通过道德的个体来实现，或者说，道德于社会（群体）有益首先是通过个体并最终落实于个体。道德自由是充分体现道德个体价值的重要范畴，这意味着道德于人而言不是约束，而是通过对道德必然性的认识而获得自由。道德自由不仅仅是一种行为上的自由，更是一种精神上的自由，是一种“从心所欲不逾矩”的境界。自由与权利是不可分的，而传统义务论伦理学认为道德是不能讲权利的，只有义务；而我们认为权利是道德主体确立的社会前提，这集中体现为人格权、生命权、财产权等。有了自由与权利，自然就会获得道德上的尊严，道德尊严是人之为人的根本，是个体间相处的前提，因为它包含了承认与他尊。道德尊严也是人的精神支柱，绝不是弱者的“安慰品”，具体可表现为做人的气节与骨气，也是德何以“立”的缘由。道德一定可以给人带来幸福，道德幸福不是物质上的满足感，也不是一般意义上的德福一致，而是为了他人或社会牺牲了自身利益时获得的满足感。付出而需要回报不是幸福，那只是交易；当然付出不需要回报是崇高的表现，但不等于社会可以不给回报。前者是道德问题，后者是伦理问题。相反，一个好的社会一定是让好人有好报的社会。

道德内化（moral internalization）是道德学研究的重要环节。道德内化首先面临的问题是道德接受，即个体面对外来道德的影响如何反应，这其中就有道德信息的选择、道德气氛的感染、道德言行的模仿等活动，同时需要道德认知、道德情感、道德意志等因素的参与，道德习惯的养成和道德人格的形成是道德内化的标志。道德内化不是将道德规范生硬地强行“植入”，而是要学有榜样，道德榜样是道德原则规范要求的生动“标本”，是时代道德精神的集中体现。道德模仿是“学习”道德的开始，也是道德社会化的“自发阶段”，尽管如此也离不开健全的道德心理结构。道德态度是道德内化的关键因素，因为它是从道德认知到道德行为的过渡环节，此所谓“态度决定一切”。道德内化的目的是形成良好的道德行为习惯，道德人格是这种习惯的根本“定型”，表明道德由他律向自律的转化，也表明道德内化的基本完成。这些问题为道德心理学研究提供了广阔的视野与舞台。但是，道德仅成为个人的心理财富、化为个体德性是不够的，它必须作用于社会，成为社会历史发展进程中的合力之一。所以当个体德性表现于外时，就具有了社会（群体）道德的意义，这就使得道德学要研究个体德性的外释（或外化）问题，进入道德社会学领域。

道德外释（moral ex-release）要解决道德由内到外的条件和机制问题。一个具有良好道德品性的人，如果没有合适的环境，是难以产生善举的。社会上出现见死不救、见难不帮的现象，不见得大家都是良知泯灭，而是环境的恶劣远远超出了人的德性所能及的范围，这就需要有道德本身的效力。当然，既定的道德行为规范的实施效力也至关重要，否则就会产生大量道德无效现象。有效力的道德当然要服从，道德服从是一种“心悦诚服”，具有高度的道德自信与道德自觉。道德的实施也是一个系统工程，需要社会方方面面的支持与参与，而不仅仅是一些社会良知代表的呐喊，尤其是当人们对道德的热忱远远不如对物质财富和名誉地位狂热时，道德实施的社会制度化措施是非常必要的。但社会的道德控制仅仅是社会控制的一种手段，如何把握好控制的度，充分考虑社会心理的承受能力，这也是伦理学应关注的问题。因为道德控制的不及或过度都不利于社会的正常发展。以上问题实际上也构成了道德社会学的研究内容。由个体德性作用于社会生活各个方面，就会使整个社会道德生活发生变化，形成一个相对稳定的道德生活方式。这种道德生活方式随着历史的发展和社会的进步会逐渐显出不适应性和落后性，人们急需要对未来的道德生活有所预测，以便及时调整生活方式，以主动的道德生活姿态迎接新的道德生活的到来，这就产生了道德学中的道德变化研究。

道德演化（moral evolution）是对未来社会道德生活发展趋势的一种理性思考，它立足于道德发展规律和现实道德生活，为未来道德生活提供一种可供选择的价值模式。演化心理学表明，只有引起人类行为的心理机制才具有适应性，而适应性机制的产物本身不需要具有适应性。道德适应是个体进入社会场域或由一个共同体生活进入一个新共同体，面临道德上的不适，需要做出调整，这是价值观念和行为方式的调整。道德适应只是解决了道德的纵向流变问题，而道德是在一定的空间中变化的，所以谈道德演化首先离不开道德空间。道德空间有物理与心理、向前与向后、存在与虚拟等多个维度，都是道德演化的场所和对象本身。

当代道德生活的发展趋势是道德的断裂，无论是道德主体间的断裂还是道德内容的断裂，强化道德的连接功能都是当代道德学的重要使命。如果从复杂性看道德发展，其实并没有我们想象的那么美好，个体道德心理的发展随着道德增强技术的运用，已经没有我们所理解的规律了。但这不排除我们对人类未来发展的信心，不排除我们对道德的信心。这就需要有道德预测，没有预测，就难免处于被动，对新的道德革命就准备不足。新的道德革命本质上还是道德继承，文化（或文明）史上的千古哀唱为什么总是"道德沦丧，人心不古"？是否意味着道德从来没有进步过？其实所谓道德进步无非是衡量的参照系前移或更新，"向前看"是"道德进步"的参照。只有着眼于未来，才能正确估价传统伦理道德的合理性，才能充分利用已有道德资源为新道德服务，才能有健康的道德新生活。这种预测的道德生活一旦真正实现，就成为一种新的道德存在，成为新一轮道德生活的起点，人类道德发展的进程就在这种螺旋式上升中显示出来，道德也因此而获得丰富的内容和全新的品质。我们也许可以抛弃道德进步主义，但绝对不能抛弃道德"乌托邦"。

道德存在、道德价值、道德内化、道德外释、道德演化看似为独立存在，其实是一个整体，是一根"链条"上的一个个"环节"。这些环节形成一个"内循环"，但又不是"封闭式"，不但每个环节都是开放地吸取外界信息与能量，而且整体"链条"是"螺旋式上升"，形成新的"内循环"。当我们把"道德存在"作为思考道德问题的逻辑起点时，是作为"静止"的"既成物"，是发生学意义的"开始"，是存在论意义上的"此在"，道德哲学要观照它。"道德价值"无疑是对道德存在理由与意义的"内生"，也是与其他社会意识形态"竞位"的"看家本领"，这是道德价值的内容。道德的客观存在与有意义，并不是道德的目标，它需要内化为人的心理积成，转变为人的行为习惯，这是道德心理学要考虑的问题。在一个正常健康的社会里，光有"好心人"是不够的，个人的道德能量必须充分释放出来，这需要有好的社会环境，这就是道德社会学。道德本身不会凝固，它有自身的变化趋势，新的社会历史条件会提供道德变化的新内容与新方式，又会变成一种新的"道德存在"，这样周而复始，就形成了人类道德变化的独特景观，也就构成了道德发展（进化）学的对象。这种对社会道德现象的开放式把握与全景式观照，就是道德学的独特之处，也是其成立的理由。道德学看似体系庞大，实为道德生活几个关键点的"联结"。

四　道德学及其解惑功用

基于对道德存在与起源的发生学把握，就要思考"道德学是什么"的问题，以及道德学对于解决目前伦理学中诸多理论困惑有什么助益。以此观之，道德学首先肯定不是伦理学。伦理学是研究伦理实体及其关系调节的理论体系。伦理实体以家庭、社会、国家、世界为主，同时兼及其他社会组织、处于人际境遇中的个人和临时性公共生活场合。在这些伦理实体间发生的关系就是伦理关系，就是伦理学要调节的对象，以公平、正义、和谐等作为价值原则，并以具有强制性的制度形式出现，促进利益均衡，从而实现社会秩序的优化。道德学是研究道德现象及其发生发展的理论体系，是关于道德问题的学问，要研究从道德存在到道德内化再到道德社会化的全过程运行。这是以伦理与道德的区分为前提的。道德的主体以社会的个人为主，其道德关系主要是个体间关系，以自由、权利、尊严和幸福作为价值呈现，以良心、义务、责任作为主要的作用机制。

道德学也不是道德哲学，二者是整体与部分的关系，换言之，道德哲学是道德学的重要组成部分，但不等同于道德学。“道德哲学是关于规范和价值，关于是非善恶的观念，关于应该做什么不应该做什么的哲学探究。”①如果我们把哲学分为知识哲学与实践哲学两大类的话，道德哲学肯定不属于实践哲学，因为“在直截了当的意义上，它肯定不是实践的探究”②，而是注重推理的有效性。即使道德哲学探究了“我们应该如何生活”这样的柏拉图问题，那也是没有单一的肯定性回答，它“并不能给你一个决定。它能做的是消除一些混乱，澄清一些模糊”，“所以，不要期望道德哲学来解决生活的实际问题，或成为你可以依靠的支柱”③。道德学是一个由道德哲学、道德价值学、道德心理学、道德社会学与道德发展（进化）学所组成的知识体系，不但告诉人们应该如何做，还能告诉你怎样做，它是理论知识与实践知识的有机统一体。

道德学显然也不是美德学（美德论）。表面观之，道德学与美德学没有差别，但是，“与道德学不同，美德学探讨则围绕舍利执爱原理的建构和实施展开”④。道德学当然要研究道德规范问题，通过规范引导人们服从道德他律，又通过自律机制把外在的道德变为行为习惯并内化为品格，即人品。而人要行美德，就必须具有良好的道德自律品质，必须要有自我克制的能力，所以美德体现的是无目的的合目的性，行美德的方法只能是道义论的方法。⑤“美德的内在生成方式，是涵养德性；美德的行为敞开方式，是个性自由和性情生活，其基本行动方

① ［英］D. D. 拉斐尔：《道德哲学》，邱仁宗译，辽宁教育出版社、牛津大学出版社 1998 年版，第 10 页。

② ［英］D. D. 拉斐尔：《道德哲学》，第 11 页。

③ ［英］D. D. 拉斐尔：《道德哲学》，第 12–13 页。

④ 唐代兴：《伦理学原理·导论》，上海三联书店 2018 年版，第 13 页。

⑤ 唐代兴：《伦理学原理·导论》，第 13 页。

式是无私奉献与自我牺牲。”[①] 显然，美德学仅仅是道德学的研究内容之一，侧重具体德目的论证，如勇敢、同情、怜悯、友爱、慷慨、感恩、敬畏、博爱、节制等，既强调其规范意义，但又不认同是外在规范，所以规范伦理学与美德伦理学经常处于纠纷之中。

道德学如果能独立存在，有助于消解目前伦理学理论中的某些争论，最大的莫过于目的论与道义论之争。道德目的论就是先将某种善的理念视为理所当然的预先存在，然后根据善来解释高尚行为的理论，在这时善具有绝对意义，是优先于正当的，对于善价值的认同就可以指导我们的行为。伦理学史上对应这种观点有快乐主义、功利主义、伦理利己主义、德性伦理学等。道德目的论的主要特点是：明显的效果论倾向、强调道德经验的证实、强烈的道德乌托邦色彩。道德目的论从结果看目的，有一定的合理性，比较接近我们的日常思维模式，也是对认知负责任的致思方法，但最遭人诟病之处就在于目的往往无法完全符合结果表征。如功利主义的理性计算就带有明显的经验实证，整体的考虑与个体的计算根本无法达成统一，功利好就无法促成道德行为主体幸福或快乐的实际效应。加上道德目的论只用善与恶来进行道德评价，关注的只是道德价值本身，而没有考虑“正当与不正当”“合理与不合理”的问题，常常陷入道德理想主义。特别是德性伦理学，将德性作为国家社会建构的终极目标和依据，最后形成“道德理想王国”。与此相反，道义论认为，人的行为意义和道德性质不是在于达成的目的或体现某种内在价值，而是它所具有的伦理正当性，正当是优先于善的。正当性与目的善是不同的，前者意味着他者的评价，意味着是社会公共性的，即任何个人所信奉的道德原则具有社会普遍的合法有效性，也意味着是进入到了伦理领域；而后者仅仅是道德的自我领域。可见，道义论强调符合道德原则就意味着行为的规范化，道义论与规范伦理学总是紧密联系在一起；强调符合道德原则的行为之所以具有普遍正当性，是因为道德原则本身对人们的权利和义务关系做了恰当的规定。可见，道义论的主要特点是：以社会整体利益的公正分配为道德考量目标、对规范有效性的评价是普遍主义的、普遍性规范是基于理性契约之上的道德共识，也是最低限度的行为要求、伦理秩序主义、道德动机论。

不难看出，目的论与道义论的主要分歧无非是三个方面：1. 二者对道德价值的定位明显不同，目的论主张善优先于正当，而道义论主张正当优先于善；2. 二者价值取向不同，目的论主张个体主义，而道义论主张整体主义；3. 二者对

① 唐代兴:《伦理学原理 · 导论》，上海三联书店 2018 年版，第 13 页。

道德评价的主要依据认识不同，目的论主张动机论，而道义论则侧重于效果论。如果我们再深入一层，就会发现，其实目的论与道义论的最大区别在于前者侧重于道德，而后者侧重于伦理。如果我们区分不了道德与伦理，就无法理解目的论与道义论的不同，如果没有一种介于传统美德论与现代伦理学之间的过渡性知识体系，目的论与道义论就难以统一，而这种过渡性知识体系就是道德学。道德学可以实现道德与伦理的统一、善与正当的统一、个人与整体的统一、动机与效果的统一、个体善与共同善的统一。在此意义上，道德学的专门化与独立化是现代伦理学发展的客观要求和必然趋势。当我们步入现代社会，多元的善观念不断出现，传统美德的适应性空间不断萎缩，社会生活不断被公共化和整体化，个体意识反而成倍增强，善与正当的和谐关系被打破，并且成了一个真正棘手的问题。传统的伦理学理论已经无法解决这些矛盾，需要有新的复杂性道德思维。目前，我们就是通过道德学的思维方式强化道德的伦理化与伦理的道德化，使之不断靠拢，达成和谐统一。与其说道德学是一门独立的学科，还不如说它是基于道德复杂性的一种思维方式，这种方式的核心就是在美德与伦理、个体与整体之间搭建桥梁。

法国伦理学家埃德加 · 莫兰认为，"个人道德意识将个体—社会—种属联系起来"，"所有对伦理的关注都应当看到，道德行为是一种连接的个体行为：与他人连接，与社区连接，与社会连接，直到与人类种属连接"①。人要充分地担当起人类身份的三个维度：个人身份、社会身份和人类身份，尤其是要诗意地度过一生。所以，莫兰主张共同体伦理"拥有"每个个体，每个个体也拥有共同体伦理。在传统社会中，共同体伦理以本身的支配力被人们接受；而在现代社会中，它只是以偶然或不均等的方式表现出来。当代个人自我中心主义及利益关系的发展瓦解了传统的互助关系，使互助／责任的问题，即伦理问题变得异常尖锐。同时，家庭共同体在缩小（大家庭的衰亡），并被扰乱（破裂、离婚、代沟）。目前存在于大国内部的社群主义被用来维系集体认同，却没有唤醒高于个体的共同体意识，出现了有伦理无道德的现象。在此重建自我道德是非常必要的，以便通过个体觉悟的途径重新找到互助和责任，而当代最严重的问题正是自我道德的欠缺。社会越复杂，对个体和群体的约束就越少僵化、越少压力，从而整个社会都能从个体策略、动议中受益。但是过度的复杂性会使社会联系松懈，摧毁一切约束，而极端的复杂性则会在无序中自我消解。一个高度复杂的社会不仅应该通过"公正之法"，还应通过其公民个体的道德责任和良知来保证其和谐。社会越是趋

① ［法］埃德加 · 莫兰：《伦理》，于硕译，学林出版社2017年版，第35页。

于复杂化，对自我道德的需求就越迫切。这就是基于复杂性思维的当代道德学建构之路。

【作者简介】李建华，中国伦理学会常务副会长，武汉大学哲学院教授，长江学者特聘教授，主要从事伦理学基础理论、政治伦理学、中国传统伦理等领域的研究。

走向伦理精神（下）

樊　浩

三　“回到事实本身”：“道德国情三部曲”之第二次学术转型

“道德国情三部曲”是我学术进程中的第二次转型，也是转型最明显并且接受度比较高的转型。它包括两大调查报告，即95万字的《中国伦理道德报告》和105万字的《中国大众意识形态报告》，还有正在完成的80万字左右的《中国伦理道德发展报告》。说是转型，有两个特点。一是“很现实”，是全国性大调查的成果；二是“很团队”，以前我的作品都是独著，这三部曲都是在我带领下的大团队攻关。这一转型似乎让同行们有点意外，因为我的研究似乎突然从空中落到人间，一下子“接地气”了。其实，对我来说，真的并没有这么大的变化，一切都在既定的轨道上行进，是自我学术追求的一个进程。

1. 回归一：《中国伦理道德报告》

2005年，国家哲学社会科学规划办公室开启首次全国重大招标项目，既是首次，竞争便非常激烈，名家们纷纷组织团队，但因为审查严格，最后进入现场答辩的团队已经不是特别多了。我组织东南大学的伦理学团队并联合中国人民大学伦理学基地和中国社会科学院应用伦理学研究中心，领衔申报“建设社会主义和谐社会进程中的思想道德与和谐伦理的理论与实践研究”，最后以唯一的伦理学项目进入现场答辩。

这一重大项目的研究历时近六年，其最大收获是推动了我本人和东南大学伦理学团队的学术转型。在此以前，我为东南大学伦理学团队设计的特色是所谓“三元色”：道德哲学、科技伦理、重大应用。现在我们以道德国情的调查研究为“重大应用”的主攻方向，由思辨性的道德哲学研究向实证研究转型，努力形成“顶天立地”的学术气质与学术素质。开始我们完全没有调查研究的经验和基础，于是请南京大学著名社会学家风笑天教授前来指导，后来日益感觉到实证研究的重要，于是干脆组建了一个社会学系，所以本课题的研究和我们的学术转型直接催生了东南大学社会学系的诞生，从全世界的社会学重镇广泛引进青年学者，经过几年发展，目前这个系已是全校国际化程度最高的系科。

近六年的摸索取得了重大进展，那时我本人和我们的团队都因学术挑战而处于高度兴奋之中，在全国的调查对象有一万多人，故称“万人大调查”。它建立了全国第一个最系统的中国改革开放30年后伦理道德状况数据库，对这些数据和信息的研究得出了许多非常独到的发现和结论。例如，中国伦理道德的转型轨迹是“伦理上守望传统，道德上走向现代”；当前中国社会在伦理道德上最不被满意的群体是政府官员、演员、企业家三大强势群体；伦理道德的最大受益场所分别是家庭和学校；伦理道德素质中的最大缺陷是“有道德知识，但不见诸行动”的知行脱节。我的研究成果在《中国社会科学》和《哲学研究》上发表，受到普遍关注。该课题最后完成由六大群体数据库和13篇研究报告组成的95万字的《中国伦理道德报告》。

2. 回归二：《中国大众意识形态报告》

《中国大众意识形态报告》的诞生有点偶然。2006年，江苏省委宣传部决定启动重大项目的研究，部领导指示规划办徐之顺主任找我，让我和常务副部长周世康教授共同主持一个重大项目，我请徐主任给我一周时间思考是否愿意承接这个任务。这个反应似乎有点让人意外，因为在那个时代重大项目是非常稀有的机会，但我觉得自己已经承担了全国重大项目，对是否有精力做好另一个项目没有把握。一周后在大家的推动下我决定接受新的挑战，几经商讨，最后将主题确立为“当前我国思想道德文化领域多元多样多变的特点和规律研究”，在全省组建由思想、道德、文化领域名家组成的精英团队。周世康教授对学术研究和意识形态管理都非常精通，几次课题组讨论使我们很有收获，最后确立了研究的突破口和贡献点：通过调查研究，寻找当前我国思想、道德、文化三大领域中的“多”与“一”、“变”与“不变”。这样，我干脆将国家重大项目和省重大项目的两大调查合而为一。有了省委宣传部的支持，一切就方便了，于是调查研究在全国尤其是在江苏如火如荼地展开了。除了问卷调查，还召开了许多座谈会，尤其是在江苏，我们分别以苏州和盐城为抽样重点，分别代表发达地区和发展中地区，分别召开了两个课题的六大群体座谈会，获得了许多宝贵的第一手信息，最后形成20多万字的座谈会纪要，只是出于保护被座谈者的考虑，最后未正式出版。这个工程最后形成105万字的《中国大众意识形态报告》，同样分为六大群体数据库和23份研究报告。

这是我第一次对意识形态问题进行研究。通过调查研究，我自己做出了许多重要发现，例如：（1）“后意识形态”发现，调查的结论是当前意识形态并没有终结也不可能终结，但具有非常不同的特点和规律，进入所谓“后意识形态时代”，期待政治精英和学术精英的战略联盟，共同解决当前中国社会精神世界的诸多难题。（2）“十字路口”的发现，调查发现，经过30年改革开放的激荡，当前中国社会的大众意识形态的特点既不是“多”，也未达到“一”，即统一，而是处于“十字路口”，对许多重大问题，诸如道德和幸福的关系、发展与幸福的关系、社会的公正状况等问题的回答，都处于所谓“50%状态”，即两种对立的选择率各占50%，这是意识形态的机遇期，也是危机期。（3）“问题共识”：大众价值共识的生成，期待全社会最担忧的两大问题的解决：分配不公与官员腐败。（4）“国家意识形态安全预警”：调查发现，政府官员、演员、企业家在政治、文化、经济上分别掌握话语权的三大强势群体，成为伦理道德上最不被信任的群体，而“知识精英”成为思想行为最大的影响力群体，然而由于知识精英不了解现实也缺乏集体自觉，于是导致思想领袖缺场，因而当主流媒体宣传与国外思潮发生矛盾时，很多人选择“相信国外正确”，由此便导致国家意识形态安全危机。

200多万字的调查报告取得了巨大成功，这不仅是我本人学术转型的标志，也是我们伦理学团队转型的标志，标志着我们走向“顶天立地”的新目标。2010年10月，中国社会科学出版社和东南大学在北京举行了这两本书的首发式和研讨会；会后，《光明日报》将其中一些重要观点做成内参，得到当时中央政治局常委李长春的重要批示，指出报告提出的问题非常重要，必须高度重视，认真研究，《人民日报》等也对其中重要的学术观点进行了介绍。

3. 回归三：《中国伦理道德发展报告》

2013年，我们又启动了第二轮大调查。这次调查的直接动因是江苏省委宣传部王燕文部长作为首席专家主持国家重大招标项目“中国公民道德发展研究”，要我做学术组长，同时我作为首席专家的第二个国家重大招标项目也需要进行全国调查。根据王部长的安排，以东南大学伦理学团队为主体，与中国人民大学国情调查中心（CGSS）合作进行了全国28个省市的伦理道德状况大调查，获得6000个样本。这是与国家社会学团队的首次合作，学术磨合难度很大，比如，样本抽取方法就很不相同，我将彼此分歧概括为“社会学的偶然性vs.伦理学的主观性”；另外，问卷设计方法也很不相同，仅就问卷设计就举办了几次小型研讨会，相互商谈妥协，因为要将我设计的问卷转换为符合社会学调查客观性的内容和形式。与此同时，东南大学团队也在江苏组织了大规模调查，获得1300多个样本。这两次调查在方法手段上要比我们第一次的调查专业得多或“社会学”得多，我们又一次建立了数据库，并对两次全国性大调查的数据进行比较分析，在海量数据中寻找共同信息。在此基础上，建立“中国重大伦理事件信息库”“世界重大伦理事件信息库”，并进行定性研究。这次研究试图描绘中国改革开放30多年来的伦理道德发展轨迹。我的几篇研究报告在《中国社会科学》《哲学研究》等刊物发表，呈现了当前中国伦理道德发展的三大轨迹、大众价值共识生成的三大意识形态期待、伦理道德发展的三大规律。其最终成果《中国伦理道德发展报告》正在形成之中，可以当作“道德国情研究三部曲”的第三部。需要说明的是，这个调研成果是我在省委宣传部支持下组织东南大学团队集体攻关的成果，只是因为我在其中发挥了重要作用，并且推进了我自己和我们的团队关于道德国情的研究，形成关于道德发展的诸多重要成果，才可以将其作为我这一转型的第三部曲。在此过程中，我们建立了“道德国情研究基地”，2015年建立了“道德发展高端智库”，并举办“道德发展高端智库”的首届论坛——“‘信任’论坛”，其成果也是《中国伦理道德发展报告》的一部分。目前，正在组织第三轮全国性大调查，试图通过不断持续的常规性调查，描绘中国伦理道德的发展轨迹。

四　演奏文明交响:“道德哲学讲习录三部曲”之第三次学术转型

这是与第二个、第三个三部曲同时进行的学术转型。这次学术转型的要义有三：一是回到经典；二是教学和科研良性循环；三是文明对话。上述三点重要意义在第三次学术转型中依次展开。

1. 课堂交响曲

自1988年以来，我就开始讲授“中国伦理史”课程，至今已经28年，从未间断，先是给硕士研究生讲授，2000年后给博士研究生讲授。2004年起，又给博士研究生分别开设黑格尔“精神现象学”和“法哲学原理”学位课，都是60课时左右。三门课都是东南大学伦理学博士研究生的主打课程，具有深深的“东大烙印”。

从20世纪80年代末开始，我便在探索教学与科研良性循环的路径，除了“讲稿当作专著写，专著当作论文写”的“后台”即备课路径外，更多的是将新的研究进展和成果及时转化到课堂上，与学生一起分享。所以，我的讲课有两个特点。第一个特点是首先讲给自己听。我认为讲课只有自己满意了，学生才会满意，因而特别重视讲课时自己的状态。在讲课前就认真阅读和消化已经准备好的讲课大纲，从本部到新区有一个多小时的车程，在车上我一般从不与熟人坐在一起，因为这一个多小对我来说非常重要，我让自己进入冥思状态，构思和布局好当天的讲课，包括出场方式、重要观点等，休整后再进入课堂。我一直认为，课堂实际上是老师的一种演绎，所以一经开场便如抽丝剥茧一般讲下去，很少照着大纲或讲稿讲，于是即兴的内容便很多。它使讲课很鲜活，但不仅对讲课状态要求很高，而且逼着自己不断更新和推进。这样的讲课方式，令自己收获也很大，因为在讲课中有很多新的灵感和思想，所以经常一下课，我就开始修改自己的讲课大纲。更直接的推动是，不少东大伦理学专业的学生在校三年间每年都来听我这几门课，甚至有些毕业了的学生也会回来“过把瘾”，重新溜进课堂寻找学术感觉，这就“逼迫”我每年都要有新的推进。其实，只要不断推进自己的研究，只要在课堂上“跟着感觉走”，完全不是照本宣科，课程肯定是常讲常新。所以，在一定程度上，我的研究、我的教学是被学生们，尤其是这些每年前来蹭课的“回炉”生和拿着录音笔“以此为证”的学生们推向前进的。

我讲课的第二个特点，是不像那些具有“现代”意识的老师那样，对自己的知识产权保护有加，不允许学生“倒卖”他们的课堂内容，或申明“倒卖”时要注明“原始持股人”。诚然，对学生来说，要有严谨治学的意识和品质，这也是现代学术规范的要求，但是，我觉得师生关系并不是一般的学术关系，“老师”之“老”，首先是不要跟自己的学生们那么计较。老师讲课的基本目的，就是要学生接受课堂传授的知识、观点和能力，而接受的标志之一，就是转述和运用，如果过于斤斤计较甚至“敝帚自珍”，那只是一个“教师”而不是“老师”，甚至只是一个知识的经销商。也许我过于传统，但我确实很不习惯现在的这种壁垒森严的师生关系。而且，更重要的是我认为一个真正优秀的教师，真正自强不息并且有实力的教师，应当有这样的自信：即便我的观点、我的理论被学生占为已有，但当你介绍今天我的观点的时候，明天我已经又向前走了一步，所谓“日新又新”，总是在不断思考中将学术推向前进。而且即使真的被占有，“原唱”与“模仿秀”毕竟在境界上有很大差异。这种做法似乎有点纵容学生，但我偏执地认为，与一些在知识成长中嗷嗷待哺的学生计较，真的不够境界，不够自信。我这样做不是在替学生的缺陷辩护，也不是在给自己加压，我很享受这种陶醉于“学术气场”的过程。所以我的课堂很饱满，往往一个单元三节课讲下来，学生会整理出三四万字讲课实录，可见讲课中话语频率之快。当然缺点是缺乏课堂讨论，但我顽固地认为，对这样艰深的原著课来说，老师首先要尽义务将内容讲深讲透，不能以课堂讨论作为老师偷懒的美名；至于讨论，应当在主课堂之外另行组织，当作学生消化回味的过程。这样，我的三门课最后每门都有五六十万字的课堂实录。

起初讲授时，试图准确把握各种经典的意义内涵，它属于“照着讲”，实际上是未达境界，有了一定积累，稍许能够从心所欲之后，开始追求一个“通”字，既是在体系内部的“通”，也是中西方道德哲学之间的“通”，于是，已经是在进行中西方经典，乃至中西方道德哲学之间的跨文化对话。“通”到最后，真的发现伦理道德确实是中华民族对人类文明做出的最大贡献，中国传统道德哲学的许多伦理智慧一直走到黑格尔那里才基本达到，这不仅给学生以文化自信，而且也给自己和学生以文明自觉，它对我的学术研究推进作用很大。当经典讲授贯穿文明对话并且与自己的研究合璧时，事实上已经是在“接着讲”和“自己讲”。正是在这个意义上，我将三门课所形成的“三大讲习录”当作自己学术研究的另一个转型，是走向文明对话的自我学术超越，它们所演奏的是文明对话的学术交响曲。三门课所形成的三大讲习录分别是：《中国伦理精神讲习录》《黑格尔道德现象学讲习录》《黑格尔法哲学讲习录》，经过三次修订，三大讲习录共150余万字，但至今仍未定稿出版，因为我还需逐字推敲修改。

2.“中国伦理精神”交响曲

《中国伦理精神讲习录》的讲授大纲在三门课中相对简洁，因为我对这个内容太熟悉了。这个讲习录试图进行三大对话：与不在场的先哲的精神对话；诸历史时期先哲们之间的精神对话；与西方尤其是黑格尔道德哲学之间的精神对话。

我以为，研究文本也好，研究历史也好，本质上是作为在场者的“我们”透过文本与不在场的主体之间的精神对话，所以我总是反复提醒学生，阅读经典、研究历史，首先必须有一个恭敬的态度，因为任何一个被历史记住、在现代依然在文本中活着的先人及其学术都值得我们献上一个心灵的鞠躬，他们都是经过几百年乃至数千年的大浪淘沙洗礼和蒸馏的精灵。一个显然的事实是，我们今天自以为做了很好的研究，但其实这个时代如果有一位学者将来能被历史记住就已经非常值得骄傲了。这与厚古薄今无关，而是培养学生的恭敬之心，去掉骄纵浮躁之气。

课程及其讲习录的核心任务和最大目标，是通过不同历史时期先哲之间的对话，复活民族伦理精神的生命。我相信这样的命题：民族是伦理的实体，伦理是民族的精神。所以我的“中国道德哲学”最重要的在场者不是孔子、孟子、朱熹、王阳明，而是“中华民族”或“中国人”，准确地说是中华民族的“伦理精神”，这是一个抽象的在场者，也是一个有待我们复活并由此而鲜活的在场者，孔孟等先哲之所以被人们记住，就是因为他们道出了那个时代民族伦理精神的真理和福音，杰出地代表并生动地呈现民族伦理精神成长中的某个阶段的生命活力。所以，我总是引导学生学会欣赏学问之美，找到学问的感觉。这门课和讲习录试图演绎的学问之美，就是倾听民族伦理精神的心音。如果只将《论语》当孔子讲，将《道德经》当老子讲，那么孔子、老子就是故人，都是无生命的碎片，如果将他们当作中华民族初年在由伦理世界走向教化世界进程中生动伦理正剧的杰出演绎人，那么他们就是那个最重要文明转型中时代精神和民族精神的代言者，是“一切时代的同代人”。与其他伦理史不同，这个讲习录从古神话讲起，从民族童年的实体意识开始，将中国伦理精神的发展分为“孕育展开—抽象发展—辩证综合”三大生命进程，古神话、《周易》时代是孕育期，呈现的是原初的伦理世界；春秋战国是伦理精神的展开，是由伦理世界向教化世界过渡的法权状态。整个汉唐的漫长过程是中国伦理精神的抽象发展的文化选择期，它经过道家、儒家、儒道结合的玄学、佛学、向儒学复归等诸多文化试验和文化选择过程。宋明理学是辩证综合，是中国传统伦理精神的成熟期和完成期，然而，成熟了也就终结了。

所以，我对讲授对象的选择，不是因为其杰出的作品，而是因为他们在中国伦理精神发展过程中的贡献和地位，他们都是在中国伦理精神的辩证发展的生命节律中具有节点意义的人物，我曾比喻说，他们是5000年伦理精神生长过程中生命驿站的站长。由此，让学生也让自己踩着民族伦理精神的生命节律和生命旋律，跟着历史的节拍前行。说不清这是“学问”还是“思想”，我想，在学问和思想之外，可能还有另一个东西，这就是生命，这就生活，根本来说这就是“人”。伦理道德如果找不到这个“人”，不能倾听这个“人”的心音，我认为不能算成功。在这个意义上，我认为，尼采能“瞧，这个人”，无论从提出问题还是达到的哲学境界，都是很了不起的。在20世纪90年代后期，我就在这门课上给学生出了288道题，不是用题海战术压学生，而是让学生跟着这些问题寻找民族伦理精神的生命，追寻“中国伦理精神”的感觉。

3.“法哲学”—“现象学”交响曲

《黑格尔道德现象学讲习录》和《黑格尔法哲学讲习录》无论讲授、大纲，还是讲习录都做得异常艰苦而漫长。因为这两本经典的晦涩，因为它们所达到的难以企及的形上境界，当然更因为自己功底的缺乏，每一本经典我都反复琢磨和钻研了十遍以上，逐节、逐句、逐字阅读推敲，个中艰难只有自己知道。在此基础上做成讲授大纲。说是讲授大纲，实际上是两本经典的学术大纲。在大体理解的基础上，我“扫荡式”地对它们逐节做成大纲，不放过任何一节，不放过任何一个思维纽结。同样，这是一种笨功夫、死功夫，也是一种硬功夫，这种阅读理解简直就是对耐力的极限考验，很多时候，在电脑前我几乎枯燥劳累得要吐，但硬是逼着自己坚持了下来。在2004年至今的十多年中，我先后为两部经典做了五次大纲，2015年将最新版大纲打印成册，它们已经是对两部经典理解的“樊氏版本”。两本书“啃”下来，两份大纲做下来，自己身上所有的躁气、浮气也就都被赶跑了，当然也多了些“暮气”，书催人老，我和书一并老了。这样下来，两部经典已经被“折腾”得惨不忍睹，不仅各种标注颜色令人眼花缭乱，而且纸张经常“各奔东西”。但是，它们已经是我所有学术财富中最宝贵的财产了，做研究时，一般我都带着它们，不少内容已经无须核对就能报出页码，无论讲课还是在家里，都将它们最妥善地保存。在我看来，任何学术文件都可以丢，唯有这两本书不能丢，因为它们已经烙上我太多的信息。

《黑格尔法哲学讲习录》是最先形成的一个版本。正如恩格斯所说，黑格尔的《法哲学原理》就是他的伦理学，而且《法哲学原理》比《精神现象学》好读，所以我从它开始。我总是提醒学生：（1）这是黑格尔亲自完成的四本书中的最后一部，是他最成熟也是作为“官方哲学家”的最保守的一部；（2）它虽是一个讲课大纲，但逻辑体系的严密与严谨是哲学训练最能直接受益的著作，当然，正如美国当代哲学家黑尔所说，从这部书中也可以看出，黑格尔并不是一个讲课的高手。《黑格尔法哲学讲习录》先后录制和重新整理过三稿，但我还准备重新做一篇，因为每次讲课都有新的收获，我努力将它做得比较成熟。

《黑格尔道德现象学讲习录》的书名已经昭示，这不是整个黑格尔精神现象学的讲习录，而是其中的伦理道德即客观精神部分的讲习录，其内容只有178页。作为黑格尔亲自完成的第一部书，它是不折不扣的“天书”。为了给学生以激励，也为了给自己以使命感，开讲时我有点夸张地对学生说：现在我们开始读“天书”，我能给大家的承诺是，如果诸位能读懂这本书，我保证你们今后就能读懂天下所有书。这个讲授及其讲习录所做的对话主要是三个。一是黑格尔体系之间的对话，尤其是现象学与法哲学之间的对话，对话的主题是：为什么在两个体系中，伦理与道德具有完全不同的地位？现象学的体系是“伦理世界—教化世界—道德世界”，法哲学的体系是“抽象法—道德—伦理”。这个问题我自己也研究了多年，通过这两部经典之间的对话，可以真正理解黑格尔“精神”的秘密，因为现象学研究的对象是“精神”的一种形态，即“意识”形态；法哲学研究的是“精神”的另一种形态，即“意志”形态。二是黑格尔道德哲学乃至德国古典哲学、西方道德哲学与中国道德哲学之间的对话，比如，黑格尔在《精神现象学》中说“道德是一个永远有待完成的任务”，这一命题，这一智慧其实在孔子“仁”的理念中就已经提出，因为在孔子看来，仁既是一种德，又是一切德，只能不断逼近，但永远不能达到，所以孔子从未称赞谁是“仁人”，唯一的选择是“颠沛必如是，造次必如是”的自强不息。黑格尔的体系理论，可以与宋明理学直接对话。由此也就不断给学生这样的演示与暗示，伦理道德确实是中华民族对人类文明做出的最大贡献，中国伦理道德确实是不同于西方的特殊文明形态。三是经典与学生之间的对话。黑格尔的两本书是进行哲学训练的最好教材，在讲授过程中，我总是不断引导学生去感受哲学之美、伦理之美。因为黑格尔的思维非常严密，但又非常宏大，我以中国园林的“宽可跑马，密难藏针”喻之，由此形成体系的生命之美，体系美到去掉其中任何一节，就会发生思维断裂甚至落下体系的残疾，所以我总是说，“庖丁解牛”的中国智慧对黑格尔体系不适用，因为黑格尔体系严密到无处下刀。正如西方一位现代哲学家所说，对黑格尔哲学，要么全部接受，要么一个也不接受。《黑格尔道德现象学讲习录》至今也做了三个版本。这178页，我每次都讲60节课左右，几经删减，形成50多万字的课堂实录。

4. 文明的协奏

三大讲习录，不是研究性专著，但因为讲授，因为演绎，因为以研究为基础并不断推进，因而它在相当程度上已经不是“照着讲”，而是“接着讲”“自己讲”。它是中西方道德哲学的一种共时性对话，在思维中，在讲授中，在研究中，我努力将它们演奏成道德哲学的文明交响曲。同时它也是与学生的直接对话，这是老师的天命，也是老师的特权，我很享受这种特权。所以，在三大讲习录中，都有一个“寄语学生”的结构，它表面看来有点东拉西扯的发散，实际最鲜活，也对学生最有启发，其内容与灵感往往直接来源于我当天或昨夜的所思所读所见，它们就像市场上的新鲜时蔬。根据自己的研究体会，我努力让学生寻找“哲学的感觉”。我将“哲学的感觉”表述为两点。一是“炼钢炉感觉”，哲学训练达到一定程度，大脑或思维就像一座炼钢炉，任何矿石扔进去，都会化成钢水流出，进而加工成任何期待加工的产品。这便是哲学建构的能力。二是“纺纱的感觉”，我总是笑谈让学生们学习农村老太婆纺纱，一团棉花，在老太婆手中居然将那些短得不能再短的碎片抽成绵延万米的长纱，最后织成柔韧无比的布料。这是克服“碎片化”的现代性病灶的体系化能力。现代人故意冷落黑格尔，嘲笑他的体系化，实际上很可能是因为现代人已经丧失体系化能力的一种学术嫉妒。因此，必须形成一种哲学的心态、哲学的硬功，这个心态和硬功就是台湾著名诗人翻译的英国诗人拉松的那种境界：“心有猛虎，细嗅蔷薇。”人们常常向往虎气的那种威猛，然而思想和学术的最高境界，不是居高临下和咄咄逼人的虎啸，而是降服桀骜不驯的本能冲动，让思想的猛虎匍匐于蔷薇丛中，细细品味花朵的芬芳。也许，这就是《诗经》所说的“动如脱兔，静若处子”的“中国境界”吧。

当然，这样兴之所至地发挥下来，常常五六十节课根本不够用，经常是前面内容讲得很细，后面没时间。为了做讲习录，有一年我做了一个试验，将“中国道德哲学”倒着讲，先讲宋明理学，然后再从古神话开始梳理，这种讲法居然收效很好。因为我是将中国伦理精神当作一种生命过程来讲，倒着讲实际是对民族伦理生命的一种倒叙，也不失为一种风格，就像传说中的辜鸿铭先生当年在德国将德国人的报纸倒着读一样。

五　放飞想象：襁褓中的第四次转型？

综上，自 1978 年闯入哲学天地，1988 年漫步伦理学领域，30 多年的总体学术轨迹可以写意为：四个三部曲，三次转型，一个主题。从中国伦理精神的家园出发（“中国伦理精神三曲”），由中国伦理精神研究到道德形而上学研究是第一次转型；由道德形而上学研究到伦理道德的实证研究是第二次转型；由伦理道德的实证研究到中西伦理经典的对话研究是第三次转型。四个三部曲，12 部著作，三次学术转型，形成“历史研究—形上研究—实证研究—对话研究”的不断推进的学术进展，表现为“从传统家园出发—叩问形上世界—‘回到事实本身’—进行文明对话”的心路历程，它们演绎的都是同一个主题——走向伦理精神，整个过程表现为“伦理”与“精神”的一次诗意的邂逅。它是一个从中国伦理精神的家园出发，上求下达，追求“顶天立地”，最后进行伦理精神的文明对话，寻求中国伦理道德的话语权的学术求索和精神发展过程。2015 年 11 月，《哲学分析》杂志社与东南大学人文学院联合在东南大学召开“‘走向伦理精神’——樊浩学术思想研讨会”，虽然我对举办这个活动在相当长的时期内有点犹豫和勉强，因而一拖再拖，但最后还是决定将它作为自己的一次学术反思和学术求助活动。来自海内外的 100 多位专家学者对我进行了学术帮助，收获很大，祈望以此为阶梯，将自己的学术研究推向一个新的人生境界。

1.“认识你自己！”

纵然自己 30 多年在学术道路上纵横捭阖，不息努力，但自知只是一个勤奋的觅食者，“草根”本色已经注定了我在学术上有诸多不足。与那些一流学者相比，我并没有受到最好最完善的学术训练，学术发展的道路都是自己摸索出来甚至误打误撞的结果，我只是有点上进心，善于不断反思，不断总结而已，因为出于自己的摸索比较鲜活，对同样是“草根”的学生比较适用。30多年治学路和学科发展的路走得这么艰苦，只能说明自己是“草根”本色，说明自己的不足。记得当年宋希仁老师曾经感慨过：你的学术研究为什么这么辛苦，付出这么大代价？我反思过，因为自己先天不足，就像那些憨态可掬的大熊猫。人们都以大熊猫为贵，我一直认为，大熊猫所有的宝贵就是因为它的稀缺，稀缺是因为智商不高，智商不高是因为营养不够。大熊猫吃竹子，竹纤维根本没营养，所以它必须每天70%以上的时间都用于进食，于是越吃越笨，越笨越吃，最后濒临灭种。因为有“人类”这个中心，“人”这个“类”担心一旦大熊猫完全消失就在自己的世界少了一道风景，因而便视若天下珍奇，倾其所有延续它奄奄一息的物种香火。我当然不是大熊猫，没有大熊猫这般珍奇和福分，但自己的研究可能也是这番道理。之所以还得到一点肯定，甚至居然莫“名”成“家”，也许同样因为先天不足。这个世界的人大都很聪慧，需要刻苦勤奋才能有所获的人实在太少，于是为了保存这个稀有的“笨种”，以免让聪慧的世界失去莫泊桑所描写的那种“陪衬人”，便经常得到些许奖赏和激励。我明白，这只是对大熊猫那样“憨态”的大度“点赞”罢了，最高贵的人应当不是演员而是观众，不是获奖者而是颁奖者，这是简单的道理。

稍许反思，我的学术至少有四个很大的缺陷。第一，文本功夫缺乏，没有训诂考据的厚实功底，因而根本不可能成为真正的学问家。第二，资料搜集能力缺乏。每次做研究前，我总是担心别人的研究和观点会左右自己，因而不是先广泛阅读，而是将自己关起来沉思冥想，并且很享受这种思想的漫游和独处的寂寞，常常一关就是数天甚至数周，只是在有所“先见”或“偏见”之后再去看别人的东西，但也不是很充分，因为我相信，智力、知识和智慧相当的人，最后总是会说出大致处于同一境界的话语。因为这个缺陷，我不仅不能“综罗百代”，也不能“综罗当代”，所以从来不能写出诸如“当代中国伦理学60年（或30年）”那样的宏论，甚至从来没有能力对中国伦理学的某一领域的发展做综述和评论。第三，过于传统，无论为人还是为学都传统得有点僵化，我相信传统是因为它是一种建构同一性的精神力量，因而是一种教养，但因为过于固守，执着守望，缺乏因时而化的适应力和应变能力，所以我很少参加热点问题的讨论，名之曰“志在前沿而不在热点”，只是“高级而无趣”的少数，甚至是“狗不理”式的自说自话者。第四，最明显的是，我的外语能力不够，虽能勉强阅读，但

2002年那场大病，彻底打破了我的“国际梦”，不可能成为“合纵连横”的“国际学者”。这些缺陷，是我的瓶颈，也是我的极限，我只能像庄子所说“知其不可奈何而安之若命”，虽然有时偶因孔子的基因发作会“明知不可为而为之”，但古希腊阿波罗神庙上那句话已是人和人类文明的咒语：“认识你自己”！在命运面前，也许一切都只是玩跷跷板的游戏罢了，乐天安命吧！不过，困厄让我学会了自我超度：不是我有缺陷，只因我是正常人，其他人都是“超人”，因而才有金刚之身。可改变的永远是自己的心态和追求，而不是整个世界。

2. 放飞一：诉求“中国话语”之《现代伦理学理论形态》

四个三部曲完成后漫游何方？脚步已经迈出，两项成果或接近完成，或已有蓝图。接近完成的是70万字左右的专著《现代伦理学理论形态》；已有蓝图的是专著《伦理道德的精神哲学体系》。两大工程，围绕一个主题，建立伦理道德或以“伦理精神”为核心概念的中国话语与中国理论。它们是否是第四次学术转型有待探索，但可以肯定的是，它们确实是学术推进的一个阶段。如果说先前的四个三部曲、三次转型是“开花”，正在进行的研究多多少少是试图追求“结果”了，因为书名已经显示，它试图建构“话语”与“体系”。

《现代伦理学理论形态》是我作为首席专家承担的第二个国家重大招标课题的成果。2010年，在同事们的鼓动下，我申报了第二个国家重大招标项目，虽然在此以前我曾发誓决不再承担重大项目，因为项目的研究和组织实在太难了。申请课题名称原为“现代伦理学理论形态研究”，然而最后下达时加了一个“诸”字，然而就这个“诸”字，改变了课题的主题和内容。我们原初的立意是在以前道德哲学研究和道德国情调查的基础上，探讨现代伦理学尤其是现代中国伦理学的理论形态，但加了这个“诸”字，似乎变成对现代伦理学尤其是西方伦理学的诸形态、诸流派的研究，原创性大大减弱。于是我决定对两大主题进行折中，一方面守住初衷，另一方面努力符合下达课题的要求。不过，在不断摸索中我改变了团队的组织方式，将团队成员主要定位于我的一些已经毕业的“老博士生”和少量年轻教师。因为这个课题的最大目标是进行集体性理论原创，没有学术上的传承关系和共同气质是很难完成的。同时我还有另一个考虑，东南大学的伦理学应该形成学派，而形成学派就必须把我们已经毕业的数百位博士生组织起来，这个课题是走向这一目标的一次尝试。我的总体谋划是：第一个国家重大招标项目带出东南大学校内团队，第二个国家重大招标项目带出东南大学校外团队。我用两年多的时间制定了一个非常详细的研究提纲，先后召开了五次研讨会，而且每次研讨会都是建立在我已经发表了多篇论文的基础上，以此进行引导和讨论，可见难度之大。

这项成果的基本理念是四个“回到”：回到中国传统和中国话语；回到文明传统；回到人和人类的生命过程；回到伦理道德本身。调查已经发现并证明，当前的中国文化依然是伦理型文化，遵循伦理型文化的规律；伦理道德过去是、现在是、将来可能依然是中国文明对人类文明做出的最大贡献；而伦理型的中国文化之所以屹立于世界文明之林，最重要的原因之一，就是它形成了伦理道德一体、伦理优先的精神哲学形态。据此，本课题和该专著试图做的最大原创有三。第一，提出并建构“伦理形态”的理念和理论，以“形态观”超越目前流行的“流派观”“学派观”，并以此回到中国传统和中国话语，其基本观点和方法是：通过对文明史的重新梳理和诠释，将中西方伦理道德发展的精神哲学史分为伦理形态、道德形态、伦理道德形态三大形态，以此回归文明传统和人的生命过程。第二，依此对现代西方伦理学的诸流派、诸学派重新诠释，将其归结为伦理形态、道德形态、伦理道德形态，以此走出“伦理学丛林”，回归伦理道德本身。第三，关于现代中国伦理道德发展的形态研究，包括由全球化、高技术、市场经济冲击所导致的一系列形态难题，由此回归中国传统和中国话语。这个成果相当意义上综合了前两部曲和第三部曲的前两部著作的一些成果，试图确证和建立“伦理道德”的中国传统的世界解释力和表达力，是一次集体原创的学术尝试。

这个课题的最大“学术野心”是：不仅建立道德哲学的“中国话语”，而且以“中国话语”作为世界的重要话语方式和价值尺度，重新建立对伦理道德尤其是西方伦理道德的诠释和评价体系。虽然难以达到目标，但至少可以撼动一下当今道德哲学体系由西方学术一统天下的话语霸权局面，让中国话语在场和出场。不是出于意气，也不是狭隘的民族主义，中国伦理道德对人类文明的贡献，应当取得这样的地位。作为伦理学者，也应当有这样的追求真理的勇气和抱负。

3. 放飞二：建立“中国理论”之《伦理道德的精神哲学体系》

在第四个三部曲即“道德哲学讲习录”成稿后，我已经为人文学院的本科生开设了一个大平台课“伦理”。自2000年任院长始，我就在考虑如何建立文科大学生所必需的基本知识结构的问题，通过思辨和长期思考，最终在全院建立“六理”课程体系：“物理”—心理—法理—伦理—艺理—哲理。“六理”课的精髓在“理”，要义是“讲理”，它是人格发展的体系，也是“人”的建构的知识体系。“物理”不是自然科学的“物”之“理”，而是探讨人如何从自然界脱胎出来，如何从自然的存在上升为“精神”的存在。人的确证是“精神”，“精神”的本质是出于自然而又高于自然，与自然相对立，孟子所谓“人之异于禽兽者”也。“心理”也不只是基于生物学的那种“理”，而是“心”之“理”，是一个人的心如何成为所有人的心之“理”，或中国传统文化中的所谓“人心”之“理”、“正心”之“理”。“法理”不是法律或法学，而是意志自由之理，正如黑格尔所说，法的基地是精神，精神的出发点是意志，意志的本性是自由，“法律”只是“法”的定在。在此“三理”基础上，一个精神世界诞生了，它由“伦理”缔造。伦理是本性上普遍的东西，因而伦理透过“精神”将人从个别性的“单一物”提升为“普遍物”的过程就是人的个别性与普遍性的精神统一。由此便由善走向美，达到所谓“美好”，追求苏格拉底所说的“好的生活高于生活本身”。最后是建构“哲理”的大智慧，“哲理”不是一般的哲学教条，而是达到永恒、追求终极的人生大智慧。有了“六理”的“理想类型”，2010 年，我们开始招收文科试验班，大学一年级不分专业，开设“六理”课。我制定了一个 40 多页的“伦理”课讲授大纲，从“我们的世界怎么啦”和“伦理如何与我们同在”的追问出发，形成由“伦—理—道—德—得”五大结构构成的伦理道德的精神哲学体系和中国话语体系。它同样是一本独立专著的详细大纲，预示着在以前四个三部曲的基础上，开始建立伦理道德的“中国体系”和“中国话语”，它一如既往地以“伦理”和“精神”为两个坐标点，是伦理道德一体、“伦理”优先的“精神哲学”体系。“伦—理—道—德—得”的结构体系表明，它是以中国话语进行中国表达，建构中国体系。该课每年面向 150 多位新生，共多个课时，已经五年，只能基本讲清“伦”—“理”二字。大纲成熟到这个程度，只需要劳务的功夫就可以完成这部著作了。当然，近期根本不可能有写作的计划，因为我要首先完成“道德哲学讲习录三部曲”的修订定稿，这将又是一场耐力的大比拼，其功夫和工程量丝毫不比完成三部独立著作小，还没开始，我已经有点“不寒而栗”地怯阵了。

4. 放飞三：让“伦理精神”“诗意地居住”

这部书完成后做什么？我早已开始“想入非非”，这次将自己的想象放飞得很远，简直有点匪夷所思：写小说。我总觉得这个世界所有的“学科”“体裁”都是人类对自己有限精力和有限智慧的制约，关于中西方文化和哲学之间差异的把握同样如此。可解释的是事实，不可解释的是生命和生活。如果达到真正的大智慧，关于人的生命和生活的理解及其理论应当是相通的，一切差异都是庄子所说的“因其大者而大之”，“因其小者而小之”的结果，所以最需要改变的是对待这个世界的态度和智慧。

对我们这代人来说，几乎每个人年轻时都做过文学梦，我沿袭至今的“樊浩”笔名就是高一时给自己起的，追的就是这个文学梦。当下的这个小说想象，并不只是续“文青”梦而做“文老”，而是想做一个尝试，用文学的语言和体裁呈现伦理的世界及其真理，继而挑战自己，致力于新的学术转型。也许这是一次回归吧，因为我们每个人生来就是一个文学家和艺术家，会梦想，喜欢听故事，会唱歌跳舞，哲学家、伦理学家、科学家等都是后来教化和异化的结果。就目前的想象，我准备完成两部小说体裁的作品:《远古的故乡》与《外衣》。《远古的故乡》以自传的文学体裁完整地记载和呈现一代人所经历的那种文明大裂变、文化大裂变，裂变之大之深刻，乃至“故乡”已是“远古”，留下一部时间老人、沧海桑田的杰作和一代人的伦理记忆的科罗拉多大峡谷。《外衣》试图窥探人的本真状态，掀开教化世界披在人身上的种种外衣，如教育、职位、职业、声望等。每个人都是一丝不挂地来到这个世界，人类的初年也同样如此，“赤子”是人的本真和本色，人类祖先亚当、夏娃在伊甸园偷吃智慧果后的第一个反应就是使用遮羞布，这是人类的第一件“外衣”，从此便犯下“原罪”，在这个意义上，“外衣”就是人的“原罪”。正因为如此，人每天晚上都要脱下所有的外衣，回味“赤子”的本真，所以，有人说人最大的考验，是每天晚上在脱下所有的外衣后是否有勇气直面自己那赤裸的灵魂。卸下所有的外衣之后，人是什么？是精神，是精灵，是灵魂，一句话，是赤裸的“人”本身。《外衣》所要呈现的就是这个主题。我没有把握完成它，因为完成它不仅像以前的作品那样需要理性，更需要激情，激情是燃烧着的理性和智慧，我怀疑自己是否有足够的脂肪可以为智慧提供燃料，但是，有想象就有梦，有梦就有激情。也许，它们就是我现在能够想象的新的学术转型吧。《远古的故乡》展现流动着的“伦理”与“精神”;《外衣》呈现静默着的“伦理”与“精神”；最后复原和还原的都是一个主体——“人”。如此，“伦理”与“精神”便诗意地“邂逅”，“伦理精神”也在人的心灵和生命中“诗意地居住”。果真如此，也许就不仅如尼采所说“瞧，这个人”，而且回到苏格拉底，发现“人”本身，童真而豪迈地向世人指引——

“瞧哪，人!”

【作者简介】樊和平，笔名樊浩。东南大学人文社科资深教授，东南大学学术委员会副主任，人文社会科学学部主任，道德发展研究院院长，教育部长江学者特聘教授，江苏省首批高端智库“道德发展智库”首席专家兼总召集人。

文明冲突与中国和谐智慧

——王治河教授访谈录

王坤宇 整理

【导语】 面对当今世界出现的“百年未有之大变局”，一方面，可以看到不同的意识形态与文明形态之间的冲突；另一方面，不同文明之间也迫切地需要找到解决这些冲突的途径。从现实来看，人类全球化的进程和文化多元化的发展似乎也在同步进行，这也使得那种单边主义和文化霸权失去了根基，即在当今世界没有哪一种文明能够有足够的信心和能力去解决复杂的全球性问题。因此，我们需要更多具有包容性和协商性的文化元素，以“取长补短”“兴利除弊”的方式来整合人类的文明。对此，王治河教授提出的“中国和谐主义”是一个非常具有启示意义的思想路径与实践方法。基于此，我们特别约访了这一思想的建构者，美国克莱蒙特研究生大学博士，美国中美后现代发展研究院执行院长王治河教授，请他来谈一谈面对当今世界的文明冲突，中国和谐智慧所具有的意义与价值。

访谈时间：2020 年 1 月 12 日—5 月 18 日

访谈地点：美国

访谈者：王坤宇（重庆师范大学副教授，美国佛蒙特大学博士后）

被访谈者：王治河教授

一 “中国和谐主义”是引导西方世界了解中国的有效途径

王坤宇：王治河教授您好，首先感谢您接受我们的访谈。近期您的大作

《过程与多元：中国和而不同思想研究》在匈牙利出版，我们也在此表示祝贺。这本著作在西方世界引起了广泛关注，也开拓了西方认识中国文化的新视角，因此，我们想请您首先介绍一下这本著作及其在西方世界的影响。

王治河：非常感谢。这本著作我大致分为六章来陈述，其核心是希望通过一种中西比较对话的语境来展现中国传统思想的当代价值。前几章主要对多元文化对话领域中对当代西方具有重大影响的几个思想流派进行了梳理和点评，特别是对希克的普适多元论和海姆的宗教特殊主义以及怀特海式的多元论进行了点评。如您所知，要加入别人的讨论，要和别人对话，首先要了解别人在说什么？对话进行到什么程度了？具体卡在哪里了？等等。绝对主义的排他论和相对主义的多元论之间的对立可以说是当代文明对话中的一个坎。我在书中通过提出“中国和谐主义”，意在帮助人们迈过这道坎，走出普遍主义与特殊主义相对立的深谷，寻找一条各种文明之间和谐相处的中道。我强调“中国和谐主义”首先是一种态度，一种尊重他者和愿意向他者学习的态度，它意在启迪对话的双方如何既学到对方最重要的东西又不丢弃自身的核心关怀。在这方面中国文化提供了一个很好的样本。在当代西方推动多元对话的先驱、著名过程哲学家小约翰·柯布看来，中国传统的儒释道互补就很好地体现了中国文化的包容性和开放性，“佛教徒、儒家、道家和其他人并肩生活”①。这一切构成了对中国和谐主义的实践支撑。另外，通过强调互补和创造性转化的概念，过程取向的中国和谐主义超越了普世主义和特殊主义、绝对主义的排他论和相对主义的多元论之间的二元对峙，从而为真正的开放和公正地对待其他文明开辟了道路。这其中，创造性转化特别重要。用柯布的话说，“无论一个人怎样深入地委身于自己的传统，一旦理解了需要对其他传统进行开放和对话后，那就会在参与对话的每个人身上产生一种令人惊喜的转化”②。

此书的英文版发表于2012年，③由于直接介入了当代西方关于比较哲学、文明对话和宗教多元论的讨论，此书引起了一些西方学者的关注。如亚马逊网认为，这本书通过提出“中国和谐主义”为当代跨文化对话提供一个“独特的过程—关系进路”。波士顿大学教授、著名波士顿儒家的代表人物之一的白诗朗

---

① John, B., Cobb, Jr., “Is Whitehead Relevant in China Today?”, in Xie, Wenyu, Wang, Zhihe, Derfer, George E, *Whitehead and China*, Frankfurt/Paris: Ontos Verlag, 2006, p.19.

② John, B., Cobb, Jr., *Transforming Christianity and the World: A Way Beyond Absolutism and Relativism*, Orbis Books, 1999, p.3

③ Zhihe Wang, *Process and Pluralism: Chinese Thought on the Harmony of Diversity*, Frankfurt/Paris: Ontos Verlag, 2012, p.221.

（John Berthrong）先生在特意为该书撰写的书评《中国和谐主义：过程思想的新版本——评王治河〈过程与多元：中国和而不同思想研究〉》中认为，“中国和谐主义”的提出是过程思想的新拓展。美国格雷斯兰大学教授罗伯特·梅斯勒在另一篇书评中则指出：“中国和谐主义对探索宗教多元论是个丰富的贡献”，而且“将阴阳思想作为中国和谐主义的来源之一，对我而言具有很大的启发性”。匈牙利布达佩斯特长期可持续发展研究中的主任阿提拉·格兰德皮埃尔在一篇书评里认为：“当今时代最大的危险是对其他文明的无知和误解。因此，了解另一种文明的思维方式至关重要，对西方人来说尤其如此。《过程与多元：中国和而不同思想研究》一书对于我们了解东方人的思维异常重要。”

这本书能够在匈牙利出版，其实也能够从一个侧面反映出中西文化对话的必要性，以及西方世界对中国文化的兴趣点。其一，从匈牙利本身的历史文化背景来看，匈牙利地处欧洲中部，是中欧文化交流的桥头堡，历来就青睐中国文化。可以说匈牙利的传统文化和中国传统文化之间存在许多息息相关的地方，诸如彼此都持一种“有机宇宙论”，即都把宇宙看作有生命的。中国人讲“生生”，匈牙利的民族符号则是“世界树”，象征着活生生的宇宙。匈牙利乡村保留着的生态法则也很接近中国“天人合一”的理念。其二，匈牙利是前社会主义国家，依然留存了许多社会主义的遗产。其三，也是最主要的，和其他国家一样，今天的匈牙利也面临现代化的困境，亦即北京大学叶朗教授所概括的三个失衡：（1）人的物质生活和精神生活的失衡；（2）人的内心生活的失衡；（3）人与自然关系的失衡。因此亟须从中国传统文化中汲取破局的智慧。用荣登“20世纪百位生态英雄榜”的著名建设性后现代主义思想家斯普瑞特奈克女士的表达就是：“在这重新反思现代性意识形态假设的关键时刻，中国不仅面对着一系列问题，而且还深藏着解决问题的智慧。”①

二　中国哲学在根柢上就是一种过程哲学

王坤宇：我们看到，在您这本著作中，是以建设性后现代主义和过程哲学这两个视角来诠释中国传统文化的，这在一定程度上也拉近了西方读者与中国传统文化的距离。那么，是不是也可以说，这两个视角对于开发中国传统哲学思想的当代意义有着一定的优势。

王治河：可以这么说。建设性后现代主义和过程哲学的确对我帮助很大，

---

①［美］查伦·斯普瑞特奈克：《真实之复兴：极度现代的世界中的身体、自然和地方》，张妮妮译，中央编译出版社2001年版，第4页。

特别是帮我从一个新的角度重估中国传统文化的璀璨，不过这里需要强调的是这两个视角在根柢上其实是一个视角。

建设性后现代主义是对现代主义和解构性后现代主义的双重超越。作为一种思维方式，建设性后现代主义指的是一种建立在有机联系概念基础之上的鼓励历险和创新，推崇多元和谐的整合性思维模式，它是传统、现代、后现代和当代现实的有机整合。其主要思想特征可以概括为如下几个方面：一是在世界观上主张有机整体论，认为宇宙是一个内在关联的、处于生生不息流变过程中的有机整体；二是在人际关系上，强调否弃极端个人主义，主张通过倡导"共同体中的个体"和"关系中的自我"来消弭人我之间的对峙；三是在人与自然的关系上，主张人与自然的和谐共生，因此推崇有机整体主义，力倡生态文明；四是在方法论上推崇高瞻远瞩的整合精神，反对非此即彼的二元对立思维；五是在不同文明之间鼓励对话和互补；六是对现代性的态度不是简单地否定，而是扬弃，既克服又保留；七是在经济上，所谋求的是人类与自然共同福祉的永续发展；八是在生活方式上它欣赏既与自然和睦，与社群和谐，又身心和谐的"踏实的存在"与"诗意的存在"。你可以看出，建设性后现代主义其实很过程，在根柢上它就是一种过程哲学，或者说，建设性后现代主义是过程哲学在当代的新发展。过程哲学又称"有机哲学"或"有机过程哲学"，它有广义和狭义之分。狭义的过程哲学特指由英籍美国哲学家怀特海创立、由小约翰·柯布、大卫·格里芬等继承和发展的过程思想总括，它的创立吸收了20世纪自然科学的最新发展（相对论、量子力学、生物学）以及法国哲学家柏格森的生命哲学。广义的过程哲学则泛指古今中外一切主张万物互联、无物不变的哲学，包括一切以有机整体、相互蕴含、生成发展、多元和谐为旨趣的思想和理论。按照汤一介先生的概括，"怀特海的过程哲学（process philosophy）认为不应把'人'视为一切的中心，应该把人和自然视为密切相连的生命共同体"①。

从这些思想特征上我们可以说，建设性的后现代主义和过程哲学与中国传统的哲学思想有着很多共鸣之处。这就是为什么怀特海在其巨著《过程与实在》一书中要说，较之西方思想，自己的有机哲学"更接近中国人的思想传统"。其实在某种意义上可以说，整个中国哲学在根柢上就是一种过程哲学。用郝大维和安乐哲的说法，"中国人的思想就是典型的'赫拉克利特式的'"。在国外，中国通常被看作《易经》的民族。《易经》被翻译成 *The Book of Changes*（《变化之书》）。而《易经》的"易"不就是变化吗？整个《易经》就是讨论变化和联系

① 汤一介：《第二次启蒙·序》，载王治河、樊美筠《第二次启蒙》，北京大学出版社2011年版，第4页。

的，六十四卦的每一卦代表自然、人生、社会、人事的具体运动、变化和发展阶段。卦与卦之间你中有我、我中有你的相互关联表征的是宇宙万物本身的内在联系。

在美国过程哲学家杰伊·迈克丹尼尔看来，中国传统中充满了当代世界（无论是东方还是西方）所急需的一些宝贵洞见。例如，《易经》为我们提供了一幅宇宙间万事万物自然发生、创造性转化的相互联系的图景。儒家学说将人看作共同体中的个体，个体的成就有赖于他对社会之网的反应，人本质上是社会的；没有其他人就不可能有自己。人在相互交往的过程中成为整体。道家将宇宙看作一个流动的过程，其中人是不可或缺的部分，鼓励人与整体的和谐统一。华严佛教的“理事无碍，事事无碍”，为我们描绘的宇宙图景是这样的，每个实在都同时存在于其他实在之中，相互支持，犹如网络，从而形成整个宇宙。中国禅宗则强调每一刻的当下经验是第一位的，因为那是“慧”生之地。①

三　中国最有可能实现生态文明

王坤宇：这确实也是中国思想界需要面对的一个问题。据我们了解，当代过程哲学的理论代表柯布博士近年来一直对中国的思想文化有所推崇，并坚持认为“生态文明的希望在中国”。您前面提到他的那一段评论，是否也意味着他认为中国思想文化的传统中蕴含着丰富的“过程”思想，而他对此也十分感兴趣？

王治河：的确是这样，我记得柯布博士在接受中国知名生态学者王晓华教授的访谈时，曾明确预言：“在今后 50 年内中国将成为世界过程思想的研究中心。”在为中国著名过程研究专家杨富斌教授撰写的《怀特海过程哲学研究》一书所写的序言中，他更是明确断言：“怀特海学术研究的中心正在转向中国。”他坚信，在揭示笛卡儿主义的失败和局限并指向未来之路方面，怀特海过程哲学将会发挥重要的作用。因此，他认为“中国有可能在怀特海思想研究方面走在世界前列”②。针对许多西方人的追问：为何中国更容易接受怀特海哲学？柯布的回答是：中国人知道这种哲学重要，而不少西方人则不知道。在他看来，“这种西方式的无知具有可怕的后果，会导致对其视为理所当然的哲学前提缺乏审视。这种无知的结果是，与启蒙运动有关的各种哲学前提，即使在有关启蒙运动的各种具体观念已陈旧不堪、不再适用之时，依然在现实中发挥着作用”③。用《佛教哲

① Jay McDaniel, “Mei’s Invitation: A Gentle Asceticism for Chinese and Americans”, *Cross Currents,* Vol. 57, No.4, 2008, pp.526–544.

② 杨富斌等：《怀特海过程哲学研究》，中国人民大学出版社 2018 年版，第 1–2 页。

③ 杨富斌等：《怀特海过程哲学研究》，第 1 页。

学的核心》作者雅克布森的话说，“时至今日，西方一直不能将自己从非过程视角中解放出来”①，依然沉溺于机械性的实体哲学，执念于主体—客体、思维—存在、身—心、自我—世界、精神—物质、人—自然、时间—永恒、事实—价值、感性—理性的二元对立。

柯布之所以看好中国，认为“中国是最有可能实现生态文明的地方”，其中一个重要原因就是因为笛卡儿主义式的现代西方机械世界观在中国只有百年的历史，尚未完全扎根，而同时中国又有根深蒂固的过程思维的传统，中华民族是《易经》的民族，过程思维深刻地影响了中国人的思维方式和生活方式，中国人的基因里流淌着尚和求变的血液。

在柯布看来，建立在西方机械世界观基础上的西式现代化是不可持续的，它业已走到尽头，西式竭泽而渔式的发展观和“有今天没明天”式的消费观已然给我们美丽的星球带来毁灭性的空难，人类要想避免毁灭的命运必须改弦更张，而中国提出的生态文明发展战略就是带领人类走出困境的希望之路。而有机过程哲学也为生态文明提供了必要的理论资源，这无疑为中国哲学争得国际话语权、获得合法性乃至扬眉吐气提供了绝佳的机会。郝大维和安乐哲也认为，过程哲学对“变化和过程的优先性”的“信奉”，对“多样性”的“直觉”，这使它有助于帮助西方人“更好地理解中国人”。对于中国的崛起，目前从政治角度进行解读的偏多，很少有人从哲学的角度特别是从有机过程哲学的角度解读中国的崛起。这也是令人遗憾的一件事。

四　以“同体意识”克服二元思维

王坤宇：那么，从过程哲学的历史发展和当代视域来看，中国传统文化中哪些思想可以被整合为您提出的“中国和谐主义”之中，并成为化解文明之间冲突的宝贵思想资源？

王治河：在我的这本著作中主要吸取了中国的“阴阳互补”思想、“道并行而不悖”思想、“中道”思想以及“仁者以天地万物为一体”的同体思维。在我看来，这些是构成中国和谐主义的较为重要的理论资源。当然，在中国传统的哲学文化和思维模式中，应该还有更多可供我们汲取的思想资源，来不断丰富这一思想。在此需要指出的是，我之所以提出“中国和谐主义”，主要是想跟西方风行的“多元主义”划清界限。因为所谓“多元主义”不仅拥有太浓厚的个人主义

① N.P.Jacobson, *The Heart of Buddhist Philosophy,* Carbondale and Edwardsville, IL: Southern Illinois University Press, 1988，p.29

色彩，而且容易走向相对主义和虚无主义。关于在今天倡导中国和谐主义的意义，我认为主要有以下三点：

首先，中国和谐主义有助于我们克服形形色色的排他主义和闭锁主义，保持一种博大的开放襟怀。排他主义和闭锁主义其实就是一种夜郎主义，这种思想方式给人类带来的灾难是巨大的。它不仅在思想上妨碍着人们去客观地认识外部世界，妨碍着人们正确地了解自身，使人类成为愚蠢的“井底之蛙”，而且在实践上也导致许多不必要的纷争和悲剧。在后现代过程哲学家看来，“井底之蛙”的错误并不在于它坐井观天并把它所看到的天与整个的天等同起来，因为它所看到的那部分天也的确是天；它的错误在于：它不承认有其他观天视角的存在。所谓“文明”，用怀特海的界定就是，“意识到宇宙的广袤和复杂”。在这个意义上可以说，夜郎主义是不文明的，作为其现代表现形态的西方中心主义也是不文明的。

其次，中国和谐主义有助于我们走出相对主义的误区。毋庸置疑，文化相对主义在帮助我们挑战和解构形形色色的绝对主义包括西方中心主义方面是个非常有用的工具，但如果一味执念于相对，则不仅理论上会陷入独断论和它的另一个极端——虚无主义，而且实践上也会陷入对真理追求的放弃，乃至陷入冷漠和虚无。然而我们所生存的时代严肃得容不得犬儒主义和虚无主义的奢侈。因为今日世界所面临的各种严峻问题都需要中西方的携手合作。由于在建设性后现代过程哲学家那里，文明之间的对话与互补是一个过程，在这个过程中双方不断从对方身上吸取营养，其文明的内涵也在这种互动中被大大地丰富了。更为重要的是，文化互补的过程也是思想不断相互激荡的过程，它无疑将推动中西文明自身实现创造性的转化。这样一种互补意识是有对他者的责任意识做底子的，因为在建设性后现代的过程哲学家看来，文化之间的对话能够更好地开展，不是通过理论的方式教条地进行的，而是通过共同参与来减少世间的苦难，以及建立具有社会正义感、生态可持续性和精神上满足感的地方共同体。因此它与任何相对主义和虚无主义无缘。

最后，也是尤为重要的，中国和谐主义有助于在世界范围构建人类命运共同体，它不仅为命运共同体建设提供理论依据，而且为如何构建命运共同体提供可操作的路标。不管各式各样的排他主义者和保护主义者高兴与否，全球化和互联网已日益将人类系连成一个命运共同体，各国人民的命运已紧密地联系在一起了。这就要求我们人类学会和平共处，“学会共同生活”。

这里我们要做的一个重要工作就是，要克服那种不是东方意识就是西方意识，不是西方意识就是东方意识的非此即彼的二元对立思维，进而发展一种“全球意识”或者“我们意识”（安乐哲语）来取代这种对立思维。面对严峻的生态危机和新冠肺炎疫情这种全球性的问题，各国之间的同舟共济，各文明之间的“互补并茂”应该成为我们共同的追求。在我看来，这就是我们今天应该弘扬的“同体意识”。不仅人类命运共同体的建设需要这种同体意识，生态文明建设也需要这种同体意识。

王坤宇：这里您又提到一个非常有趣的概念，就是“同体意识”，这个概念应作何理解，为什么说今天的生态文明建设也需要这种“同体意识”？

王治河：所谓的“同体意识”，指的是那种与实体思维的分离意识所不同的一种意识，简言之，就是强调整个世界是一个有机的整体，所有事物都是相互联系、相互影响、相互构成的。同样，我们与世界也是一个整体。我们不仅包含在他人中，而且包含在自然中。事实上可以说，世界若不包含于我们之中，我们便不完整；同样，我们若不包含于世界之中，世界也不完整。可以说，“同体意识”也是有机过程哲学和中国和谐主义的一个重要理论构成，其背后的哲学支撑是有机过程哲学的“相互内在”（mutual immanence）概念。其所揭示的就是世界万物之间我中有你、你中有我的相互依存关系。作为个体，我们的自我是与其他个体内在地联系在一起的。离开他人，没有自我可以存在。也就是说，每个个体都是由关系构成的。离开与他人的关系，所谓自我实现既是不可能的，也是不可思议的。用玛约丽·苏哈克的话说就是，“我们不是偶然互依的，而是必然如此”。在这个意义上有机哲学又可称为“互依哲学”。它强调：一事物的健康发展在某种意义上有赖于所有事物的健康发展。该哲学有助于我们解构实体哲学，原子式的个人主义和形形色色的中心主义；解构根植于现代思想中的形形色色的二元对立，如主客对立、我他对立、东西方对立等。进一步，“相互内在”概念为向他者开放和觉他意识奠定了理论基础。作为一个相互联系、相互依存的有机整体，人类之间、文明之间没有理由相互排斥、相互敌视。按照怀特海的说法：“人类精神上的远航必须由人类的多样性来供给材料和驱动力。习俗与我们不同的其他国家并非敌人。它们是上天赐予我们的礼物。人需要邻居具有足够的相似处以便互相理解，具有足够的不同之处以便激起注意，具有足够伟大之处以便博得敬仰。”

其实，当明代大儒王阳明将“一体之仁”解释为“仁者以天地万物为一体”时，就体现了这种“同体意识”。作为《易经》的民族，“以整体为美”，视万物为一内在联系的有机整体的“整体意识”，视天下如一家，强调孤阴不生，孤阳不长，道并行不悖，万物互联，唇齿相依，这一直是中国文化的一个内在组成部分。有机过程哲学所推崇的这种同体意识因与中国传统文化的深度契合，将会为生态文明提供有力的理论支撑。因为如果我们用同体思维的眼光来看世界，我们就会感到自己与世界融为一体。我们将不再只满足于为了自己的利益而机械地操纵世界，而会对它怀有发自内心的爱。我们将像对待自己的至爱之人一样呵护它，视之为我们自己的一部分。保护自然就是保护我们自己，关爱他者就是关爱我们自己。我相信，和生态文明一道，这样一种同体意识在华夏的沃土上注定有一个灿烂的未来，也必将福泽世界众生。

这样一来，中国和谐主义所推崇的这种曾经特殊的有机价值观，也就具有了普世的意义。在此基础上建立的生态文明应该是一种有机文明，这种有机文明应该是中国能够贡献给世界的宝贵财富！

王坤宇：正如您所说，当这种以和谐主义为内核的生态文明得以呈现的时候，那种同体意识就能够最大限度地去融合世界文明的优秀成果，这样不仅能够有助于推动全球性问题的解决，进而也有希望让人类的文明超越现代工业文明，走向更为高级的文明形态。再次感谢您的思想分享，谢谢！

【作者简介】王治河，美国克莱蒙特研究生大学（Claremont Graduate University）哲学博士，曾任中国社会科学院《国外社会科学》副主编，现任美国中美后现代发展研究院常务副院长，《中国过程研究》共同主编，兼任国内多所大学客座教授，国际生态发展联盟常务理事，新西兰《教育哲学与理论》杂志编委。主要从事后现代哲学、生态文明、过程哲学和第二次启蒙的研究工作，主编《后现代主义辞典》一部，出版、合作出版《第二次启蒙》《后现代哲学思潮研究》《怀特海与中国》《生态文明与马克思主义》《全球视野中的绿色发展与创新》《过程与多元：中国和而不同思想研究》等中英文学术著作9部。在《中国社会科学》、美国《环境伦理学》《东西方哲学》、波兰《可持续发展研究》、保加利亚《巴尔干哲学杂志》等刊物发表《中国的后现代化与第二次启蒙》《日本禅的误区及其超越——从中国过程禅的视阈看》《中国的生态文明：我们共同的伟大机会》等中英文学术论文160余篇。

以“有趣”的哲学回应丰富的生活

——夏莹教授访谈录

陈聪熠　路　强　整理

【导语】从人工智能到大数据，从VR技术到各种“加速”现象的产生，当今人类生活的丰富程度呈现出多线、多元、多维的发展。与此同时，哲学转向生活，亦成为哲学发展的一个重要维度。这就使得今天的哲学需要更多的自我反省和自我革新的能力。一方面，生活需要哲学的理性分析与前瞻解释；另一方面，哲学则需要从生活中不断获取致思的对象和发展的动力。毕竟，美好的生活必然是越来越丰富多彩的，而适应于美好生活的哲学首先需要贴近生活，去展现生活的多元。那么，哲学与生活，乃至与时代之间应该以怎样的形态来相互触动与融通呢？对此，我刊特别约访了清华大学人文学院哲学系夏莹教授，请她来谈一谈新时代哲学与生活之间的互动和互融。

访谈时间：2020年10月

访谈地点：清华大学

访谈者：陈聪熠（四川师范大学哲学学院硕士研究生，以下简称“陈”）、路强（四川师范大学伦理学研究所副研究员，以下简称“路”）

被访谈者：夏莹教授（以下简称“夏”）

一　哲学要赋予时代可能性的价值

陈：夏莹老师，您好！非常感谢您接受我们的约访。首先，我希望从“新生活”这一维度切入问题。新时代必然对应着新生活，而新生活必然会导致哲学上的一些变化，面对生活中的种种“新”，在哲学层面似乎就有着两种不同的倾向，其一认为应该改造哲学去适应新的价值形态和生活方式；其二则认为哲学应该相对保守一点，要谨慎地对待生活的新变化。您对此怎么看？

夏：在我看来，18 世纪后，不论是哲学家的角色还是哲学属性都发生了变化，正是这种变化决定了今天我们应该怎样来回答这个问题。从笛卡儿“我思”的形而上学，到黑格尔成熟的自我意识哲学，18 世纪前的哲学家是对着壁炉玄思的一群人。但 18 世纪以后，特别是黑格尔以后的哲学家，理性和现实之间的对应关系被加强了，这其中一个很关键的原因是当时报纸等媒介进入了生活，所以哲学家每天可以看报纸。这也就意味着，哲学家开始意识到思想并不仅仅是对着壁炉就可以产生的，而是要将目光朝向这个时代，哲学与时代的关系开始密不可分，甚至变成了一回事儿。“哲学是时代的精华 ”这句话是从黑格尔来的，而马克思对此进行了现实的实践。这个风潮代表了哲学的一个重大的转向，这个转向要比认识论转向、语言学转向的意义大得多。这里哲学的转向是从一个纯粹的天国思辨世界转向了现实世界，但这个现实中又包含着两个层面。正如你刚才所说，在这个转向中，我们是应该固守一个价值，还是跟随一个价值呢？当然，这里蕴含着一个前提，即“价值是存在的”，所以在“重估价值”之后，人们是有可能会对“价值是否存在”有所质疑的。但是值得注意的是，哲学落到生活之后是不是就固化了呢？难道它只能有某一种表现了吗？我认为不是这样的。哲学始终是包含着形而上诉求的一种理念，即使思想融入时代，但这并不意味着它将与时代一起沉沦，而相反的是它具有一种上升的、超越的力量。我认为思想在时代中要有两个层面，那就是思想要有思想的高度，而现实同样有它沉重的肉身，思想的高度和现实的沉重在所谓的哲学面向现实的层面上应该有一种呼应和相互的掣肘：思想任意地狂飞，但现实却在下坠。所以，思想必须植根大地，但现实也不能把自己下坠到庸俗化的地步，因为那时将不再是思想，而只能是新闻、八卦、小说，或某种描述性分析了。那么在今天，其实我们谈不上是要固守某一种价值，因为这个价值在某种程度上要跟随生活有所变迁；但也不能说没有价值，因为价值是一个判定，是对生活总会有“善恶是非”的价值判断，即便是尼采本人也并不希望得出“没有价值”的结论。但可悲的是我们现在在运用它的时候，大家却借用尼采开启了一个“怎么都行”的年代，这其实是把重估价值的理念泛化成庸俗且合理的东西了。我个人认为这样是不行的。现在的哲学工作者很大一部分所能做的工作，只能是赋予时代一种可能性的价值，而不是绝对价值。这个价值既不是原来固守的那一套，它会随时变迁；也不是被虚无化的价值，所以这里的价值就是一个又一个的试错性价值、可能性价值。

二 面向生活的哲学是一种“痛感哲学”

路：其实，这里就产生了这样一个问题，也是我曾经和学友的争论，就是“哲学应该是讲思想还是讲道理”。也就是说，哲学是应该更多以引导性和启发性的视角出现，还是更多地注重一种理论体系的完善以让人们去信服和认同。现在哲学的思想成果似乎也呈现出了这两种维度，对此您认为二者应该保持怎样的一种张力呢?

夏：我觉得你这个划分挺有意思啊，我也有同感。我认为思想应该是开放的、宽容的，它并不是要很有意识地、有指向地去说服某人，而是本身就有力量、有穿透力，并且容易被人接受。现在有一种学术和思想之间的对峙，似乎能与你的问题相呼应。偏重学术化的研究隐含着一套非常完整的逻辑推演方式，其逻辑体系总是不容置疑的，它具有精确性，我们很难反驳它。这种学术化的研究或者可以被归结为你所谓的“讲道理”的一维。这类研究尽可能找到自己思想的某些依据或者源头性的东西，并将自身归于一个相对固定的学术传统，是有一个固定的发展脉络的。这种研究很大程度上是在理论层面展开的，它不会和现实有直接的呼应，甚至要同现实刻意地保持距离。与之相对应的，哲学还包含一种思想化的研究路径。这一研究路径要追赶时代的变迁，提供一种富有想象力的可能性，所以在学术上有些时候看起来似乎没有那么严谨。比如概括出一个概念以描述变迁中的时代，但这个概念的源头在哪儿、谁提过，这些都没有办法进行准确的回答，因为它可能就是一种全新的创造。这类研究似乎“缺乏”一种学术规范而不太兼容于学术化研究，所以在今天的学术界还是相对稀缺的。因此，弥补后者的缺失或可能成为我们年青一代学者在未来拓展的一个可能性的方向。现在大多数学者不太敢将时代的一些现实问题直接带入自己的学术中，总觉得那些是八卦记者做的事情。但其实不然。黑格尔的法哲学研究、马克思晚年的政治经济学批判，何尝不是他们对于那个时代所特有问题的评论和反思呢？从这一意义上说，他们都是“时代的评论员”。

在此，我并非试图从非此即彼的意义上来谈论这两种研究路径，而是希望在这两个不同的研究范式中保持一种宽容的态度。学术化研究不是要去排挤思想化的研究，不是要去简单地否定这类研究的学术价值，而思想类的研究也不可以无视学术思想史研究对于思想形成的基础性意义。换句话说，学术化研究如同一个思想的阶梯，要想爬到学术思想高峰，就必须有这个梯子。但是，不能只是抱着梯子，或者说也不能只站在梯子中间悬在那里就止步了。有一个关于哲学家胡塞尔的小故事：据说，他特别喜欢一把刀，就不断地去磨，但是总觉得不够锋利，到最后刀都被磨没了，胡塞尔也没有用它去切过什么东西。这个故事正好可以说明为什么胡塞尔一辈子都在修改他的现象学，但是没有把现象学真正运用出去。到了海德格尔那里才以现象学为方法来解释哲学问题，从而发扬了现象学，让这一思想呈现出它真正观照时代的力度。那么今天的哲学界，特别是马克思主义哲学、伦理学这些需要理论与实践相互呼应的学科，就特别需要将学术史和思想运用结合起来。回到你的问题上来，我觉得你所说的思想和道理的区别就是：所谓“道理”是可以悬浮于上空的，它可以用丰富的言论、考证去征服人；但是，思想却是利剑，它是要刺破时代的。我认为今天的时代应该有一种“痛感哲学”。这意味着我们需要运用思想的利剑去划开遮蔽在时代之上的诸多面纱，戳穿那些过度虚假的快乐，呈现一些真正触动人、打动人的东西。这一“痛感哲学”的本质在于思想与时代的切近、思想与每个生命的“切身”。哲学，在这一意义上，不再是一种生涩概念的相互对话，而是对于一个时代和个体生命鲜活的体验。

三 “哲学非常懂得生活”

路：您说的这些我非常有感触，这也是为什么我个人对实践性很强的法国哲学一直抱有兴趣。当代法国哲学开始兴起，是否意味着哲学开始转向生活哲学了呢？或者说是回归生活意义上的哲学呢？

夏：对，其实应该说，能开始读报纸的哲学家就已经开始触碰生活了。当我在 2018 年写作《青年马克思是怎样炼成的？》时，无意间重新读到了马克思在《第 179 号“科伦日报”社论》中的那句话——“哲学非常懂得生活”，但这并不意味着我们要将马克思的哲学称为生活哲学。因为在生活哲学的建构中，会出现一种试图将生活形而上学化的趋向，但我认为哲学以及马克思哲学试图要做的事情，应该是如何让哲学有能力观照生活本身。

陈：那么可不可以说，我们应该让哲学去追随生活的脚步，而不是让生活去适应某些哲学理论呢？

夏：我觉得甚至可以说今天的生活是天然带有哲学性的。为什么这么讲呢？我的判定是，今天我们生活在一个特别人为的、不自然的环境中。而以前的哲学在很大程度上是一个概念体系，外在的事物之所以能成为哲学反思的对象，首先是它有一个概念化的存在方式。因此，人们会觉得哲学与生活是分开的，好像生活是多姿多彩的，而哲学却是灰色的。然而，在今天不仅我们的生活方式是抽象的，我们的日常用语也是十分抽象的，现实生活纯自然的状态几乎没有了。人的力量已经把周围的世界扩展成了一切都按照“我”的理性原则去构造的理性世界。想一想我们今天的城市规划，很多城市在被推倒的老城区上重新建设一个新的老城区的景观，在其中，每一座房子、每一棵树都是在一个理性的规划之下而获得自身存在的方位和意义的。这就是我所谓的当下生活的极度抽象。这种抽象性同时也彰显出了当代生活特有的哲学性。理性是很狂妄的，狂妄到我们的生活已成为一个被理性化了的世界，也就是被哲学化的生活。这种哲学化的生活已经彻底改变了我们的生活方式，比如你可以预知一周内所有行程的每个点，只有你在每一个点上都准时出现的时候，你才会认为那是合理的；如果出现差错，你就会觉得很慌张。而且现在也很难出现那种临时起意的行为了。据说近来很多航空公司都开启了一个所谓“随心飞”的项目，我认为那是很浪漫的。但如果放在古代，这种随意性的行为是非常常见的。那时候人们日出而作、日落而息，今天太阳三点落，我三点休息；明天五点落，我就五点休息。可现在不行了，我们似乎都要按照一个固定的时刻来做事。这就是为什么失眠或者熬夜会引起我们的焦虑，是需要我们去治愈的，因为我们需要按照作息的时刻表来安排行为。我们会认为，只有在特定时间去睡觉、去工作，才是正常的、合理的。这样的生活本身可能就是一种体系性的“哲学”了。在这种情形下，我们今天是不能不去用哲学来反思生活的。因为我们的生活细节都是哲学特别好把握的。当然，我理解你所说的生活哲学是希望哲学能够渗透进生活，但其实哲学和生活在今天已然是不可分割的一体了。这也就倒逼着学者必须去反思生活，因为在我看来，生活和哲学并不是两个层面的问题，二者本身就是合一的。

四　正视现实的“小”问题，理解生活的“大”世界

陈：您说的这些非常有意思，不过最近一些学者也表示出某种担心，就是从研究的角度来看，在这种生活化的引导下，哲学研究会不会走向过度碎片化，也就是说关注的问题越来越小，越来越枝节化，似乎都是些细枝末节的东西。

夏：这种担心是有道理的。我理解你这里提到的这种枝节化的一个表现，很多进行这类研究的学者往往会追踪生活中的某一侧面或者某一点的问题，比如说有些学者可能在关注支付宝，或者我们也会忽然对某个电商平台感兴趣，进而跟踪它、研究它。我们今天的哲学学者有的关注金融、有的关注文化、有的关注电影，甚至还有人直接从事艺术创造。我们的确发现这些关注点都显得非常“小”，但是，这种“小”带有“滴水藏海”的意味。也就是说，看似一个枝节性的现象，其实是可以反映一个时代的。在今天，不同方式的研究是可以共存的，既可以展现为某种宏大叙事，也可以从一个小的侧面来反映时代。宏大叙事式的理论建构可能需要一些超凡的大师来做，而还有一种研究方式是从一个碎片

出发，希望可以从中折射出一个世界来。而这种碎片的截取并不是那种无意义的“小”，不是那种像“京城花猫不见了”这样鸡零狗碎的事儿，而是要找到那种具有蝴蝶效应的“点”，那些容易被人忽视但其实蕴含着巨大威力的点，那些看似碎片化的事件却能够成为推动世界发展的关键点。今天进入“后真相”的不确定时代，曾经看似无关紧要的事情却总能变成一个改变世界的转折点，这些“小”问题如果让我们一点点地捕捉到了，会让我们真正理解这个“大”时代。我们并不像马克思甚或黑格尔身处那个革命的时代，那个他们希望能用一种新的体系来将社会中的问题一揽子全都解决的时代。我们身处的时代，是由日常生活中一个个琐碎而平庸的“小”构成的时代，但是在这个时代中，一个看似平庸的东西往往有时会突然改变整个世界。

路：您的这些说法让我想到了巴迪欧的“多的本体论”，也就是说，人们不再以“一”的样态存在，而是以“多”的样态存在。当没有“一”了之后，想要像德国古典哲学那样，对哲学整体性进行建构几乎是不可能的。这就需要我们用另一种视角来看待世界，那就是能否把一些看似小的点发掘出来，找出它们的内在线索，并把它们通过集合或者限制的方式框起来，让它们产生冲突性的共存，这样会有很多有价值的思想产生。

夏：对，我完全同意你的看法。形而上学的没落并不在于黑格尔这样的哲学家把它给完成了，而是在于他的时代基础没有了，整个科学都不再是一个确定的系统了，而我们又如此信赖于这个系统本身对哲学的规定，所以你没法期待哲学再建构一个体系的大厦了。这种工作其实从马克思开始就不做了，后黑格尔时代也很少有哲学家在做这样的工作。现在想要用宏大叙事去表达一些东西是根本行不通的，但这并不代表我们就没有“大问题”，“大问题”恰恰是从“非确定”和小问题中折射出来的。如果说我们将宏大的叙事方式比喻为一整面镜子的话，那么我们在打碎了的镜子中，每一块碎掉的镜子都可以照出一个完整的镜像，这样我们就成了一个“一”的繁复体，在这个繁复体中，可能出现多种面向、多种可能性，其中有些面向可能是在那个整全的镜子中看不到的。我倒是挺喜欢当今时代的这个特点的，不在宏大和细微之间做选择，而是两者彼此友好共存，这意味着我们需要用包容的心态去穷尽多样的可能。换句话说，不管我们拒斥或不拒斥“多”，“多”已经存在在这里了。

五　直面生活的哲学要保持积极和乐观

路：沿着您的这个思路，我想进一步听您谈谈以前您提出过的两个问题。曾经在一次会议中，您说在不远的将来注定会有一种“微信”哲学产生。我个人认为，微信是人工智能技术的普遍发展所带来的一种数字化生活的表征。那么这样的数字化生活似乎在当代就有了正反两方面的影响。有人认为数字化是大势所趋，有人也提出数字资本主义的产生需要引起人们的警惕，那么您对数字生活的现实作何思考呢？

夏：对于人工智能的普遍发展以及由此带来的数字资本主义产生的某些后果，其实我倒没有那么悲观，我被目前一群主张“后人类”的学界同人倒逼成了一个古典的“人本主义者”。在主张“后人类”的学界同人看来，人机共在、人机合体都是没有问题的，人们可以在大脑中植入一个芯片，让人在一定程度上机器化。但是，我个人则认为人工智能的普遍应用是我们去反思、还原出属人本质的前提条件。在人工智能技术所构筑的数据化生存当中，我们可以体会到属于人本身的那些事情究竟是什么，技术能够完成的工作究竟是什么。诸如会计、计算、数据分析等曾经需要很多人花很大的精力去做的工作，通过计算机、大数据的积累都可以由机器代替人来完成。这恰恰为我们腾出了思考自身的空间，让我们去寻找真正属于人的那部分，我这一看法显得很古典。

近年来国内学者们都在尝试提出一种所谓的“无用阶级”的存在，并为此产生了一种理论的焦虑，认为这是数字资本主义的新的压迫方式。但是我认为这个“无用”其实是相对的，“无用阶级”的“无用”总是相对于数据本身对社会生活的架构方式而言的，如果我们的生活、工作是完全数据化的，那么很多人的确要成为“无用”了。但是，在数据化生活之外，我们是否还有剩余的部分呢？而正是这些剩余的部分恰恰是更具人性、更有意思、更有价值的部分，比如从事艺术和思想的创造。马克思在《德意志意识形态》中讨论过共产主义的生活方式，他认为未来的共产主义就是“上午打猎，下午捕鱼，傍晚从事畜牧，晚饭后从事批判”的生活状态，这其实是马克思很努力地在给人们描述一种人们在破除分工之后可能实现的属人的生活方式。因为马克思所设想的人的异化劳动，在于现代资本主义的分工体系。但“如何破除分工”是一个非常难回答的问题，每个人必须参与工作，并不断地以专业化从事某种特定的劳动，使自己成为某种“有用阶级”。而今天人工智能的广泛应用，已经替代人去完成那部分由于分工所带来的简单劳动，这让人们有了更多自我完善的时间和空间，那么，这是否可以视为对人的全面自由发展所做出的一份贡献呢？

同时，更为重要的是，人工智能的普遍应用所带来的大数据化的生产、生活方式会为我们的经济架构发生根本性的变革留下可能性空间。在缺乏准确的私人定制的情况下，就难以避免地会出现生产过剩，进而爆发周期性的经济危机，这是资本自身的痼疾。这一痼疾如果不克服，那么生产和消费之间就难以达到真正的均衡，因此无论是消除分工，还是按需分配，都会受到不可克服的阻碍，共产主义就很难迈出那关键的一步。但是，当大数据的算法时代来临之后，虽然它总是被资本化所裹挟，但它却也使得生产有可能兼顾社会化大生产与个性化定制的双重要求。它可以通过大数据的运行来精确地计算出每个人的需求。这是当年马克思所处时代无法想象的。于是，生产和需求之间的矛盾很可能在这个过程中被消除掉了。当然，这是一个极其乐观的想法，这一乐观的想法不仅需要算法技术的不断演化，同时还需要一个去资本化的未来假定，而今天，我们似乎已经对这一趋势初见端倪。

陈：另一个问题是，我看过您关于女性主义的一些看法。今天的女性主义可以说也是有着各种各样的表现，结合目前我们的生活样态，您是如何看待女性主义在当代的表征呢?

夏：作为一个女性学者，我支持任何形式的女权运动，并对女性主义的理论表示赞同，因为后者其实在后现代主义思潮中有着突出的理论贡献。但我更愿意将对女性问题的讨论方式泛化到当下资本逻辑统治下的现代社会对人的普遍压抑。在这种压抑中，绝不仅仅是女性，男性也同样遭受着不同程度、不同类型，却具有共同源头的压迫。女性主义反对女性被物化是有道理的，完全被他者眼光塑造出的自身的社会角色是很悲惨的。但是，我们有可能完全隔绝他者的眼光吗？我尤其认为，在现代社会语境之下，所有的人都首先是一个社会的人。就像马克思所说，人的本质是一切社会关系的总和，没有人能够具有那种脱离了社会关系的抽象本质。因此，女性主义的解放诉求可能会走向自相矛盾，一方面，新一代女性主义都要求破除性别差异，模糊性别的界限；但另一方面，它实际自己又是本质主义的，因为女性主义者们一直在试图重新界定“女性是什么”。这就使得他们所支持的东西和反对的东西形成了矛盾，女性主义者们似乎是在用一种结构化的方式来反结构化。一方面，女性主义者拒绝将女性做刻板化的理解；另一方面，他们却又将女性放入刻板化的两性结构的对立中来理解女性，并将男性、男权主义作为自身被压迫的根源，以至于女性解放的最终结果究竟是什么，很难有一个确切的所指。当然，这是一个极为复杂的话题，因为它同时兼顾着作为政治运动的女性主义与作为哲学诉求的女性主义的复杂语境，需要做讨论语境的辨析以获得更为清晰的说明。我必须说，我从来都支持女权运动对女性权益的维护和保护，只是对作为理论形态的女性主义的内在逻辑有一点小小的质疑。

六　学会像马克思那样去思考

路：其实我们今天是否应该慎谈“主义”这个词，虽然哲学确实需要一个立场，但这种立场不应该是完全固化的规则或者偏见，我们应该看到，现实生活的脚底似乎并没有那块绝对不能动摇的基石。即使对于马克思的理解，既不仅仅是寓于文本意义上的马克思，同时也不是一个立场意义上的马克思，今天的马克思恰恰是回归马克思生活情境中的马克思。

夏：这意味着我们不能把某种思想或价值立场固化成某种教条。这也和我们所说的社会属性有关系，我们既然已经判定这个时代是“非确定性”的，那么某种固化“主义”的规定，无论是加速主义、女性主义还是解构主义，都只是这个时代的一个面向。所以如果试图用一个面向来框住整个时代的话，我觉得还是谨慎为好。这也导致现在我不愿意说“资本主义”，而是谈“资本逻辑”。因为一旦说“资本主义”，它就意味着在一个完整的体系下渗透进方方面面，而这最后可能就形成了政治体制、文化体制等纯体制化的东西。而“资本逻辑”是一套逻辑运演，它有其存在的价值和理由，只是一个运行机制，而不是一个固定的体系。那么很多问题就可以被讨论了，因为我们是可以从资本逻辑中学习吸收它有利的方面的，比如现在的电影市场、游戏市场的高度发展，其中每个环节都有资本逻辑作为推手。而且，资本逻辑所具有的“良性”一面甚至在未来可以成为击碎资本主义的内在力量，正如刚才我们谈到的，它可能有机会消弭生产与消费之间的差异，在未来的大数据计算下，资本逻辑运行的内在矛盾会相对少一点。另外，目前分工明显在弱化。例如最近我们经常提到的一个说法就是“灵工的产生”。这类人他们没有固定的职业，但他们依赖各个平台，把自己的时间分配为极其灵活的一个工种，可以同时从事好几种职业。在大数据运演下，数据资本所产生的平台经济有时门槛并不高，加入成本也比较低。你只要加入一个平台，数据推算就可以自动分配给你相应的工作。

在今天，我觉得我现在做马克思主义哲学最开心的部分不是马克思原典，而是教学生去思考“如果马克思在今天生活，他会思考什么”。在我看来，马克思如果生活在今天，他一定会关注平台资本，他一定会去看共享经济，他也一定会考察现在特朗普上台与下台是怎么一回事儿。在今天，要想把马克思固有的思想魅力释放出来，应该是思考马克思会思考的问题，而不是把马克思的理论再研究一遍。马克思是一个跟着时代写作的人，他不是一个学院派的人，在马克思的书单中几乎涵盖着社会的方方面面，农、工、商，甚至渔业、畜牧业他都试图去了解。尽管对于今天的我们而言，所体悟的时代思想是不一样的，但我们需要按照马克思的精神去思考生活，比如，今天人工智能和金融的相关知识是必须要了解的，因为我们可以想象，如果马克思生活在今天的话，一定会对这两个问题产生巨大的兴趣。

路：最后再问您一个比较普遍化的问题，您对当今的年轻研究者有什么建议或者希望呢?

夏：我一直在呼吁，一定要把学问做得有趣，这个有趣指的是“利益关切”，换言之，就是让哲学关切时代，而哲学的趣味化本质就是让“思想穿透时代”，一定要把学术化的路径当成通向思想的阶梯，而不是思想的终结点。所以还是希望在那些比我们更年青一代的学者中出现真正的思想家，而不仅仅是学术大师。我一直以来想做的就是把学术和思想融为一体，而不是分成不相关的两股绳，就像你说的，一方讲道理一方讲思想，彼此还相互排斥。马克思说，理论只有彻底性才能说服人，这个彻底性一方面要表现为思想的穿透性；另一方面则要有学理的深厚性，这两者一定要结合起来。这种结合是完全可以在一个人身上完成的，而这种完成状态一定会在未来新一代的学者身上实现。

【作者简介】夏莹，清华大学人文学院哲学系长聘教授，博士生导师。教育部青年长江学者，2019 年北京市宣传思想文化系统“四个一批人才”。全国当代国外马克思主义研究会副会长。多年从事马克思主义哲学，当代法国哲学研究，主持国家社会科学基金重点、一般项目多项。相关研究成果获得教育部高校社会科学成果二等奖、北京市社会科学成果二等奖等多个重要奖项。已经出版相关学术专著五部，在《中国社会科学》《哲学研究》等重要期刊发表论文百余篇，其中被《新华文摘》、人大复印报刊资料转载 40 余篇。

【整理者简介】陈聪熠，四川师范大学哲学学院硕士研究生；路强，哲学博士，四川师范大学伦理学研究所副研究员。

量子全息理论的本体论新解：以国际关系为例[①]

[澳]潘成鑫

【内容摘要】近年来，社会科学包括国际关系研究出现了“关系转向”的学术潮流。尽管“关系转向”在本体论上具有重要意义，然而它也存在着诸多局限。对此，本文认为量子全息理论可以为“关系转向”研究提供宝贵的理论资源。本文首先简单梳理了国际关系研究中“关系转向”的主要文献及其存在的一些问题，在此基础上说明量子全息理论对国际关系“关系转向”研究的必要性。之后，借鉴理论物理学家戴维·玻姆（David Bohm）的量子理论研究成果及其关于完整性和隐缠序的关键概念，本文对量子全息理论进行简要介绍，指出世界的本体存在是一种量子全息状态，其部分不仅是整体的一部分，而且像全息图一样包含整体。最后，通过研究国际关系中的一些基本问题，如国际关系中整体性的重要性、国家的全息性质以及对理解和处理差异与冲突的影响等，来阐明量子全息理论对国际关系研究和实践所具有的重要意义，及其对有关身份、生存、关系和责任等伦理问题的启示。

【关键词】国际关系；关系转向；量子全息理论；关系本体论；全息责任

① 原文刊发于 *European Journal of International Relations*（EJIR）的创刊二十五周年《跨学科与国际关系理论创新》特刊（2020年），原文标题稍有改动。感谢 Geoffrey Underhill、David Kang、Baogang He、Anne McNevin、唐代兴、三位匿名审稿人、EJIR 编辑以及 EJIR 二十五周年特刊工作坊（2019年3月，多伦多）的参与者对本文初稿的建设性评论。本文也受益于与 Mark Beeson 和 Dirk Nabers 的分别交流。感谢已故的凌焕铭（H.M. Ling）的开拓性工作和对作者的鼓励。在第十三届北京论坛（2016年）和澳门大学（2017年）收到的反馈也对本文的研究很有帮助。本文错误与疏漏之处由作者负责。

你不是海洋中的一滴水，而是包含在一滴水中的整个海洋。

——贾拉尔－阿德－丁·穆罕默德·鲁米
（Jalāl ad-Dīn Muhammad Rūmī）

牛顿对科学研究的贡献不仅仅体现在物理学与自然科学方面。他的绝对时空观和实体主义本体论也深深影响了哲学社会科学研究。国际关系学科也不例外。尽管其名字冠以“关系”，但国际关系研究却长期以来建立在牛顿式的事物本体论之上，而不是从关系本体论出发。难怪有人指出关系是“大多数国际关系理论中所缺失的一个重要维度”①。近年来，国际关系“在牛顿式本体论中的沉睡”②开始被“关系转向”（the relational turn）的学术潮流所唤醒。③这一新的潮流向与牛顿本体论相关的两种实体论——原子论（个体主义）和结构主义（结构性实体主义）——提出挑战。④关系转向的一个主张是现实的基本要素不是独立的事物，而是关系。因此，“实体之间的**关系**”成为关系学者研究关注的焦点。⑤

尽管这一新的研究动态值得欢迎并具有重要意义，但这一研究仍存在一些弊端。首先，它缺乏对关系或关系性的明确定义。其次，在坚持关系先于实体而存在的前提下，许多文献仍然无法超越实体与关系之间“先有鸡还是先有蛋”的

① Wight, C., *Agents, Structures and International Relations: Politics as Ontology*, Cambridge: Cambridge University Press, 2006, p.296.

② Ruggie, J.G., *Constructing the World Polity: Essays on International Institutionalization*, London: Routledge, 1998, p.194.

③ Jackson, P.T., and Nexon, D.H., “Relations before states: Substance, process, and the study of world politics”, *European Journal of International Relations*, 1999, 5(3), pp.291–332; Nexon, D.H., “Relationalism and new systems theory”, in Albert, M., Cederman, L.E., and Wendt, A. (eds.), *New Systems Theories of World Politics*, New York: Palgrave, 2010, pp.99–126; Bousquet, A. and Curtis, S., “Beyond models and metaphors: complexity theory, systems thinking and international relations”, *Cambridge Review of International Affairs*, 2011, 24(1), pp.43–62; Shih, C.Y., “Affirmative balance of the Singapore–Taiwan relationship: A bilateral perspective on the relational turn in international relations”, *International Studies Review*, 2016, 18(4), pp.681–701; Qin, Y., *A Relational Theory of World Politics*, Cambridge: Cambridge University Press, 2018; Nordin, A.H.M., Smith, G.M., Bunskoek, R., Huang C.C., Hwang, Y.J., Jackson, P.T., Kavalski, E., Ling, L.H.M., Martindale L., Nakamura, M., Nexon, D., Premack, L., Qin, Y., Shih, C.Y., Tyfield, D., William, E., Zalewski, M., “Towards global relational theorizing: A dialogue between Sinophone and Anglophone scholarship on relationalism”, *Cambridge Review of International Affairs*, 2019, 32(5), pp.570–581.

④ Zanotti, L., “Reorienting IR: Ontological entanglement, agency, and ethics”, *International Studies Review*, 2017, 19(3), pp.362–380. 另见 Wendt, A., *Social Theory of International Politics*, Cambridge: Cambridge University Press, 1999, p.26.

⑤ Jackson, P.T. and Nexon, D.H., “Reclaiming the social: Relationalism in anglophone international studies”, *Cambridge Review of International Affairs*, 2019, 32(5), pp.584–585.

本体论困境。更重要的是，关系转向还没有真正与社会科学中另一重要动向进行互动。这一动向即“量子转向”（the quantum turn），[①] 或者按照德里安（Derian）和温特（Wendt）的说法，这是一场永恒的量子革命。[②] 这一忽视既令人不解又令人遗憾。这两个学术转向都持反牛顿本体论的立场，而且作为“形而上学观中的重大转变”[③]，量子力学以“一种深入全面的方式”推崇关系整体主义，[④] 这将使得量子理论为关系研究提供宝贵资源，但是迄今为止这一资源还没有受到关系转向研究的重视。不过至少在国际关系研究中，这一忽视是相互的。除了少数例外和对关系本体的一些一般性论述，[⑤] 新兴的国际关系中的量子转向文献也很少关注“关系”。例如，温特关于量子理论的开创性工作主要是围绕着如何“统一意识、意义与物质世界”[⑥]。尽管他承认量子力学对整体和关系的贡献是“一个需要进一步探索的主题”[⑦]，但量子转向对这一主题仍然缺乏研究。

本文认为，这两个转向之间的互相隔膜可以由一种鲜明的量子关系观点来打破。具体而言，这一观点就是量子全息理论。全息理论（holographic theory）的基本观点是：“物体”既是“整体的一部分，同时又包含整体”[⑧]。在量子理论中，全息原理有望为解决原子级量子物理学与爱因斯坦的行星级引力理论之间的矛盾提供帮助。这一原理认为宇宙是全息投影：在黑洞表面上出现的东西（事件视界）是其内部内容的编码信息，“就像二维全息图是对三维图像的编码一样”[⑨]。

---

① Keeley J.F., “To the Pacific? Alexander Wendt as explorer”, *Millennium: Journal of International Studies*, 2007, 35(2), pp.417–430; Wendt, A., *Quantum Mind and Social Science: Unifying Physical and Social Ontology*, Cambridge: Cambridge University Press, 2015.

② Der Derian, J.and Wendt, A., “Quantizing international relations: The case for quantum approaches to international theory and security practice”, *Security Dialogue*, 2020, 51(5), pp.399–413.

③ Seager, W., “The philosophical and scientific metaphysics of David Bohm”, *Entropy*, 2018, 20(493), p.5.

④ Teller, P., “Relational holism and quantum mechanics”, *British Journal for the Philosophy of Science*, 1986, 37(1), p.71.

⑤ 例如 Wendt, A., *Quantum Mind and Social Science*; Fierke, K.M., “Consciousness at the interface: Wendt, Eastern wisdom and the ethics of intra-action”, *Critical Review*, 2017, 29(2), pp.141–169; Zanotti, “Reorienting IR”.

⑥ Wendt, A., “*Social Theory* as Cartesian science: An auto-critique from a quantum perspective”, in Guzzini, S.and Leander, A.(eds.), *Constructivism and International Relations: Alexander Wendt and His Critics*, 2006, London:Routledge, p.218.

⑦ Wendt, A., *Quantum Mind and Social Science*, p.35.

⑧ Van Daele, W., “Food as the holographic condensation of life in Sri Lankan rituals”, *Ethnos*, 2018, 83(4), p.651. 全息图（hologram）一词起源于希腊语，“holo” 意为 “整个”，“gram” 意为 “写作”。因此，全息图就是将整体写入其各个部分。在本文中，“全息” 主要是在这种关系意义上使用的，不应与全息图作为技术流程或其三维成像产品相混淆。

⑨ Merali, Z., “The origins of space and time”, *Nature*, 2013, 500(7464), p.517.

虽然迄今为止量子全息理论对国际关系学科来说还是一个陌生的领域，[①]但是这一理论可以从多个角度促进国际关系研究。首先，作为一种特定的关系形式，量子全息有助于克服现有的关于关系定义的模糊性。其次，量子全息并不主张关系优先于实体，而是强调关系和事物实体的本体二象性（duality）。**这种双重性是指关系不存在于事物之前或之后，而是关系从一开始就牵涉到或体现在事物中**。这一解释从而可以避免关系转向研究中先有鸡还是先有蛋的困扰。存在于事物内部的关系可以通过量子力学更好地理解其隐缠关系或内隐关系（implicate relations），而不同事物之间的相互关系则接近我们通常对关系的理解，即关系主要是一种事物外部的、累积的或派生的特性。最后，量子全息提供了对关系（包括整体与局部关系以及内隐关系）的更深入复杂的理解，这些关系在现有国际关系研究中尚未得到充分的理论阐释。此外，它对显析关系（explicate relations）和内隐关系的概念区分和统筹使我们能够将主流国际关系的牛顿事物本体论作为一种极限情况（limiting case）而纳入更广泛的量子关系本体论中，而不是将其简单地排斥在外。

在研究这些棘手的本体论问题时，本文可能更多的是提出问题而不是提供答案。而且，我们的日常语言存在着实体论偏见，这些语言更适合于描述事物而不是关系。因此这里要清晰地表达"一种与主流语言结构所暗示的世界观相反的世界观"并非易事。[②]因此，本文只是扭转根深蒂固的牛顿本体论的初步尝试。

本文由四个部分组成。第一部分在简要回顾一下国际关系的关系主义文献及其概念缺陷之后，本文将说明为什么需要引入量子全息的视角。第二部分将从"现实主义"方法（即将全息关系视为实际存在的现实状态）来讨论量子全息理论的思想。受著名理论物理学家戴维·玻姆（David Bohm）的著作的启发，本文将介绍和讨论玻姆关于全息关系的一系列重要概念，特别是整体性（wholeness）、隐缠序（implicate order）、显析序（explicate order）、卷入（enfolding）、展出（unfolding）和完整运动（holomovement）。第三部分将探索量子全息本体论对国际关系的意义。本文将侧重于概念和形而上学方面的分析，并将通过研究国际关系中的一些基本问题，例如国际关系中整体性的重要性、国家的全息性质以及对理解和处理分歧与冲突的影响等，来阐明量子全息对国际关

① 研究全息理论与国际关系的少数例外包括 Wendt, A., *Quantum Mind and Social Science* 和 Pan, C., "Toward a new relational ontology in global politics: China's rise as holographic transition", *International Relations of the Asia-Pacific*, 2018, 18(3), pp.339–367。

② Bohm, D., *Wholeness and the Implicate Order,* New York: Routledge, 1980, p.59.

系研究的普遍重要性。在结语部分，即第四部分，文章将总结其主要论点，并简要考虑量子全息关系论的一些伦理学含义和未来的研究方向。

一 国际关系研究中的关系转向：研究量子全息的必要性

关系转向认为“关系”与实质和本质不同，是世界存在的最根本状态。除了这一基本共识之外，关系研究也呈现多元趋势。比如有学者侧重于研究不同地区的文化对关系的理解，与此同时，不同学者对关系中位置与过程因素的重视程度也不一样。此外，该类文献受不同学科和方法论风格的影响，例如关系社会学、[1]实践理论、[2]批判现实主义、[3]社交网络分析、[4]系统理论、[5]复杂性理论[6]以及集合思维等都在关系研究中占有一席之地。[7]

本文则从另一学科角度（即量子全息）介入这一跨学科的研究。引入量子全息不仅仅因为其学科新颖，更重要的是其有望帮助解决现有关系文献中的某些概念性（以及连带的本体论）缺陷。首先，如果至今为什么国际关系研究缺乏关系本体论令人费解，那么同样令人困惑的是为什么关系转向却没有对关系和关系性进行明确定义。[8]关系学者经常将关系描述为“互动”“联系”“相关性”“纽带”“链接”“网络”“相互依赖”和“纠缠”。但是，这种看似合理但终究同义反复式的解释并没有进一步加深我们对关系究竟是什么的认识。有时，关系（或纠缠）一词是通过否定（即它不是什么）来定义的。例如：

> 纠缠不只是简单地与另一个东西相互交织，就像在连接单独的实体中一样，而是指其缺少一个独立的、自成体系的存在。存在不是一种个体的

---

① Jackson and Nexon, “Relations before states”; Pratt, S.F., “A relational view of ontological security in international relations”, *International Studies Quarterly*, 2017, 61(1), pp.78–85.

② McCourt, D.M., “Practice theory and relationalism as the new constructivism”, *International Studies Quarterly*, 2016, 60(3), pp.475–485; Jackson and Nexon, “Reclaiming the social”.

③ Patomäki, H., *After International Relations: Critical Realism and the (Re)construction of World Politics*, 2002, London: Routledge.

④ Hafner-Burton, E.M., Kahler, M., and Montgomery, A.H., “Network analysis for international relations”, *International Organization*, 2009, 63(3), pp.559–592; Zhang F., *Chinese Hegemony: Grand Strategy and International Institutions in East Asian History*, Stanford, CA: Stanford University Press, 2015.

⑤ Albert, M., Cederman, L.E., and Wendt, A.(eds.), *New Systems Theories of World Politics*, New York: Palgrave, 2010.

⑥ Nexon, D.H.,*Relationalism and new systems theory*, 2010; Bousquet, A., and Curtis, S., *Beyond models and metaphors*, 2011.

⑦ Acuto, M., and Curtis S.(eds.), *Reassembling International Theory: Assemblage Thinking and International Relations*, New York: Palgrave Macmillan, 2014.

⑧ Qin, *A Relational Theory of World Politics*.

状态。个体并不在他们互动之前而存在……[①]

虽然定义通常是“从否定开始”[②]，但否定终究不能替代直接的定义。指出关系不是什么，并不能从正面说明关系是什么。更严重的是，这些否定式定义将个体事物反复作为关系的（负面的）参考点，可能会无意中强化它试图挑战的牛顿本体论。例如，集合思维（assemblage thinking）、行为者网络理论（actor-network theory，ANT）甚至复杂性理论（complexity theory）都假设集合组件是“最初完全不同的元素”，[③] 因此不自觉地暗示着实体和关系的二元对立。[④] 在这种情况下，一些关系研究路径（例如，网络分析）主要将关系视为一种有用的分析**方法或工具**（而不是一种本体论概念），[⑤] 即只是将其作为“对现有的主要关注行为者特性和静态平衡的结构研究路径的补充”[⑥]。

另一个问题是关系在时间上优先于个体单元或结构的普遍主张（例如，关系存在于“个体代理人或集合结构之前”[⑦]；“在国家之前的关系”[⑧]）。尽管这种立场可以纠正长期存在的对事物而非关系的本体论侧重，但强调关系在时间顺序上优先往往会导致类似于先有鸡还是先有蛋问题的本体论困境。这是因为在提倡关系优先之余，关系学者通常在论述关系时无法回避被关系连接的事物。比如，当他们将关系定义为“参与者之间的社会关系、沟通、交流和实践”[⑨]时，参与者似乎已经先于关系而存在。这一论述无形中又与关系理论的关系优先观点相矛盾。据我所知，关系文献还没有为这个难题提供令人满意的解决方案。

关系转向中存在的这些概念性问题不仅使这一原本很有潜力的理论转向的分析功能大打折扣，而且还可能削弱其本体论基础。因此有必要让关系转向与量子转向尤其是其全息视角进行对话。量子全息论认为，行为者不仅仅是被外在关

---

① Barad, K., *Meeting the Universe Halfway: Quantum Physics and the Entanglement of Matter and Mind*, Durham: Duke University Press, 2007, p.ix.

② Norton, A., *Reflections on Political Identity*, Baltimore, MD: Johns Hopkins University Press, 1988, p.3.

③ Müller, M., and Schurr, C., "Assemblage thinking and actor-network theory: Conjunctions, disjunctions, cross-fertilisations", *Transactions of the Institute of British Geographers* 41, 2016, (3), p.217; Cudworth E. and Hobden S., "Of parts and wholes: International relations beyond the human", *Millennium: Journal of International Studies*, 2013, 41(3), pp.432–433.

④ Jackson and Nexon, *Relations before states*, p.292; Zhang, *Chinese Hegemony*, p.5.

⑤ Donnelly, J., "Systems, levels, and structural theory: Waltz's theory is not a systemic theory (and why that matters for International Relations today)", *European Journal of International Relations*, 2019, 25(3), pp.904–930.

⑥ Hafner-Burton, Kahler, and Montgomery, *Network analysis for international relations*, p.560.

⑦ Nexon, *Relationalism and new systems theory*, p.100.

⑧ Jackson and Nexon, *Relations before states*.

⑨ Nexon, *Relationalism and new systems theory*, p.101.

系和网络联系在一起的节点或链接物。相反，它们既是关系本身又是被关联的行为体。这是因为在全息状态下，行为者作为一个部分已经包含了整体（以及整体各个部分及其关系），这一包含关系使得关系从一开始就存在于事物之中。因此量子全息将关系视为“事物”或“行为体”存在的必要条件，从而在本体上解决了困扰着一些现有关系分析中的事物 / 关系二分法。区别于传统的将关系定义为部分与部分之间的外部机械链接或结合，量子全息强调那种整体被卷入其组成部分内部的关系，这样一来部分内部也存在整体——部分既是部分也是整体。这种整体与部分二象性使我们想起了干涉图样或叠加（superposition）的量子效应，光在量子力学中的波粒二象性就是一个最好例证。①

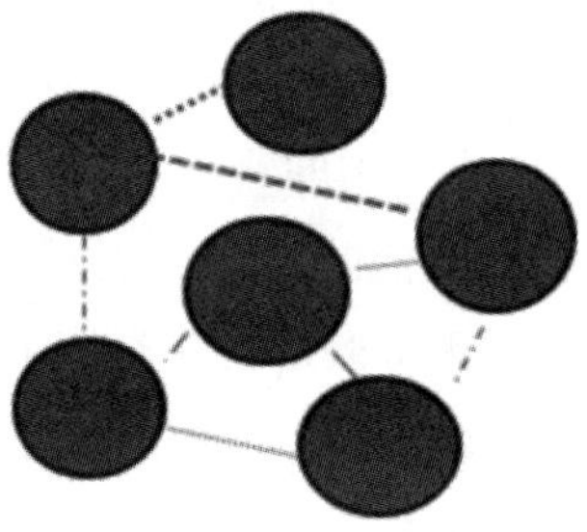

图 1　牛顿式个体事物本体论

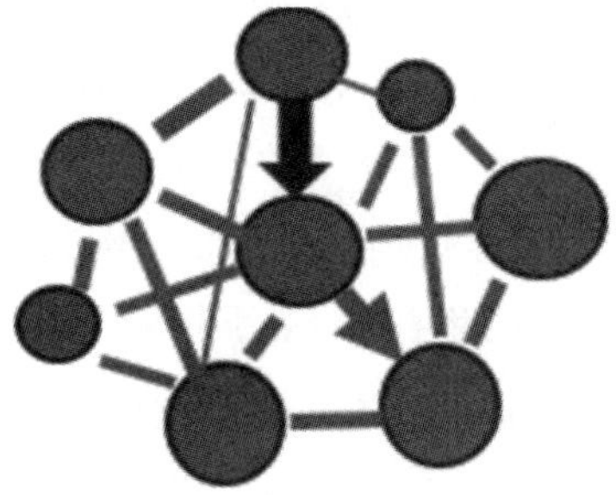

图 2　关于关系和网络的关系本体论

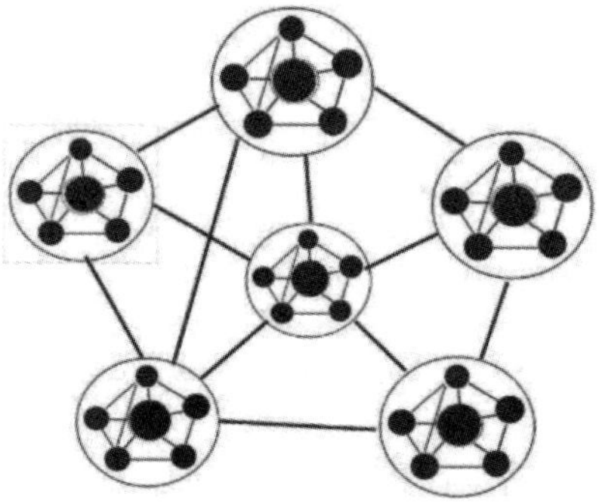

图 3　关于整体及部分内部包含整体关系的全息本体论 ②

如图 1 所示，牛顿本体论将单个实体视为基本单位，并将它们之间的关系仅视为其后续产生的外部现象或效应。相比之下，图 2 中关系和网络被放在更为

① Barad, *Meeting the Universe Halfway*, pp.85, 265, 269. 二象性应与二元论区分开来。后者采用二分法，而前者则相信看似相反的特质的相互融合。参见 Wendt, A., *Quantum Mind and Social Science*, p.31。

② 在全息本体论一图中，每个部分都好像卷入一个相同的“整体”，但这并不意味着它们是相同的。它们的不同位置意味着它们的卷入整体也不同。此外，此图只是对多维多层次的无限全息现实的一种二维局部图解。

突出的地位。不过这里的关系仍然被理解为存在于实体之外或之间。① 相比之下（见图 3），量子全息则将关系视为实体存在的必要因素。也就是说，关系从一开始就隐缠在实体之中（即隐缠关系），当然实体之间也存在（外在的）关系。如图 3 所示，每个实体内部都存在着其所在的整体及其整体关系，就像种子内部存在着“生命网中的相互作用”关系一样。② 这样看来，一个实体本身就已经是关系性的，它的关系是固有的和全息的，即使它看来像是“单独存在的”，它也不能与整体和其他“实体”剥离开来，因为整体在其内部始终已经存在。

二　量子全息学作为后牛顿的关系本体论

1. 量子全息：一种“现实”方法的研究视角

如上所示，量子全息论涉及形而上学中的一个基本问题，即部分与整体之间的关系。③ 从这个意义上讲，它是整体主义（holism）的一种特殊形式。传统的整体主义认为，整体具有新兴属性，并且大于其各部分之和。④ 这意味着，作为整体的组成部分，部分是局部的和非整体性的。⑤ 量子纠缠对这种整体论提出挑战，认为整体中的部分或相关事物由于其与整体的纠缠而具有固有的关系性、非局部性。⑥ 也就是说，部分不仅仅是传统意义上的“部分”。部分不仅存在于整体中，而且每个部分也“包含”其整体。就像全息图一样，整体存在于其各个部分之中，每个部分都是其整体的较小版本。部分的存在体现在它们与整体的全息关系中，要理解一个部分就需要了解它所属的整体。⑦

因此，量子关系论是一种更彻底的整体论。它强调了整体与部分的根本不

---

① 当然，这里的图示是对原本多样化的文献的概括，但总的来说，它们的确捕捉到了国际关系现有关系学的广泛趋势。

② Shiva, V., “Seeds of life”, in Capra F.and Luisi P.L., *The Systems View of Life: A Unifying Vision*, Cambridge: Cambridge University Press, 2014, p.438.

③ Capra, F., and Luisi, P.L., *The Systems View of Life: A Unifying Vision*, Cambridge: Cambridge University Press, 2014, p.4.

④ Pettit, P., “Defining and defending social holism”, *Philosophical Explorations,* 1998, 1(3), pp.169–184. 佩蒂特（Pettit）将这种整体主义称为“集体主义”。Pettit, P., *The Common Mind: An Essay on Psychology, Society, and Politics*, Oxford: Oxford University Press, 1996.

⑤ Seevinck, M.P., “Holism, physical theories and quantum mechanics”, *Studies in History and Philosophy of Modern Physics*, 2004, 35(4), pp.693–712.

⑥ Teller P., “Relational holism and quantum mechanics”, *British Journal for the Philosophy of Science*, 1986, 37(1), pp.71–81; Esfeld, M., “Quantum entanglement and a metaphysics of relations”, *Studies in History and Philosophy of Modern Physics*, 2004, 35(4), pp.601–617.

⑦ Zinkin, L., “The hologram as a model for analytical psychology”, *Journal of Analytical Psychology*, 1987, 32(1), p.8.

可分离性和部分的整体性和非局域性（non-locality）。[①] 在量子全息理论看来，即使在外在关系（如家庭联系、友谊、贸易协定和联盟）看似不存在的情况下，各个部分依然固有地纠缠在一起并且相互牵连。在此值得一提的是20世纪初关于内外部关系的哲学辩论。[②] 一元论的唯心主义者主张所有关系都是内部的，并倡导整体论和相互联系，但它也包含一种因果本质主义，即暗示关系是属于关系载体内部的，如果没有这些关系，这一载体的相关属性（自然、社会或逻辑属性）就不存在，或者对这些属性的原有描述就不再适用。[③] 全息意义上的内部关系不同于这种对内部关系的静态的、本质主义的界定。一个简单的例子或许有助于解释二者的不同。如果我用铅笔在纸上写下数字1、2、4，这些数字之间存在着不同层面的关系。首先，2恰好在4的下面可以被看作外部关系，这种“随机”关系并不影响4作为4（或2作为2）的数学性质。另外，$4 = 2\times 2$（或 $2 = 4\div 2$）揭示了2和4之间的内部关系。从这个意义上讲，1、2、4之间存在着某种内部和逻辑上的联系，但是全息内部关系却更深入一层。从全息的角度看，这些手写数字的内部关系是指：它们基本是由同一个人使用差不多同一支铅笔写在同一张纸上。这样，每个数字都内含着它们与人、纸和铅笔的关系，没有这些关系，这些手写的数字就不存在。这些关系即数字与整体（即人、纸和铅笔，以及构成这些实体的其他“事物”）的内部关系。虽然这个例子中的内含全息关系看似无关紧要，但正是它们体现了这些数字的关系存在。因此，尽管1、2和4看起来是独立而不同的几个数字，但是它们共同的“内部关系”却使它们固有地以一种隐含的、常常被人忽视的方式纠缠在一起。[④]

当然，关键在于世界是否确实存在于全息状态中。这一问题也许可以通过研究不同地区的文化传统来回答，因为许多精神传统和宇宙学思想中都包含全息性的想法（即便它们不一定使用全息这个概念）。[⑤] 不过鉴于本文选择的是量子全息理论视角，下一个问题是关于原子和亚原子的量子知识是否可以外推到更大

---

① Barad, *Meeting the Universe Halfway*, p.333.

② 见 Moore, G.E., “External and internal relations”, *Proceedings of the Aristotelian Society*, 1919, 20(1), pp.40–62.

③ Schaffer, J., “The internal relatedness of all things”, *Mind*, 2010, 119(474), pp.341–376.

④ 继卡尔·马克思对经济类别（例如，资本、交换价值和劳动力）的社会关系处理以及斯宾诺莎、莱布尼茨和黑格尔等早期哲学家的著作之后，贝特尔·奥尔曼（Bertell Ollman，1976）的内部关系哲学与本文中对内部关系的全息阐释有类似之处，但他没有提及全息这一概念。Ollman, B., *Alienation: Marx's Conception of Man in Capitalist Society*, Cambridge: Cambridge University Press, 1976.

⑤ Di Biase, F., “A holoinformational model of consciousness”, *Quantum Biosystems*, 2009, 1(3), p.215; Pan, “Toward a new relational ontology in global politics”, p.346.

规模的现实中。[①] 尽管对这个复杂问题的认识尚未统一，但答案是肯定的：人们早已认识到牛顿古典物理学是量子力学的一种极限情况，[②] 这意味着量子力学对现实的认识更为根本，也更具包容性：

量子力学不是仅适用于小物体的理论。相反，量子力学被认为是适用于所有规模的正确的自然理论。据我们所知，宇宙并没有分解为两个不同的、遵循不同长度尺度和不同的物理定律的领域（例如微观和宏观）。[③]

基于同一认识，温特试图通过量子物理学统一物理和社会本体。为此，他选择的是一种“现实主义”方法，这一方法认为“量子理论是有关现实的理论”。这一方法有别于那种对量子理论采取“工具论”的态度，那一态度并不关心量子理论是否符合现实。[④] 温特的强烈“现实主义”方法备受争议。[⑤] 一些批评者认为将量子理论作为一种类比会更稳妥、更合适。[⑥] 这种批评看似不无道理，特别是考虑到物理学家尚未对量子理论形成一个公认的权威或“现实”解释。[⑦] 还有人认为，微观世界和宏观世界之间在规模和时间上的差异使人们质疑量子理论是否适用于社会科学家最关注的经典领域。[⑧]

尽管存在异议，本文仍将从“现实主义”方法而非工具主义或类比方法来探讨量子全息在研究国际关系中的价值。原因很简单：作为现有国际关系本体论基础的经典物理学也不够现实，而量子理论恰恰可以弥补其缺陷。[⑨] 而且，瓦尔德纳（Waldner）提出的“尺度”和“退相干”（decoherence）问题主要涉及不确定性原理的量子效应及其对知识和测量的认识论含义。[⑩] 同时，可以说量子全息不太容易受到“放大”问题的影响。实际上，研究对象（例如国际关系）的规模越大，它处于全息状态的可能性就越大。当然，国际关系也可能与全息并不相

① Wendt, A., “Flatland: Quantum mind and the international hologram”, Albert, M., Cederman, L.E., and Wendt, A.(eds.),*New Systems Theories of World Politics*, New York: Palgrave, 2010, p.282.

② Born, M., “Physical aspects of quantum mechanics”, *Nature*, 1927, 119 (2992), pp.354–357.

③ Barad, *Meeting the Universe Halfway*, p.85.

④ Wendt, A., *Quantum Mind and Social Science*, pp.71–72.

⑤ Ibid., p.3.

⑥ Kessler, O., “The mind-body problem and the move from supervenience to quantum mechanics”, *Millennium: Journal of International Studies*, 2018, 47(1), pp.74–86; Arfi B., “Challenges to a quantum-theoretic social theory”, *Millennium: Journal of International Studies*, 2018, 47(1), pp.99–113.

⑦ Wendt, A., *Quantum Mind and Social Science*, p.70.

⑧ Waldner, D., “Schrödinger’s cat and the dog that didn’t bark: Why quantum mechanics is (probably) irrelevant to the social sciences”, *Critical Review*, 2017, 29(2), pp.199–233.

⑨ Barad, *Meeting the Universe Halfway*, p.31; Wendt, A., “Flatland: Quantum mind and the international hologram”, 2010, p.282.

⑩ Waldner, “Schrödinger’s cat and the dog that didn’t bark”.

干，那样的话采用"现实主义"方法就有问题。但是那些持怀疑态度的人也需要证明国际关系不是全息的。最后，通过工具主义或类比方法来借用量子全息研究国际关系同样存在自身的问题。如果世界不是全息的，那么通过类比或工具主义来引入量子全息理论就失去意义，因为人们不会重视一个与现实不符的理论。如果世界确实是全息的，采用"现实"方法岂不是更合情合理？因此总的来说，"现实主义"更为可取。①

2. 整体性与隐缠序：玻姆的量子全息本体论

近年来，社会科学家和国际关系学者对量子理论越来越感兴趣。②然而，大多数争论是关于量子的非局部性、不确定性、意识、纠缠和社会科学中的测量问题，而量子的全息效应却很少受到关注。温特在这里是一个例外。③他认为，国家是一个全息图像，其中的个人通过语言被全息纠缠，④而我们所知的世界政治是"社会潜力的更广泛结构在局部的实现"⑤。他指出，这些全息见解"对我们如何理解国际政治具有深远的影响"⑥。但是，温特的书主要关注意识、心身问题以及统一的社会和物理本体论，⑦并未深入探讨全息关系。⑧

本文从被温特忽略的地方着手，将主要关注量子全息关系。本文主要参考戴维·玻姆（David Bohm）的相关文献，特别是他的著作《整体性与隐缠序》（1980）。⑨玻姆被称为20世纪最具创新精神的理论物理学家之一。他在量子理

① 我的"现实主义"方法试图将量子物理学描述的世界和国际关系理解的世界政治结合在一起。尽管它接受统一的社会和自然本体论，但这种方法（与主流国际关系中的现实主义理论不同）并未假设两个领域之间的一一对应的表象关系，也不同意实证主义认识论所认为的存在静态、最终和客观可知的现实。

② 例如 Becker, T.L.(ed.), *Quantum Politics: Applying Quantum Theory to Political Phenomena*, New York: Praeger, 1991; Haven, E., and Khrennikov, A., *Quantum Social Science*, Cambridge: Cambridge University Press, 2013; Montgomery, A.H., "Quantum mechanisms: Expanding the boundaries of power, space, and time in global security studies", *Journal of Global Security Studies*, 2016, 1(1), pp.102–106。

③ 其他例外包括 Bradley, R., "The psychophysiology of intuition: A quantum-holographic theory of nonlocal communication", *World Futures*, 2007, 63(2), pp.61–97; Milovanovic, D., *Quantum Holographic Criminology: Paradigm Shift in Criminology, Law, and Transformative Justice*, Durham: Carolina Academic Press, 2014; Pan, "Toward a new relational ontology in global politics"。

④ Wendt, A., *Quantum Mind and Social Science*, p.271.

⑤ Wendt, A., "Flatland: Quantum mind and the international hologram", p.293.

⑥ Ibid., p.290.

⑦ Wendt, A., *Quantum Mind and Social Science*, p.29.

⑧ Wendt 对全息概念的大量论述几乎没有提到玻姆。他对玻姆的较实质性研究涉及后者对量子理论的泛心理学解释，而不是他的全息理论。

⑨ ［美］戴维·玻姆：《整体性与隐缠序》（中文版），洪定国、张桂权、查有梁译，上海科技教育出版社2004年版。

论和神经心理学等领域都做出了重要贡献。[①] 但这里所关注的是他的隐缠序和显析序的数学和物理理论。在这一理论中，玻姆提出了许多重要的概念，例如整体性、隐缠序、显析序、卷入、展出和完整运动。

与牛顿本体论中的个人主义和原子主义的出发点相反，玻姆认为相对论和量子论都将“宇宙的完整”作为“事物的真实状态”。[②] 这种状态是隐含的秩序或称隐缠序（implicate order），“一切都包裹在一切之中”。尽管玻姆没有具体介绍自举理论（bootstrap theory），但这种量子场论却以非常相似的术语描述了强子的亚原子粒子：“每个粒子都由所有其他粒子组成。”[③] 如果“每个粒子都促成了其他粒子，而这些粒子进而又共同产生原有那个粒子”，那么就没有理由认为这些粒子是基本粒子或独立粒子。[④] 遵循量子论和相对论的规则，强子自举很难被形象化，因为“单个粒子可以包含所有其他粒子，同时作为每个粒子的一部分”这一现象“在普通空间和时间中难以想象”[⑤]。

这种全息纠缠之所以难以想象是因为它发生在隐缠序中，属于不间断整体的“高维”现实。[⑥] 不间断的整体不断地被卷入到较低的、通常能被感知的三维甚至二维现实中，这些现实然后以“显析”的形式显现或展出，使我们可以观察和测量到这些看似分散在各个局部的物体（回想一下前面关于在“二维”纸上写数字的例子）。[⑦] 这里注意力、观察和测量在展出过程中扮演重要角色，它们有助于使量子叠加状态（或全息纠缠）坍缩成经典的混杂和相动的外在关系。[⑧] 玻姆将“卷入运动和展出运动的整体”描述为完整运动，这是一个动态且不可衡量的过程，这一过程载有全息关系的隐缠序。[⑨] 作为“基本现实”[⑩]，完整运动存在于电磁场的运动以及电子、质子和声波等领域的运动中，而“这些场都服从量子力学定律”[⑪]。

玻姆援引全息图像的类比来解释隐缠序如何类似于全息图，其中“每个部

① Peat, F.D., *Infinite Potential: The Life and Times of David Bohm*, New York: Perseus, 1997.

② Bohm, *Wholeness and the Implicate Order*, p.xvii.

③ Capra, F., *The Tao of Physics: An Exploration of the Parallels between Modern Physics and Eastern Mysticism.*, Boston: Shambhala, p.1999, 295.

④ Ibid., p.296.

⑤ Ibid., p.297.

⑥ Bohm, *Wholeness and the Implicate Order*, p.239.

⑦ 确实，我们的观察如果是“在主体与客体之间进行的割裂”，这种切割可能会将隐缠序展现为具体独立的事物。参见 Barad, *Meeting the Universe Halfway*, p.139。

⑧ Barad, *Meeting the Universe Halfway*, p.280. 另见 Wendt，A.，*Quantum Mind and Social Science*, p.217.

⑨ Bohm, *Wholeness and the Implicate Order*, p.226.

⑩ Zinkin, “The hologram as a model for analytical psychology”, p.6.

⑪ Bohm, *Wholeness and the Implicate Order*, p.225.

分都包含有关整个物体的信息”[①]。全息图是通过全息照相技术制作的,它通过两个光束(“参考光束”和“物体光束”)在照相板上形成干涉图案。当干涉图案被第三束激光(“重建光束”)照亮时，它显示出的是原始物体(比如苹果)的三维图像。有意思的是，即使只有一小块照相板被照亮，我们仍然可以看到整个苹果，尽管其细节模糊不清。[②]这种全息特性与传统摄影不同。传统摄影捕捉到的是明显离散的、相对稳定的元素的“机械秩序”。[③]相比之下，全息图像揭示的是全息关系的隐缠序。当然，全息图像的类比只能说明一个静态的秩序，而在实际的秩序中，“不仅每个事物都在变化，而且所有一切都在波动。也就是说，是什么本身就是一个形成的过程”[④]。

为了说明不断卷入和展出的过程，玻姆又用了流体中的墨水类比。[⑤]比如一个设备由装满黏性流体的透明容器和可以非常缓慢且非常彻底地搅拌流体的机械旋转器组成。当将不溶的墨滴放入流体中，然后通过旋转器搅拌时，墨滴将转变为细丝，并散布到整个流体中。该过程可以看作墨滴和流体被卷入容器的每个部分中，这类似于一种每个部分包含着整体的隐缠序。当向相反的方向搅拌时，墨滴会重新出现，这一过程类似于玻姆所说的“展出”。[⑥]

玻姆认为“隐缠序的卷入和展出”揭示了一种理解电子的新模型。[⑦]新模型认为“粒子在每一时刻仅存在于一个很小的空间区域中的力学概念”，它将电子视为一套“被包含的整体”。这些整体通常在空间上是非局部的，尽管它们可能会在某个时刻展出并局部化为单个粒子。玻姆通过快速旋转的自行车车轮的类比描述了看似独立存在的单个粒子，这同旋转起来的车轮看起来是一个实心圆盘一样，包含整体的粒子看起来只是一个单独的固体粒子。正如他所说:“一个东西总是应该被看作一个整合的全体，它们一起体现在卷入和展出的一个有序阶段中，并在整个空间中相互交织和渗透。”[⑧]

根据玻姆的观点，在量子领域中，这个新模型比一组相互作用的粒子的经典概念更有意义。[⑨]我们所看到的“粒子”只是“更大结构的整体的一种抽象”,

---

① Bohm, *Wholeness and the Implicate Order*, p.224.

② Ibid., p.183-184; Zinkin, “The hologram as a model for analytical psychology”, p.3; Wendt, A., *Quantum Mind and Social Science*, p.228.

③ Bohm, *Wholeness and the Implicate Order*, p.226.

④ Ibid., p.61.

⑤ Ibid., p.234.

⑥ Bohm, *Wholeness and the Implicate Order*, pp.188–189.

⑦ Ibid., p.232.

⑧ Ibid., p.233.

⑨ Ibid., p.234.

远非代表客观现实的稳定本质，这一抽象取决于观察者的感知及其测量尺度，而观察者及其感知和测量又都产生于并受制于空间、时间以及包含在这些有限时空中的信息。观察者的信息时空特殊性和局限性以及他的感官知觉使原本叠加不定的世界似乎以一种特定的秩序和形式展开。这完全符合电子的不确定性的量子特性，该电子的叠加态可能会受环境以及被观察或测量方式的影响而坍塌为粒子或波（或介于两者之间）。玻姆认为，通过提供对“物质的量子特性比传统的机械秩序更加统一的描述”，隐缠序（及其所代表的全息关系）应被视为“根本性的”。[①] 通过隐缠序和显析序的概念以及不断卷入和展出的过程，量子全息关系理论展示了整体与部分、关系与事物的二象性或叠加态，以及物质（被观察者）与心灵（观察者）之间的根本性量子纠缠。

卡伦·巴拉德（Barad）在许多方面对量子物理学和其他领域的研究得出了相似的结论。她强调了物质与意义、物质与话语以及本体论、认识论和伦理学之间在本体论和认识论上不可分割的纠缠。她将那些纠缠称为现象，即“本体论上的原始关系——这种关系不需要预先存在的被关联者”[②]。这些现象很好地体现在衍射的物理现象（干涉图样）中，而这种现象恰恰是全息图像制作过程中不可或缺的。此外，她关于具体能动者内部互动（intra-action）决定了“现象的‘组成部分’的边界和性质”的观点也与玻姆的展出概念相呼应。[③] 然而，尽管有这些耐人寻味的相似之处，巴拉德的建立于量子之上的关系本体论却很少提及全息概念。

除了亚原子领域，在分形几何学中，整体与部分二象性的全息现象也比比皆是。通过“物体的每一小部分复制整个结构”[④]，这种“自相似”或“自缩放”的分形全息现象在自然界随处可见，例如植物、树木、雪花、山峦、河流、海岸线、云层和闪电。[⑤] 在神经科学领域，有关第一个光学全息图的报道促使神经科学家卡尔·普里布拉姆（Karl Pribram）认为，大脑有效地起到了全息图的作用，因为记忆存储在整个大脑中，而不是分别存储在各个不同的部位。[⑥] 普里布拉姆提出了一种完整的大脑—心智理论，认为记忆、视力、听觉和意识的认知知觉过

---

① Bohm, *Wholeness and the Implicate Order*.

② Barad, *Meeting the Universe Halfway*, p.333.

③ Ibid..

④ Addison, P.S., *Fractals and Chaos: An Illustrated Course*, Bristol: Institute of Physics Publishing, 1997, p.2.

⑤ Chapman, K., *Complexity and Creative Capacity: Rethinking Knowledge Transfer, Adaptive Management and Wicked Environmental Problems*, London: Routledge, 2015, pp.87–88.

⑥ Bohm, *Wholeness and the Implicate Order*, p.251；Pylkkanen, P., *Mind, Matter, and the Implicate Order*, Cambridge: Cambridge University Press, 2007, p.127.

程都是全息的。[①] 例如，实验表明，即使猫的98%的视神经被切断，猫仍然可以执行复杂的视觉任务，这意味着猫的眼睛像全息图一样构成。[②] 所有这些例子表明，全息现象是真实存在的。

三　国际关系即全息关系

根据全息世界观，宇宙是“一个完整无缺的整体”，这个整体**被卷入**其各个部分。因此，社会与自然内部以及社会与自然之间的区分只是一种“粗略的抽象”。[③] 在《整体性与隐缠序》一书中，玻姆对将世界细分为本质上不同的单位或组织的趋势不以为然：

> 当人们以这种方式思考自己时，他将不可避免地倾向于捍卫“自我”的需求而同时排斥他人的需求。或者，如果他认同于一群同类型的人，他将以类似的方式捍卫这一群体。他无法认识到人类整体这一基本现实而优先考虑人类的诉求。即使他确实能够考虑人类需求，在他看来人类又与自然截然不同，如此等等。[④]

国际关系学者对玻姆所描述的这一趋势也许并不陌生。这个由不同主权国家组成的世界现在似乎一盘散沙，而民族主义、民粹主义和身份政治的兴起，所谓地缘政治甚至“冷战”的回归使得这个世界更加分崩离析。国际关系中的所有这些分裂和冲突似乎恰恰印证了牛顿的事物本体论。

但是，这个正统的本体论所揭示的仅仅是国际关系的外显秩序，其内在秩序和内在关系尚待充分理解和理论化。玻姆对全息关系的见解为对国际关系进行这种理论化奠定了重要基础。如下所示，玻姆全息理论可以为国际关系的整体性提供更强的本体论支持，对部分（诸如国家）做一种更全息的关系性阐释，以及一种对差异的全新理解，那就是：差异不过是全息关系中个体部分的偶然的、受时空局限的具体展示。

---

① Joye, S.R., “The Pribram–Bohm hypothesis: A topology of consciousness”, *Cosmos and History: The Journal of Natural and Social Philosophy*, 2016, 12(2), p.121.

② Katz, L.S., *Holographic Reprocessing: A Cognitive-Experiential Psychotherapy for the Treatment of Trauma*, London: Routledge, 2015, p.28.

③ Bohm, *Wholeness and the Implicate Order*, p.158；另见 Barad, *Meeting the Universe Halfway*, pp.24–25.

④ Bohm, *Wholeness and the Implicate Order*, pp.xii-xiii.

1. 整体性与国际关系研究

整体性是玻姆对量子理论本体论解释中的一个核心概念。① 尽管国际关系研究的范围越来越广，涉及纷繁复杂的问题和因素，但这一学科仍然“缺乏社会整体的概念”。② 即使国际关系学者关注诸如国际政治制度、国际结构、国际社会、世界制度和全球网络之类的“宏观”因素，但这些因素充其量只是世界政治特定结构的一些抽象性特征，例如无政府状态、国际权力分配、国际规范和规则。尽管这些系统性或结构性特征在某种程度上体现了一些整体特性，但在本体论上它们通常被视为最终是由部分（例如，具体国家、物质资源或思想）构成或决定的，这并不是全息意义上的整体概念。

所谓整体，指的是整个空间、时间以及无所不在的时空中包含的信息、关系、结构、过程、运动和部分/个体的总和。在国际关系中，整体远远不只是国家及其相互关系。它应包括整个社会和生态系统，构成这些系统的“部分”、部分内部的隐缠关系，以及部分与部分之间的所有外在关系。这些“部分”包括地区、国家、社会、文化、宗教、人民、经济、市场、商品、历史、思想、情感、物质材料、生物和自然现象。当然，我们不可能先验地历数构成国际关系整体的所有成分。这里强调的是在国际关系研究中整体应被赋予更高的本体地位，就像树木不是由现有的不同树枝、树叶和根的拼装起来而形成的一样，世界并非由零散的部分和先前存在的主权国家开始，然后这些主权国家再走到一起形成一个全球体系。恰恰相反，**整体从一开始就渗透到各个部分中，形成了部分出现和存在的基本关系条件。**这种方法使国际关系迫切需要在更广泛的范围中探索关系；而这些关系要么被人为割裂开来，要么被忽略而缺乏研究。

倡导整体性并不意味着总是偏重“宏观”问题的研究。其实，整体与部分以及宏观与微观问题总是已经纠缠在一起并同时出现。③ 正是因为它们的微观性，微观部分和微观问题才可能更加容易散布开来并被卷入整体的各个部分中。微小的新型冠状病毒足以引发世界性大流行，这说明了整体与部分的纠缠，我们将为忽视其全息整体性及其后果付出代价。再比如，那些通常被认为与国际关系毫不相干的微观问题或事件，例如音乐、体育（乒乓外交）、切尔诺贝利灾难

---

① Bohm, D., and Hiley, B.J., *The Undivided Universe: An Ontological Interpretation of Quantum Theory*, London: Routledge, 1993.

② Albert, M., and Buzan, B., “International relations theory and the ‘social whole’: Encounters and gaps between IR and sociology”, *International Political Sociology*, 2013, 7(2), p.21.

③ Wendt, A., *Quantum Mind and Social Science*, p.257.

（苏联解体）、美国次级抵押贷款危机、福岛、维基解密、极地冰盖融化，甚至突尼斯的街头小贩（阿拉伯之春和叙利亚冲突）乃至现在的COVID-19等都不过是一些整体问题在局部中的全息再现。因此这些微观局部不容忽视。它们可以而且确实在折射和影响整体方面起着重要作用，尤其是通过一些令人意想不到的事件和突变。“微观政治”问题已开始引起国际关系学者的关注，[①]但总体而言，该学科还缺乏明确的全息本体论和有关概念基础，无法更系统地对待整体—部分的二象性。

当然，谁也无法一下兼顾“全部现实”。[②]通常有必要将事物“分开”进行分析，就好像它们是本来可分割的单元一样。但重要的是要始终记住这只是“好像”而已，否则我们会误认为它们是客观上独立的东西。还值得一提的是，国际关系始终是更大整体的一种全息局部，而不是自我封闭或自成一体的系统。人与自然的全息纠缠体现在日益加剧的全球兼地域性环境危机以及由此带来的对经济发展、国际冲突和地球生存的影响之中，在这种情况下量子全息的视角显得尤其必要。与现行的用以国家为中心的框架和“国民经济”思维来对待环境问题的国际关系方法不同，[③]量子全息方法可以弥合部分与整体之间的本体论和概念上的鸿沟。

2. 卷入与隐缠序：国家的全息性质

部分其实不过是整体的具体和偶发体现，它始终具有整体与部分的双重特质。在国际关系中，整体和部分的二象性尤其适用于从本体论和理论角度重新思考国家这一概念。从量子全息的观点来看，所谓“民族国家”其实总是处于一种与其整体相关的不确定全息束缚态，它既卷入和包含整体的动态关系特征，同时又是那些动态关系特征的组成部分。也就是说，**一个国家就是它所在世界整体的一个动态的全息缩影**。美国人类学家克鲁伯（A.L.Kroeber）对美国作为一个全息实体的以下描述正好说明这一点：

> 我们很少有人认为美国文明是一个特别不和谐、毫无章法的大杂烩。

---

① Solomon, T., and Steele, B.J., “Micro-moves in international relations theory”, *European Journal of International Relations*, 2017, 23(2), pp.267–291; Kertzer, J.D., “Microfoundations in international relations”, *Conflict Management and Peace Science*, 2017, 34(1), pp.81–97.

② Bohm, *Wholeness and the Implicate Order*, p.2.

③ Saurin, J., “International relations, social ecology and the globalisation of environmental change”, in Imber M. and Vogler J.(eds.), *The Environment and International Relations*, London: Routledge, 1996, pp.84–107.

> 但是我们说的语言是日耳曼语系的盎格鲁—撒克逊语，它包含的原始拉丁语比英语单词还多。我们的宗教是巴勒斯坦人的，其具体的教派主要在罗马、德国、英国、苏格兰和荷兰形成。我们的圣经一部分翻译自希伯来语，另一部分来自希腊语。我们喝的咖啡最早是在埃塞俄比亚种植，后来被阿拉伯接受，我们喝的茶源自中国，啤酒最先酿造于古代的美索不达米亚或埃及，烈性酒发明于中世纪的欧洲。我们的面包、牛肉和其他肉类来自最先在亚洲驯化的动植物。我们的土豆、玉米、西红柿和豆类最早是美洲印第安人开发的；烟草也是如此…… 总之不胜枚举。我们只是不再觉得这些舶来品是外国的。它们已经成为我们文化不可或缺的一部分。①

他接着说，这不是因为美国具有什么与众不同的“多语性”，而是因为事实上这种全息束缚态是“所有文化的典型状态”。

用全息概念来理解国家对于国际关系至少意味着两点。第一点，它不是以向下的还原主义和机械的方式，而是在整体的、关系的意义上打开国家这个黑匣子。从整体开始，量子全息提供了一种关于国家的存在和转化的更有力、更动态的本体论。一些政治经济学家认为，“不能单独考虑国家体系”，并且不能将“国内和国际两个层次的分析”“分割开来”。②同样，历史唯物主义的观点认为，国家与经济之间的关系是一种内部关系，其中“每个部分都是在与另一个之间的关系中构成的”。③阿德勒－尼森认为，“国家不是与生俱来就是以一个完全发展成熟的国家而存在，国家是在与其他国家和非国家行为体的持续关系中形成的”④。现在，这些对国家的关系性见解可以通过量子全息理论进行更好、更全面的解释。例如，上述的“持续关系”可以更好地理解为整体被卷入部分中的过程和机制。

卷入的概念是打开国家黑匣子的关键。尽管国际关系中很少使用这一概念，但对于国际关系而言，卷入并不是什么新鲜事物。我们所熟悉的全球化、世界

---

① Kroeber, A.L., *Anthropology: Culture Patterns and Processes*, San Diego, CA: Harcourt Brace Jovanovich, 1948, p.66.

② Underhill G.R.D., “State, market, and global political economy: Genealogy of an (inter-?) discipline”, *International Affairs*, 2000, 76(4), pp.805–806.

③ Robinson, W.I., “Social theory and globalization: The rise of a transnational state”, *Theory and Society*, 2001, 30(2), p.163.

④ Adler-Nissen R., “Conclusion: Relationalism or why diplomats find international relations theory strange”, in Sending, O.J., Pouliot V., and Neumann, I.B.(eds.), *Diplomacy and the Making of World Politics*, Cambridge: Cambridge University Press, 2015, p.286.

化、社会化、规范传播、模拟和效仿等概念都揭示了国家在形成和转型中需要卷入整体的动态过程的某些方面。[①] 国家形成的卷入过程会涉及整体中的“一切”，例如土地、人、信息、思想、商品、资本、技术、文化、历史、气候、其他国家和企业或上述各项的不同组合。同时，这些“事物”本身也包含其各自的整体，它们一起在一种持续的动态、复杂和固有的关系和过程中促成国家的形成和转化。除了空间上（和非局部）的全息现象外，卷入过程还同时在时间维度上发生，从而使一个部分（例如国家）始终与其时间整体相关——过去、现在和未来。简而言之，套用查尔斯·提利（Charles Tilly）的话来说，是全息卷入创造了国家。[②]

卷入的机制具有各种形式、范围、密度和组合，包括运输基础设施、通信工具和技术（例如互联网）、媒体网络、外交关系、礼宾和机构制度（例如使馆、国事访问、首脑会议、谈判、援助以及双边和多边条约、协定和组织）、战争与冲突、市场（例如供应链和生产网络、贸易和投资）、移民、旅游、跨国行动主义、教育、纪念活动（通过博物馆、典礼等）、自然事件（例如海啸），等等。应该指出的是，这些机制和实践并非独立于卷入现象而存在，它们本身也是卷入过程的产物或症状。

卷入过程和机制的性质可能是暴力的或掠夺性的，例如战争和领土征服，或者是操纵性的，例如一个国家对公民的教育。[③] 它也可能是相对有序和平的，如贸易和正常渠道的移民。在国际关系中，卷入的发生往往是有意为之。例如，各国可以选择其联盟伙伴，决定加入贸易集团或选择接受某些国际规范。但是，卷入也可能是一些无组织、非中心化、被动或非自愿过程的副产品，例如气候变化对国家的普遍影响、“外部”影响的涌入或传染病的传播。这样看来，卷入并不一定总是人们所期望的或具有积极性的。

全息卷入看上去与传统意义上不同实体之间的“相互依赖”没有什么区别，但是“相互依赖”以一个复杂系统中各个部分的基本独立性为前提。在量子全息看来，一个部分意味着已经是一个全息卷入的关系现象，而不是独立的。从这个意义上讲，卷入包括“相互依赖”，但它不止于此，因为“相互依赖”只是卷入

① 温特关于卷入和国家形成的讨论着重于个体（他称为单子）主体间对社会共享的波动函数（包括与国家有关的那些）的卷入和接受。虽然温特的全息解释将国家视为一个全息整体，而个人则是包容整体的一部分。但我主要将国家视为某种更大整体的一个全息部分。我们的研究方法侧重于国际关系中全息现象的不同部分，互补而并不矛盾。见 Wendt, A., *Quantum Mind and Social Science*, pp.268–273。

② 提利认为是战争创造了国家。

③ Wendt, A., “Flatland: Quantum mind and the international hologram”, p.300.

机制的一种形式。对国际关系中的整体和局部进行这种全息的反思，使我们能够质疑并超越分析层次（level-of-analysis）和主体—结构（agent-structure）辩论；相反，网络分析（network analysis）等传统关系研究方法则继续纠缠于分析层次的问题。[①] 从全息的角度来看，传统上被认为是“国内”行为体和国内变量的其实从来都不是纯粹的局部因素。它们作为部分是全息性的，它们的联系和“起源”通常超越国家边界。要真正理解它们既需要检查其全息关系，又要追踪其卷入过程。因此,我们“需要了解整体才能理解各个部分”[②]。这种理解需要跨学科的工具和方法，因为显而易见，包含着整体的东西不能用任何单一方法或学科进行充分理解。因此，世界的全息性质为认识论致力于国际关系中的跨学科路径、理论、概念和方法提供了坚实的本体论基础。

第二点，对国家的全息阐释使我们可以重新考虑作为最根本利益的生存对国家的意义，以及国家应该如何推行其“外交”政策以实现该目标。尽管主流国际关系理论将国家生存理解为绝对自主、自助（self-help）、利己或追求权力最大化，但量子全息理论则将生存定义为国家可持续、非破坏性地卷入更大更多的整体（及其部分）的能力和潜力。经典国际关系对生存的理解以霍布斯的自然状态为前提，而量子生存则通过全息连接来实现。正如人类若不能将食物、水和空气不断地卷入体内，就无法生存一样，如果没有类似的全息卷入过程，主权国家就无法存在或正常运转。从这个角度看，苏联解体并不是由于苏联没有自主权，而是由于其与整体联系或卷入整体的能力受到限制；相反，最能说明中国近期崛起的是其通过开放和改革、全球经济一体化和加入国际机构（例如，联合国和世界贸易组织）等机制和过程而吸纳全球整体。[③] 这一过程通常被描述为中国的“走向全球”，这也没错，但与此同时，这也是一个卷入的现象，全球被中国吸收进去从而使其崛起，成为一个“全息过渡”的动态过程。[④]

3. 展出与显析序：理解差异、冲突与和平

虽然隐缠序和卷入的概念是玻姆理论的核心，但他也承认同时存在着由展出过程而产生的显析序。从通过卷入而产生的隐缠序中，展出过程带来显析序。

① 参见 Hafner-Burton, Kahler, and Montgomery, “Network analysis for international relations”, p.586。

② Barrow, 引自 King, I.T., *Explorations beyond the Machine: A Philosophy of Social Sciences for the Post-Newtonian Age*, New York: Nova Science Publishers, 1994, p.60.

③ Pan, C., “What is Chinese about Chinese businesses? Locating the ‘rise of China’ in global production networks”, *Journal of Contemporary China*, 2009, 18(58), pp.7–25.

④ Pan, “Toward a new relational ontology in global politics”.

在显析序中，尽管每个部分与整体及其各个部分发生着全息纠缠，但它们又是具体的、分离的和各不相同的，这就像植物一样，尽管它们都以类似的方式从同一个整体环境中吸纳能量、水和养分，但它们会形成具有不同习性的物种。这就解释了为什么将整体卷入每个部分中并不能使各个部分成为“类似单元”（like-units）。[①] 每个部分都具有与时空的不同关系，这些具体时空关系共同构成了它们在整体中所处的不同（且不断变化）的位置。位置性（positionality）并不表明其独特的本质或者关系性的丧失；正相反，位置性是关系性的具体体现。由于其不同而变化不定的位置，这些部分既将整体卷入其中，又以不同的方式展现出来，使我们可以区分这些部分。这提醒我们应该避免采用简单的整体概括，即虽然一个整体的各个部分都体现了整体性，但它们又通过展出的方式表现为不同的部分，所以不能被认为毫无差别。毕竟即使“同一个”树枝上的两片叶子也不完全相同。

卷入使世界成为一个相互连接的同一整体，而展出则使世界变得多样化、千差万别。这两个孪生过程并非相互矛盾，而是始终交织在一起，并不停地同时进行而构成“完整运动”。通过这种连续的过程，国家既是一个被全息卷入部分中的整体，又是一个看似独特的部分。国家这种整体—部分的二象性为国际关系研究提供了新的视角。以以色列和巴勒斯坦关系为例，从人文地理的角度出发，杰弗豪·波托高里（Juval Portugali）对这一关系从全息的视角进行了解释。他认为，尽管这两个社会看似水火不容，但它们的分离和对立只不过是展出过程所产生的表象，在这个表象之下两者的关系其实难解难分：“两个社会在意识形态、政治、空间、社会和经济结构上相互包含；实际上，这种关系存在于几乎所有可能的领域内，只是哪一方都不承认它们如此相互关联的深度。”[②] 即使在这一看似最典型的自我与他者的敌对关系中，这两个实体也是相互内在牵连的，就像同一整体中的两个全息部分一样。

虽然国际关系由全息联系所构成，但我们对其全息性质的认识仍然有限。不过，只要我们能将国家想象为一种共享社区，我们同样也可以养成一种全息世界社区的思想意识。当然这不可能一蹴而就，[③] 但是这种思想其实已经在世界主义和天下观念中得到了一定的体现。例如，传统的中国世界秩序被安排为内部等

① Wendt, A., *Quantum Mind and Social Science*, pp.271–272.

② 引自 Newman D.and Portugali J., “Israeli-Palestinian relations as reflected in the scientific literature”, *Progress in Human Geography*, 1987, 11(3), p.325.

③ Wendt, A., “The mind–body problem and social science: Motivating a quantum social theory”, *Journal for the Theory of Social Behaviour*, 2018, 48(2), p.189.

级关系，这种关系就像“中国社会的内部关系”，而不是现代意义上的国际或外交关系。[①]这种秩序的基础是一种道德共融的关系意识或“表达理性”，即“华夷一体”。[②]这似乎是全息思维的一个例子。张锋对明朝的“外交”关系的研究表明，当这种意识被中国及其附庸国共同接受（或普遍卷入）时，它会相应地影响政策实践，例如中国需要展示“皇恩”和“仁”，而其他国家则应向中国表达“忠”“诚”。[③]这种做法，特别是被制度化之后，反过来又会促进中国与邻国之间的和睦关系。当然，这并不是说这样的秩序将根除冲突，更不是倡导儒家道德秩序或天下体系的复活。这里所强调的是，以全息的方式重新构想整体和部分的关系对外交、制度建设与和平具有深远的实际意义。

四 结论

本文同时涉及国际关系中的关系转向和社会科学中的量子转向。迄今为止，两个学术转向彼此基本不相往来，因此使得国际关系没能对“关系”进行更好的定义和提出更可操作的关系研究方法。为了填补这一空白，本文概述了一种量子全息本体论，认为部分不只是常规意义上的部分，而是具体的被卷入或包含于部分的整体。借助玻姆对完整性和隐缠序的洞察，本文为国际关系研究引入了一套新的概念，例如整体与部分的二象性、卷入、展出、隐缠序和显析序。这些概念可以帮助我们以一些在本体论上创新的方式重新思考国际关系及其许多重要概念，包括需要更加认真地对待国际关系的整体性，强调国家的全息性质以及采用这种方法解释和缓和国际关系理论与实践中存在的分歧与冲突。

作为结论，本文现在简要考虑量子全息对国际关系的两个伦理意义。第一，对部分来说，其全息“存在 / 转化”的特性使得部分不再仅仅是部分，因为它揭示了部分或被认为个体存在的“自我”其实从来都不是孤立地处于可怕的自然状态（state of nature）之中的。相反，它们不可避免地与整个世界联系在一起：实际上，它们的全息性意味着它们其实是一个小规模的整个世界。这可以让我们从一种更加积极的关系视角来改变对身份、利益和安全的思考方式，因为在全息相关的世界中，绝对的他者或“外部”威胁并不存在，除非我们有意无意地将世界分割成敌对的两面并将其付诸实践。

第二，“全息存在”和“全息转化”意味着全息责任。所谓全息责任是对所

---

① Fairbank, J.K., “A preliminary framework”, in Fairbank, J.K.(ed.), *The Chinese World Order: Traditional China’s Foreign Relations*, Cambridge, MA: Harvard University Press, 1968, p.2.

② Zhang, *Chinese Hegemony*, p.102.

③ Zhang, *Chinese Hegemony*, p.41.

有一切负责的观念和道德承诺。这里的“所有”是指整体及其各个“部分”，包括一些最小的“组成部分”，例如珊瑚和昆虫。只要它们最终都共享相同的整体，所有部分，无论大小，都是对整体的一种包容和卷入。作为整体福祉的指标，他们的安危对整体及其每个部分都至关重要。因此，对所有负责意味着“怜悯众生，不伤一物”。在全息连接的世界里，对“他者”（甚至最小的“他者”）的伤害意味着不可避免地对整个世界（包括自我）的伤害。因为自我会不可避免地将这个世界卷入自身，那么这个世界所受的伤害终将会成为对我们自己的伤害。世界主义长期以来一直认为“对个人的损害其实是整个世界的道德问题”。① 量子全息理论可以丰富世界主义的关系本体论，并同时超越其狭窄的人本主义。

由于本文的重点和篇幅所限，笔者无法顾及与量子全息相关的许多其他问题，例如如何度量全息性、国际关系中卷入和展出之间的关系、部分和整体的主体能动性问题、信息和话语在卷入和展出过程中的作用，以及全息关系中的权力和不平等问题，等等。但是这里可以明确的是，这些问题以及它们对国际关系的实际意义为我们指出了一些令人兴奋的未来研究领域。

【作者简介】潘成鑫，博士，澳大利亚迪肯大学国际关系学副教授，悉尼科技大学澳中关系研究院兼职副教授；阿尔弗雷德·迪肯公民与全球化研究所研究员，Palgrave Macmillan 出版社“全球政治社会学丛书”的创始主编之一，澳大利亚政府资助的奋进奖研究员；曾在墨尔本大学、北京大学、香港科技大学和台湾大学等担任访问职位。英文专著有《国际政治中的知识、欲望与权力：中国崛起的西方叙事》（有中译本），学术论文发表于许多著名国际学术期刊，包括 *European Journal of International Relations*；*Review of International Studies*；*Politics*；*The Pacific Review*；*International Relations of the Asia-Pacific*。

① Linklater, A., “The problem of harm in world politics: Implications for the sociology of states-systems”, *International Affairs*, 2002, 78(2), p.320.

语义场：动静合生的存在本体

——生态理性哲学基本概念诠释（1）

唐代兴

【内容摘要】哲学追问存在，必涉及本体问题。当哲学家们将世界作二元审问时，存在本体的追问之路越走越窄，以至于最后淡出哲学视野。哲学由此丧失“根”与“本”，沦为“无限度的扩张”和“有组织的不负责”的社会发展的注解方式。当世人类愿意走出后世界风险社会陷阱所带出的根本问题要求本体论拷问重返哲学，古希腊早期自然哲学之“变中不变”和“不变中变”的思想，以及近代经典物理学到量子力学及其复杂性科学从不同方面演绎的场理论，则为审查语义场本体论提供了开放性的认知和方法资源。语义场本体论的本体语义，是空间对时间的期待性和时间向空间的驻入性，其本质语义是其场化运动带动四面八方和四通八达的生成；其生成的边界和限度是场域，根本方式是合生，本体论方法是涌现。

【关键词】事实世界；存在本体；语义场生成；场域运动；内在结构动力学；层累性涌现

1. 世界是一切发生的事情。

1.1. 世界是所有事实的总体，而非事物的总体。

1.2. 世界为诸事实所规定，为它们即是全部事实所规定。

1.3. 因为事实的总体规定那发生的事情，也规定那所有未发生的事情。

——［奥］维特根斯坦《逻辑哲学论》

哲学虽追问存在，但却始于常识，是对常识的重新发现，或曰对常识的反思性审问。常识源于事实，是事实的观念。这是哲学以存在为对象的依据。

事实即存在，也敞开存在：事实是存在和生存的统合，也是本体和现象的统合。由于视觉和感觉的原因，事实才被分为现象或本体，以及动与非动、多与一等复杂的观念冲突。

哲学通过常识进入事实之域，追问事实何以产生和怎样产生，米利都的哲学家们以及后来者赫拉克利特围绕这两个问题，予以经验理性抽象，提出世界本原论和宇宙生成论，展示“变中不变”和“不变中变”的事实世界相互嵌含并互为涵化。其后，爱利亚哲学家们尝试对事实予以观念理性抽象，事实被类分出多与一、运动与静止、现象与本体、短暂与永恒等，哲学由此被感觉与事实，或物与心，或现象与本体等二元问题所纠缠，探求其解决之道，或持守本体做弥合现象的努力（柏拉图、笛卡儿等是这方面的最大努力者，海德格尔却对此尝试探求一种超越方式）；或去本体（绕开本体）开辟人的认知世界的道路（从古典哲学到分析哲学所铺开的就是这条道路）。事实世界被人智折叠和压缩所形成的思想、观念或方法，激励或引导人类为创造属人的存在世界，取得一个又一个巨大成功，但与此同时也层累起巨大的消解人的存在世界的力量，人的世界被渐进推进灾难重重的存在陷阱之中，但事实世界仍然以自身方式敞开自存在运动。人类要正视并走出这种人与事实两分的存在陷阱，需要哲学回到常识，通过对常识的反思性审查重新面对动与静、多与一、现象与本体、短暂与永恒相互嵌含、互为涵化的事实世界，发现它如何以场的本体方式存在。

一　事实世界的场态存在

> 物理发现者不同于贫乏的思辨家，不是因为在他们的头脑中没有形而上学，而是因为他们有好的形而上学，而他们对手的形而上学是坏的；应该把物理发现者的形而上学与他们的物理学结合在一起，而不是把两者割裂。
>
> ——[美]威廉·惠威尔

1. 事实世界场态存在的认知源头

理解事实的场态存在，需要回到米利都哲学和赫拉克利特哲学，发现其本原性的思想资源。米利都哲学和赫拉克利特哲学对事实世界的经验理性猜想和描述，在后来者看来或许幼稚甚至可笑，但他们对事实世界的经验直观所生成的本体认知，却体现一种超越性。这种超越性源于对事实“变中不变”和“不变中变”相互嵌含和互为涵化的直观。水是具体的事实，被视为世界的本原而获得生成万物的功能，当然源于它潮湿与蒸发相互嵌含和互为涵化的本性，但更因为日照，更准确地讲因为气候（气温和地温）的周期性变化推动潮湿与蒸发互为涵化，即呈不息生变的同时保持不变。阿那克西曼德（包括阿那克西美尼）坚信泰勒斯关于事实世界场态存在的真实性，但他却认为“水”不能解释事实世界何以场态存在，于是提出具自生成功能的“无定”（apeiron/indefinite）说，因为无定嵌含分化与转化，并涵化分化和转化：无定分化自身生成世界和万物，分化本身又推动万物以转化方式向“无定”复归。所以，分化是生成，转化却是消亡，二者相互嵌含且互为涵化，即一物生成，意味着另一物消亡；当某物消亡时，亦催化另一物诞生。

泰勒斯（Thales, 约公元前 624—前 546）提出水原本论，并基于经验从水的潮湿与蒸发现象发现互涵的宇宙生成思想，提出从有生成有的哲学猜想，张扬物活论思想，认为万物均是生命，源于万物都有灵魂。这一万物生命观和万物灵魂观却包含了万物同源、世界一体的场态存在观。更为重要的是，泰勒斯通过对水的经验理性直观展开事实世界的场态存在，其实做出了三个假设：首先，世界拥有一个合理的结构；其次，这个结构是可知的；最后，这个结构相对简单，也容易理解。泰勒斯几乎带着傲慢的态度看待事实世界，急切地从外部建构支撑事实世界的结构或秩序的第一原理。与此不同，阿那克西曼德（Anaximander，约公元前 610—前 545）将泰勒斯的宇宙生成的外因论变成内因论：“无定”的自我分化与复归，源于它本身自我生灭的内在力量。这种蕴含自我生灭力量的“无定”（apeiron）在量上（即空间上）无限，在质上无穷，它虽然没有性质但却嵌含了任何性质，自具分化自身和复归自身的力量，但这种力量却来源于其分化与转化的相互嵌含和互为涵化，并遵循“补偿”原则：“分化”基于无定本身的有余，“复归”因为无定自身不足。损有余而分化且补不足而复归，恰恰揭示了事实场态存在的内稳器是“足”：足之太过或足之不足，均会打破自稳状态而敞开回归“足”之运动，前者的“足”之运动是损有余；后者的“足”之运动是补不足。

泰勒斯尤其是阿那克西曼德对事实场态存在的思考，为赫拉克利特（Herakleitos，约公元前 544—前 483）的登场创造了全部条件。

世界秩序（一切皆相同的东西）对于一切存在物都是一样的，它不是任何神，也不是任何人所创造过去、现在、未来永远都是永恒的活火，在一定的分寸燃烧，在一定分寸熄灭。[①]

赫拉克利特从泰勒斯潮湿与蒸发的“水”和阿那克西曼德分化与复归的“无定”中归纳出“变中不变”和“不变中变”的转换生成辩证法“永恒燃烧的活火”，用logos来表述之；并对阿那克西曼德的“补偿原则”予以度量规定，发现“变中不变”与“不变中变”相互嵌含的尺度和互为涵化的边界，这就是“分寸”：火的运动遵从构建秩序和维护秩序的目的，但火的燃烧使之趋于“无”，火的熄灭使“无”变成“有”；而“有”意味着秩序，“无”意味着非秩序，火朝燃烧与熄灭互为涵化方向运动，就是沿着“有→无→有→无……”方向循环运行，这一循环往复的运动必然需要一中间环节，那就是“变”，“变”就是“燃烧”与“熄灭”互为涵化，其互为涵化的法则与规范是“分寸”。赫拉克利特的活火思想蕴含万物均“生中有死”“死中有生”的转化生成图式，其核心的思想精神则是“有中有无”和“无中有有”，将其“有”与“无”（或者说燃烧与熄灭、生与死）联系起来的是“变”（即秩序化运动）：“有”与“无”，由其相互嵌含对方的运动（自我否定）转向互为涵化对方，便是“变”的事实。所以，事实世界的生“变”行为，最终在于本身有其内在的相反（即通过否定自我而生成其他）的趋势（immanent opposite），这种趋势敞开事实世界的场态存在方式。

2. 事实世界场态存在的科学视野

亚里士多德（Aristotle，公元前384—前322）的哲学体系中关于实体的哲学，被称为“第一哲学”。但这“第一哲学”是相对物理学而言，所以它被归于物理学之后（metaphysic），汉译为“形而上学”。在亚里士多德哲学中，与形而上学相对的除物理学之外，还有一部分内容即实践的科学，包括实践认知论（如政治学和伦理学）和实践创制论（如诗学等）两部分。亚里士多德对哲学做如此构成分类，在实际上破灭了柏拉图（Plato，公元前427—前347）弥合形成的世界（world of becoming）和本体的世界（world of being）的努力，确立起哲学形上与形下的二元取向，其形上取向敞开为形而上学，它可经由灵魂通向神学（13世纪神学家托马斯·阿奎那用亚里士多德哲学解释神学，其内在可能性或可追溯到亚里士多德形而上学的自身路向）；其形下取向敞开自然和社会两个维度：关

① 北京大学哲学系、外国哲学史教研室编译:《西方哲学原著选读》上册，商务印书馆1981年版，第21页。

于自然的哲学方式，就是物理学（包括数学；至于现代，则是自然哲学）；关于社会的哲学方式，就是政治学、伦理学、诗学（至于现代，即是美学、艺术理论）等。

经过亚里士多德规整后的哲学，其形而上学道路总是曲折，而至于自我衰微甚至滑向自我解构：18 世纪的古典哲学抛弃本体论形而上学开辟认知论形而上学道路，但很快被后来兴起的分析哲学所解构；与分析哲学并称的现象学，其孕发于心理主义，以至于自身发展的走向呈现出与事实世界相去甚远。海德格尔（Martin Heidegger，1889—1976）历来被视为是现象学哲学家，其实他的哲学突破了心理主义做回返事实世界的存在论努力，但应者寥寥。与形而上学相反的景象是物理学的繁荣和发展，总是以自身方式不断地突破亚里士多德规定的物理学界域，以更新的方式呈现事实世界的场域存在。

物理学从哲学中分离出来成为独立的科学，所取得的第一个旷世成就，是牛顿（Issac Newton，1643—1727）的经典物理学，他通过构建三大物理定律使物理学获得自治性和完备性，物理学成为科学的女王的同时，也进入人类生活的精神世界。仅前者言，牛顿经典物理学通过三大物理定律构造出一个自治完备的绝对知识原则：时间是普遍的存在，空间同样是普遍的存在。普遍的空间和时间构成牛顿世界的绝对框架结构，其中的所有物质活动都按部就班地照常规运行。牛顿就是这样以上帝的眼光打量整个世界：一种活动在每个观察者看来都是一样的，无论他处在什么地方，也无论他以什么样的方式观照，都不会有例外。就后者论，牛顿物理学为生活世界提供了一种绝对论哲学：牛顿宣称“我把宇宙看作是绝对的”[①]。依据是时间和空间是普遍的存在，但这种猜想与事实世界不相吻合。莱布尼茨（Gottfried Wilhelm Leibniz，1646—1716）曾针对此论断提出相反假设：“我认为空间是某种纯粹相对性的东西，正如时间一样。”[②]两个多世纪之后，莱布尼茨的假设为爱因斯坦（Albert Einstein，1879—1955）证实：1904 年，爱因斯坦实验（6 年后与爱德华·莫雷一道重复了这一实验）发现在不同方向点上灯，无论怎样移动仪器，它总是被同样速度的光所映照。这一违反牛顿定律的实验表明：当交换信号，或当发现信息以相同速度传递时，光速却在各种情景下对人产生同样的意义。这一发现推动爱因斯坦顺理成章地发现另一现象：在自然状况下，时间、空间和质量等因素的变化与人的行为有密切关联。由此，普遍的时间不存在，绝对的空间也不存在，一切都呈相对性。

---

① ［英］雅可布·布洛诺夫斯基：《人之上升》，任远等译，四川人民出版社 1988 年版，第 168 页。

② ［英］雅可布·布洛诺夫斯基：《人之上升》，任远等译，第 169 页。

表面看，爱因斯坦物理学与牛顿物理学本质不同，因为牛顿物理学看到的事实世界是绝对的世界，它通过时间和空间的绝对普遍性呈现出来；爱因斯坦描述的事实世界是相对的世界，它同样通过时间和空间的相对而呈现，但将时间和空间，以及质量和物质、物质和空间、空间和引力联系起来的“光速”却是绝对的，并且必须在一切物理惯性系里呈现绝对精确的相等。以此观爱因斯坦的相对世界图景在本质上仍然是绝对论，一是运动的时间和空间呈**绝对相对性**；二是承载时间的光速适用于任何物理事件，并构成一切物理惯性系的共享标度。从根本讲，爱因斯坦与牛顿站在同一个哲学层面上张扬决定论哲学思想，并且正是这一决定论思想使他放弃对现代科学即量子力学的创制权。波恩为此非常遗憾地讲道：“比起前人，爱因斯坦对各种物理定律的统计学背景看得更为清晰，而且，在征服浩瀚的量子现象的斗争中，他是一位先驱者，但后来，从他自己的著作中出现了统计学原理和量子原理的综合，这种综合对大多数的物理学家似乎是可接受的，但他却远而疑之。我们许多人认为这是一个悲剧——因为他从此在孤独中摸索前进，而我们则失去了一位领袖和旗手。”① 最早对量子光电效应做出解释的爱因斯坦中道易辙，究其根本原因，玻恩在自传中讲得最到位：“我现在确信，理论物理学是现实的哲学。”② 爱因斯坦晚年也总结道：“与其说是一位物理学家，倒不如说是一位哲学家。”从哲学角度观，爱因斯坦中途放弃物理学的统计学规律和量子力学，致力于统一场论的探讨，既是为谋求对相对性绝对论哲学思想的全面确立，也是因为物理学的统计学和量子力学所呈现出来的哲学诉求与相对性绝对论哲学完全对立：客观地看，牛顿经典物理学的真正哲学支持，是本体上的绝对决定论、认识上的定域论和方法上的严格因果论；爱因斯坦超越牛顿所建立的（包括狭义和广义）相对论，在本体上只是变其绝对决定论为相对决定论，其定域论的认识论和严格因果的方法论得到完整的保持。量子力学与相对论的根本不同，不是微观物理世界与宏观物理世界的区别，而是构成微观物理世界的最小物质形态量子，同时既呈波状又呈粒子状，这种波粒二象性存在始终处于测不准的非确定态。玻尔（Niels Henrik David Bohr，1885—1962）和海森堡（Werner Karl Heisenberg，1901—1976）为此分别总结提炼出来的波粒二象原理和测不准原理宣称：物理世界既是非决定性的，也存在非定域性质，因而不可能用严格因果方法来做线性分析或综合。测不准原理强调，易变性的人性和既定性的工具从两个方面导致了**观测**的非精确性。因而，在人的视域世界里，纯粹客观的事物、

① ［美］J. 伯恩斯坦：《阿尔伯特·爱因斯坦》，高耕田等译，科学出版社1980年版，第207页。

② ［英］雅可布·布洛诺夫斯基：《人之上升》，任远等译，四川人民出版社1988年版，第261页。

本质、规律都将不存在。互补原理则强调，在微观物理世界，波粒二象的互相补充方式，构成量子运动的完备认知描述，并将其推广到宏观领域，揭示人类生存的互补现象。因此，在人的视野里，不仅从来没有纯客观的事物、本质、规律的存在，也难以找到谁决定谁，谁支配谁的事物，因为无论是人的存在，还是事物的生发、延续和消长运动，根本不存在单向的因果循环关系。由此不难看到，测不准原理和互补原理从非客观性和非决定性两个方面，直接捣毁了严格因果决定论和绝对的客观实在论这一经典物理学的哲学基础，以非决定论、非定域论和统计学方法为基本诉求的量子力学，领导现代科学从不同方面探索物理世界之非决定性、非定域性、非确定性等造成的复杂性，不断开创出新的复杂的科学及其假说和理论，比如非线性理论、自组织理论、突变理论、混沌学、分形学、隐秩序理论、超弦理论等，都从不同层面凸显出事实世界的场态存在状貌，呼唤着哲学的响应。

二　场态存在的物理学描述

> 物理学史显示了大多数伟大的物理学家从事研究的目的是寻求真实的世界图景，这个图景为概念革命铺平了道路。这不是物理学成长的非主要特征，而是其最重大进展的核心特征。因此，物理学史在某种意义上是世界观表达的历史，其核心由镶嵌在描述性框架中的本体论假设所构成。
>
> ——[美]曹天予

物理学领域关于事实世界的场态存在认知，亚里士多德用“以太”（Ether）一词予以最初描述。亚里士多德设想有这样一种可以随物理学发展而演变的物质，是统摄水、火、气、土等物质且又高居于天空之上的物质形态。牛顿创立经典物理学，同样将“以太”作为最终解释因素。但在牛顿那里，“以太”虽然由具有惯性的物质粒子构成，却蕴含“活性的排斥力，不能还原为惯性”①。所以，作为一种活性实体的以太，构成牛顿力学的形而上学本原，它隐埋于牛顿本人的理论著作中，后来因为莱布尼茨而得到清晰的表达。对于莱布尼茨，整个物理世界，从普通物体到光线以至于稀薄流体或精致物质，都“是由力的充盈（force plenum）构成的。力的充盈是一种活性实体，因为力作为运动的原因把活性具体化了。因此，对于莱布尼茨（Gottfried Wilhelm Leibniz，1646—1716）来说，自然的活力天然地包孕于力的充盈中，而所有这些细节都是一个动力学统一体的

① ［美］曹天予：《20世纪场论的概念发展》，吴新忠等译，上海科技教育出版社2008年版，第34页。

方方面面”[①]。进入18世纪，表述物理世界场态存在的“以太”概念被“场”概念所取代。但其“场”思想，却融贯了牛顿力学体系和机械论世界观中的“活性实体”、莱布尼茨的动力学“力”、托马斯·杨（Thomas Young）的光的波动说，还有由拉普拉斯（Laplace）、泊松（Poisson）和柏林（Green）、斯托克斯（George Stokes）、威廉·汤姆逊（William Thomson）等人发展起来的“势”概念。人们认为，由如是思想汇聚生成的“场的概念，本质上是特设性工具，而不是物理实在的表示。理由是明显的：场只能设想为没有其他性质的物体作用的场所，因而不是独立的存在”[②]。但这一“理由”显然难以成立，“场”没有获得独立存在，不是场本身的原因，**而是人的认知和观念使然。**所以，场没有获得独立存在，并不表明它不体现“物理实在”，因为它自身之“力”和“势”成为“活性实体”，这一“活性实体”构成场态存在的本质内涵和本体形态。

19世纪，电磁感应现象的发现，场的概念突破以太思维获得电磁场视野，麦克斯韦（James Clerk Maxwell，1831—1879）透过法拉第（Michael Faraday，1791—1867）关于电磁通过媒质发生作用中发现一种作用方式来说明一切电磁现象：“电磁场应当看成一个基本的物理实在，是所有那些数不清的应力和张力的总和。”[③]麦克斯韦假定空间有正在运动的物质，从而产生我们所观察的电磁现象，它渗透于一切物体，物体的存在只能使媒质稍有改变，这种媒质的各部分可由电流和磁使其运动，这种运动可以由来自联系有关部分的力从媒质的一部分传向另一部分。在这种力的作用下，其大小依这些联系的弹性而定，所以在媒质中可以存在两种不同形式（相互作用所产生的）的能量：一种能量是媒质各部分运动的“动能”，即电磁现象产生的动力，它是物体由于运动而具有的能量；另一种能量是因媒质各部分的联系所具有的弹性而储存于联系中的“势能”，即电磁现象产生的惯性力，它与物体在力场（物体间的相互作用）中的位置有关。

在经典物理学中，绝对观念源于如下假设：物理空间存在着第一因，即“以太”。“以太”作为整体存在的实体，是绝对运动的前提和条件。麦克斯韦透过电磁现象发现，“以太”并非他物，只是产生电磁现象之应力和张力的总和，或可说是一运动物理作用于它运动物体（**因为任一运动物体作用于另一运动物体时，都会直接或间接带动众多运动物体，原因是每一物理事实的存在性敞开为四面八方和四通八达**）时的那种相互推进（即嵌含）和互为运动（即涵化）的

① ［美］曹天予：《20世纪场论的概念发展》，吴新忠等译，上海科技教育出版社2008年版，第34页。

② ［美］曹天予：《20世纪场论的概念发展》，第38页。

③ ［美］B. 霍夫曼：《量子史话》，马元德译，科学出版社1979年版，第10页。

“力”，由于这个相互推进和互为运动的力，是由一运动物理作用于它运动物体时相互嵌含和互为涵化所生成，所以它是场态化的力。这个被场态化的“力”被麦克斯韦的微分方程规定的“场”所取代，“场即物体相互作用的状态，这一状态恰恰是由两质点间的引力所敞开的本来呈现，两质点间的状态（空间）则是相对运动而言的场，而场的基体则是这两质点间的引力本身。场的基体无论在哪里（包括在有重物体内部）都是空虚的空间。物质同电磁现象发生联系，只是由于物质的基本粒子带有不变的电荷，并且因此而使这些粒子一方面受着有重动力的作用，另一方面又具有产生场的特性”①。任何物理理论都来源于事实世界，在事实世界里，无论是宏观物理运动，还是微观物质运动，都没有绝对性，因为物理运动始终是物物相互嵌含和互为涵化的运动，在其运动中，此一运动物体是彼一运动物体的极限状态和边界；反之亦然。并且，物物相互嵌含和互为涵化运动的真正动力是“引力”，它只是一种虚空的空间，却实存于两质点间运动之中，是由物体的两质点运动本身所建构，但它又不是这两质点运动的物体自身，而是这两质点运动产生的另一实存物，这一实存物既具有重动力（势能）的作用（推动物体相对运动），又有产生维系这两质点间的运动的物的动力（动能）作用。所以这个“引力”被看成是产生场的基体，由此基体生成的场叫引力场。两质点间的引力虽然产生了引力场，但两质点间的引力又必须通过引力场来实现。

麦克斯韦关于动能与势能相互作用的电磁场理论，既构成爱因斯坦广义相对论的基础，并引发对统一场理论的构想和探索，也成为量子力学的土壤。从总体观，在现代物理学中，“场”虽然被表述为物理的两质点间运动的函数关系，但这一函数关系所展示的却是一运动物体相对另一运动物体的空间性实体。场的这一自身性质规定决定了它与实物一样，既是一种客观实存，也是一种物质形式。场作为一种物质形式，与物质的另一种形式即实物（原子、分子以及由此构成的宏观物体）一起构成物质世界非常丰富的图景。但场与实物又有区别：第一，实物是具体的实存物，无论是微观物体，还是宏观物体，均是具体的实在物；场作为一种物质形式，始终是整体的实存物，这种整体性表征为它是一运动物体与另一运动物体发生作用时相互嵌含和互为涵化所形成的语义力场，因而，即使是宏观物体，它也在运动时与其他物质发生相互嵌含和互为涵化的作用，必然产生大于自己的场态物质形式和场化引导力量。第二，实物具有空间的排他性，即一实物占有一定的空间，此空间绝不被其他实物所占有；与此相反，场始终具有空间的共存性和承受性，即一定的空间可以存在着许多场，场与场可

① ［德］爱因斯坦：《爱因斯坦文集》第一卷，许良英编译，商务印书馆 1976 年版，第 365 页。

以处于同一空间，场与实物也可以占有同一空间，场与实物总是相互嵌含并互为涵化。第三，相对具体的实物而言，场是能量，因为场是实物状态的函数；就场自身言，它所指涉空间的疆域是状态，它切割空间的运行是能量，所以，场是能量与状态的函数。第四，场不仅是物理事实相互嵌含和互为涵化（能量交换）的媒介，又是产生这些能量的整体性动力。场与实物之间的如上区别，亦构成场自身的特征：首先，场是一运动物体作用于它运动物体的那个整体性实存的空间状态，但这一空间状态却是这一运动物体与另一运动物体相互作用（相互嵌含和互为涵化）所产生；其次，场的产生实质上是物体之间相互作用的能量的产生：场是一种空间能量，这一空间能量既是维持自身存在的力，又是推动物体运动的力；最后，场也是一种运动的物质形式，这一运动的物质形式伴随具体的物质与物质相互嵌含和互为涵化的运动而产生，同时又伴随推动物质相对运动的消失而使自身消失。

三　场态存在的语义呈现

> 一个语词从不（几乎从不）离开它的词源和形成时的状态，尽管它的含义会变化万端，增减不已。最初的含义将会保留下来，渗透于并支配着这些变化不定的增减。
>
> ——[古罗马]奥古斯丁

1. 微观语义场源

事实世界是以场态方式存在。这里的“事实世界”既可呈整体性，也可呈个体性，因为任何具体的实存物都构成一个完整的事实世界，比如，一支笔、一朵花，甚至一个内心的念想，都是一个事实世界，因为它们具备构成事实世界的三个基本条件：第一，必须是事实地存在，并以事实为本体；第二，凡事实始终以自存在方式运动，哪怕是笔，人们也只能按笔的方式使用它；第三，所有自存在运动的事实，其必为运动都与他者发生（相互嵌含和互为涵化）作用，因而，任何事实都既是个体，同时也整体关联。基于如此要求，任何事实都是构成具体的事实世界；并且任何事实世界，都是具体的事实。比如一株草的生长性存在或死亡运动，既是这株小草本身存在运动使然，同时也融进其存在运动所生成的场态力量。因为这株小草的自生长或自消亡运动，与供其存在的土地、土壤肥力、水分、阳光、空气、气候、温度、污染度等实存物相互作用，更具体地讲，这株小草嵌含于具体的土地、土壤肥力、水分、阳光、空气、气候、温度、污染度等之中，而这些为这株小草提供生长或死亡条件或促进因素的土地、土壤肥力、水分、阳光、空气、气候、温度、污染度也同时嵌含进这株小草的存在世界之中，相互构成嵌含和涵化的力量。在这一互相嵌含和互为涵化的时空进程中，其中任何一个因素的过强或过弱，都会影响到事实世界的存在态势。向日葵朝太阳方向生长，是其本性；其实所有生长的存在物，都具有朝向阳光的本性，当其朝向阳光的本性被遮蔽或扭曲时，其存在态势总是呈弱向。这说明在事实世界里，任何事实之存在状况都受与多元关联作用所生成的场态力量的影响。

一事实自在敞开与他事实发生相互嵌含和互为涵化所层累性生成的场态力量，既是动力场，也是引力场，因为一事实自在敞开与他事实发生相互嵌含和互为涵化所层累性生成的场态力量之**语义内核**是能量。如前所述，在运动的物理世界中，能量既指动能，也指势能。前者是一运动物体作用于它运动物体时相互嵌含和互为涵化所释放出来的自动力量；后者是一运动物体作用于它运动物体时相互嵌含和互为涵化所层累性生成的关联力量，也即是他动力性质的惯性力量。作为自动力的动能和作为惯性力的势能，二者相互嵌含和涵化，则层累性生成微观语义场。这个微观语义场成为支撑、敞开、推动由一运动物体作用另一运动物体时相互嵌含和互为涵化所层累性生成的宏观场态存在的内动力场，这就是莱布尼茨所讲的“活性实体”。量子力学之量子场论（Quantum Field Theory, QFT）对构成这一微观语义场的核心语义予以了描述。

从哲学观，量子力学理论开创了现代复杂性科学的强大生命力，内源于其核心语义是量子运动既呈有限自由，也呈无穷自由。这是因为在量子世界里，其运动中呈动能的量子是能量子，能量子运动呈粒子状，并且以自身为动力，所以其运动始终有限度，即能量子运动始终以自身为限度。与此不同，运动中呈波状的量子是光量子，光量子运动呈光波状，并且只能是一运动量子作用于它运动量子时相互嵌含和互为涵化所产生的势力，亦曰惯性力，这种惯性力是以场量子化的方式发挥功能，所以其运动呈无限性，即光量子运动始终以场化方式展开自身，体现无限生成的可能性。建立在这一基础上的波粒二象性原理和测不准原理，才赋予物理世界全新的解释张力：首先，由于以自身为规定的能量子运动的有限自由和以相互嵌含和互为涵化为激励因素的光量子运动的无穷自由的可能性，使事实世界既呈确定性，也呈非确定性。事实世界始终是确定性与非确定性的相互嵌含与互为涵化。并且，在确定性与非确定性相互嵌含和互为涵化的生成性构成中，“（1）能量子作为波动系统中的峰是可以创生和破坏的。因此，为一种副现象，它们预设了作为基本本体的场的存在，尽管它的数目能被用作确定场振子的态和场的位形的参数。（2）……光量子是一种独立的、永久的粒子，携着能量、动量和极化，并处于由这些参数确定的某个态。它们的产生或湮灭只是它们跃迁出或跃迁进零态的表现”①。在量子世界中，从确定性看，能量子的本体是粒子，它的动态形式是动能；从非确定性看，光量子的本体是波，它的动态形式是势能。整体观之，量子世界的本体是场，是量子运动中能量子与光量子相互嵌含和互为涵化所层累性生成的能量场，它同时又成为量子运动中能量子与光量子必须以这种方式相互嵌含或以那种方式互为涵化的动力场。其次，在微观物理世界，能量子与光量子相互嵌含与互为涵化运动始终呈非确定性，这种非确定性不仅源于量子运动中其能量子与光量子相互嵌含与互为涵化的偶发性、跃迁性，更源于量子运动的场态化和其动态敞开的量子化。正是这两方面因素的相互嵌含和涵化，才生成量子世界的复杂性。最后，在微观物理世界中，其能量子与光量子相互嵌含与互为涵化所生成的既体现有限自由又敞开自由之无限可能性的能量场，构成客观物理世界的本体语义，为宏观物理语义场的生成性建构或解构，既提供动力场源，也提供可能性方式。

2. 宏观语义场态

事实世界的场态存在，是以**场的自在**为前提；而场自在的内因素，却是自具的生生之力，并张扬其生生之义。生生，是动词的叠加，突出“生”之发声性和“生”之发声的根本性。

如前所述，无论是微观物理世界，还是宏观物理世界，一运动物体作用于它运动物体时发生相互嵌含和互为涵化的进程，本身有声，并呈现发声的生生。比如“离离原上草，一岁一枯荣，野火烧不尽，春风吹又生”，从语言讲，这是诗；从存在讲，这是事实世界的时空流变运动。而凡运动，都有声。因为运动总是展布运动者的力；运动所发出的声音，张扬运动者生命的在场性。原上之草，从形态讲，是小的；从力量言，既是弱的，是弱草，也是强的，是劲草。原上草“一岁一枯荣”，既柔弱，也强劲，前者体现它必须“一岁一枯”，因而，总是遭遇野火焚烧；后者体现它必然“一岁一荣”，虽然总是遭遇野火的焚烧，但却始终烧不尽，并且越遭遇焚烧，越是“春风吹又生”。所以，原上之草与岁月交道的时空过程，其生命“枯”“荣”和身体遭遇“烧”“吹”，都是它与岁月相互嵌含和互为涵化的发声，这是一种使自己“死而复生”和“生而复死”且生生死死

① ［美］曹天予：《20世纪场论的概念发展》，吴新忠等译，上海科技教育出版社2008年版，第212页。

循环往复永无止境的“生生”之声。又比如，寒风呼啸，是风与大气、寒流相嵌含相涵化的运动进程，以呼啸之声嘹亮自己；河水滔滔，是河水、河床、平原、旷野、山川相嵌含相涵化的敞开方式，通过滔滔之声将其存在状貌凸显出来。但无论是寒风还是河水，其呼啸或滔滔的生生之声，均源于相互嵌含的动能和互为涵化的势能的场化建构。

一运动物体作用于它运动物体时发生相互嵌含和互为涵化所爆发出来的生生之声，既揭示运动物体的存在总是敞开“因生而活，为活而生，且生生不息”的言说过程，也展示运动物体相互嵌含和互为涵化所生成建构的场化运动和场态存在，实际上是敞开一种语义场运动和语言场存在：作为一种语言场存在，可以通过“在逻辑空间中的诸事实就是世界”，并且“逻辑中没有偶然的东西：如果一个事物能够出现在一个事态中，那么该事态的可能性必须已经预含于该事物之中”[①]而得到解释；作为一种语义场存在，是指事实世界的场态存在接受语义指涉性，即语义构成事实世界场态存在的自身限度和边界。所以，所谓“语义场”，是指“语义”生成敞开运作的场域构成事实世界。

定义是简单的，理解总趋于复杂。对“语义场”概念的理解亦如是。首先需要明确其“语义”定位。这里的“语义”当然是语言学意义的，但又不囿于语言学：语言学意义的语义，源于语言的规定性，即语言产生语义，语义受制于语言；与此不同，语义场中的语义并不来源于语言，因为语言创造语义，这是继发性的事实。从发生学论，语义源于事实的存在性发声，即只有当事实的存在性发声时，才可产生语义。比如，一声猿啸，整个山谷胀满力量的语义。一座瀑布，让环绕的群峰感应生命语义的喧哗。语言和发声的生成关联，可从婴儿的言说得到理解：每个婴儿，都具有天赋的发声能力，然后才随着年龄的增长而习得语言。具体言之，婴儿从母体脱落，其首要动作是哭。哭，就是发声。以哭的方式发声，既是降落于地的个体生命自我喧哗隆重地来到人间，同时也表示自己还是个活物。

婴儿诞生于世的声响运动，以及后来持续不断而且花样百出的有声存在，应该是事实世界万物生命存在敞开的浓缩方式。对于人，我们总是习惯地只把他看成是“人”，但实际上，人首先是物，然后是人，并且最终是物。每个被称为人的血肉之躯，赤身裸体地降落于世，以发声的方式喧哗自己的到来，并以不断发声的方式宣示自己的存在，及其苦乐化的生存；推广开来，事实世界中所有生命物、所有存在者均是如此。动物自不必说，发声是其向存在世界的报到方式，

---

① ［奥］维特根斯坦：《逻辑哲学论》，贺绍甲译，商务印书馆 1996 年版，第 25 页。

发声更是其喜怒哀乐的表达方式。哪怕是被我们视为是无生命的存在物，也是以自己的方式发声宣示自己的存在，讲述自己的存在状态。晴朗的天气，以艳阳高照和晴空万里的方式发声；无太阳的天气，却以阴霾、晦暗的方式发声来敞开自己的在场。万物不同的存在态势，本身就是具体的发声方式。即使是同一存在物，由于其不同的存在态势，也会产生不同的发声方式。水，这种存在物，自由徜徉于山涧之中，其发声“潺潺”；当其汇聚成瀑布，就喧哗群山峻壑；当其涌入大江大河，则“滔滔”不息；当其汇入湖中，只能发声为“波光粼粼”。

发声不是人的专属权，也不是动物的专属权，而是事实世界敞开自身的方式，亦是万物显扬存在的方式：世界是声音的乐章，万物是声音的音符。声音之于事实世界之整体和个体，既是敞开，也是照亮。因而，声音在本质上是生命。**声音所在，生命所在**。诊断一个生命是活着还是已死，就是他（或它）还有没有声气，心律是否还有颤动。

声音之于世界，就是言。发声，就是发言，就是言说。是人，有人言，有人的言说；是物，有物言，有物的言说；天地，更有其言，形成天籁之音和地籁之音的言说方式。发声或者言说或者“讲，作为言说某事，属于语言的存在之刻划，这刻划遍于一切形式的说，遍于一切说出的东西；在场者与不在场者均藉此一刻划宣告出来，允诺或拒绝自己，显示或撤回自己。来自众多不同渊源的多样的说，是语言存在之刻划中的无所不在的东西”①。总之，世界就是语言，存在就是言说，发声必喧哗语义，这是语义场的存在论本义，也是海德格尔语言论的基础。

> 语言是存在的家。在其家中住着人。那些思者以及那些用词创作的人，是这个家的看家人。②

世界就是语言，意指语言创构世界，并以言说（发声）的方式敞开或遮蔽世界。在这一本原意义上，语言既是存在的本体，也是言说的舞台。人是语言这个舞台上的演员与过客，其所表演的方式是言说。在语言这个舞台上，人可以入场或退场，可以独言或互言，可以喧哗地言或沉默地言，但无论哪种姿态或何种方式，语言始终存在，言说始终伴随。从根本讲，没有语言的存在，人总是失场；没有以语言为本体的言说，人既不能到场，也不能退场。语言和由此生成的

① ［德］海德格尔：《人，诗意地安居》，郜元宝译，上海远东出版社2011年版，第70页。

② ［德］海德格尔：《人，诗意地安居》，郜元宝译，第32页。

言说，既相对世界言，更相对存在言。人可能在场（在语言中）并在场中展布自我，也可以不在场（不在语言中），即逃逸出语言而遁入虚无。但不管哪种状况，语言始终在场，言说始终在场，因为场是事实世界的本体，在与不在都无法逃遁场外。

四 语义场的构成性

宇宙最不可理解的事情是它是可以理解的。

——[德]爱因斯坦

1. 语义场的本体构成

从存在论，语义场（Semantic field）是指语义生成敞开运作的场域构成事实世界，即语义场是事实世界，事实世界是语义充盈的场世界。从功能言，语义场是以语言为本体的言说场域。合论之，语义场是事实世界的本体，它涵摄和彰显物和生命，使物和生命本体地存在。

作为事实世界之本体的语义场，它是自存在。对自存在的语义场的发现，既可帮助已远离事实世界的我们重新回归事实世界，同时也可为我们提供消解机械论哲学，彻底清除机械论世界观的方法。语义场能够给我们提供如此助益的秘密，源于语义场的自在构成性。

语义场是一种整体存在。要理解此，须从“场”入手：场，其本义是平坦的空地。平坦之于场，意为基座坚实，空间开阔，视野辽远，可用性大，具广泛的舞台性。“空地”之于场，既意为无遮蔽、无阻拦的开放性，面向世界的四面八方性和四通八达性，更意为可任用和待受用性。比较而言，如果说平坦凸显了空间的敞开性，那么空地却暗含时间，意谓时间的可驻入性，即当可任用的空地获得实际的受用时，想象中的期待性时间就成为实际的效用时间。由此不难发现场的如下存在论语义取向：

第一，场是一种状态。它既是一种空间状态，也是一种时间状态。**场作为空间状态，它是现实的此在；场作为时间状态，它是潜在的彼在。**

第二，场始终呈四面八方的方向性和四通八达的状态性，**四面八方和四通八达构成场的本原状态**，简称为“场态”：场始终是语义场态的。场的语义场态化，意谓场既是现实的，也是非现实的；既为已有，也呈未有、未来；既自足，也开放；既建构，也解构；既可无遮拦地受纳所有，又可在始终不渝的“纳新”

中源源不断地“吐故”。总之，场的场态化存在，始终二元对立地统一，或曰始终不渝地统一二元对立，构成场的本性和职责。

第三，场之为场，并不在于它的平坦之“空”，而在于其平坦之“空”所蕴含的本质之实。这一本质之实的内容有二：一是**时空**，作为“平坦的空地”本义之场，始终蕴含**空间对时间的期待性和时间向空间的驻入性**，这是场之为场的本体结构、本体框架，也是场之为场的本体语义。二是**生成**。作为“平坦的空地”本义之场，不仅充满空间对时间的期待性和时间向空间的驻入性，更体现其四面八方的广纳性和四通八达的更新性，这是场之为场的本质语义。

2. 语义场的功能构成

以如上本质语义和本体语义为内在规定的语义场，既是一种整体的敞开方式，也是一种整体的构成方式，并且其整体的构成总是通过其整体的敞开来实现。

第一，存在敞开的整体发散性。场的四面八方性和四通八达性决定了语义场的存在敞开，始终呈全方位态。这种全方位敞开使语义场成为一个开放性的生态世界；并且，场的四面八方性和四通八达性使语义场呈自敞开的分布式特征。首先，语义场始终以自涌现的方式敞开自己，没有强制性的中心控制，没有人为的主导力量，任何它自身之外的力量，不仅难以成为主导语义场运动的力量，而且都要接受语义场这一自涌现力量的主导。其次，语义场以自涌现方式敞开自己的内在规定，是自组织性，它具有自组织、自控制、自调节、自修复的力量，任何外力对它的作用只能是间接地发生，即需要通过相嵌含和互涵化的方式间接地渐进实现。再次，语义场以四面八方的姿态和四通八达的方式与任意的他者发生运动关联，均需以相互嵌含和互为涵化的方式生成非线性的和非定域性的场态关系，这种场态关系在本质上是一种非因果关系。最后，语义场以四面八方的姿态和四通八达的方式敞开自为存在运动，推动物体与物体、事实与事实、场与场之间相互嵌含和互为涵化所生成建构起来的关联方式，是一种存在的原生方式，比如，因为语义场的自为敞开，事物与事物、事实与事实、系统与系统之间，以及平原与山峦之间、湖泊与江河之间、陆地与大海之间、大地与天空之间所生成建构起来的存在与关联，都是本原性的。

第二，存在敞开的场域性。场的四面八方性和四通八达性，使它呈无限可能性。这种无限可能性使语义场既可以无限自由的方式存在，也可以无限自由的方式敞开。但这双重“无限自由”也只是语义场的形态学可能，并非语义场的存在论现实。原因在于语义场虽然自拥四面八方的存在姿态和自具四通八达的存在方式，却同时要受两个方面因素的牵扯：第一个因素是场的本体语义制约语义场之无限可能最终囿于有限性之中，即无限可能的语义场敞开自身存在的进程中必然戴着“空间对时间的期待性和时间向空间的驻入性”这一“脚镣”跳舞。第二个因素是场态的四面八方性和四通八达性本身决定了语义场的存在敞开不仅启动了时空，而且带动存在相关者，并使其与存在相关者之间只能以相互嵌含和互为涵化的方式运动，语义场的这一存在敞开方式决定了它之存在敞开总是在无限的想望中达成有限的现实。

语义场的场域性，揭示了存在世界任何存在，无论整体存在还是个体存在，无论物质化的实体事实，还是非物质化的虚体事实，虽都具有无限可能的未然性，但其关联敞开的嵌含和涵化运动所生成建构的现实性始终是有限的。因而，一切以绝对自由的想望求取无限度的现实的所有方式都是突破语义场域的方式，这种突破语义场域的方式在人的智—力控制的世界中可能变成现实，但即使如此也不可使之持续以往，因为突破语义场域的行为方式和做法本身就使它最终为语义场域化的场态运动所抛弃，这种被抛弃的残酷方式就是其无限自由努力所构筑起来的结构景观一定被整体地崩塌、被整体地覆灭。这种一切以绝对自由的方式求取无限度的行为，往往只在人智—力制造或掌控的世界里才可偶然地发生，在自然世界里根本不可能出现。因为自然世界本身就是语义场域化存在的，在其语义场域化存在的自然世界里的任何物质、任何事实、任何关联性、任何现实及其可能性，都必须接受语义场化存在的场域限制。在语义场化的存在世界里，场域既是场化存在的疆域，也是场化存在的边界和限度。自然世界的场化存在运动一旦触及其边界和限度，就会自启动调节机制而回复自身。其场化存在一旦因外力的强劲推动突破自身边界和限度，它就会以其暴烈的方式开启“反者道之动”，其带动起来的世界必然发生巨大的振荡。地震、海啸、台风、火山爆发、冰川气候、冰雹、高寒和酷热，以及世界大流行的瘟疫，等等，都是语义场化存在的自然世界启动暴烈方式自调节、自回归场域存在状态的形态学呈现。

3. 语义场的生成性

语义场的本质构成是生成，生成时空，生成空间对时间的期待和时间向空间的驻入，生成“变中不变”和“不变中变”的场域结构中的新事件、新事物、新事实、新生命、新存在。语义场的生成本质，要受场域规定，因而，生成之于语义场，既有边界，也有限度，更有条件、方式、方法的要求。

首先，语义场生成的基本方式是合生。

语义场以场域为边界和限度的自为敞开，实以“相互作用”的方式呈现。

这种场域化的相互作用有两种形式：一种是直接形式，或曰**定域性方式**，这就是“第一个物体的运动确定了一个力，然后这个力确定了第二个物体的运动。这样，力能以平等的合法性被看作总是运动的原因，同时也是运动的结果”①。另一种是间接形式，即**非定域性方式**。在经典物理世界里，“物体不论相距多远，都可以不借助于介质，瞬间地相互作用”②。在量子世界里，一方面，初始媒介总是作为原动力因素发挥出意想不到的后续事件；另一方面，任何偶然因素都可能成为改变现有存在状态的力量。伦敦上空一只蝴蝶不经意地扇动了几下翅膀，这一对局部空气的微弱振动经历三个月的层累性集聚运动在太平洋上空刮起了一场龙卷风。这或许被看成是一个想象性的假设，而2019年年末，一个小得连肉眼都看不见的新型冠状病毒，却可以借助于高度密集人口的城市居住方式和高度发达的交通方式，在短短的两三个月时间内使整个世界沦陷于疫灾之中，并从此翻开改写人类史的新篇章。

语义场敞开自为存在的场域运动，以相互作用的方式合生，是指语义场敞开自为存在的场域运动，既生己，也生他。但无论生己还是生他，都必须己与他共运，在生己的同时生他，或在生他的进程中生己。这种己他共运合生的基本方式，就是语义场自为敞开带动四面八方的存在和四通八达的事实而相互嵌含和互为涵化：语义场自为敞开场域化的合生运动的实质方式，就是与四面八方的不定他者相互嵌含与互为涵化的生成。语义场自为敞开场域化的合生运动，既具确定性，更呈非确定性。其合生运动的确定性，主要指语义场自为敞开场域化的存在运动之合生诉求的必然性，源于语义场的场域运动本身，即语义场以自为边界的姿态和自为限度的方式与他者相互嵌含和互为涵化的运动，始终具有生己和生他的既有朝向。其合生运动的非确定性，恰恰在于语义场的场域运动必然带动四面八方的他者和四通八达的事实而相互嵌含和互为涵化，这一进程中的任一偶然因素、任一细节参与，都会改变其相互嵌含和互为涵化的力度、方向、结果。语义场自为敞开场域化的合生运动的确定性与非确定性取向，形成存在世界场化运动的复杂性和难以掌控性，而凡是将其复杂性简单化并予以掌控的方式来操作这个原本复杂的场态世界，最终会导致意愿向现实的破灭。

其次，语义场生成的本体论方法是涌现。

关于涌现，惠勒认为它既是一种科学，也是一种技术。以此理解，涌现还是一种理性的解释方式。但这是一种“涌现”的观念，它为调和“将之分解为部

① ［美］曹天予：《20世纪场论的概念发展》，吴新忠等译，上海科技教育出版社2008年版，第229页。

② ［美］曹天予：《20世纪场论的概念发展》，吴新忠等译，第228页。

分”和“将之视为一个整体”这两种方法提供了很好的路径。“当整体行为从各部分的有限行为里有规律地涌现时，身体与心智、整体与部分的二元性就真正烟消云散了。”[①]观念始终源于事实。“涌现”观念最终从事实世界中生发出来，以此观之，涌现是事实（事物、世界）敞开自身的运动方式。从语义场言，它是语义场敞开自为存在的合生方式，具体地讲，涌现是语义场以场域方式敞开自身并重构自身。

语义场以场域方式涌现，就是喷发而出，就是喷薄。“喷薄”一词的本义，是激荡汹涌，且勃然发散。激荡汹涌、勃然发散，是一种自然现象，并且是普遍的自然现象。昙花一现，描述花之盛开状是如何激荡汹涌、勃然发散。太阳喷薄而出，狂风、暴雨、闪电、雪崩、海啸、地震，还有人的来性，动物的发情，大地“好雨知时节”的万象更新等，都是各自以自身方式激荡汹涌、勃然发散。

涌现作为非常普遍的自然现象，其实是事实呈现自己的基本方式，是存在世界敞开自己的存在方式，是存在、自然、事实在场化运动中以相互嵌含和互为涵化方式自创生与他创生的基本方法。从人的角度观，涌现也是一种日常存在方式、日常发生方式。比如，聆听巴赫的音乐，我们连同自己的身心被嵌入“巴赫世界”的同时，“巴赫的气息”也嵌入我们身心之中而生发出某种情不自禁的合乐激情，这是生命或曰身心因为音乐而激发而涌现的典型方式。

语义场以场域方式生成的涌现方法，本质上是一种创生方式。语义场敞开自身带动四面八方的存在物和四通八达的事实相互嵌含和互为涵化的合生，往往通过涌现呈现。涌现这种创生方式，敞开一种场域化的因果方式，这种场域化的因果方式也可称之为自然因果方式。在事实世界里，事物之间蕴含多种因果方式，但其中有两种是最基本的：一是具体性的因果方式，即物物因果方式；二是整体性的因果方式，即场域化的因果方式，即语义场的自为存在运动带动四面八方的存在物和四通八达的事实相互嵌含和互为涵化的因果方式，构建起来的因果关系既蕴含确定性方向但又始终呈非确定的多种可能性，在这多种可能性的场域中，结果总是需要更多向心的合力促成。在语义场的场域运动中，向心的合力因素越多，获得其“果”的可能越大；反之亦然。

语义场以场域方式生成性涌现出来的因果方式，实受制于语义场的自身结构。语义场的自身结构既是生态整体取向的，更是分布式的。语义场以场域方式生成的涌现力量和涌现方法，就是由这种整体的分布式结构所铸就。所以，涌现虽然以场域的方式敞开，但它却是结构动力学的。这一结构动力学隐藏一只“看

① ［美］凯文·凯利：《失控：全人类的最终命运和结局》，陈新武等译，新星出版社2015年版，第19页。

不见的手”，这就是**量变引发质变**：“‘蜂群思维’的神奇在于，没有一只蜜蜂在控制它，但是有一只看不见的手，一只从大量愚钝的成员中涌现出来的手，控制着整个群体。它的神奇还在于，量变引起质变。要想从单个虫子的机体过渡到集群机体，只需要增加虫子的数量，使大量的虫子聚集在一起，使它们能够相互交流。等到某一阶段，当复杂度达到某一程度时，‘集群’就会从‘虫子’中涌现出来。”① 涌现的结构力学，是内在的结构力学。这一内在结构力学使场域因果方式成为现实。换言之，语义场涌现性生成的场域因果方式，是由语义场自我隐藏的结构力学所规定。进一步讲，语义场以场域方式生成性涌现，或者说语义场的涌现生成，遵循其内在结构力学规律。语义场的内在结构力学规律，就是量变推动质变和量变改变质变的规律。比如，在水槽里盛满水，然后拔掉塞子，水槽里的水马上产生漩涡，出现涌现景象，因为漩涡本身就是一种涌现行为。又如，将大江大河截流筑坝蓄水，然后全方位打开闸门，同样会出现壮观的涌现。水分子是单个的，当单个的水分子集聚成群，它的能量及其结构就层累性集聚于群体之中，生成整体的激荡力量，一旦获得释放出口，或者一旦突破阻碍，就会喷发而出，爆发涌现力量，产生涌现生成的效果。

语义场的场域化生成之所以以涌现方式实现，是因为涌现行为产生的条件，就是个体的群化生成及其对量的层累性汇聚：“事物的涌现大都依赖于一定数量的个体，一个群体，一个集体，一个团伙，或是更多。”因为“数量能带来本质性的差异，一粒沙子不能引起沙丘的崩塌，但是一旦堆积了足够多的沙子，就会出现一个沙丘，进而也就有可能引发一场沙崩。一些物理属性，如温度，也取决于分子的集体行为。空间里的一个孤零零的分子并没有确切的温度。温度更应该被认为是一定数量的分子所具有的群体性特征。尽管温度也是涌现出来的特征，但它仍然可以被精确无疑地测量出来，甚至是可以预测的。它是真实存在的”②。

语义场的场域化涌现生成，源于语义场以四面八方的姿态和四通八达的方式与四面八方的存在物和四通八达的事实相互嵌含和互为涵化的运动，是一个将具体、个体予以群集化的过程，这一过程必然推动语义场本身产生量变改变质变的复杂性。这种量变改变质变的复杂性可能会呈两种取向：一是语义场按自身场域规则运行推动量变改变质变，产生**涌现性建构**；二是语义场遭遇外力因素影响而运行推动量变改变质变，则产生**涌现性解构**。前一种涌现取向揭示涌现与数量的关系，是一种正向（或曰正比例）关系，在既定的场域中，同类相聚的个体越

① ［美］凯文·凯利：《失控：全人类的最终命运和结局》，陈新武等译，新星出版社2015年版，第21页。

② ［美］凯文·凯利：《失控：全人类的最终命运和结局》，陈新武等译，第31–32页。

多，涌现发生的可能性越大；同类相聚的个体越多，涌现爆发的力量越大，并且其涌现持续的时间更长。后一种涌现揭示域度与复杂性的关系，既可正向生成，也可反向生成，其依据却是场域本身：在其场域内，涌现的复杂性所蕴含的确定性因素更多，其建构性生成获得更多的可能性；在其场域外，涌现的复杂性则呈绝对的开放性和完全的非确定性，解构性生成往往成为必然。

语义场以涌现方式生成，既可是建构取向，更可是解构取向，这种非确定性恰恰昭示语义场运动的复杂性。在世界的场化运动中，存在、事物、事实以及所有的事件，都呈复杂性。而复杂性的本质语义，是祛确定性而呈现非确定性。存在、事物、事实以及各种事件的复杂性，均因为语义场的涌现生成。语义场的涌现生成，不仅带动了非确定性，更带动了突变的发生：涌现是语义场自为生成运动的敞开方式，这种方式往往是突发的。因而，涌现即是突变。突变就是生成，或者以毁灭的方式生成，或者以新生的方式生成，这取决于语义场运动是否保持场域边界和限度。

【作者简介】唐代兴，四川师范大学伦理学研究所二级教授，特聘教授，四川省学术和技术带头人，享受国务院政府特殊津贴。主要研究生态理性哲学—伦理学，发表250篇论文并出版28部著作，初步形成生态理性哲学思想及实践理性框架：（1）提出“自然为人立法，人为自然护法”新存在论思想，主要著作《人类书写论》（1991）。（2）构建“自然、生命、人”合生存在的生态理性本体论，主要著作《语义场：生存的本体论诠释》（1998、2015）。（3）探讨“人的世界性存在”的生态理性形上蓝图，主要著作《生态理性哲学导论》（2005）。（4）创建生态理性哲学方法论，主要著作《生态化综合：一种新的世界观》（2015）。（5）运用生态理性思想和方法创建人类伦理的生境体系，主要著作《伦理学原理》（2018）和《生境伦理学》（八卷，2013—2015）。（6）运用生态理性思想、方法和伦理学的生境理论研究环境问题，开创灾疫伦理新学科和气候伦理新领域，主要著作《灾疫伦理学》（2012）和《国家环境治理研究》（三卷，2017）。

美是本体 知行递变：人类实践活动形上哲学原理

——中国传统实践哲学的当代复兴探析之二

马正平

【内容摘要】本文以中华传统诗学、写作学、美学、儒学、言语学的基本原理为基础探讨了中华民族实践活动的知识成果中的焦点觉知与附带觉知的整合思维结构，并在此基础上升华出了“知行递变”的人类实践哲学的内在机制、基本原理的模型框架。在这个人类实践哲学原理体系中包括四个层次的基本内涵：（1）“美”的未体性、似客体的实践本体论；（2）“知行递变”的实践过程论；（3）“重复与对比”的“赋形思维”与路径思维整合的实践思维学或实践逻辑学；（4）“兴”或“美”的实践体验论、实践工艺学、实践审美学。这个“知行递变”的人类实践哲学原理就是对中国传统默会性实践哲学智慧的整合唤醒与哲学升华的初步成果。

【关键词】美本体；未体；美思维；知行递变；形上实践哲学

一 美本体与赋形思维：人类实践活动的哲学原理

《大学》“八目”从总体上看是一个“美生诚善”的道德实践的发生学、动力学、本体论问题。这就是说，诚善的美德、美行、美治（治家、治国、平天下）从根本上说都来源于审美活动对美的境界的生成，换言之，没有美和美感的生成，诚善的美德、美行、美治是根本不可能的。这样，《大学》“八目”尤其是

“格物致知”就成了实践活动的发生学、动力学、本体论了。[①]

我们说“风：赋比兴”的诗学、文学、写作学、美学的理论模型中，包含着一个“知行递变”的实践活动的过程机制的基本原理，这就是实践哲学原理中的“实践过程论”。[②]其实，“风：赋比兴”的诗学、文学、写作学、美学的理论模型及其背后“知行递变”实践过程论中，同样隐含一个实践过程中的美的实践动力学、本体论、发生学的问题。诗歌创作、文学创作、文章写作、审美活动都是在生活中产生了美之后，创作动力、创作行为活动才得以展开。一方面，在“知行递变”中，第一个“知”，首先就是知道无限时空这个“美”，这就是最初的美的动力学、发生学、本体论。另一方面，在“知行递变”的展开活动中，每一个“行”产生了半成品之后，就成了实践主体的新的表达目标，因此，它就从“行”自变、递变为“知”，此时，这个半成品的知的对象，又会成为我们对实践过程活动监控评价的审美对象，从这个对象上，人们用美（无限心灵空间、生命空间、思维空间）的“内在尺度”来评价它、感受它、体验它，就会发现半成品的不足，所以就会有把作为检验尺度、标准理想的无限心灵空间、生命空间、思维空间的美，作为新的表达目标，这又是“知”的生成。为了让实践主体的创造半成品达到能够产生无限心灵空间、生命空间、思维空间的美的理想，就会无意识地生成新的表达方式、行为进行这个层次上的表达，这样，新的“行”又生成出来了。以后的创作活动依此“知行递变”规律继续进行“知行递变”的生成性生长性创造活动，支持整个创作实践活动臻于完善，此次创作活动才能最后结束。在这个“知行递变”后续的“递变”过程中，每一次创作半成品的表达对象之“知”，又能够生成无限心灵空间、生命空间、思维空间之美，因此，创作活动的整个“知行递变”的过程都是伴随“美”的生成与表达的。由此可见，“风：赋比兴”的诗学、文学、写作学、美学的理论模型及其“知行递变”过程本质上和“格致诚正、修齐治平”一样，都呈现为将“美”作为实践创作活动的发生学、动力学、本体论。这种以“美”为人类实践活动的发生学、动力学、本体论原理问题，其实就是《易传》上“在天成象，在地成形”的伟大思想。这里的“天”是人类生命目标、理想之所，“象”是指“无形”的无限空间、气象的意思，“地”是人类实践活动之所，“形”是指有结构的赋形而成的创造物结构形式，“在天成象”对“在地成形”具有决定性、生成性、自组织的递变性。因此，

---

① 马正平：《美生真善：儒家道德发生的生命时空美学原理——中国传统实践哲学的当代复兴探析之一》，《哲学探索》2020年第1辑。

② 马正平：《风—赋、比、兴：作为华夏诗歌创作与审美思维的原理模型何以可能？——基于思维现象学的汉语音法、字法词源学的考察》，《徐州工程学院学报》2020年第3期。

人类最早的实践活动的“知行递变”原理，也是人类最早的实践活动的审美动力学、发生学、本体论。由此可见，华夏文明中儒家的“风：赋比兴”和“格物致知”的实践发生学、动力学、本体论何其深刻、伟大。

同“风：赋比兴”的实践过程论一样，“格物、致知、诚意、正心、修身、齐家、治国、平天下”的每个道德实践活动过程都是一边不断产生道德实践行为的各个层次环节的“知”——善美，又一边不断产生道德实践行为的各个层次环节的“知”和“行”，并且从“知”到“行”是自组织的自变、生成的“递变”，从而形成人类道德实践活动若干中介形式的实践过程“链条”。

这里我们想强调的是，“风：赋比兴”的诗学、文学、写作学、美学的理论模型所体现的“知行递变”过程论，又呈现为和“格致诚正、修齐治平”一样的美的实践发生学或“观物生美”的“审美活动”，其产生的无限生命气象、生意、境界、时空就是所“致知”的“类理性”之“知”，作为道德修养的生命空间生成的虚践活动，作为道德修养的发生学起点、动力、本体之“知”。由于从万物中感格生成出来的无限生命气象、生意、境界、时空之美同时产生人的审美情感即美感，这种审美情感是有缘而真实发生的，这种美和美感既是“良知”也是“诚意”。可以说，“格物、致知、诚意”这三个环节其实是一个东西的三个维度的命名而已。“美”和“美感”是同时性发生的。这三个环节整体构成一个道德实践活动起点的“知”。为了表达这真诚的无限生命气象、生意、境界、时空之美之“知”，个体就会自然地进行“正其不正而正”的“吾日三省吾身”的道德反思、修炼活动。因此，“正心”，不仅对于“诚意”，对于“致知”来说也是一个对“知”的表达、创造、实践之“行”，这样就完成了个体道德实践修炼过程中的第一个“知行递变”。当个体完成“正其不正”而“正心”之后，生成、重现先前“格物致知诚意”中生成的无限生命气象、生意、境界、时空，这样又生成了个体道德实践主体行为的新“知”，但“正心”仍然是“良知”生成的“虚践”，这个新的“知”需要在道德实践活动中去表达、去践行、去检验，这就是“齐家”的道德实践活动之“行”。这是个体道德实践活动中第二次“知行递变”活动规律。在“齐家”的道德实践活动完成之后产生的成品——家齐，个体在对它的评价、审美中，感受到了人生视野理想境界的局限，权力空间的局限即不自由的局促感，从这种局限和不自由的局促空间感中激生了拓展了更加广阔的人生视野、理想、境界和权力、势力的本质力量空间，于是就生成了新的道德实践活动之“知”，即更加无限的生命气象、生意、境界、时空，为了对它进行表达、践行，那修身成功者便将实践活动转向了“治国”的为政活动上去。同理，在“治国”的道德实践活动完成之后产生的成品——族兴国治，个体在对它的评价、审美中，就会感受到人生视野理想境界的局限，权力空间的局限即不自由的局促感，从这种局限和不自由的局促空间感中激生了更加广阔的人生视野、理想、境界和权力空间，于是生成了新的道德实践活动之“知”，即更加无限的生命气象、生意、境界、时空，为了对它进行表达、践行，那治国成功者便将治国实践活动转向了“平天下”的活动上去了。于是，从“格物、致知、诚意、正心”的无限生命气象、生意、境界、时空的“至善”之美的产生开始，到“正心”“修身、齐家、治国、平天下”的道德实践行为完成，也就是“至善”的表达性完成了。

由此看出，人类道德实践活动是一个不断由“知”的“虚践”表达生成为“行”的“实践”的人类生命活动与精神活动。这不是猜想，人类历史本来如此。在华夏的古汉语中，“美”的读音（mri）和表示道德心灵境界的“文”的读音（mɯn）是相近相同的。古人认为，“音相近，义相通”，因为“文”的甲骨文并非是指笔画交错的文采，而是对大丈夫宽广博大的胸襟情怀肚量境界的最初象形（例如：），后来的“文”中钩、点、× 的“指事”之“文”：，因此，《尚书》《诗经》中的“文”都是“文德”“大人”“文祖”“文明”的意思。[①]《书·尧典》：“钦明文思安安。”《逸周书·谥法》：“经纬天地曰文，道德博闻曰文，勤学好问曰文，慈惠爱民曰文，愍民惠礼曰文，锡民爵位曰文。”这里的“文”正指的是道德心灵境界的文明。由于善德通过言和行来体现，这些行为体现为包容关爱他人、万物，这决定于心灵境界、生命境界空间的广狭与否，而心灵境界、生命境界空间是审美成果的“美”的特性，因此，我们可以说：美是善生成的前提、根本、动力、本质。同样，“真”的生成也是如此。

不仅华夏民族是这样，西方文化也是这样。在古希腊语中，作为抽象的美本身的 kaλóζ（美）这个单词，同时具有健康、道德纯正、善、美丽的意思，这和中国上古美善同音、一体是一样的。正如希腊学跨文化美学家王柯平教授所言：“众所周知，柏拉图在《会饮篇》中谈的‘爱’，实际上更侧重论‘美’（kaλóζ），并且提出了美的‘阶梯说’。这里所谈的美在具体的语境中与‘善’（αγαθοζ）的用以趋同。”[②] 而这个美的“阶梯”就包括：1. 美形体与肉身；2. 美形体与肉身的“理式”；3. 美的心灵；4. 行为和制度的美；5. 学问和知识的美；6.“美的汪洋大海”的美自体以及以此为研究对象的学问，即美学。这里，第一、二项是谈形式美之时空感；第三、四项是谈道德美之善；第五项是谈科学美之真。可见

---

① 马正平：《写的智慧》第二卷，西南师范大学出版社 1995 年版，第 582–606 页。

② 王柯平：《〈理想国〉的诗学研究》，北京大学出版社 2005 年版，第 187 页。

在这里“美”与“善”“真”是整合在一起的。

我们再看西方美学家在文艺复兴时代新造的 bellum，即英语 beauty 一词的拉丁文词源。bellum 这个古罗马 pulehrum，其最初含义同样是一个“美善”一体的词语，它本来是由表达“善”的 bonum 和表达“美好”的 bonellum 两个词的结合。与古希腊 Καλοζ（美本身）的含义相当。由此可见，古罗马拉丁文中“美”的概念内涵同样是“美善”整合一体、知行合一的。

上面对古华夏、古希腊、古罗马中隐含的美意识的梳理可以雄辩地证明：美，这个概念从狭义上讲是专指“形式美”，而从广义、一般的意义上讲，是包含着“善”与“真”内容、精神、社会的美。由于在这里只有“形式美”的美是一种生命时空，而“善”和“真”本身体现为一种言说和行为，但里面深藏有美，这个美则是心灵时空或生命时空，这里的时空与形式美的形式时空相比，仅仅是一种隐喻、相似而已，因此，康德才会说“美是道德的象征”。从这里来看，“善”和“真”的言论、行为活动都是从“美”中生成创造出来的，因为“道德”的“善”和“学问”的“真”都是对形式时空上升之后的生命时空的一种表达而已。因此，“真”“善”“美”三者之间的真正关系和内在机制应该就是“美生真善”和“真善生美”，这是原伦理学，也是原科学。

通过《周礼》（子夏）“六诗”（即《诗大序》“六义”的初文）中的“风雅颂：赋比兴”理论、孔子“吾与点也”和曾子《大学》的“八目”——“格物、致知、诚意、正心、修身、齐家、治国、平天下”——的详细深入的原理阐释，我们发现，这里隐含“知行递变”的道德实践创造的基本原理，其中包括四个基本原理：

第一，“美生真善”的“似客体”“未体论”的实践发生学、动力学、本体论；

第二，“知行递变”的“自组织”非构思的实践过程论、实践原理论；

第三，“赋形路径”的“非形式逻辑”的实践思维学、实践逻辑学；

第四，“兴”的实践体验论、实践修辞学、实践工艺学、实践审美学。

以上四项构成了形而上的新现代主义实践哲学的基本原理。现在我们分别对前三点简述如下：

1.“美生真善”的“似客体”“未体论”的实践发生学、动力学、本体论

动力即本体 “美生真善”的实践发生学、动力学、本体论是指人类实践活动是一个对美的表达性创造的过程。从宏观的阶段性层面来讲，艺术生产实践、物质生产实践、道德生产实践的产生是在审美活动产生之后。例如，儒家孔子

的“与点精神”和曾子的“格物致知”的本体论就是如此。如子夏《诗序》，即毛苌《诗大序》中“六诗”的“风—赋比兴”就是如此。谢赫绘画“六法”把“气韵”、刘勰《文心雕龙》把“原道”、司空图《二十四诗品》把“雄浑”（时空）、王国维《人间词话》把“境界”都无一例外放在开篇进行讨论，原因就在于“美”是“本体”。“美生真善”的实践发生学、动力学、本体论证实检验了马克思的“人也按美的规律来建造”是一条实践哲学的真理。人类实践活动产生之前审美活动产生的美本体，具有如下四个特征：

似客体　如果从哲学的主客体关系上来讲，在实践活动产生之前的审美活动产生的美，即无限生命时空、境界——非理性时空性的“知”“诚”——是一种并非客体，也非主体的“似客体 ”“似对象”的感受层面、精神层面的东西，它“恍兮惚兮，其中有物”“惚兮恍兮，其中有象”“大象无形”之象，即无限时空。许多现当代西方美学家也发现了美本身的“似客性”性质。例如德国现代哲学家和马克思主义文学批评家本雅明（1892—1940）的“灵韵”（一译“光晕”）的美学概念，波兰著名的哲学家和美学家罗曼·英加登（1893—1970）的作为“气氛”的“形而上学质”美学概念，现代法国现象学美学家杜夫海纳（1910—1995）的“气氛 ”“类主体”的美学概念，德国新现象学家施密茨（1928—1953）的“情感客体”“氛围”和诺德·波梅（1937—　）的“气氛”的美学概念，法国当代美学家朱利安（1951—　）的“非客体”的美学概念都是如此。由此可见“似客体”是“美”的存在形态的基本特征。此外，“似客体”也是科学哲学家波普尔提出的“三个世界”理论的“世界 3”的类理性构成元素。反过来说，波普尔“世界 3”也是一个“似客体世界”，不过，“世界 3”还包括理性思想的“似客体”。

未体论　从哲学存在的层面来讲，这个实践活动的“似客体”“非客体”，并非“既济”之后的客体性的“既体”，而是一个创造性、生成性、梦想性、愿景性的“未济”性、待生性的“未体”，即未来将会创造、生成对象之“体”。这个人类实践活动中的审美性“未体”就是人类实践活动的理想、梦境、愿景、目标，它是整个人类实践活动、创造活动发生的动力、前提、本质、中介。就未体性的“美”而言，正如“滋味”“韵味”的“味”概念所象征的那样，美、美本质、美本身应该是“似客体”的“未体”，而不是客体性“既体”。后者是“美的事物”，前者才是美本质、美本身。就未体性的“梦想”“设想”的理想而言，正如马克思说：“最蹩脚的建筑师从一开始就比最灵巧的蜜蜂高明的地方，是他在用蜂蜡建筑蜂房以前，已经在自己的头脑中把它建成了。劳动过程结束时得到的结果，在这个过程开始时就已经在劳动者的表象中存在着，即已经观念地存在着。他不仅使自然物发生形式的变化，同时他还在自然物中实现自己的目的。”①在马克思这里，存在于建筑师建筑活动之前的关于房屋的“劳动者的表象”就是一个有待实践的虚践性“未体”对象。

类理性 从人类心理活动过程来讲，作为“未体”的“似客体”，在人类实践活动发生展开之前产生的审美活动中，它既不是人类对客体事物的被动的感觉、感知的感性、感情，也不是人类在万物中探寻出来的科学规律、原理的理性，而是一种人类在万物世界感受中创生出来的感性结构的“类理性”。因为被动性碎片化的感觉、感受是“感性”，主动性概念化、原理化的思想是“理性”。“类理性”是感性的组织化，引起组织的元素是感性的，因此它不是理性的，但对感性的似客体而言，它是结构的、组织的，具有部分主动的创造的理性成分，因此它又不是感性的。在“感性”和“理性”二者之间的第三种形态：类似理性，即类理性。当然，也可叫作“类感性”。既然我们把它叫作“似客体”，同样也可以把它叫作“似主体”“准主体”，像杜夫海纳在《审美经验现象学》中所命名和称呼的那样。

未体性、似客体的两形态“类理性”的“未体性”和“似客体”可以呈现为两种形态、类型：美本身和理想的审美世界。一方面，作为“美”即人类无限生命时空、境界，它是一种纯粹的精神现象、感觉现象、感受现象、美感现象，像“风”，像“气”，像“神”，像“象”，像“境”，像“界”，像“味”，像“韵”，像“兴”，像中国古代文论、美学的范畴那样，如此等等，不一而足。另一方面，作为理想的审美世界的美的东西，它是一种理想世界、审美世界的美的东西的设想、设计、蓝图的想象之物。“美国梦”“中国梦”“庄生晓梦”“黄粱一梦”都是如此。在《易经》中“占卜”活动的成果就是这样。在《易传》中讲的“未济”“知来”就是对“未体”的认知、感悟。现代人类社会的“预测学”、未来学，中医中的“治未病”的“未病”就是实践未体的研究。

2.“知行递变”的“自组织”非构思的实践过程论、实践原理论

在一些文献论述中，我们已经阐述了子夏《诗序》“六诗”（六义）“风：赋比兴”的艺术生产实践创造行为和曾子《大学》“止于至善”的道德生产实践创造活动的“八目”中的“知行递变”的实践行为活动过程论基本原理。现在需要讨论实践过程基本原理的“知行递变”的本质特征，这个本质特征包括三个方面：

① 《马克思恩格斯全集》第29卷，人民出版社1985年版，第202页。

自组织、生长性 大自然和人类生命实践活动具有其自组织的生长性与创造性。根据波兰尼的默会认识论，人类在实践行为活动中其行为的思维活动是一个有意识关注性的“焦点觉知”（目标的“知”）和一个无意识、下意识、非关注的“辅助性”“支援性”的“附带觉知”（“行”）构成的一个立体共时整合结构，这样一来，“行”就具有非理性、非构思的自动化、自组织、自生成的性质特征了。根据生物基因学原理，一切生物、一切生命的基本特征都是一种“半保留复制”的生成机制。在混沌学与分形论（Fractal Theory）中，万事万物的“混沌”现象只是一个表象，在混沌的深处、背后是由分形（Fractal）机制而生成高级生长秩序的，这个分形机制不过是一种迭代性的“复制”而已。

中介性 由于知行是一个过程行为活动的“有完没了”的链条，因此，从最初一个作为审美成果之“美”的“知”，到最后一个实践活动的成果、作品、产品的诞生期间所有的“知”和“行”，都是整个实践创造活动的“中介”，这些“中介”是“一个也不能少”。这样看来，人类实践活动的本质就是寻求从初始的“知”到终结的“行为”的成果作品之间的系列性中介、桥梁。这样，“中介论”又是人类实践活动“知行递变”论的本质。

知行合一 “知行合一”和“知行递变”都是人类实践活动的基本原理，但这两种理论具有明显的差异性。“知行合一”是王阳明的“心学”思想。“知行合一”讲的并非一般的认识和实践的先后关系，而是“至善”的“良知”与真实有效的良“行”的自我生成的性质。一方面，他认为知中有行，行中有知。另一方面，以知为行，知决定行。但王阳明的“知行合一”仅仅是一个现象描述，并未给人们解释“知行合一”的实践状态何以可能的问题，换句话说，“知”与“行”为什么可以“合一”，能够“合一”吗？我们认为，“知”与“行”可以“合一”、能够“合一”的原因在于“知行递变”。因为“知行递变”是人类实践活动的过程论原理，而“知行合一”仅仅是“知行递变”这个人类实践活动过程的一个瞬间、共时性的横断面、切片而已。每一个“知行递变”的小环节中产生的审美体验性似客体、未体性之美的“知”，都是一种无限的生命气象、生意、境界、时空，实践主体的无限生命时空必然具有包容万物，关爱他人的仁爱至善之“行”，这个仁爱至善之“行”的生成是自组织的。因此，就“知行递变”的一个瞬间来看就是“知行合一”的。其实，用系统论哲学来讲，每一个事物都存在“结构”“功能”“信息”三个维度、侧面。如果我们把无限生命气象、生意、境界、时空作为一个人类实践活动过程中的“知”这个“似客体”理解为一种“事物”的“结构”的话，那么，“行”就是无限生命气象、生意、境界、时空作为人类实践活动过程中的“知”这个“似客体结构”所产生的“功能”。由于“结构”

承载“功能”的“体用不二”，“功能”含在“结构”中，因此“结构”与“功能”就呈现共时一体的“合一”思维状态了。因此，无限生命气象、生意、境界、时空是人类实践活动过程中的“知”与至善之“行”，在某个瞬间处于“知行合一”的状态。

3.“赋形路径”的“非形式逻辑”的实践思维学、实践逻辑学

在对“风：赋比兴”的解读中，我们说“风”就是诗的“美”，所以把诗叫作“风”。在创作过程中，“风”是审美灵感的产物之无限时空之“风”，是诗歌创作行为的终结性表达对象，而“赋比兴”是诗歌创作过程，其中的“赋”与“比”是诗歌创作行为中的字法、句法、章法、篇法结构的思维操作及其原理。① 其中，“赋”是重复性、渲染性、强化性、累积性的赋形思维操作模型、程序技术、原理机制，而“比”不是“比喻”、不是“明喻”，而是对比、反衬的比较性、对照性、张力性的广义赋形思维操作模型、程序技术、原理机制。这两种赋形思维生成了诗歌语言作品的结构从而产生强烈的有机性、统一性、情调性艺术感受审美感受。这就是“在地成形”的思维原理，这就是诗歌、文章、艺术创作过程的基本思维原理、基本逻辑。

这里还需指出，诗歌创作、艺术创作中的与重复与对比、渲染与反衬的赋形思维同时进行的还有对语言的修饰，从而产生审美余味，这种思维方式就是“兴”，在诗经时代产生诗“兴”的主要修辞思维、审美思维就是“隐喻”。我们认为，这个创作实践的“赋形思维”及其修辞、修饰思维就是人类实践活动中的“非形式逻辑”的实践思维和实践逻辑的基本原理。因为不仅在诗歌、文章、艺术的创作实践活动中是这样，在人类的道德实践过程中也同样遵循这样的实践思维、实践逻辑。例如，曾子主张“吾日三省吾身，为人谋而不忠乎？与朋友交而不信乎？传不习乎？”就是要求一个要进行道德修养的人必须每天进行“忠”“恕”的言行及其“传习”的反思、磨炼、渲染、强化。这就是曾子《大学》走向“至善”的“八目”中的“修身”的内涵，其本质是对善的强化性渲染性赋形思维。

何谓“修”？《说文》：“修，饰也。”何谓“饰”？段玉裁《说文解字注》：“（修）饰也。巾部曰：饰者、刷也。又部曰：刷者、饰也。二篆为转注。饰即今之拭字。拂拭之则发其光采。故引伸为文饰。女部曰：妆者、饰也，用饰引伸之

① 马正平：《风—赋、比、兴：作为华夏诗歌创作与审美思维的原理模型何以可能？—基于思维现象学的汉语音法、字法词源学的考察》，《徐州工程学院学报》2020年第3期。

义。此云修饰也者，合本义引伸义而兼举之。不去其尘垢，不可谓之修。不加以缛采，不可谓之修。修之从彡者、洒㕞之也。藻绘之也。修者，治也。引伸为凡治之称。匡衡曰。治性之道。必审己之所有余。而强其所不足。”段玉裁的意思是说，所谓“修”、所谓“饰”就是对人造制作物品不断“拭”“刷”，从而给物品抛光，使其更加好用、美观。这里用物质生产中的对人所制造的工具的不断擦拭、打磨，从而抛光的行为来比喻人的道德修炼中的“吾日三省吾身”的不断反思、改正的道德修养过程，本质上是一种重复性强化性赋形思维过程。“修身”的过程，不仅仅是道德心灵的不断修炼，而且还有对身体本身的审美化表达。这两点《诗经·国风·卫风·淇奥》这首诗歌表现的内容，就是儒家理想中的“修身”的典型形象。该诗以修长美丽的“绿竹”以隐喻修身成功的君子美武公的形象。这里的“如切如磋，如琢如磨”指的是君子文采学问道德上的不断钻研深究，这里的“瑟兮僩兮”是指神态威严有威仪感，这里的“充耳琇莹”是指帽子上的宝石装饰品，这里的“如金如锡，如圭如璧”是指君子佩戴的玉石饰品，从而显示佩戴者身份高贵、品德高雅。

不仅道德修养生成的修身过程是一种重复、渲染、强化的赋形思维和修辞思维，而且人类物质生产的创造性实践过程同样是一种赋形思维与修辞思维的结合。人类任何物品创造的本质，都是为了功能赋形、功能强化的结构设计创造生成的过程。因此，创造活动的思维本质就是重复性、强化、多功能性的赋形思维的过程。这与诗歌、文章、艺术作品的结构章法生成没有两样。这个为了功能强化、渲染、多维而想象创造出来的物品结构框架，我们还要反复地进行“刷”“拭”的抛光美化，从而使创造物品更加上手好用和美观，这就是形之模“式”。这样看来，人类的创造实践活动的实践思维、实践逻辑（精神生产创造实践和物质生产的创造实践）就是“赋形思维”和“修饰思维”的结合。

非形式逻辑　这里需要指出，实践思维、实践活动不同于客体认识活动中的形式逻辑思维、抽象思维，而是一种“非形式逻辑”的内容思维、性质思维、功能思维。鲍姆嘉通《美学》认为“美学”是一种“类理性”的“审美思维”学、“与形式逻辑并驾齐驱的姊妹逻辑”，即审美思维学就是“非形式逻辑”学。令人感兴趣的是，鲍姆嘉通还有一部比《美学》更早的《实践哲学》，而且《美学》中的“美学”定义晚于《实践哲学》中的“美学”定义。这说明在鲍姆嘉通看来，“类理性”的“审美思维”学、“与形式逻辑并驾齐驱的姊妹逻辑”就是实践哲学中的实践逻辑学。因此，“美学”中作为“类理性”的“审美思维学”这种“非形式逻辑”——“含混”而“完善性”的审美思维、审美逻辑，正是人类实践活动“逻辑”，即实践逻辑、实践思维。这种不同于客体认识论的形式逻辑的非形式逻辑，正是马克思所讲的人类掌握世界的两种思维方式中的另外一种。马克思在《政治经济学导言》中说："整体，当它在头脑中作为被思维的整体而出现时，是思维着的头脑的产物，这个头脑用它所专有的方式掌握世界，而这种方式是不同于对世界的艺术的、宗教的、实践—精神的掌握的。"[①] 追求综合普适的"整体"性理论思维，是认识论的科学认识原理的理论"掌握"的普适性"整体"思维，而"艺术的、宗教的、实践—精神的掌握"的思维就是"实践思维""实践逻辑"，其基本原理就是"赋形思维"与"修饰思维"。与普适性"整体"理论把握的认识思维不同，"实践思维"是一种从字、句、章、篇的自复制、自生长的"局部"把握的局部动力学思维，或者由材料到结构到修饰美化的生成性生长型思维原理。

另一方面，作为《美学》一书的研究对象"美"，无限的生命时空，又是人类实践活动的发生源、动力源、未体。因此，实践哲学是研究人类实践创造活动最一般的基本原理，这个原理的具体内容就是"美学"中"美本质"的"美"和审美本质的"审美思维"的知识体系，因此，这样看来，真正的美学原理就是实践哲学的本质：实践哲学与美学具有层次性差异，实践哲学的表层就是"知行递变"的实践过程论原理，而深层就是由"美"和"审美思维"构成的"美学"。只有从这个意义上讲，美学才是哲学中的哲学，换言之，美学就是第一哲学。这样，人的一些实践活动技术奥秘得到了彻底的解释：为什么一个人具有较高的无限生命时空的审美素养，他虽然没有学习过摄影，却可以拍摄出最美的照片；他没有学习过建筑装修，却可以设计出理想的建筑和最完美的装修；他虽从不临帖，却可以写出很有精神之美的书法作品，如此等等，再次证明了马克思"人也按美的规律来建造"、生成和创造的天才洞见！

在本文中我们对人类实践创造活动的基本原理，即实践哲学原理的构成体系的各种要素内涵进行了较为详细深入的阐述，最后要说明的是，如果说建立在形式逻辑基础之上的认识论哲学仅仅是一种客体认识论的哲学的话，那么建立在"非形式逻辑"的实践哲学应该是一种"主体认识论"或"自我认识论"的实践哲学。因为实践哲学中的三大"基石"——实践本体论、实践过程论和实践思维论或逻辑学——都是对自我的"审美活动"、实践过程、实践思维的思维现象学的直观与描述，这种认识也许就是默会认识论中的"认识论"的含义所在。

① 北京师范大学中文系文艺理论教研室编：《文学理论学习参考资料》（下），春风文艺出版社1982年版，第272页。

如果从“轴心时代”中国哲学的演变史来看,《老子》是“恍兮惚兮”“虚无”的无限生命时空的实践“未体论”和“似客体论”的实践本体论，实即《易经》中的“在天成象”;《易经》讲的是一阴一阳的变易、变革的“知行递变”的实践过程论；而《论语》则讲的是“吾日三省吾身”的道德修身的赋形思维和修辞思维的实践思维学和实践逻辑学。这是就侧重而言，实际上,《易经》中的“在地成形”，更准确地说《易传》中的《文言》即无限心灵空间的文明境界之“言说”，这是“实践本体论”，“在天成象”是境界的主体性确立问题。《序卦传》讲的是实践活动中的“自强不息”“生生不已”“知行递变”的实践过程论问题。而《错卦传》讲的是实践活动中的赋形思维和路径思维的实践思维学、实践逻辑问题，“在地成形”则是其符号性结构化表达而已。

于是，我们把上述人类实践创造的内在机制描述为“知行递变”的实践哲学的基本原理、模型、范式：

知行递变：人类实践哲学
- 美：实践本体、似客体——实践本体论、动力学
- 知行递变—审美思维：赋形思维与路径的整合递变——实践过程论、实践思维学、实践逻辑学
- 美：修辞——实践体验论、实践审美学、实践工艺学。

二 本质与原理：中国传统文化、实践哲学的默会知识论特征

中国传统文化中儒家关于诗学、写作学、美学、伦理学理论成果的知识形态呈两大基本特征：

第一，本质性。中国传统文化知识成果侧重与主流是关于人类知识的共时性立体整合结构中目标性的意识性焦点觉知的“意之所随”的无意识辅助性、支援性、身体化附带觉知知识，这是中国文化知识形态的最大特征。由于人类知识的共时性立体整合结构中附带觉知知识是焦点觉知知识的辅助、支撑、依据、证据，因此，附带觉知知识是焦点觉知知识的本质。也就是说，中国传统文化中儒家关于诗学、写作学、美学、伦理学的理论成果的知识已经揭示了这些学科知识的本质，这是最有效的知识。例如作为人类诗学原典的子夏《诗序》中的“六诗”（“六义”）中的“赋、比、兴”就是当时所能够表述的诗歌、文学、写作的重复与对比、渲染与反衬的句法、章法、篇法结构和语言艺术性美感性生成的基本思维原理。又如，作为人类道德发生学的曾子《大学》中的“格物、致知、诚意、正心、修身、齐家、治国、平天下”的实现“至善”的“八目”，是人类最

早描述“美生真善”的“善”的生成的基本原理模型。这是中华民族几千年来进行道德修养的宝典。又如，作为人类原伦理学的曾子《大学》中的实现“至善”的“八目”背后的知识——无限生命气象、生意、境界、时空以及“吾日三省吾心”的“如切如磋，如琢如磨”，都是具体化附带化的道德修养的知识，这些知识都是一种“善”的附带觉知知识。正是因为这个原因，王国维《人间词话》（手稿）才说：“词以境界为上，有境界则自有高格，自有名句，不期工而自工。”本质性就是有效性，就是科学性，这是人类知识追求的最高境界。

第二，原理性。中国传统文化知识成果具有实践活动过程的思维程序模型的体系化原理。例如“六诗”（“六义”）中的“风（雅颂）、赋比兴”构成了审美灵感、诗歌创作过程的整体性诗歌创作的基本原理、基本思维程序模型；中国传统的文章章法的原理模型——“起、承、转、合”——就是建立在“赋”（铺陈、重复、渲染）和“比”（对比、反衬）的基本原理上的。而当“风：赋比兴”中的“赋比”赋形思维进入高速或光速的时候，“风、赋、比”就是审美思维的基本原理，因为审美直观的本质即高速或光速的赋形思维性感觉。例如，中华传统戏曲的表演原理也是建立在一个个动作思维的程序化，即程序模型上的。例如，“念”“唱”“做”“打”，用各种表现艺术语言进行美的表达。又如，中医对于药物组织的结构原理也是建立在“君、臣、佐、使”的思维模型上的。就其本质来讲，这些实践活动的原理模型都和“起、承、转、合”一样，都是建立在“赋”（铺陈、重复、渲染）和“比”（对比、反衬）的实践思维及实践逻辑上的。原理性、模型化就是知识的体系性、系统性、完备性，这同样是人类知识追求的最高境界。

当将人类的所有实践活动——物质生产、精神生产、生命生产——的基本原理统一整合为一个基本原理、基本模型的时候，哲学就产生了。因为，所谓“哲学”不过是人类命运——科学认识活动和实践创造活动——的最抽象的知识原理、模型，这就是人类生存智慧。这样看来，黑格尔关于哲学在西方，东方、中国无哲学的思想是一种严重的哲学偏见。在黑格尔看来：“当我们说中国哲学，说孔子的哲学，并加以夸羡时，则我们须了解所说的和所夸羡的只是这种道德。”① “我们所叫作东方哲学的，更适当地说，是一种一般东方人的宗教思想方式——一种宗教的世界观。”② 这是因为他认为：“真正的哲学是自西方开始。”③

① ［德］黑格尔：《哲学史讲演录》第1卷，贺麟、王太庆译，商务印书馆1981年版，第125页。

② ［德］黑格尔：《哲学史讲演录》第1卷，贺麟、王太庆译，第115页。

③ ［德］黑格尔：《哲学史讲演录》第1卷，贺麟、王太庆译，第98页。

谁有权利说，只有西方的科学哲学才是哲学，谁说东方、中国的道德发生学的哲学、实践哲学不是哲学？

我们承认，道德本身是伦理学，而不是哲学，但是当追问、探索“道德”的生成机制、基本原理、基本模型的时候，这就是原伦理学的道德实践哲学了。在孔子的儒家思想中，那些讲述具体的“忠”和“恕”的“仁义礼智信”、三纲五常、礼义廉耻的理论行为规范礼节规范的时候，孔子的这些儒学内容的确是属于伦理学、道德学的，但是当孔子“思考”人生的志向是“吾与点也”的时候，当孔子思考“兴于诗，立于礼，成于乐”的时候，这就不是伦理学而是实践哲学了，因为“诗”与“乐”的学习，不是伦理学的问题，它讲的是伦理道德生成的身体化心灵化生命时空建构这个道德伦理生成的前提、本体、本质，这是伦理本体论、道德本体论的问题。至于第一期新儒家曾子的“格物、致知、诚意、正心、修身、齐家、治国、平天下”的“八目”，更是人类最早的道德生成与实践活动的更加宏阔的实践哲学基本原理、理论模型了。

就实践活动基本原理、内在机制、理论模型这一点而言，西方文化中并没有这样成熟的完整的建构与论述。它们最多就是亚里士多德“形式因”“质料因”“动力因”“目的因”的“四因”系统说和《修辞学》中讲的“取材—立意—结构”这种表面、肤浅的理性化焦点觉知化的构思主义实践过程论。这样看来，作为具有附带觉知的默会知识这种本质性实践创造知识和原理化、模型化体系完善化的中国传统的人文科学、实践活动基本原理的知识形态和知识体系，是无须向西方的理性主义的现代化方向转化，也不能进行这样的理性转化。对于前现代或古代传统文化的知识形态和成果，我们所要做的是将这些无意识、身体化、辅助性、支援性、本质性的默会知识，整合到西方意识化、心灵化、目标性的焦点觉知知识上去，形成一个“身体一元论”的人类最为理想的后批判默会认识论和思维现象学的框架结构体系。也就是说，我们要重新“唤醒”我们曾经有过的，后来又将其淡化忽视的意识化、目标化的焦点觉知知识。例如像“美”这样的概念，我们在荀子以前的孔孟那里是有“美”概念，也有审美的附带觉知的概念，例如“风”“雅”，甚至在孟子那里焦点觉知的“善”“信”“美”“大”的焦点觉知知识和“有欲”“有诸己”“充实”“光辉”附带觉知知识是整合在孟子关于“善”“信”“美”“大”描述性定义中的。只是后来非常强调实践活动知识中的精华性的无意识身体化有效性的附带觉知知识，我们才淡化了焦点觉知知识，这在诗学、文学、文章（写作）学、美学中更是如此。现在我们对于传统文化的传承与发展就是进行这种默会认识论的后批判、思维现象学的整合性转化。重新理解我们的传统文化知识中的附带觉知的焦点觉知，然后将其整合成一个身体一元论，意识与无意识的整合，建构出基本原理来。并且将这些本质性、原理性的传统概念整合成全世界都能理解的当代学术语言的知识体系。

三　从人类实践哲学原理的意义看中国传统文化学术自信

本文从中国传统儒家的艺术实践创作与道德实践创造过程中揭示出来的人类实践哲学的基本原理，具有十分重要的哲学意义和学术意义。

首先，我们通过“美”的“实践本体论”“知行递变”的“实践过程论”以及“重复与对比”的实践思维学、实践逻辑学和“兴”的实践工艺学，深入解释了为何当年鲍姆嘉通给出的“美学”定义的实践哲学依据。鲍姆嘉通最初在《实践哲学》第七版对“美学”（Acsthetica）的定义是：

> 美学是感性认识与感性表现的科学。即作为认识能力之下的逻辑学、格拉琪娅女神和缪斯女神的哲学、认识论之下的理论、美的思维的艺术、类理性的艺术。①

其实，鲍姆嘉通这里讲的所谓“美学”概念的核心并非讲美，而是在讲“审美思维”，这审美思维的核心就是实践思维、实践逻辑的“重复与对比”实践赋形思维这样的“非形式逻辑”。所谓“格拉琪娅女神和缪斯女神的哲学”就是“美”与“艺术”的最一般原理，即美学与艺术哲学。所谓“美的思维的艺术”就是审美直观背后的光速重复与对比的审美思维原理；所谓“类理性的艺术”，同样是指艺术思维原理、审美思维原理既不是理性，也不是感性的“类理性”的思维艺术。值得注意的是，鲍姆嘉通认为“美学”是以“美”为研究对象的科学，而定义中则只是对审美思维、审美逻辑这些东西的描述，这说明，美学研究虽然是以“美”为研究目标，但是“美”是审美思维根据审美逻辑创造出来的，因此，只有把审美思维的机制搞清楚，我们才能揭示“美的本质”即“美是什么”的问题。可惜自康德以后，人们并未读懂鲍姆嘉通这个美学定义的真正内涵。现在我们看到：鲍姆嘉通已经关注了“审美思维”、非形式逻辑的“审美逻辑”的实践思维学、实践逻辑学的问题，而“美”本身就是实践本体论。因此，鲍姆嘉通的美学定义是符合人类实践哲学原理的，现在我们才可以理解，为什么他最先是在《实践哲学》中对“美学”进行严格定义。但是鲍姆嘉通虽然在《诗

---

① 阎国忠：《西方著名美学家评传》（中卷），安徽教育出版社1991年版，第280页。

的玄想》和《美学》中对诗歌创作思维和审美思维有些模糊的描述，并提出审美思维的最高成果“完善性”，但最后并没有揭示怎样走向完善性的审美思维、审美逻辑的一般原理这个关键的美学问题。这就是说本文从中国传统人文知识通过整合性转化和升华揭示出来的人类实践哲学原理，证明了鲍姆嘉通美学定义的真理性。考虑到鲍姆嘉通的“美学”是放在他的《实践哲学》一书中的，因此可以认为，鲍姆嘉通是想通过对审美思维、审美逻辑的揭示，最后为实践活动建立逻辑基础，以不同于科学认识论的形式逻辑、科学逻辑、抽象逻辑。

其次，本文从中国传统人文知识通过整合性转化和升华揭示出来的“人类实践哲学原理”证明了“朝圣山三剑客”哈耶克、波普尔和波兰尼的理论的客观规律性。波普尔的“三个世界”理论中的“世界3”，属于实践哲学原理中的“实践未体论”“实践本体论”“实践动力论”的实践哲学范畴；哈耶克提出的“自发秩序”理论认为，人类的政治、经济、语言、艺术、道德、法律等活动都是无法事先设计，而是一种“自发秩序”的生成。这个“非预设”的“自发秩序”理论与我们的“实践过程论”即“知行递变”深处的“非构思”赋形思维范畴是同一个问题。我们在写作“知行递变”深处发现的“非构思写作”现象，是我们提出了“非构思主义”的后现代之后的新现代主义写作哲学主张，因此，“非构思”应该是重复与对比的实践赋形思维的发生生长的思维状态。而本文从中国传统人文知识通过整合性转化和升华揭示出来的“人类实践哲学原理”证明了波兰尼的“默会认识论”中讲的人类知识的附带觉知与焦点觉知整合结构的真理性和可信性。也就是说，本文从中国传统人文知识通过整合性转化和升华揭示出来的“人类实践哲学原理”中的“实践本体论”“实践过程论”“实践思维学”整合了波普尔、哈耶克的实践哲学思想和波兰尼的实践知识观思想，并且在深度上有所收获。比如，本文从中国传统人文知识通过整合性转化和升华揭示出来的“人类实践哲学原理”已经把波普尔“世界3”中的某一部分即作为实践动力、实践本体的梦想、愿景、美的“世界3”上升到“未体”和“似客体”的实践哲学的概念高度；再如，这种“人类实践哲学原理”揭示了哈耶克关于人类非预设自发秩序生成的思维机制是重复与对比的赋形思维、实践逻辑；还如，这种“人类实践哲学原理”的知识观与波兰尼相同，进入只是现象的高度，但这种“人类实践哲学原理”背后的思维现象学则更能直观描述人类实践活动行为技能的默会知识，使默会认识进入了“既可意会，也可言说”的最高境界，从而揭示了人类实践活动默会性思维知识。

最为重要的是，本文根据中国传统人文知识通过整合唤醒和升华之后揭示出来的“人类实践哲学原理”中的“重复与对比”的赋形思维的实践思维学和实践逻辑学原理，解决了西方哲学史上认识论中关于认识方法论独断的理性主义的“唯理”论和非理性的“经验论”的强烈对立和冲突。因为整个西方哲学史基本上都是为了寻求解决怎样获得科学真理性知识的方法。“唯理论”一派认为，知识是通过理性的形式逻辑的演绎与推理获得的；“经验论”一派认为，知识是通过非理性非逻辑的感性感觉而经验体验到的。到了近代德国古代哲学，康德为消解“唯理论”的“独断论”与“经验论”两派的尖锐对立，提出了一种先天综合判断的判断性的思维方式，但是，所谓“先天综合判断”这种方式是主体用先天的知性的时空与因果关系去形式化质料而形成认识对象。但这种先天综合判断的思维方式还是一种理性与感性的杂糅折中调和，并不能解决真正的二者的对立冲突，因此也不能真正解决科学的真理的认识问题。但是如果按照本文从中国传统人文知识通过整合性转化和升华揭示出来的“人类实践哲学原理”的正确的科学的真理的认识，既不是理性的推理的演绎的“理性主义”，也并不是非理性感性化的“经验主义”，而是一种附带觉知与焦点觉知、意识性与无意识、下意识整合“类理性”的创生认识论、自我认识论。用当代哲学的话来说，既不是“现代主义”的，也并不是“后现代主义”的，而是一种“新现代主义”。因为“新现代主义”哲学的基本特征就是默会认识论的后批判主义哲学，就是一种思维现象学哲学。这就是说真正科学有效的认识是一种思维现象学问题，无论对客体的认识活动还是对实践活动的认识，都是从客观世界创生出一系列的相似现象，人们对这一现象的命名就是科学的有效的认识成果。也就是说，人们对客观事物的认识活动是一种创生认识论，通过联想涌现生成一系列现象链条，从而发现规律、原理、模型，与此同时，我们就对这些规律原理进行命名，这就是认识成果。

【作者简介】马正平，四川师范大学文学院二级教授、博士生导师，享受国务院政府特殊津贴、四川省政府文史研究馆馆员。主要从事新现代主义实践哲学、时空美学研究。

英雄所见不同：在基因编辑时代保留认知多样性 ①

[美] 乔纳森·阿诺莫雷

[英] 朱利安·萨沃斯库 撰 / 王佳乐 译

【内容摘要】基因编辑技术有望在21世纪变得可行。随着科学家们发现了遗传对人格特征和认知方式的贡献，父母们将会面临艰难的选择。其中一些选择需要从个人福祉的角度进行考量，而另一些选择则需要权衡个体和群体两方利益。尽管我们认为从大体上说应该遵从父母的决定，他们可以选择自己要创造出什么样的孩子。但是，我们认为与选择血型等孟德尔式特征相比，操控多基因心理特征的决策在伦理上会复杂得多。最后，我们将辩护监管节约原则，该原则是说立法对于预防重大伤害是有必要的。我们的目标是制定适用于全体的简单规则，而不是对塑造孩子性格的父母进行微观管理。尽管我们聚焦在胚胎选择和基因编辑领域，但是我们的论证适用于一切影响儿童发展的强大技术。

【关键词】认知多样性；胚胎选择；基因编辑；遗传强化；监管节约

在反乌托邦文学和有关基因工程的讨论中，一种常见的恐惧是我们将培养出一模一样的未来人，但是生命之美的一部分就来自进化带来的惊人多样性。诚然，进化也给我们留下了像亨廷顿病这样的遗传性疾病。如果没有这些疾病，我们会过得

① Anomaly, Jonny; Savulescu, Julian & Gyngell, Gyngell, Christopher(2020). Great Minds Think Different: Preserving Cognitive Diversity in an Age of Gene Editing. Bioethics 34 (1):81-89. 获取方式 https://philpapers org/rec/ANOGMT.

更好。但是，消除简单的遗传疾病和选择影响心理风格的非疾病基因之间的差别是很大的。一方面，从一般智力到特殊的人格特征比如外向性，这些我们心理学的重要方面都是多基因的，它们是由许多基因共同作用的结果，并且相互影响很小。①另一方面，许多看上去不那么好的性格特质在另一些方面是可取的。例如，内向性相较于外向性而言可能会导致更低的主观幸福感，但它同时有助于艺术创作。②在某种程度上，一些特质可能会降低主观幸福感，但会对个体或社会产生补偿作用。因此，对于是否保留、弱化或强化这些特质，存在着艰难的伦理决策。

科幻小说提出了一个合法问题：在一个父母可以影响遗传对孩子人格贡献的世界里如何保护人类的多样性？这个问题激发了本文的写作动机。在文章第二部分，我们回顾了最新的研究，这些研究检验了心理特征的遗传基础，重点是人格特征和政治取向。在第三部分，我们回顾了认知多样性对群体有益的证据。在第四部分展现了增强技术的发展将如何影响个体的和群体的道德困境。在第五部分中，我们驳斥权衡的存在产生了避免干预塑造人格特征的理由。在第六部分我们将介绍监管节约策略。

一　心理特质的遗传性

科学家们尚不明确基因在大多数心理特质的发展中所起到的确切作用，因此我们的讨论是推测性的。但是，随着使用技术来选择和改变胚胎很可能变得普及化，因此我们有必要在科学完成之前提出这些问题。行为遗传学是对基因如何影响行为的系统研究，研究包括与人格类型相关的行为。它使用同卵和异卵双胞胎的比较来推断性状的遗传率。行为遗传学是在缺乏关于基因如何塑造行为的详细知识的情况下间接理解行为遗传基础的方法。随着计算生物学的进步，我们将更多地了解特定遗传变异和倾向性行为种类之间的关系。

尽管我们将重点关注特定心理特质的遗传率，但我们首先应该强调健康、财富和福利的决定性因素：一般智力。③根据定量心理学的广泛共识，"智力是教育和职业状况等关键结果的最佳预测指标之一。高智商人群在整个生命过程中往往有更佳的身心健康，更少的疾病，和更长的寿命"。智力还与一系列其他品

① Plomin, R., & Deary, I. J., " Genetics and intelligence differences: Five special findings", *Molecular Psychiatry*, 2015(20), .pp.98–108.

② Nettle, D., "The evolution of personality variation in humans and other animals", *American Psychologist*, 2006(61), .pp.622–631.

③ Sandberg, A., & Savulescu, J., " The social and economic impacts of cognitive enhancement", In J. Savulescu, R. Ter Meulen, & G. Kahane (Eds.), *Enhancing human capacities*. Oxford: Wiley - Blackwell, 2011, pp.92–112.

质相关，包括耐心和责任心，这些品质对许多生活结果有实质性的影响。高智商与犯罪呈负相关，与需要耐心和长期规划的战略合作呈正相关。[①]看起来智力是一种万能的好东西，许多父母都希望孩子至少在某种程度上提高智力。但是，我们希望将重点放在生物医学增强辩论中一个被忽略的话题上：特定的心理特质是可以遗传的，并且可能涉及与其他心理特质进行选择。

人格类型是多种多样的，没人假装我们可以把所有人都整齐地划分为几类。我们广泛使用“人格五因素模型”来思考人格变异和人格特质遗传性。其五大因素分别是开放性、严谨性、外向性、宜人性和神经质。

在大多数情况下，每一个因素都含有重要的遗传成分，在一个群体中，基因平均占个体间变异的40%—60%。到成年，一般智力的遗传率接近80%。[②]我们可以得知尽管环境很重要，但是遗传对人格的影响是很大的。此外，我们可以通过配偶选择、胚胎选择和（潜在的）基因工程来塑造智力和个性，即使不是完全决定它们。

外向性通常具有积极的内涵，而神经质则具有消极的内涵。但这些都是心理学中的专业术语，它们反映的特征只有在更广泛的范围内才能被描述为对人类福祉是有利的或不利的。因此，我们应该避免思考这些术语的一般含义，也不要考虑它们对于祖先生育能力的影响，而应关注它们如何对现代人类生活的福祉产生影响。下面几段话，我们总结了丹尼尔·内特尔（Daniel Nettle）对“人格五因素模型”的概述。

开放性与寻求创新和在不同领域之间建立联系有关。它与创造力呈正相关，但与妄想、抑郁甚至精神分裂症也有轻微关联。[③]

严谨性与延迟满足目标的能力有关。严谨的人往往善于弄清如何执行计划，同时倾向于避免反社会行为。

外向性与积极的社交生活和寻找新的机会有关。它也与拥有更多的性伴侣有关。这些特征带来好处，但它们往往也会增加风险，实际上，在现代世界中，外向性与参与犯罪或反社会行为呈正相关（微弱的正相关）。

宜人性与同理心、信任及和谐的人际关系有关。在严谨性和宜人性方面得分较高的人往往是好朋友和好伙伴，部分原因是他们关注他人的需求，可以信赖他们遵守约定。严谨性和宜人性的主要缺点是，他们容易被搭便车者剥削，那些

---

① Jones, G., “ Are smarter groups more cooperative?” , *Journal of economic behavior and organization*, 2008(68), pp.489–497.

② Haier, R., *The neuroscience of intelligence*, Cambridge: Cambridge University Press, 2016.

③ Plomin, R., *Blueprint: How DNA makes us who we are*, New York: Penguin, 2018, p.151.

人试图操纵他们的信任和同理心。

神经质与负面的情绪态度如恐惧、内疚、焦虑和沮丧相关。但是神经质以积极和消极的方式与其他特征相互作用。例如，当神经质与智力和严谨性相结合时，它可以在专业和学术环境中取得成就。反过来说，如果当环境扼杀了锻炼自己的能力的机会时，它可能会导致严重的焦虑或沮丧。

二 病态人格特质

一是顾忌人格。许多人格特质在适度的情况下是健康的，但过度就是病态的。例如，就社会规范帮助群体成员协调他们的行为而言，每个成员都理解、遵守和执行社会规范对所有人都有好处。强制执行一种规范可能看起来像一个囚徒困境，因为每个执行者都承担着识别和制裁那些违反规则的人的成本，而执行规范的好处则分摊到所有成员身上。但是，自然选择似乎已经部分解决了这个问题，它使我们具备了道德情感，激励我们遵循规范，并制裁违反规范的人。内疚和羞耻使我们倾向于惩罚无视规则的自己，而愤怒则使我们想要惩罚违反规则的人。

但是，人们在遵守和执行规范的倾向上存在自然差异。一些人有强烈的惩罚违规者的倾向，而另一些人则不是。在一个群体中，有规范执行者来促进合作是有益的。但这种人格特质的一个极端版本，即心理病理学家所说的“顾忌”。当团体的一些成员强制执行规则，希望用严厉的制裁来惩罚每一次轻微的违规行为时，顾忌的人可能会感到沮丧，尤其是当他不能理解法律的精神比法律的文字更重要的时候。当人们把所有精力都投入到对规则的迷恋上，而不是过上富有成效的幸福生活时，整个群体可能会变得糟糕，因为这样是效率低下的。

严谨性人格的极端形式——顾忌的人会过于在乎社会惯例，把它们当作内在重要的和不可变通的，而不是一种可塑性的促进社会福利的方式。另外，倾向于无视惯例的人可以使民众受益。由于一些规范具有压迫性，所以在群体中拥有一些不守规矩的人，会有助于促进社会进步，即使对大多数人来说，遵守规则是好事，可能会增加可预测性和和谐性。但如果有强迫性的遵守规则的倾向，或者根本不关心规则，则会造成个人的残缺和社会的危害。

二是自闭症与反社会人格。自闭症谱系障碍也是一个例子，适度的自闭是有益的，但是极端就有害了。自闭症的诊断标准包括进行系统化和分类化的倾向，理解他人意思的能力严重受损，以及相对低水平的同理心。[①]一些研究人员

① Baron - Cohen, S., “Two new theories of autism: Hyper - systematizing and assortative mating”, *Archives of disease in childhood*, 2006(91), pp.2–5.

指出，这些特征可以被看作男性大脑的极端版本，男性大脑往往更擅长系统化而不是共情。① 在系统化方面得分相对较高的夫妇更有可能生下具有自闭症特质的孩子。虽然严重的自闭症会导致依赖和挫折的生活，但导致自闭症的基因可能同时会促成在工程和数学方面的高超能力。这些人格特质可能会对社会公益做出重大贡献。

一些心理学家区分了认知共情和情感共情，前者能让我们了解别人在想什么，后者能让我们想要帮助其他处于困境中的人。低功能自闭症患者通常在这两种移情能力上的得分都很低。有人对这一观点提出质疑，认为大多数自闭症患者有情感共情能力，但认知共情能力较差。

相反的是，反社会人员擅长认知共情，但缺乏帮助他人的愿望，除非对他们自己有利。根据西蒙·巴伦－科恩（Simon Baron-Cohen）的说法："反社会人员意识到他们正在伤害某人，因为在他们的情况下，移情的'认知'（识别）元素是完好无损的，即使'情感'元素（对他人感觉的情感反应）不是这样。"反社会人员的危险之处在于他们知道如何得到自己想要的东西，并在这个过程中操纵他人，但他们并不关心自己给他人带来的痛苦。精神病态是高度可遗传的，并且和大多数性格特征一样是多基因的。② 与精神病态相对的另一端，由于受到基因和激素的强烈影响，情感同理心水平非常高的人更容易患上厌食症、躁郁症和精神分裂症。③

三　政治倾向与多样性价值

我们争论政治倾向是可遗传的似乎有些奇怪。毕竟，很多人都持有与自己父母或兄弟姐妹完全不同的政治观点。但重要的是认识到所有人格特质在某种程度上都是可遗传的，而某些特质使我们更偏向于某些意识形态。乔纳森·哈德特（Jonathan Haidt）总结了这个过程：基因铸造了大脑并且使大脑与人格特质预建了联系；人格特质引导孩子们展开不同的生活路径，而这些不同的路径引导我们构建符合现有政治决策非随机子集的生命叙事。这并不令人惊讶，因为政治是人类建构的：我们的意识形态反映我们关心的东西以及我们是如何看待世界的。事

---

① Ploeger, A., & Galis, F., "Evolutionary approaches to autism—an overview and integration", *McGill Journal of medicine*, 2011(13), p.38.

② Tuvblad, C., Bezdjian, S., Raine, A., & Baker, L. A., " The heritability of psychopathic personality in 14–15 year old twins: A multirater, multimeasure approach", *Psychological assessment*, 2014(26), pp.704–716.

③ Warrier, V., Toro R., Chakrabarti, B., iPSYCH - Broad autism group, Børglum, A. D., Grove, J., Baron - Cohen, S., " Genome - wide analyses of self - reported empathy", *Translational psychiatry*, 2018(8), p.35.

实上，年轻人离家出走后，政治取向的遗传率往往会增长，此时，他们拥有最大能力去寻找和塑造符合他们与生俱来的自我意识的环境。虽然父母能够在孩子年幼时强烈地影响孩子的政治取向，但是当孩子们越来越多地选择与自己的人格相匹配的环境和意识形态时，这些效果就会消散。

基因对政治倾向影响的思考：最有可能的答案并不是对特定问题的态度是可遗传的，而是这个问题的立场重新考虑了一套核心遗传倾向，包括价值观和人格特征。这些核心因素受到生活经验和基因的影响，被个体用来导航到社会、经济和政治世界，从而成为对决策问题的具体态度的基础。影响政治倾向的基因是通过“皮肤之外”的方式影响表型的遗传因素，它们影响我们通过社会和文化环境的方式，从而改变我们所采用的特定价值观和意识形态。

从某种程度上说，人格五因素模型与政治倾向有关。例如，自由主义的政治倾向与开放性的人格特质密切相关，但迄今为止最好的证据是政治取向与其他人格特质一样，是一个独立的维度，正如其他的人格特征一般，“大多数研究者认为政治特征受到数千种基因标记的影响，以及与许多环境刺激和其他基因相互作用的影响”。

行为遗传学家指出，选择具有相似心理特质的长期伴侣对智力尤其重要，而且这种情况在女性可以自由成长为专业人员的国家中只增不减，专业人士更有可能互相结成伴侣而不是与阶层较低的人士结婚。也许比智力的同型婚配更引人注目的是，“长期伴侣在意识形态上的相关性比几乎任何其他临床的、行为的或心理特征上的相关性都要高”。有人担心，政治取向的同型婚配增加可能会加剧政治分歧。[①] 但政治取向的强相关性可能并不像看起来那样令人担忧。长期伴侣与政治倾向之间的相关性并不能简单地由伴侣具有相似的人格特质来解释。部分原因可能是，在许多地方，政治倾向是一种种族标志，就像种族和宗教一样。事实上，有证据表明，在今天的美国，人们歧视不同政党的人的可能性至少与歧视不同种族或宗教的人的可能性相同。[②] 可以想象，快速和精确的基因测序与胚胎选择或基因编辑技术相结合会增加现有政治分歧的遗传基础。

我们已经试图概述不同的心理特征是如何遗传的，并且能够产生不同的生活结果和社会政治安排。我们现在想探讨为什么认知多样性是可取的，以及我们在选择或改变胚胎以塑造我们孩子的特征时可能面临什么样的权衡。

---

① Alford, J., Funk, C. L., & Hibbing, J. R., “Are political orientations genetically transmitted? ” , *American political science review*, 2005(99), p.165.

② Iyengar, S., & Westwood, S., “Fear and loathing across party lines: New evidence on group polarization”, *American journal of political science*, 2015(59), pp.690–707.

一些作者强调，如果我们要解决一个复杂的问题，最好召集一群认知上不同的人，而不是同样数量的、以类似方式看待世界的聪明人。威廉·巴克利（William Buckley）曾说过一句妙语来表达类似的洞见，他说："宁可把美国政府托付给波士顿电话簿上所列的前400人，也不愿托付给哈佛大学的教员。"具有不同经历和不同认知风格（源于心理特征的汇合）的人，通过不同的视角看世界，可以相互补充。只要把他们组织在团队中，进行有效的沟通和合作，他们的不同才能就可以被利用来解决复杂的问题。

除了简单的团队合作之外，乔纳森·海德特还给出了一些理由，他认为具有不同认知风格的人可能更善于解决政治问题。例如，具有保守性格的人往往对外来者和激进的新型政治社会组织方式持怀疑态度，而自由主义者则往往对现有安排的替代方案更为开放。人口中一定健康比例的自由主义者可以帮助一个群体向外来者学习，并允许人们尝试新生活实验（引斯图亚特·密尔语）。但是，当激进的替代方案有可能让一个群体暴露于危机之中时，保守派可以踩下刹车。

同样，认知多样性可以与开放社会结合起来产生有益的社会效应。密尔认为，即使是满足现状的人往往也会受益于新的思维方式和生活模式：独创性是非独创性的头脑不能感觉到的，[但是]回想起没有事情是没有人做过的，而所有存在的好东西都是原创的果实，让他们谦虚地相信还有一些东西需要去完成，并向自己保证，他们越需要原创，他们就越不会意识到需要原创。①

虽然密尔的观点是关于独创性和古怪行为，但这些至少部分是由不同的心理特质以及不同的环境形成的。根据这种观点，多样性是好的，因为它可以帮助我们解决政治问题，并提出有利于所有人的文化和科学创新。最近，杰里·高斯（Jerry Gaus）延伸了密尔的见解，认为某种程度的道德多样性与认知多样性相联系，可以帮助人们解决在面对日益复杂的世界时出现的社会和政治问题。②但注意不要过分强调这一点，价值观的激进多样性很可能会破坏信任并影响集体行动的成功，重要的是多样性一定有最佳的范围。③

最后，除了在解决政治问题和在艺术和科学领域产生新思想方面的工具性作用之外，审美和个性差异还可以使生活更有乐趣（至少在一定的范围内：人口中出现更多的精神病患者或严重的自闭症患者并不是特别理想）。考虑到多样性

① Mill, J. S., *On Liberty: Reprinted in New York by Penguin*, 1895, p.3.

② Gaus, G., "The complexity of a diverse moral order", *Georgetown journal of law and public policy*, 2018, 16(S).

③ Kahane, G., & Savulescu, J., "Normal variation: Refocusing the enhancement debate", *Bioethics*, 2014(29), pp.133–143.

的价值，并假设多样性有一定的遗传贡献，我们想探讨两种选择。首先，当父母只关心孩子的福祉时，他们在选择孩子的不同特质时将面临选择。另外，当父母关心社会总体福祉时，他们在选择或改变孩子的方式时也将面临选择。对于任何一个孩子来说，这种选择的总影响可能很小，而且很难预测。但是从社会角度来看，此种选择的聚合效应是巨大的。

五 强化悖论

假设我们获得了在胚胎发育成孩子之前改变它们的能力，例如 CRISPR Cas 9 等版本的基因编辑技术已经有望在不久的将来使基因工程成为现实，即使我们距离操纵多基因心理特征还有很长的路要走。假设这项技术得到广泛应用，我们将面临许多艰难的选择。即使基因编辑技术没有取得进展，现在对胚胎进行全基因组分析已经成为可能，对心理特征进行遗传选择也指日可待。而且还会有其他社会方式和技术手段来改变孩子的个性（如药品和医疗设备）。我们将假定（而不是捍卫）两条原则：生育慈善和生育利他主义。虽然这些原则在哲学上有诸多反对意见，但我们还是会认为它们是合适的，以便探索它们对父母塑造儿童特征的选择可能意味着什么。

根据生育慈善原则①，在现有信息的情况下，父母应该从他们可能拥有的孩子中选择有望过上最好生活（就幸福而言）的孩子。根据生育利他主义的原则②，未来的父母在道德上有理由生下一个孩子，而这个孩子的存在会比他们可能生下的任何其他孩子对他人的福祉有更大的贡献。我们认识到，这两条原则可能会发生冲突，同时持有这两条原则的人会给予它们不同的权重。我们也认识到，生育选择涉及其他价值，包括父母和家庭的利益。但是，我们把重点放在生育慈善和生育利他主义上，以说明广泛获得基因改造和选择可能造成的各种社会困境。我们并不认为父母总是知道生育选择的所有相关风险和利益，但我们假设他们有强烈的道德理由了解自己的决定所涉及的科学上的和道德上的权衡。

第一，互斥特征之间的权衡。如上文所述，一些认知特征存在于一个谱系中，有些可能是互斥的。例如，一些研究表明，那些在测量潜伏抑制测试中表现糟糕的人（屏蔽无关刺激的能力）在创造力测试中表现良好；反之亦然。这些特

① Savulescu, J., " Procreative beneficence: Why we should select the best children", *Bioethics*, 2001(15), pp.413–426.

② Douglas, T., & Devolder, K., " Procreative altruism", *Journal of medicine and philosophy*, 2013(38), pp.400–419.

征在某种程度上可能是互斥的——人们之所以有创造力，恰恰是因为他们的思维游离，无法屏蔽看似不相关的信息。

假设有可能以影响特征的方式来操纵基因或选择胚胎，父母将面临艰难选择。在某些情况下，能够屏蔽不相关的细节并集中精力是有价值的；而在另一些情况下，具有创造性是有价值的。任何一种特质是否对某人有利，都高度依赖于环境。这种权衡使我们很难应用生育慈善，因为父母很难选择总体上对他们的孩子最好的特征。这种权衡也很难应用生育利他主义。社会似乎很可能受益于有创造力的人和具有良好潜在抑制力的人的混合。在不知道其他父母会怎么做的情况下，很难知道如何在改变这一特征时促进集体福利。

其他特征可能也符合这种模式。例如，考虑上文讨论的系统化和同理心之间的权衡。因为在不同的情况下光谱的每端都是好的，而我们并不知道孩子们面临的确切情况，所以很难通过改变这些情况来促进个人和集体的福祉。当我们将两人博弈推广到数十亿人面临的选择时，最优的人口组合就更难计算出来了，即使它可以被发现，也几乎不可能被实现。

第二，个体有益特征和集体有益特征之间的权衡。一些心理特征显然对个人有利，但如果所有人都拥有，就会对集体不利。考虑改变一个胚胎使孩子更外向，如上所述，外向性是可遗传的，在外向测试中得分高的人往往有更好的社会关系，更不容易抑郁，并在许多不同的职业（最明显的是商业）中取得成功。外向型的人可能会更快乐一些，更有效地与团队中的其他成员沟通，并更好地公开演讲。如果他们的外向性与严谨性和高智商相结合，他们也可能赚更多的钱。[①] 因此，很显然，大多数有动机增进孩子幸福的父母都会选择让他们变得外向。

然而，群体内有一些性格内向的人对集体福祉也有好处。内向的人尤其擅长独自解决问题——他们会独自从协同作业中综合和提炼信息。[②] 为了说明为什么外向和内向的人结合在一起是有益的，我们来看看苹果电脑的故事。苹果电脑是由性格内向的沃兹尼亚克和性格外向的乔布斯共同创立的。沃兹尼亚克是一个更传统的电脑极客——一个内向的系统主义者，而乔布斯是一个有创造性眼光的商人——一个外向的展演家。两人都为公司的成功以及个人电脑的发展和应用做出了至关重要的贡献。他们不同的认知风格共同为公司、公司的客户和更广泛的人群带来了整体利益。因此，影响内外倾向性特征的可能性很可

① Gensowski, M., " Personality, IQ, and lifetime earnings", *Labour economics*, 2018(51), pp.170–183.

② Cain, S., *Quiet: The power of introverts in a world that can't stop talking*, New York: Broadway, 2013.

能导致在对个人都有利（生育慈善）和对所有人都有利（生育利他）之间的两难。无论我们是否能对这两条原则的重要性达成共识，只要我们认可这两条原则都很重要就会产生一个深刻的社会困境。在假定生育性利他主义具有重要性的情形下，如果每个人都以自己孩子的利益为出发点行事，就会产生一个集体次优的结果。换句话说，对每个人都好的东西不一定对所有人都是最好的（甚至是尚好）。

类似的困境也会出现在许多其他特征上。考虑选择改变我们孩子的基因，使他们更有同情心。如果每个人都选择培养出更有同情心（或情感共情）的孩子，也许暴力会减少，利他主义会增加。在其他同等条件下，生育利他主义表明这是可取的。但从生育慈善的角度来看，以这种方式培养的孩子可能会有一些权衡，例如，更有同情心的人可能会失去一些为自己实现伟大事业的动力，比如奥运奖牌或艺术创作。然而，一个人人都具有高度同情心的世界对所有人来说都是最好的，因为增加了信任和减少了暴力。假设这样，生育利他主义意味着我们有理由选择具有高度同情心的孩子。然而，如果每个人都具有高度的同情心，这就会对叛逃者产生激励。比一般人自私得多的人可能会茁壮成长，他们从别人的信任和善意中获益，却很少给予回报。在这种情况下，生育慈善会指导父母生出不那么有同情心的孩子。但如果每个人都这样做，对所有人来说都会不偏不倚地更糟。这里有一个协调问题。从生育利他的角度来看，只有大家一起行动，才能产生最公正的结果——但这不是父母所能控制的。

总之，改变心理特征的能力将使父母面临一系列涉及取舍的实际困境。这就提出了一个问题：在一个全基因组分析、胚胎选择和基因编辑的时代，我们应该如何调节和保护认知多样性

第三，自然彩票是不公平的。面对这一问题，禁止遗传选择或增强可能是有诱惑力的。即使禁令是有效的（鉴于黑市的全球影响力和强劲需求，我们有理由怀疑这一点），这也会使特征的平衡掌握在自然彩票的手中。然而，我们没有理由相信，自然界已经为人类提供了最佳多样性。目前特征的分布是由自然选择决定的，自然选择的作用是促进个体和基因的生存，它的目的不是促进人类的福祉或集体利益。很明显，自然界在与个人和社会福利层面相关的性状上造成了极大的不平等。没有充分的理由相信，正常的人类变异对于重要的结果是最佳的；也没有充分的理由相信把这样的选择留给父母会更糟糕。至少，父母比自然彩票更有可能促进子女的幸福。

此外，技术发展正在迅速改变人类所处的环境。我们今天与环境互动的方式与几百年前大相径庭。这就产生了进化错配的问题，其中一种情况是，在祖先

的条件下具有适应性的特质在我们当前的环境中不能促进生存或福祉。[①]例如，在捕食者不断构成威胁的环境中，神经质得分高的人很可能会产生更多存活的后代，或者对他的部落的福祉做出贡献。例如，极度害怕虫子，或者担心我们是否为即将到来的漫长冬天做好了充分的准备，这很可能会得到回报。但今天高度的神经质会导致临床抑郁或厌食症。自然选择是一个缓慢的过程，需要几代人的努力。因此，它不太可能为个人或人群提供最能促进我们今天繁荣的人格特质的平衡。

六　监管朴素原则

前面所出现的问题是无法回避的。不去面对那些已经能让我们选择胚胎，并且很快就能让我们对胚胎进行编辑的技术，既不是一个有前途的策略，在道德上似乎也是站不住脚的。何种类型的人类将会存在，以及我们将如何创造他们，可以说是我们最重要的道德义务。[②]一些学者认为，当我们选择孩子特征的自由产生了一个集体行动的问题时，政府干预就有了一个初步理由。[③]从某种意义上来说这是对的：我们不能指望不定向的私人选择会神奇地在一个经济体中产生商品的最佳分配，或者在一个人口中产生特征。但是，我们应该始终将我们所期待的个人选择的任何失败与政府干预的可预见的失败进行对比。[④]事实上，不定向的个人选择和强制性的政府规则之间的二分法具有误导性。社会规范是社会秩序的重要来源，能够深刻影响我们的个人偏好。

当我们思考有许多参与者和多重均衡的社会互动时，规范和法律可以被认为是将我们从一种均衡转移到另一种（社会优势）均衡的竞争方式。在成员具有共同价值观、低监督成本和有限移民的小团体中，集体行动问题通常最好通过非正式规范得到解决。但在我们所设想的那种集体行动问题中，民族国家的数百万人和全世界潜在的数十亿人将在跨时空的复杂游戏中进行互动。在某些情况下，父母会在不同的州之间流动，或者他们会在一个城市内的不同社区之间流动。社会规范解决集体行动问题的条件并不总是适用于这些情况，除非人们回到小而稳定的社区生活，在那里规范可以更有力地塑造行为，包括生育偏好。

---

① Cofnas, N., "A Teleofunctional account of evolutionary mismatch", *Biology and philosophy*, 2016(31), pp.507–525.

② Lieberman, D., *The story of the human body*, New York: Vintage, 2013, Chapter 7.

③ Gyngell, C., & Douglas, T., "Stocking the genetic supermarket: Reproductive genetic technologies and collective action problems", *Bioethics*, 2015(29), pp.241–250.

④ Anomaly, J., "Public goods and government action", *Politics, philosophy, & economics*, 2015(14), pp.109–128.

这使得我们很难知道该如何解决影响深远的集体行动问题——例如，由于许多父母可能更喜欢外向型而不是内向型的孩子，或者由于所有人都希望人口中拥有更多的同理心，但每个人都希望孩子的同理心比平均水平低，而出现的集体行动问题。没有任何算法可以告诉我们什么时候应该依靠规范或法律来解决集体行动问题，尽管当我们区分少量和大量的案例，或者具有广泛外部性的案例和我们选择的结果大多内在化的案例时，我们可以收集到一些一般的经验法则。

我们想探讨艾米·古特曼（Amy Gutmann）所说的“监管节约”原则，她提出这个原则是为了应对基因工程，特别是合成生物学中出现的各种集体行动问题。合成生物学涉及使用计算和分子生物学来创造和改变生命。[①] 一些主要的用途包括操纵能够替代抗生素的噬菌体病毒来对抗细菌感染，创造基因驱动力来消除传染病的载体，复活已灭绝的物种，以及改变我们孩子的DNA。根据古特曼的观点，合成生物学背景下的监管节约建议是：

> 在追求公共利益的同时，只进行真正必要的监督，以确保正义、公平、安全和保障。监管节约在新兴技术中尤其重要，因为在那里，基于不确定性和对未知的恐惧来扼杀创新的诱惑尤其大。直截了当的法律和监管约束手段不仅可能抑制新利益的分配，而且可能会阻碍研究人员制定有效的保障措施，从而对安全保障产生反作用。[②]

这是一条模糊的原则。澄清监管节约的一种方法是将其视为暗示，当有必要通过立法来防止因协调问题造成的严重危害时，我们应力求制定适用于所有人的简单规则。在我们考虑的情况下，我们应该避免对父母的选择进行微观管理，因为这些选择塑造了他们孩子的特质。有许多理由支持这一原则，但古特曼没有讨论这些理由。

第一，对于普通人和小公司来说，复杂的法律往往比权贵和大公司更难驾驭。同样，富人通常有能力支付高昂的成本来获得黑市在需求旺盛的情况下可能提供的商品，以及由于复杂或烦琐的法律而被定为非法或昂贵的商品。因此，复杂的规则可能会伤害最小的公司和最脆弱的人。

第二，太多的法律可能会排挤社会规范，而社会规范往往比政府立法对当

---

① Venter, C., *Life at the speed of light: From the double helix to the dawn of digital life*, New York: Penguin, 2013.

② Gutmann, A., “The ethics of synthetic biology: Guiding principles for emerging technologies”, *Hastings center report*, 2011(41), pp.17–22.

地情况更敏感[①]；少数明确的法律不太可能扼杀创新。创新既可以发生在我们寻求监管的技术中，也可以发生在我们据以监管该技术的规范和法律中。我们认为，监管的节俭是对联邦主义的默许——詹姆斯·麦迪逊（James Madison）等人表达的观点是，尽管我们偶尔需要在国家政府或国际议会层面制定一些简单的规则，但我们也应该确保允许地方社区尝试不同的方式来实现预期的结果。

第三，法律会减少自由。政治上的监管节俭原则类似于伦理上限制最少的替代原则。选择限制性最小的替代方案是好的，因为自由的内在价值，还因为当人们面临替代方案时，自主性会得到促进，并鼓励人们发展做出困难决定的能力，而不是依赖他人来为他们做决定。正如过多的药品监管可能会导致消费者的一种习得性无助一样，[②]对基因工程的管制采取过于家长式的做法，会使人们对管制者的智慧产生错误的信心，并使人们做出知情选择的能力受到抑制。

第四，政治进程产生的激励措施会导致一组非随机的人最终成为监管者。这些人往往会对哪些特质最重要，以及未来人的构成是最好的有自己的狭隘看法。有些监管者可能拥有他们监管的人所缺乏的智慧，但在许多情况下，情况恰恰相反，我们有理由担心赋予监管机构微观管理生育选择的权力，会让一些人的境况比在更大程度的分散选择下更糟糕。

对于上述两难问题，监管的简约性有何建议？仅仅改变一些人认为是人口中最佳特征比例的选择应该被允许，除非它们产生明显的、无补偿的伤害。如果社会规范演化出奖励那些生出具有对社会有益的认知特征的孩子的人的社会规范，那么法律将是不必要的。这样的规范之所以会演变，是因为当人口变得倾斜，使某些认知风格既有益又稀缺时，父母可能会更倾向于选择具有这些特性的孩子——部分原因是他们的技能是被需要的，他们将得到更成功的生活回报。至少在西方国家，性别选择的能力似乎也是如此，在西方国家，选择孩子性别的能力似乎并没有导致任何重大的失衡，主要是出于家庭平衡的目的。

更重要的是，即使我们能为心理特征分布假想出一个社会最佳状态，并就如何平衡生育慈善和生育利他主义达成一致，但专家们在估计最优值时想出的东西是否会正确，人们是否会听从他们的意见，并不明显。

当存疑时我们应当遵从父母的意愿，因为他们通常比监管机构有更强的动机来找出哪些特征会让他们的孩子茁壮成长。由于大多数父母不会恶意地培养出具有威胁未来人类福祉的特征的孩子，因此颁布禁止选择反社会特征的禁令可能

① Ellickson, R., *Order without law*, Cambridge, MA: Harvard University Press, 1994.

② Flanigan, J., *Pharmaceutical freedom*, Oxford: Oxford University Press, 2017.

是多余的。但是，假如父母拒绝认真对待自己的责任，不考虑他们不选择或改变胚胎可能会对他们的孩子（或他们孩子将影响到的未来人）造成容易预防的伤害，那么可能值得实施限制这些选择的法规。我们不认为自由选择总是会产生特征的最佳分布，鉴于不同人对广泛共享的价值观的相对权重存在合理的多样性，我们对是否存在特定的最佳状态表示怀疑。但是，即使我们能够就特征的社会最优分布达成一致，我们也担心国家不太可能通过对父母的生育选择进行微观管理来实现这一最优。当法律规定适合于防止严重的危害时，我们认为这些规定应该范围广、数量少。

结论

鉴于稀缺性和风险的事实，我们认为当涉及修改与心理特征相关的基因时将会有有趣的权衡。我们已经论证过，由于不同的特质会影响个体的幸福和集体的繁荣，我们应该关注新的基因编辑技术将可能带来的各种选择。从短期和中期来看，明智地选择伴侣（或精子和卵子捐赠者）可能比直接尝试编辑基因更有效、风险更小。艺术和科学领域的许多创新都取决于制度，而不（仅仅）是基因。但是，就基因影响我们是谁和我们创建什么样的制度而言，我们可能有理由考虑我们使用哪些社会机制来综合判断，以及哪种基因增强可能会促进个体福祉和大众繁荣。

【作者简介】乔纳森·阿诺莫雷，哲学博士，美国宾夕法尼亚大学政治经济哲学系副主任，研究方向为应用伦理学、社会与政治哲学；朱利安·萨沃斯库，哲学博士，英国牛津大学教授，研究方向为应用伦理学、医学伦理、基因伦理。

【译者简介】王佳乐，复旦大学哲学博士生，研究方向为认知科学哲学、知识论。

自然语言处理困境及其哲学思考 *

闫坤如　马少卿

【内容摘要】自然语言处理技术是人工智能的核心技术之一，迄今为止，语音、语义歧义性难题、句法模糊性难题以及言语行为难题仍然是自然语言处理技术中难以突破的难题，本质原因就在于自然语言处理不能理解自然语言，机器没有意向性，不能理解人类的命题态度与言语行为，更不能把握人类情感。对于自然语言生成方面，因自然语言未能实现形式化，无法理解命题态度和人类行为以及机器无法把握人类情感等方面的原因，导致人与机器有本质区别，只有解决上述问题，才能更好地实现人机之间的交流。

【关键词】人工智能；自然语言处理；命题态度；意向性

自然语言处理（Natural Language Processing，NLP）是人工智能技术重要方向之一，是实现人机之间自然语言交流的途径。“自然语言处理是在语言分析的一个或多个层次上分析和表示自然发生的文本的计算技术，目的是为一系列任务或应用实现类似人类语言处理。”①计算机通过自然语言处理和自然语言生成揭示人类语言的奥秘，使机器能够处理人类语言，并在此基础之上实现机器与人类有效互动。“自然语言”指的是一种自然地随文化演化的语言，它是人类交流和思维的主要工具和人类智慧的结晶。自然语言处理被誉为“人工智能皇冠上的明珠”，可见其重要性和技术难度之高，为了从自然语言文本数据中获得有意义的

---

* 本文系教育部人文社会科学研究重大攻关项目“人工智能的哲学思考研究”（18JZD013）、国家社会科学基金重大项目“人工智能前沿问题的马克思主义哲学研究”（19ZDA018）和国家课题“现代技术风险的认识论问题研究”（18ZXB047）阶段性成果。

① Elizabath D. Liddy, “Natural Language Processing”, *Encyclopedia of Library and Information Science*, New York: Marcel Decker, Inc., 2001, p.2.

信息，我们必须了解自然语言处理技术，挖掘自然语言处理中的困难，在此基础上对自然语言处理进行哲学维度的反思。

一　自然语言处理困境

自然语言处理的运用主要包括机器翻译、信息提取、语言生成、文本分类、智能问答和情感分析等方面。人工智能发展中面临的最困难的计算问题也许是自然语言的理解与生成问题。计算机实现对人的自然语言理解或者自然语言生成都是比较困难的，因为存在自然语言理解的歧义性。我们主要从语义歧义性、语句歧义性以及语境歧义性方面来分析自然语言处理困境。

1. 语音、语义歧义性困境

语音歧义性主要发生在语音识别过程，主要是指直接影响句子理解的语音识别困境，如“权利”与“权力”、“报复”与“抱负”、“报到”与“报道”、“节俭”与“节减”等，这些词虽然语音相同，但是要准确识别这些语音内容，同时需要多学科知识以及在具体的语境中才能把握。语义歧义是在自然语音识别准确的基础之上产生的歧义，是指在分析句意过程当中产生的歧义。例如，“结果”一词既有“结了果子”（开花结果）和“后续发展”（刻苦学习的结果是取得了好成绩），又有“杀了”（今天结果了他）的意思，造成语义歧义性的主要原因是严格遵循形式化句法规则的自然语言处理系统和不严格遵守语法规则的自然语言输入者之间的矛盾。

自然语言处理是按照语法规则进行处理的，自然语言处理过程一般由输入和输出两个环节组成，所谓“输入环节”指的是计算机程序将人类的自然语言通过形式化的方式转变为机器可以识别和处理的逻辑字符串，通过程序设定的算法对字符串进行处理得出回应的字符串；“输出环节”指的是计算机把机器语言转换为自然语言的过程，把由算法给出的字符串“翻译”为自然语言，从而完成一个完整的自然语言处理过程。自然语言识别语音的过程是通过把语词形式化的方法，但通过形式化的模式无法解决歧义性困境。语言有语法规则，严格按照语法规则把自然语言形式化进行输入，然而在人类使用自然语言的过程当中，并不都是严格遵循语法规则的，面对这样的情况，自然语言处理程序依然只能依靠严格的形式化的语法规则处理，那么就会产生语义歧义性困境，如果自然语言处理系统仍然严格按照语法规则处理句意，那么将面临难以突破的困境。

2. 句法模糊性与“不规范输入”难题

句法的模糊性，又称为“结构的模糊性”，指的是一个句子在各个具体成分上是混乱的，从而导致句子处理的多种解读情况的出现。由于句法存在成分混乱，自然语言处理系统无法确定句子内容的具体成分，因此在对句子进行分割的过程当中，一个句子按照不同的分割方法会有不同的分割结果，因此会产生理解困境，一般的处理方法是剖析（Parse），通过多棵剖析树（Parse Tree）来尽可能地缩小范围，一个存在句法模糊的语句可以产生多种合理的剖析树，通过自然语言处理并不能够最终确定句子的意思。如在句子分割处理阶段，长句和从句分割句子的结构导致句子内容分散，从而会产生不同的理解方式，如“咬死猎人的狗”对于计算机来说，可以分为“咬死 / 猎人的狗”和“咬死猎人 / 的狗”两种分割方式，并且这两种方式都是合理的，然而通过简单的自然语言处理不能最终确定语句的真正意思。

机器难以处理“不规范输入”难题，例如，对于语句“研表究明，汉字序顺并不定一影阅响读。比如当你看完这句话后，才发这现里的字全是都乱的”。机器的自然语言识别系统无法识别此语句。人类具有同时进行句法和语义的理解的能力，甚至在语义层次上更为优先，因此对语言的理解具有强大的容错性，对于语句不遵守语法规则，或者说明显存在语法错误，并不影响人们理解这句话的意思。尽管这句话语法完全不通，但是我们依然能够理解与把握句意。因为人类往往从整体的情况去把握信息内容，并且甚至在自己所熟悉的领域“脑补”缺少的信息或者自动理顺语词排列。对于自然语言处理系统而言，面对任何一句话都需要字词逐步形式化为逻辑符号，代入自动语言处理算法进行分析，并不能够把握不规范的输入问题，面对不规范输入问题，自然语言处理程序无所适从。

3. 言语行为困境

人类运用自然语言的过程中往往具有言语行为，或者说语言行为具有导向性，甲在做饭，对乙说：“你能拿酱油过来吗？”此事甲表达的意思是“可以帮我拿一下酱油吗？”而非“你具不具有把酱油拿过来的能力”。人类可以在具体语言使用情境当中甄别自然语言的使用目的是交换信息还是具有言语行为，自然语言处理系统具体语境与社会相关因素，在处理含有言语行为导向的自然语句过程中，依然通过把具体字词形式化来处理，不能处理具有言语行为的句子。

目前，自然语言处理所面临的语音歧义难题、语法歧义难题、句法模糊性难题、“不规范输入”困境和言语行为困境等并非可以简单归为受当前自然语言处理的技术发展局限使然，需要思考背后的自然语言理解与人类理解的区别，自然语言处理专家卡特（M. Carter）认为："人工智能发展中面临的最有意义、最困难的计算问题也许是自然语言理解与自然语言生成问题。"① 我们通过对自然科学处理中的自然语言理解与自然语言生成问题进行哲学分析，才能真正理解自然语言处理的局限以及人与机器区别本质所在。

二　对自然语言理解的哲学反思

自然语言处理前提是对自然语言的理解。但基于计算机技术的自然语言理解与人类对自然语言的理解不一样。约翰・塞尔（John Searle）认为，"计算机理解的故事和我理解的故事完全是两码事""计算机及其配置的程序并没有对理解提供充分条件，因为计算机和程序运行的过程当中不存在理解"②，因为自然语言处理不具有意向性，无法准确刻画人类言语行为与命题态度，也无法理解人类的情感，这些因素导致计算机程序运行与人类对语言的理解过程迥然不同。

1. 自然语言处理不具有意向性

从图灵（A. Turing）开始，人工智能先驱就想制造出一种机器能够具有人类智能，但目前为止，机器对于人类智能的模拟处于功能模拟或者行为模拟阶段，还不能真正具备人类智能，因为机器不具有意向性（intentionality）。意向性指的是心灵表征或者呈现事物、属性、状态的能力，意向性是人类独有的特征。人工智能哲学家博登（M. Borden）指出，"意向性被看作是区分个体的人与机器的根本特征之一：机器和人可以做同样的事情，但是人有意向性，而机器没有"③。

1980年塞尔在《心灵、大脑和程序》中通过"中文屋论证"对图灵的智能机器进行了批判，他认为计算机系统可以在完全不懂中文的情况下，通过程序来模拟人类理解中文的能力。在塞尔看来，机器或者算法不是真正地理解了人类语言的意义，只是对人类行为模拟或者功能模拟而已。

塞尔提出"中文屋论证"（Chinese Room Argument）思想实验，来反驳人工智能可以拥有认知状态以及可以像人一样地进行理解活动。在"中文屋"思

① Carter, M., *Mind and Computers:An Introduction to the Philosophy of AI*, Edinburgh:Edinburgh University Press, 2007, p.144.

② Searle, J.R., "Minds, brains, and programs", *Behavioral and Brain Sciences*, 1980，3 (3).pp.417–457.

③ ［美］玛格丽特・A. 博登：《人工智能哲学》，刘西瑞、王汉琦译，上海译文出版社2001年版，第10页。

想实验中，机器根据的是中文文字的形态找到对应的英文解释，再根据英文的回应找到合适形态的中文输出，整个过程丝毫不需要理会语义，更多的是做一种配对游戏，这也是自然语言处理的基本思路，因此，在这种思路下建立的无论多么复杂的处理程序，依然是在重复“中文屋”实验，自然语言处理系统不会也永远不可能理解中文，只不过是使用更复杂的程序处理句法符号而已，即所谓的“句法机”，而目前复杂的自然语言处理系统也面临着各种难以突破的问题。计算机根本不可能产生理解。塞尔通过“中文屋”思想实验否定了通过语法可以产生语义的可能性，通过计算的方式并不能产生心灵，从而否定了计算机产生意向性的可能性。他认为“中文屋”中的机器进行的是“纯语法运算”，人工智能是按照程序进行计算的机器，否认了计算机产生思维的可能性并对强人工智能进行了否定。

塞尔认为机器和程序不具有意向性，意向性是人机之间的根本差异。塞尔指出意向性是心理状态的某些特征，“心理状态或事件通过它而指向或关于或涉及世界上的对象或事态”①。首先，机器不具备意向性产生的生理基础，人脑的生理结构是由电路晶体管构成的计算机永远不具备的前提条件。另外，意向性具有主观性、针对性和指向性，“意识的本质特征是它的内在的、质的和主观的性质”②。主观性是“赋予我外部世界信息的意向性,其意识形式总是从一个具体的观点来看的。世界本身没有观点，但我通过意识状态看世界总是有观点的，总是从我的观点来看”③。而“中文屋”实验是在一个封闭屋子中依靠中英文对应规则完成的，而自然语言处理系统同样没有人脑的生理构成，主要依靠语言处理模型和语料库完成整个自然语言处理过程，无法指向外部客观世界，不能建立和外部世界的联系，智能机器受限于模型和语料库的处理能力，甚至还不如“中文屋”中的机器，因此经常出现各种问题和缺陷，如无法理解交际过程当中的代词、代称和流行词，并且还有难以处理的歧义、隐喻等问题。在自然语言处理中，计算机不具有意向性，因此，不能真正理解自然语言。

2. 自然语言处理无法理解命题态度与言语行为

为了解决弗雷格的“同一性疑难”，罗素（B. Russell）把命题态度（propositional attitude）引入哲学与逻辑学的研究领域，后在心灵哲学大放光彩。唐纳

① ［美］约翰·R. 塞尔:《意向性》，刘叶涛译，上海世纪出版集团 2007 年版，第 1 页。
② ［美］约翰·R. 塞尔:《心灵、语言和社会》，李步楼译，上海译文出版社 2001 年版，第 40 页。
③ ［美］约翰·R. 塞尔:《心灵的再发现》，王巍译，中国人民大学出版社 2005 年版，第 82 页。

德·戴维森（Donald Davidson）关于命题态度的观点具有代表性。他认为对一个命题的态度进行理解，就必须考虑当一方说出某个语句时，另一方理解其所说内容的所指。塞尔认为："命题态度中态度所断定的用命题来表达出来的内容。"[①] 罗素把命题态度与命题内容严格区分，同时，他认为自然语言有命题态度，而人工智能计算机没有命题态度，这是两者的区别之一，"如果不是人工建构的语言，语词形式通常不仅表达命题的内容，而且还表达所谓的'命题态度'——记忆、期待、欲望等等。这些态度并不构成命题的成分，即不构成当我们相信的时候所相信的东西的内容的一部分，或者当我们想望的时候所想望的东西的内容的一部分"[②]。命题态度决定命题内容，在自然语言处理过程当中，系统只能对文本内容与意义进行割裂分析，甚至会在处理系统中去掉明显表达情感态度的词语，只分析这句话的实词含义。也就是说，在自然语言处理过程当中，命题态度第一步就被剔除了，自然语言处理并不处理命题态度，只处理命题。因此会导致自然语言处理不能准确把握自然语言的真实含义。

奥斯汀（J. Austin）的言语行为理论（Speech Act Theory）基本出发点就是"说话就是做事"，即人们说话都是在执行某种言语行为。奥斯汀认为，语句并非一定有真假，命题与事实匹配就是真的，不匹配就是假的，其实语句的本质就是用来行事的。奥斯汀在《如何以言行事》（*How to Do Thing with Words*）一书中表明，在每一个话语中，言说者实施了三种行为：首先，言说者说出一串话语，奥斯汀称之为"以言表意行为"（locutionary acts）；其次，言说者在实施以言表意行为的同时，陈述一个事实，或者确定或否定某一事件，或者进行一次询问，或者发出一个指令，或者提出一个请求，或者做出一个预言，或者给出一个劝告，或者向听话者表示祝贺等，这些奥斯汀称之为"以言行事的行为"（illocutionary acts）；言说者通过话语的以言行事的行为在受话者身上产生的效果，奥斯汀称之为"以言取效行为"（perlocutionary acts）。比如，我对你说："请把门关上。"我说出这一串话语，这就有一个以言表意的行为发生；我说出这个语句的目的是希望你走过去把门关上，这就是一个以言行事的行为；你听到我说"请把门关上"后，走到门边把门关上了，这就是我的行为在听话者身上产生了效果，我们称之为"以言取效行为"。奥斯汀还指出自然语言中包含了说话者的态度，如喜好、厌恶等，而这些态度来自客观世界中的具体事物，在自然

① Searle, J.R., *Intentionality:An Essay in the Philosophy of Mind,* Cambridge: Cambridge University Press, 1983, p.1.

② ［美］伯特兰·罗素：《逻辑与知识》，苑莉均译，商务印书馆 1996 年版，第 375–376 页。

语言处理过程中无法准确将语言态度转化出来，只能够留下没有言语态度的苍白文字。

3. 自然语言处理无法理解人类情感

人类在使用语言的过程当中是多渠道多模式的，是在不同语境下的互动，在交际过程当中，人的情感态度可以反映在不同的语句当中，使同一句话在不同的情感参与下表达出不同的意思。情感是人脑对某一种客观存在的主观反映，情感是抽象的、感性的，情感的变化具有不确定性和不稳定性，每个人都有自己的情感变化模式和方式。同一句话在不同的情感情境中，可以表达出完全不同甚至是完全相反的意思。例如：

你真行（表示佩服的态度）
你真行（表示责怪的态度）

在情感参与下的自然语言识别是比较困难的，1997 年美国麻省理工学院的皮卡德（R. W. Picard）提出了情感计算（affective computing）的概念，她将情感计算定义为“关于情感、由情感引发以及意图影响情感的计算”[①]。科学家们尝试通过对人类的情感进行建模分析，建立情感算法。情感计算并没有得到普遍的认可，有些科学家认为情感不能还原和计算，情感是人类专有的，是不能制造的，一旦脱离了人类，那么情感将毫无意义，机器模拟的情感是不真实的，机器的情感模拟同“中文屋”如出一辙，机器不能理解情感背后的意义，目前已经运行的所谓的“情感”识别主要是通过外部的“现象”来推测情感，比如通过对人脸肌肉的运动情况、瞳孔的放大与缩小来说明情感，而没有真正理解人类情感。“人工智能系统已经能够用多种方式识别人类情感，有些是生理性的，如检测人的呼吸频率和皮肤电反应；有的是口头的，如注意说话的速度、语调与用词；有的是视觉的，如分析面部表情，当前的方法都是简陋的，用户的情感不仅容易被遗漏，而且容易被曲解。”[②]社会心理学中有一种现象被称为“皮格马利翁效应”（Pygmalion Effect），该效应认为人类情感不同程度地受到周围人下意识的影响，因此，情感计算对人的内心情感的把握有一定困难。

即使内在情感一致，外在表现形式也因人而异，因此通过人类面部表情、

① Picard, R.W., *Affective Computing,* Cambridge: MIT Press, 1997, p.321.

② Biden, M.A., *AI : Its Nature and Future,* Oxford：Oxford University Press, 2016, p.73.

肌肉分布、身体姿势等外部语言不能把握真实的内在情绪，自然语言不能处理“喜怒不形于色”的情况。况且，人类的情绪表达具有无穷多的可能方式，这些情绪的表达方式与大脑皮层活动、血液化学、氧饱和度、神经传递物质的数量与质量等多种指标密切相关；想要精确地记录情绪变化背景下的各种数据也非常困难。

抒发人类情感、赞美或批评外部客观世界的非常规语言形式也存在，如古诗词和歌词。这些具备美学意义的人类语言是自然语言处理系统无法真正“输出”的，往往是依靠创造者独具一格的语言驾驭天赋和他们的生活经历紧密联系的，如李白斗酒诗百篇。相比之下，自然语言处理系统是在一个封闭的系统内部将语言进行严密的逻辑分解与形式化处理，按照字面意义处理诗歌，输出标准的语句，你或许能够得到一些由常见诗歌词语组成的回应，但是这种回应是机器完全依照句法规则输出的，只不过是将“中文屋”中的中文换成了诗歌碎片而已。

自然语言处理的语境脱离导致的歧义和情感参与下的自然语言处理技术难以突破，“我们不相信行为理论或计算机模型，像已有的大多语言处理程序那样，忽略或排斥语义而希望取得成功。无论程序的目的是否用来分析句子、翻译语言或者回答自然语言问题，如果它不尽早地、经常地考虑语义事实，那么我看它便没有可能接近人类的能力水平”①。因为自然语言处理不能理解人类情感，对人类情感只是通过外在表现加以把握，这导致自然语言处理不能真正地理解自然语言。

三　对自然语言生成的哲学反思

1. 自然语言生成形式化的思考

早在17世纪，莱布尼茨（Gottfried Wilhelm Leibniz）就有一个梦想，通过给出一套理想化符号系统或者语言，给出语言变化规则，把日常问题转化为理想语言。这就是“莱布尼茨之梦”。莱布尼茨提出“通过形式化处理自然语言可以制造出无所不能的机器”的设想，“这种语言是一种用来代替自然语言的人工语言，它通过字母和符号进行逻辑分析与综合，把一般逻辑推理的规则改变为演算规则，以便更精确、更敏捷地进行推理”②。人工智能先驱图灵也提出依靠逻辑符号发明人机交流的语言，希望计算机具有自然语言处理功能：“我希望数字

---

① Quillian, R., “Semantic Memory”, *Semantic Information Processing,* Cambridge The MIT Press, 1968, pp.216–270.

② ［德］莱布尼茨：《莱布尼茨自然哲学著作选》，祖庆年译，中国社会科学出版社1985年版，第8页。

计算机能够最终激起人们对符号逻辑的极大兴趣……人与这些机器进行交流的语言……构成一种符号逻辑。”①

在分析哲学先驱弗雷格（Friedrich Ludwig Gottlob Frege）的推动下，通过形式化将自然语言转变为人工语言的研究进路成为主流，弗雷格对精确性提出了很苛刻的要求，“当我致力于满足这种最严格的要求时，我发现语言的不完善是一种障碍，在现有各种最笨拙的表达中都能出现这种不完善性，关系越是复杂，就越不能达到我的目的所要求的精确性”②。由于自然语言的模糊性、歧义性与逻辑语言的精确性、简单性形成了鲜明的对比，人工智能专家对抽象化自然语言的处理方式表现出乐观的态度。自然语言系统专家的思路是将人类的自然语言按照一定的逻辑或者数理规则抽象成机器能够“读取”的数据，即“输入”的过程，如一串二进制字符，再据建立的模型，找到这串字符所对应的位置，在这个位置上提取出语料库的数据字符，再将这一串数据字符通过逻辑或者数理关系还原成人类的文字，即“输出”的过程，从而完成一个自然语言处理环节。但自然语言未必都能形式化，人类的日常用语没有经过严格的逻辑思考和严密的语法考虑，有许多不符合语法和逻辑的语言，但这并不妨碍人类对自然语言的理解，也能保证交际的成功。人工智能专家德雷福斯（H.Dreyfus）说过：“我们能够使用一种全局性的上下文环境来充分降低歧义性，而无需将这个环境形式化（即完全消除二义性）。”③ 自然语言不能形式化，但是并不妨碍自然语言的人际交流。

后期维特根斯坦（Ludwig Josef Johann Wittgenstein）作为牛津学派的代表，他把研究重心从形式化的逻辑语言转到对日常语言的应用研究，提出要在朴实的生活话语中探索语言的特点。与追求高度形式化和逻辑化的学者不同，他提出了“意义即用法”的观点，用“一个词语的意义就是它在语言中的用法”④ 来强调语言的实用性。维特根斯坦指出语句的指称是否有意义，在于是否能够被理解。如果我们只是指指桌子，说了声“黑色”，我们不知道“黑色”指的是桌子的颜色、大小，还是桌子的形状。自然语言可以形式化问题不得不被抛弃。

自然语言处理的本质是简单的句法处理，自然语言处理通过简单句法规则实现语言处理，本质上是一种遵循严格算法规定的演绎推理，只处理经过形式化的符号内容并不处理其意义，基于形式化句法的自然语言处理技术不能准确刻画

---

① Krausw, P.J., *Collected works of A. M. Turing: Volume 1: Pure mathematics by Britton J. L.* (Ed.), North Holland, Amsterdam:Macmillan magazines Ltd., 1992, p.288.

② ［德］弗雷格：《哲学论著选辑》，王路译，王炳文校，商务印书馆 1994 年版，第 2 页。

③ Dreyfus, H., *What Computers Can't Do,* New York:Harper and Row Publishers, 1972, p.20

④ ［奥地利］路德维希 · 维特根斯坦：《哲学研究》，李步楼译，商务印书馆 2000 年版，第 220 页。

人类语言的生成。

2. 对人类语言生成的思考

人类是如何学习和掌握语言能力的一直以来都是哲学家和科学家思考和研究的重点，他们提出了多种理论和假设。乔姆斯基（Avram Noam Chomsky）在《语言学理论的逻辑结构》中提出了语言具有内在结构，可以通过句法解析树进行分析。乔姆斯基的语言结构说貌似为自然语言处理提供可能性，但乔姆斯基进一步指出语言的结构是内在的，而不是通过经验习得的（acquired），对于一个婴儿来说，他具备学习任何语言的先天能力。而计算机不具有生成语言的先天能力。人类语言能力是一种天赋，提出儿童具有与生俱来的“语言学习机制”（Language Acquisition Device），正是因为先天机制所提供的保障，儿童才具备了在没有任何语言储备的前提下学习并使用各种语言的能力。乔姆斯基指出人类大脑具有一套通过生物遗传信息而获得的语言知识——“普遍语法”（Universal Grammar）。依靠先天的语言习得机制和普遍语法，人类语言具备先天的语言条件，“普遍语法就是构成语言学习者的初始状态的一组特性、条件和其他东西，是语言知识发展的基础”[①]。这种普遍语法对每个人而言都是高度相似的，是通过人类的生物遗传信息完成代际传递的。

自然语言处理系统则完全依靠于人为建立的语音处理模型和语料库，不同的自然语言处理系统使用不同的处理方式，系统内部的模型结构是完全不一样的，并不具备人类所具有的“普遍语法”，系统与系统之间没有共性物质存在，而只是能够将具体的系统架构“复制—粘贴”到新的系统中去，即使目前最成熟最完善的系统也不具备自我编程、自我生成与自我发展能力，完全依赖于人工智能专家后天建立系统，计算机不具备生成语言的先天能力，自然语言处理系统并不具备自然语言生成能力。

3. 对自然语言生成封闭性的思考

自然语言处理技术的核心是简单的句法处理，自然语言处理方式的获得并不具有可持续性，单一的模式依赖无法有效处理人类语言的众多形态，并且这种处理方式远离客观世界，忽视命题态度。这些方面在哲学领域都受到了质疑和批评，人类理想的自然语言处理系统绝不仅仅是个翻译机或者文本分析机，理想的自然语言处理系统是希望机器能够从“句法机”到“句义机”，而这种转变并不

① Chomshy, N., *Rulers and Representations,* Cambridge:Cambridge University Press, 1980, p.69.

能通过形式化和逻辑化自然语言的方式来解决，虽然形式化自然语言的处理方式的研究成果很丰富，不能够完全否定，正如莱布尼茨所言，人工语言具有简练、客观性等优势。但是这种方式并不能推动自然语言到达“句义机”的层次，目前所有的自然语言处理系统无论采用什么样的语言分析模型，都是将不同语境下不同的信息传递方式，如语音信息、手写信息等，转化为文本进行分析，在处理器内部分解为长度不等的编码进行封闭分析。目前的自然语言处理的应用都集中在翻译和文本分析领域，这两个领域并不需要语言处理系统与外部世界相联系，更不需要导向现实行动。而人类语言中则有相当比例的内容是会导向具体行动的。自然语言处理本质上通过在封闭的系统中处理句法符号的模式作为必要的技术基础，通过这种模式，在语法层次上取得了重大的突破，如翻译系统、语音识别，但是真正的自然语言处理系统并不能依靠这种途径来实现，意向性的缺失使得自然语言处理是难以逾越的鸿沟，也许需要其他研究思路和方式，例如生理学、神经网络的研究思路，从模拟人脑的方式入手，探索机器与世界的连接模式，让自然语言处理这个封闭的系统真正走出“中文屋”，和客观世界建立稳定的联系。

综上所述，自然语言理解与自然语言生成作为自然语言处理的两个重要阶段，往往采取把自然语言形式化的处理模式，为自然语言处理能力的进步奠定了基础，但是因为自然语言处理不是在对自然语言理解的基础上，无法理解人类的命题态度与言语行为，更无法把握人类情感，因此，自然语言处理面临的困境不是因为人工智能技术局限所致，而是需要深入思考人工智能如何模拟人类智能以及人工智能是否具有人类的理解能力等深层次哲学问题。

【作者简介】闫坤如（1977—　　），女，哲学博士，上海大学马克思主义学院教授，博士生导师，研究方向为科学技术哲学；马少卿（1997—　　），男，哲学硕士，石家庄市藁城区西关镇人民政府，研究方向为科学技术哲学。

从生态马克思主义到生态文明：希望的复兴

[澳]阿伦·盖尔 撰/杨富斌 译

【内容摘要】资本逻辑在全球的扩张，摧毁了福利国家，致使人们的生活永恒地不稳定，并且把权力集中在了全球性的公司手中，如今已经在不可逆转地驱动着人类走向全球性的生态毁灭。然而，随着安德烈·戈尔兹、詹姆斯·奥康纳等人所领导的生态马克思主义者所引起的人道主义的马克思主义的复兴，使得这一思潮摆脱了对科学的厌恶，同阿尔都塞或者科莱蒂相比，他们提出要为更恰当的科学概念做辩护，并且要为更先进的研究项目做辩护。这里产生了对由波格丹诺夫和布洛赫开始的一种传统思想的回归。在这一思想运动中，虽然在某种程度上激起了人们去控制资本主义的破坏性动力，但同时也阻碍了人们去创造新的思维形式和新的制度，以替代资本主义的意识形态和制度。现在我们所需要的首先是激发人们的观念。正如布洛赫所说的那样，我们需要乌托邦观念来激起希望。在此我将要指出，由苏联马克思主义者如伊凡·弗罗洛夫和激进的中国环境保护主义者如潘岳所呼吁的生态文明，已经把所需要的东西聚为焦点，提供了一种激发人心的未来愿景，这种思想方式在根本上是与以前不同的，它可组成一种非常不同的社会形式的基础。与那种把进步只是看作对自然界和人民的完全主宰，并为虚幻的“经济增长”造福的思想方式不同，生态文明所赞成的未来愿景则是创造更加充满生机的共同体，这种共同体会增强生态系统的生命，包括增强人类生态系统或共同体的生命。

【关键词】生态马克思主义；生态文明；人类共同体

随着全球性生态危机表现得愈加凶险，马克思的著作似乎从来没有像现在这样如此紧密地与之相关。由于建立在17世纪和18世纪出现在英国的新社会—

经济结构的西斯蒙第（Sismondi）和其他批评家的著作之上，马克思称之为资产阶级生产方式而马克思主义者称之为资本主义生产方式的这个结构，迄今无人能比马克思更为清楚地把握住了其本质、独特性、内在动力和发展轨迹。这个结构尽管在表面上推动着人类追求控制其自身的命运，并在推动人民摆脱征服，而在事实上则是打破了原有的社会关系，创造了一种有害的、新形式的奴隶制度，且这种制度比它之前的制度更加阴险，更有破坏性。这个结构不仅压低工资和奴役雇佣工人，使他们除了把他们的劳动力当作商品出卖以外，不再有任何其他可以利用的劳动手段；它也在奴役着生产手段的所有者，强迫他们互相竞争，以便作为资产阶级成员而生存下去。其方法是变革生产手段，以创造新的产品和减少对劳动力的需求。这个结构是内在地不稳定和动态的，它不得不增长，要在全球大范围地而且还要强烈地扩张商品化，把越来越多的实在事物变为商品，直到它摧毁其存在的条件；否则，绝不会停止。它会赞成帝国主义，并且在它主宰全球之前不得不扩张，并把所有可能的东西都归入其下，作为服务于无尽止的“资本”积累的可交换商品。欧洲帝国主义的增长导致了对所有那些其自身不能拥抱和利用这种构造，以使它们自身作为稳定控制手段的社会都被征服和破坏。它再生和扩大了对人的关系和世界的片面扭曲的理解，使得人们看不到自身在受奴役，看不到这种结构对其他人或其他民族、其他社会和自然界所造成的破坏性后果。它还使人们不仅看不到这种构造迫使他们所服务的真正的自然界，而且看不到人的本质和使得这种构造成为可能的一般自然。此外，如果正确地理解，这种构造还能显示出可创造一种不同的社会—经济构造的可能性。这种不同的构造会真正地使人民获得自由，并能增强生态系统的生命力。这种资产阶级生产方式，现在被称作“资本主义生产方式”。

马克思至少在其年轻时曾乐观地认为，资本主义将会培育一支受过教育的、遵守纪律的劳动大军，作为对这种构造所形成的不可避免的经济危机的回应，他们将会夺取生产手段，真正地使人类从奴隶状态中获得解放。在一个阶段上，这似乎是实在的可能性。然而，马克思对这种可能性的信念随着其年龄增长似乎逐渐地减退了。现在，由于苏维联及其同盟国的崩溃、市场的全球化、全球性公司霸权和生命的每一方面的商品化的增长，这种乐观主义的根据已受到破坏，至少在世界经济核心区遭到了破坏。而现在受到破坏的资产阶级生产方式的存在条件是其生态条件，这些条件不仅有利于这种构造的条件，而且也是文明和人类存在的条件，此外还是人类在当前全球生态系统制度内与之在生态上共同演化的大多数生命物种的存在条件。为了避免这场大灾难，仍然有必要克服马克思非常精彩地分析过的对人民的奴役和全球性市场的奴役。但是，要走向这种超越资本主义的道路，就会不得不坚持非常不同于马克思所提出的主张。为了理解所有这一切，并且为了显示有可能避免的生态灭绝有何前景，我们有必要再次回到马克思以及进一步发展了他的观念的人们那里。

一　从正统马克思主义者那里解救马克思

然而，这便提出一个重要问题。那些声称忠于马克思思想的人通常把自己称为“马克思主义者”。对马克思著作的正统阅读主要集中在马克思关于社会的“经济基础—上层建筑”模式上。根据这种理解，推动人类历史前进的力量一直是生产力的发展，而生产力则决定着生产关系。总之，这些因素被认为组成了社会的经济基础，而意识形态的上层建筑，包括政治的、法律的和宗教的制度与观念则是建立在这种经济基础之上的。从这个视域看，唯一的价值源泉便是劳动力，而在自然界里可获得的原材料则被认为是可由人类开发的赠品。这使马克思成为其大多数追随者不感兴趣的人。正如他曾给恩格斯说过的那句名言：“我只知道我不是个马克思主义者。”[①] 显然，马克思认为这些“追随者”并没有理解他的著作，并且他对此说得很清楚，还批评了那些片面接受劳动价值论的人。在《哥达纲领批判》中马克思宣称：“劳动并不是所有财富的源泉。自然界……如同劳动一样，同样地是使用价值的源泉，其本身不仅是自然力的表现，也是人的劳动力的表现。”[②] 在其生平的中期，马克思确实曾对这种经济基础—上层建筑的社会模式做过辩护，最有力的辩护（并且是最后一次辩护）是在《政治经济学批判导言》的“前言”中。然而，仔细阅读这个辩护可知，对马克思观点的误解，其问题的本质在于把生产力、生产关系和上层建筑相互分离开来了。在同一部著作中，马克思写道：

> 所谓历史的演化一般地说依赖于如下事实，即这种最新的形式把先前的形式看作其自身发展中的阶段，并且永远地把它们当作一种片面的方式，因为只是在十分罕见的特殊条件下一个社会才能对其自身采用批判的态度。[③]

---

① Friedrich Engels, “Engels to C. Schmidt, London, August 5, 1890” , *Marx Engels: Selected Words,* Vol. Ⅱ , Moscow: Foreign Languages Publishing House, 1962, p.486.

② Karl Marx, “Critique of the Gotha Program”, in Robert C. Tucker ed., *The Marx-Engels Reader*, 2nd ed., N.Y.: W.W. Norton & Co., 1978, pp.525–541.

③ Karl Marx, *A Contribution to the Critique of Political Economy*, trans.S.W. Ryazanskaya, Moscow: Progress Publishers, 1970, p.211.

这便意味着把生产力的发展当作唯一的历史推动力本身是片面的。后来，马克思摒弃了这样一种观念，即把它当作“解开一般历史哲学理论之谜的灵丹妙药，其最大优势在于超越历史”①。它适用于所有的事物，而实际上什么也不适用，因为它忽视了每一个时间和地点的特殊性。

自从马克思的时代以来，马克思的许多解释者都赞同马克思对其追随者的这一评价。正如詹姆斯·怀特（James White）所表明的那样，当马克思出版其成熟著作时，他年轻时所假定的那种理论环境已经四分五裂，由实证主义和机械唯物主义的混合物所取代了，这种混合物后来逐渐成为所谓的“科学唯物论”。②马克思被有些人从这个视角来解释，把他等同于李嘉图式的社会主义，即假定了霍布斯式的人类概念，把人当作由嗜好和厌恶情绪所驱动的机器，只是抱怨从工人阶级那里榨取剩余价值，而不是去谴责经济科学假设的范畴在根本上是有缺陷的。非正统马克思主义者努力地在克服这种形式的马克思主义，试图重新阐述马克思著作的整个要旨，把他们的解释建立在马克思尚未出版的著作上。这些非正统马克思主义者就是新马克思主义者。

对马克思和新马克思主义者来说，所要掌握的最重要的事情是资产阶级生产方式不是自然的，但是却展示为一种在历史上处于特殊时代的独特现象，且是短暂的。由于生活在资本主义社会，这方面的重要意义是难以理解的。瑞士经济学家西斯蒙第（Simonde de Sismondi，1773—1842），作为对马克思有重要影响的经济学家之一，在19世纪早期，把这种显现的结构描述为一种令人极其震惊的新发展：

> 我们处在一个全新的社会状态之中——并且这一点还尚未被充分地强调——我们对此绝对地毫无经验。我们倾向于完全地把所有种类的所有权与所有种类的工作分离开来，切断人与物质的所有联系，剥夺了前者与后者的收益的所有关联。

西斯蒙第特别指出了所有权与工作相分离的后果，这就是，它会导致把增加经济商品当作社会的目的，使目的为手段做出牺牲。由于注意到在理解为这种状态而辩护的英国经济学家的著作中所存在的困难，他写道：“这种厌恶本身是

① Karl Marx, “From Letter to the Editor of the Petersburg liberary-political journal... 1877”, *The Letters of Karl Marx*, trans., Saul K.Padover (Englewood Cliffs, NJ: Prentice Hall, 1979), p.322.

② James D.White, *Marx and the Intellectual Origins of Dialectical Materialism,* Houndmills: Macmillan, 1996.

一个警告，警示我们正在背离真相，即在道德科学中，在所有事物都是相互联系的地方，我们却是在努力地把隔绝当做原则，并且除了那个原则以外看不到其他任何东西。”①

与西斯蒙第一样，马克思所关心的是，这种市场扩张并不是自然的，而是被迫的。所以，在理解这种构架如何出现，并且在它如何被坚持方面，政治同经济相比是更为基本的。然而，首要的强迫因素是把人们之间以及人与自然之间的关系概念化的特殊方式。文化比政治更为根本。非正统马克思主义者不是把资本看作对政治经济的批判，而是把资本看作经济学著作。结果，他们继续通过这些经济学范畴，即“存在的形式”来理解世界，正如马克思在《经济学手稿》中对它们的特征所做的描述一样，这些手稿是在马克思撰写《资本论》②之前发展他的观念时所做的笔记。

《资本论》第一章是对商品的研究，商品被当作最基本的范畴，并且被当作资本主义经济最基本的存在形式，这个范畴或者概念被认为是理所当然的，对之提出疑问似乎是有悖常理的；但是，同样理所当然的是，它隐藏了根据商品来处理社会关系的那些条件。只有当某物具有交换价值时，它才能成为商品；也就是说，某物只有在具有价格并能交换为货币时，它才成为商品。在资本主义之前就已经存在货币，并且劳动产物也被当作商品。但是，资本主义社会最重要的特征不仅是比以前使更多的实在事物成为商品，即从土地、劳动力本身直到资本都成为商品，而且这个范畴已造成一种偶像，它清楚地表现为一种可自我再生产和扩张的制度，成为无所不包的制度。货币成为普遍的价值符号，并且积累货币，或者可交换为货币的一切东西或者可增殖更多货币的东西，都被当作生活的终极目的。那些不能交换为货币的东西一般地说是没有价值的。在欧洲中世纪晚期，土地成为商品，并且同样是某种可与其传统的所有者相分离的东西。随着英国封建主义的崩溃和圈地运动，由于使人们丧失了成为任何生产手段的可能，人们就被迫出卖他们的创造性潜能，在长时期内把这些潜能作为商品，以获得作为回报的工资。这不仅使他们相互之间发生异化，而且与他们的创造性能力相分离。更为重要的是，由于商品拜物教，这种交换逐渐表现为自由个体之间的自由交换。这种商品形式越是被强迫，更多的人则越会受到这种市场动力的奴役，并且他们对生活的目的和他们所设想的自由越容易受到欺骗。

---

① Quotations translated by Gerald Alonzo Smith in, “The Teleological View of Wealth: A Historical Perspective”, *Economics, Ecology, Ethics,* ed, Herman E. Daly, San Francisco: Freeman, 1980, pp.215-237.

② Karl Marx, *Grundrisse*, Trans., Martin Nicolaus, Harmondsworth: Penguin Books, 1973, pp.106, 108.

正如马克思所预言的那样，生命的所有方面现在都已经被再复兴的全球市场所吞噬和转变，几乎没有给生命留下任何可理解的有利位置，更不用说反对全球市场或与之抗争了。“我们现在……面临的资本主义积累形式已不再仅仅建立在工业意义上剥削劳动的基础之上，而且也建立在剥削知识、生命、健康、休闲、文化等等的基础之上了。组织生产和销售的东西不仅包括物质的或者非物质的商品，而且包括交往形式、社交标准、认识能力、教育、住房、交通等等。各种服务项目激增直接地同这种进展相联接；并且这不仅包含产业服务项目，而且包含组织和控制生活方式的各种机制。我们现在生活于其中的全球化不仅是广阔的（去区域化、全球性市场），而且也是集中的；它包含着认知的、文化的、情感的和交往的资源（个体的生命）以及差不多同样的领土、基因遗产（植物、动物和人类），这些资源是各种物种和地球（水、空气等等）的生存所必不可少的。”① 甚至人们的生命现在也被以是否有金钱价值来估算，那些生活在欠发达国家的人民，其生命价值注定要比生活在富裕的西方国家的人民的生命价值少得多。那些努力奋斗以警告人类面对那些我们正在遭遇生态破坏威胁的人，其自身却面临着其工作和生计上的危险。

二　从新马克思主义到生态马克思主义

通过重新审视马克思的著作，新马克思主义者重新回到了赞赏马克思对商品拜物教的批判以及在根本上人民如何被这种拜物教所欺骗的深度上来了。然而，这些新马克思主义者之间在认识上也有分歧。许多新马克思主义者由于受到黑格尔的强烈影响，并认识到把人的创造性潜能当作劳动力所具有的反人类效果，因而他们在解释马克思的著作时，几乎没有给自然界留下任何余地。“自然”被他们当作社会范畴来处理和对待，并且仍然接受人类的进步建立在把自然仅仅归结为经验工具和完全支配自然的基础之上。乔治·卢卡奇（Georg Lukács）具体地例示了这种黑格尔主义的新马克思主义。只有很少几个新马克思主义者，如俄国的波格丹诺夫，受弗里德里希·恩格斯所影响的生态学家如理查德·列翁廷（Richard Lewontin）和理查德·莱文斯（Richard Levins），或者受弗里德里希·谢林影响的马克思主义者（如恩斯特·布洛赫），和/或那些受阿尔弗雷德·诺尔司·怀特海所影响的人，尤其是那些研究科学史和科学哲学的人如约瑟夫·李约瑟（Joseph Needham）和罗伯特·扬（Robert Young），他们既赞赏马

① Maurizio Lazzarato, “From Capital-Labour to Capital-Life”, *ephemera: theory & politics in organization,* 2004, 4(3), pp.187–208.

克思对人类的极为不同的理解及其对科学唯物主义的敌视，也赞赏科学唯物主义所造成的达尔文主义的和社会达尔文主义的革命性理论。这些都是生态马克思主义者的先驱，他们进一步发展了这种形式的马克思主义。

正是这些生态马克思主义者首先认识到了资本主义给环境所造成的威胁。他们把马克思对环境的观察严肃地用于市场的扩张对人类和自然所造成的后果的分析之上。

> 正如以资本为基础的生产一方面创造了普遍的工业化，也就是剩余劳动、创造价值的劳动以外，另一方面，它也创造了一般的剥削自然界和人类品质的制度，尽管在社会生产和交换之外从表面上看没有任何东西高于其自身，没有任何东西对其自身是合法的。因此，资本创造了资产阶级社会，和对自然界的普遍占用以及通过社会成员而对社会联系本身的占用……自然界第一次成为纯粹的人类客体，纯粹的实用物质；它不再被认为是自在的力量；对其自发规律的理论发现似乎只是一种计策，以便征服自然，使其隶属于人类需求，无论是作为消费对象还是生产手段。为了同这种倾向相一致，就像跨越自然崇拜一样，资本同样跨越了民族国家的障碍和成见，以及对现有需求和旧的生活方式的再生产的所有的传统的、封闭的、自足的、带有坚硬外壳的满足。对所有这些方面来说，它都是破坏性的，并且不断地使之革命化，拆除了包围在生产力的发展和开发与交换自然力和精神力方面的所有的障碍。①

这种破坏是由追逐利润或者剩余价值，以及所有价值都是通过金钱交换来定义所指引的。通过何种东西能产生利润来看待自然界的价值，不仅造成从根本上扭曲了人类关系的观点，而且扭曲了关于自然界及其意义的观点。市场不会而且不可能提供认知和防止环境破坏，或者处理由追求剩余价值所造成的破坏的反馈机制。它不仅会支付金钱以牺牲生态系统的健康为代价在短期内使利润最大化，而且它还在实际上更有利于摧毁可满足人的最重要需求的生态系统。正如石油公司的最大利润出现在石油接近生产极限时一样，可耕地的破坏、供水或者可呼吸空气将会为未来大得多的利润打开方便之门。在农田破坏严重，甚至富裕国家的人民也面临食物短缺时，跨国农业综合企业公司将会获得最大利润。由追求剩余价值所驱动的公司对这类形势会有极大兴趣，因而资本主义经济的本质就在

① Karl Marx, *Grundrisse,* Trans. Martin Nicolaus, Harmondsworth: Penguin Books, 1973, p.409f..

于，它不得不增长。它必须通过技术而减少劳动成本，然后在有必要扩张经济时再重新雇用这些劳动。这便导致了农业的产业化和人类集中在越来越大的城市之中，创造了马克思在《资本论》第三卷中所指出的规模越来越扩大的城市与乡村之间的"新陈代谢断裂"①。为了保证这种扩张能确实发生，资本家连续不断地开发新产品，投入越来越多的资源做广告，以便促进产品开发，同时把科学贬低为技术科学，把它当作经济工具，忽视其对真理的追求，这揭示了"科学唯物主义"的还原论假定是陈旧过时的科学。

正如詹姆斯·科夫曼（James Coffman）和唐纳德·麦古勒基（Donald Mikulecky）在他们的著作《全球疯狂：智人在改造世界的同时如何失去同实在的接触》中开篇时所说："本书的主题是西方科学对生命的设想是错误的，或者说误导了生命。结果，文明人由于科学所提供的产业经济积累了存在主义的虚无主义和越来越退入幻想，因而在破坏着生物圈——并因此而在毁灭其自身。"②

随着这种模型在全世界出口，由于跨国公司的增长和贸易与资本流动障碍的消除，我们已经创造了一种世界秩序，正如日本生态经济学家真弓浩三（Kozo Mayumi）对此所说的那样，那些在生态上可持续的经济企业在这种世界秩序中在经济上是不可行的，而那些在经济上可行的经济企业在生态上则是不可持续的。③

尽管随着技术进步通常会有效率上的改进，因而所使用的物质材料一般地说每个百分比会在国民收入中有所增加，然而在物质材料包括能源使用上仍然会有三分之二的增加，并且在污染性废物的生产上也会有类似的增加，这个比率在近年来变得更糟。改进资源使用效率并不是解决这个问题的灵丹妙药。随着这种效率改进，更多的物质材料，不管是煤炭、石油、水还是任何其他东西，都将要被使用。这就是所谓的"杰文斯悖论"，即由威廉·斯坦利·杰文斯（William Stanley Jevons）在1865年所提出来的。④正如迈克尔（Michael）和乔伊斯·休斯曼（Joyce Huesemann）在《高科技：为什么技术不能拯救我们的环境》之中所中肯地指出的那样，相信用技术手段可解决全球性生态危机是不合时宜的。⑤

---

① Karl Marx, *Capital, Volume Ⅲ*, Frederick Engels ed., Moscow: Progress Publishers, 1977, p.813.

② James A. Coffman and Donald C. Mikulecky, *Global Insanity: How HomoSapiens Lost Touch with Reality While Transforming the World,* Litchfield Park: Emergent Publications, 2012, p.1.

③ Kozo Mayumi, *The Origins of Ecological Economics,* London: Routledge, 2001, p.125.

④ John M. Olimeni, Kozo Mayumi, Mario Giampietro and Blake Alcott, *The Jevons Paradox and the Myth of Resource Efficiency Improvements,* London: Earthscan, 2008.

⑤ Michael Huesemann and Joyce Huesemann, *Technofix: Why Technology Won't Save Us of the Environment,* Gabriola Island, Canada: New Society Publishers, 2011.

三 生态马克思主义和过程哲学

为了赞赏生态马克思主义应对这种挑战的充分潜能，有必要进一步澄清它与正统马克思主义的区别究竟在哪里。正如我们已经看到的那样，对马克思著作的正统阅读主要集中在他关于“经济基础—上层建筑”的模式上。根据这一模式，全部人类历史的推动力是生产力的发展，也即对自然界和人的技术控制，并由于这种技术控制而决定着生产关系。历史的目的因而被认为是社会秩序，其中人类的生产力达到十分先进时，人们之间将不会再有冲突，并且在代表无产阶级（他们在这个阶段将被机器人所取代）利益的良好官僚机构控制下，每个人都将会和谐地生活在以富裕生活为特征的世界上。由于苏联的失败表明了市场经济比计划经济对生产力的发展更快，正统的马克思主义者得出的是建立在他们的假定之上的逻辑结论，并且认为这些结论的重要性是以跨国公司为基础的公司霸权为支撑的。他们还进一步努力地把社会和共同体隶属于全球性的去市场的逻辑。对这些马克思主义者来说，公司霸权取代了苏联风格的官僚政治。

这一观点错在哪里，并且它如何阻碍着人们努力地去面对和克服这种新的生气勃勃的资本主义形式的破坏力，在人们审视马克思最基本的人类存在的概念时，就会变得异常明显。在马克思看来，人类通过他们在自然界中作为参与者的生产活动而创造了他们自身和他们的世界，而这些活动在本质上是社会—文化活动。这种生产活动包含着社会的所有维度，包括那些特定的上层建筑，因而那些被认为独立于这类生产活动的行为，在马克思看来只是其中一个方面，这不仅包括法律的和政治的制度，而且包括科学知识、艺术和文学作品的生产和交换。不论人们是否领会这在实际上是以社会性为基础的，情况都是如此，并且马克思所关注的主要是批判由资本主义的社会经济结构所锻造的碎片化和异化，这种构架创造了个人及其产品，以及人们本身，创造了可以脱离这种社会生产活动的联系而被理解的错觉。

正是这个视角提供了资本主义经济—社会结构的动力。在它出现故障的地方，则促进了人们去掌握什么东西在推动人类走向毁灭。它也提供了一个起点，据此可以规划克服这些破坏力量的可能性。我们若是能认识到这一人类概念的全部意义，那么很清楚，就有必要不仅要重新认识人的本质，而且要重新认识自然界的本质，并因而要重新认识人与其他自然物的关系。不仅在理论上，而且在经济和社会生活的主要实践上都应当如此。我们有必要以不同的范畴来明确地表达社会关系，明确地表达人与其他自然的关系，这些范畴既承认人的社会文化本质，同时也要认识到，人类是自然界的一部分，并且是自然界的参与者。这将会包含提供新的范畴，即恰当地把人类的社会性看作自然动力中的参与者，这些范畴能构成新形式的存在和新的存在方式。正是这些东西可当作生态文明的基础。

恩格斯在其自然辩证法中的论述是这项研究的开端。这项研究是反还原论的，并且应当说是支持马克思的社会分析的。然而，恩格斯在这部著作中所提供的东西，由于大部分在其有生之年没有公开出版，可以说其思想只是由弗里德里希·谢林（Friedrich Schelling）提出的新的自然概念的一种混乱版本。谢林是在努力地重新把自然界看作与费希特（Fichte）所提出的人的创造性相一致的存在。由于受到布鲁诺、斯宾诺莎、赫尔德、歌德和康德以及费希特关于生物学的著作的影响，谢林为自然的概念作辩护，把它理解为自组织的和有创造性的，并且发展了费希特的认知发展的辩证法，以之来表明自然界本身何以能被理解为自组织的和有创造性的，并以其创造性的潜能来生成人，使人显现为在其历史发展过程中为自由而斗争。谢林指出，在他于 19 世纪前半期撰写其著作的时期，人类正在迈向创造全球性文明的过程之中，这将会要求发展一种新的全球意识和超越所有特殊文明的新制度。与黑格尔提出的辩证法形式相反，即黑格尔认为人在历史中的发展是必然的逻辑发展，哲学家们只能在主要的发展实际上已经发生之后才能对其合理性进行反思或深思；谢林的辩证法概念由于追随费希特则包含了提出观念和为真理而斗争的意志力和实在的创造性，这既表现在哲学和科学中，也表现在行动和实践中。

正如乔治·利什特海姆（George Lichtheim）和詹姆斯·怀特所表明的那样，恩格斯的自然辩证法是谢林的观念、黑格尔的辩证法和实证主义的混合物。怀特写道："恩格斯的辩证运动规律事实上是由谢林和黑格尔共同具有的思辨方法原则构成的，表现为一系列的独特格言警句。" ①

恩格斯与关于社会的经济基础—上层建筑模型的结合远超马克思，虽然他的著作的确描述了社会对自然的破坏性后果，并激发了包括生物学在内的科学内部某些杰出的发展，但是恩格斯的著作本身还不足以设想人类何以能根本地改变其当下制度和存在方式。

谢林的自然哲学和相关的科学传统曾经并且现在依然提供了更多的东西。实质上，超越 17 世纪由笛卡儿和牛顿所提出的还原论的科学唯物主义的各种假定的每一种科学发展，在某些方面都受到了谢林哲学的影响，包括人们努力地提

---

① James D. White, *Karl Marx and the Origins of Dialectical Materialism*, Houndmills: Macmillan, 1996, p.268.

出新形式的数学，以适合于理解易变的、有创造性的世界。[①] 物理学中的场论和热力学第一定律，认为化学物质的存在是各种对立力量的平衡，生物形式则是通过积极地参与它们的环境，以便获得内稳态，并构成作为它们的世界的环境。所有的这些观念都是科学内部的发展，但在谢林的自然哲学中有其根源。也就是说，谢林接受了生命的实在性和人类意识的实在性，并要求物理科学以显示在其所有的可理解的复杂性之中的方式来发展。在这一过程中，要使具有独特力量和责任的人类概念成为可理解的，即能够历史地发展为具有创造性的自然界中的参与者，以获得关于其自身的意识，即在自然内部演化。在这样做时，他帮助自然科学摆脱了那些一直在伤害其自身的有缺陷的假定，这不仅引起了生物学的发展，也引起了数学和物理科学的发展。其结果便是科学中的革命，这使得人类的概念成为可理解的，并且通向理解人类的历史及其当下的社会异常，这是由马克思受黑格尔和青年黑格尔派成员如路德维希·费尔巴哈和摩西·赫斯（Moses Hess）的影响而提出的，费尔巴哈和赫斯也曾受到过谢林的影响。同时，谢林设想新世界的秩序是以这种新的自然概念为基础的，从而把人类通过一种新的自然宗教联合在全球共同体之中了。这个观念被恩斯特·布洛赫所接受，进一步发展为乌托邦精神。[②]

由于哲学家和科学家仍然在努力奋斗，以反对顽固的牛顿假定的遗产，从而使相对论、量子论和热力学相一致，并理解复杂性、复杂自适应系统和预期系统，包括生命有机体、生态系统和文明，这一场革命现在仍然在进行之中。[③] 谢林的著作激励了作为这场革命之核心的整个自然哲学和形而上学传统，即过程哲学或者过程形而上学传统，它不仅包括那些受到恩格斯影响的人，也包括查尔斯·桑德斯·皮尔士、亨利·柏格森、亚历山大·波格丹诺夫、阿尔弗雷德·诺尔司·怀特海、约翰·杜威和路德维希·冯·贝塔朗菲，以及受他们影响的哲学家和科学家，包括理论生物学家罗伯特·罗森（Robert Rosen）。

四　生态马克思主义、生态学和人类生态学

在这场哲学和科学革命内部，最激进的发展来自生态学。生态学是对生物

---

① Arran Gare, “Overcoming the Newtonian paradigm: The unfinished project of theoretical biology from a Schellingian Perspective”, *Progress in Biophysics and Molecular Biology*, 2013, 113, pp.5–24.

② Ernst Bloch, *The Spirit of Utopia*, [1964], Trans., Anthony A. Nassar, Stanford: Stanford University Press, 2000.

③ Stuart A. Kauffman and Arran Gare, “Beyond Descartes and Newton: Recovering life and humanity”, *Progress in Biophysics and Molecular Biology*, Issue 119, pp.219–244 and the papers in this volume for which this paper was the prologue.

共同体中的“家庭”的研究，其中突现、等级秩序、符号现象、共生关系和预期系统是其核心要素，因而它是最典型的反还原论的科学例证，并进一步发展了过程—关系思维。对这些发展的革命性的赞赏，已经导致对作为杰出科学代表的物理学的挑战，因为所有的其他科学，包括经济学都试图以物理学作为自己的样板。有一位理论生物学领军人物——罗伯特·乌兰诺维奇（Robert Ulanowicz）论证说，生态学如今应当占据杰出科学的地位。乌兰诺维奇指出，生态学把如今逐渐被视为核心的问题聚为焦点，我们必须把这些问题当作在所有领域里推进科学前进的问题。所有的科学都正在不得不承认自组织的复杂性及其突现性的实在性，而生态学则是对这些东西最容易加以研究的领域。

乌兰诺维奇为“过程生态学”争辩说，它应当作为“生态形而上学”的基础。① 为了与过程哲学的传统相一致，宇宙的终极存在将必然地会被看作创造性的过程，或者持续的自我约束活动模式，和处于动态相互作用之中的这类过程结构，而不是客体或者事物。把生态学当作杰出的科学，这便涉及把人类生态学看作杰出的人类科学，把人类非还原论地放置在自然环境之中。正是马克思所预言的这种人类观，即作为人类生态学，可以进一步得到发展，给生态学以超越物理科学的特权，因而通过人类生态学来定义人类，这就是要重新定义我们在世界中的地位，不仅包括其在理论上的地位，也包括其在实践中的地位。这是要拥抱确认生命的隐喻，确认我们自身在生命中的创造性潜能，否定机械论的隐喻，因而取代那种目前占主导地位的自然模型，以及我们在这种模型中的位置和目的。根据确认生命的模型来看，我们目前是在毁坏全球性的生态系统。

推动生态科学以及人类生态学的发展，也是创造性的活动，这是在参与自然界和人类的创造。正如罗伊·拉帕波特（Roy Rappaport）所观察到的那样，推动生态系统向人类学发展和接近，就是要维持甚至建构生态系统：

> 在一个世界上，如果合法的和有意义的、被发现的和被建构的世界是与生态系统的概念相分离的，那么，这个世界就不只是一个理论框架，我们可以根据这个框架对世界加以分析。它本身就是这个世界的元素，这个元素在维持着该世界的整体性，在面临对这个世界的伤害时，它是至关重要的。若以稍微不同的方式来说，生态系统的概念不只是描述性的……它还是“表述行为的”；由它所传达的生态系统概念和行为是世界维持其生

① Robert E. Ulanowicz's, *A Third Window: Natural Life beyond Newton and Darwin,* West Conschohocken: Templeton Foundation Press, 2009, esp., ch.6, ‘An Ecological Metaphysic’.

态系统的一部分，即使实际上它并不是建构生态系统的组成部分。①

作为表述行动的概念，人类生态学超越了科学与人文的对立、人的科学与伦理学之间的对立。正如罗伊·艾伦（Roy Allen）在《人类生态学经济学》中所指出的那样：人类生态学约等于经济学……它类似于相对晚近才出现的“生态经济学”领域……强调人类生态学是与经济学结合在一起的，这会使“人文学科”以及以生态学为基础领域的物理科学走向经济学研究，并且这种框架因而会使生态经济学涉及的范围更为广阔。例如，意识形态和“存在方式”（即通过诸如哲学、心理学、社会学、宗教研究、文学等等之类的领域所定义的那样）就是经济制度重要的构成性组成部分，并且它们在生态学、经济学或者生态经济学的领域内还尚未被给予足够的重视。② 也就是说，“存在方式”已经明确地得到关注，并且受到重视。

这为赞赏马克思把经济学范畴分析为资本主义社会中的存在形式，并且把它们看作在根本上是有缺陷的提供了更为广阔的框架。马克思认为，这种存在形式毁坏了共同体的纽带，使人们相互之间发生了异化，使人同他们的共同体发生了异化，与自然界发生了异化，并且与他们自身的创造性力量发生了异化，同时又把他们束缚到由这些范畴所产生的力量之中，因而他们不可能对之有正确的理解，因为这些范畴在根本上是有缺陷的。人类生态学家诸如斯蒂芬·邦克（Stephen Bunker）和阿尔夫·霍恩堡（Alf Hornborg）重新阐述了新马克思主义的“帝国主义论”，以便对这是如何发生的获得更为深刻的洞见。霍恩堡通过描绘生物符号学和生态符号学的进步，揭示了符号学（符号的生产和解释）在有机体和生态系统中的作用。在一篇杰出的文章《货币与生态分解的符号学》中指出：“货币是具有唯一符号的代码，或者换一种说法，它是只有一种语音的语言。它难以置信地是粗陋的并且不可能提供恰当地处理复杂情形所要求的反馈，并且在事实上它引导着人类走向生态破坏。”③ 邦克对开发利用亚马孙河流域的研究表明了所想象的自由市场的后果。它们已经把大多数有生命的和石化的植物中的可用能量转移到了世界的一小部分地区，在世界经济的边缘造成了以生态为代价的

① R.A. Rappaport, “Ecosystems, Populations and People”, in E.F. Moran, ed., *The Ecosystem Approach in Anthropology: From Concept to Practice,* Ann Arbor: University of Michigan Press, 1990, pp.41–72, 68f.

② Roy E. Allen, *Human Ecology Economics: A new framework for global sustainability,* Milton Park: Routledge, 2008, p.4.

③ Alf Hornborg, “Money and the Semiotics of Ecosystem Dissolution”, *Journal of Material Culture*, 1999, 4(2), pp. 143–162.

过度开发自然资源，并且与社会为代价的全球系统中的高度一致。

人们不仅没有提出这种控诉；相反，这个倾向在全球性的新自由主义政体之下却得到了进一步恶化。正如理论生物学家梅旺胡（Mae-Wan Ho）和理论生态学家乌兰诺维奇所指出的那样：

> 由世贸组织中的富裕国家所推动的经济全球化，旨在消除所有的贸易、金融和采购障碍，这相当于摧毁了这个系统的错综复杂的时空结构。这必然地会导致过度剥削穷人，尤其是在第三世界国家，这将会使整个经济系统变得贫穷。但是，这还不是全部。随着全球经济系统具体地表现在全球生态系统之中，全球经济中的过度剥削将会驱动人们以不可持续的比率使用自然资源，因而全球生态系统会越来越不能更新自身。这会导致经济系统中的投入减少，因而更多自然资源将会不得不被收割，造成最终既破坏全球经济也破坏地球生态系统的恶性循环。①

从人类生态学视角看，目前的权力精英、全球公司霸权和服务于它们的人们，实际上是全球生态系统中的恶性肿瘤。正如大卫·柯滕（David Korten）在《后公司世界》中所说：“当基因损害造成细胞忘记自己是更大的机体的一部分时就会出现癌，因此细胞的健康运行对其自身的生存是至关重要的。细胞开始寻求其自身的增长时并不关注对整个机体所造成的后果，因而最终会摧毁养活它的机体。随着我对身体内部癌的发展知识了解得越来越多，我逐渐地认识到，与其把资本主义比作癌，不如把它比作对病理学作临床诊断，因为根据这个隐喻，市场经济倾向于缺少合适的公民和政府监管。”②

五　创造未来

人类面临的挑战是创造可限制人类活动的社会—经济形态，因而他们能增大这些生态系统的生命，包括维护全球生态系统的生命条件，而不是破坏这些条件——这就是不要患上这种癌。人类共同体和各种组织本身都是生态系统，而生

① Mae-Wan Ho and Robert Ulanowicz, “Sustainable systems as organisms?” , *Biosystems,* 2005(82), pp.39–51. Giovanni Arrighi and Beverly J. Silver argue that these policies are the consequence of USA attempting to cement its slipping pre-eminence into exploitative domination, a strategy which is undermining its power and is bound to fail while generating system-wide chaos. See *Chaos and Governance in the Modern World System,* Minneapolis: Minnesota University Press, 1999, esp., p.288f.

② David C. Korten, *The Post-Corporate World*, West Hartford: Kumarian Press, 2000, p.15.

态系统中的参与者则会增大或破坏它们参与其中的每一种社会的和自然的生态系统的健康、生命力和恢复力。因此，追求对世界的总体技术统治，使得所有事物包括人成为实现外在规定的目的的工具，应当被看作危险的幻象。这种幻象建立在对自然和有缺陷的经济—社会构型所产生的人的虚假理解之上，因而试图把所有事物都归结为可服务于资本积累的工具。因此，我们需要建立在对自然和人有不同理解的基础之上的范畴。以人类生态学为基础，所要求的东西是“生态—制作”的政治学和经济学，也就是说，“家庭式制造”或者“以家庭为单位的制造”的政治和经济学，需要集中关注以维护生态系统和共同体之恢复力和健康为核心的自然和社会活动条件，以此来取代目前人们用来定义他们自身及其与其他人和世界之关系的范畴，并以此为基础来改造社会。① 有必要把这样理解自然和社会的方式制度化，把对生命之价值的认知制度化，这里的“生命”包括非人类的生命形式，并且要把生态系统的实在性当作相互作用的有机体所产生的家园系统，因而只有这些实践才可被允许用以繁荣和增大生态系统的生命、健康和恢复力，包括人类共同体，其手段是以这种方式来增大这些有机体的生态位或者家园，因而它们能对这种生命增强做出贡献。然而，这也改变了我们将如何理解人和工作的问题。这里所要求的就是人类的生态系统，这一系统可以给人提供生态位或者家园，人们在这一系统中可以充分发展他们的潜能，为他们的那种被理解为生态系统的共同体的生命和健康做出贡献。也就是说，他们应当能以这样的方式来生活，即这种方式可增强这些生态位，这些生态位可作为他们以某种方式繁荣发展的条件，因而他们能认识到他们这样做的充分潜能。需要给他们提供组合的环境，即技术、制度、教育、文化活动和就业的形式，这些形式允许这种潜能得以实现。不是根据商品生产来衡量经济能力；相反，经济能力应当根据是否能增强自然和社会的生态系统的健康和生命力来判断。作为进步程度的 GDP 相应地应当被取代。这些新标准将会使市场再度嵌入共同体之中并服从于共同体，而共同体不会再通过市场范畴来定义自身及其关系，而是通过这些人类生态学概念来定义自身及其关系。

这并不意味着要消灭市场，而是要划定诸如商品、资本、土地等概念的功能和应用，因而使它们服务于这些共同体，增强共同体的健康，而不是破坏这些共同体。一般地说，生产要素不应当被看作商品，生产要素的收益应当根据社会

① This is a task I myself have been engaged in, “Toward an Ecological Civilization: The Science, Ethics, and Politics of Eco-Poiesis”, *Process Studies*, 2010, 39(1), pp.5–38, and in my book *Philosophical Foundations of Ecological Civilization: A Manifesto for the Future*, London: Routledge, 2017.

正义原则，通过生态学和人类生态学而不是市场力量来界定。这在本质上是生态社会主义的事业，[①] 其核心是创造生态文明。生态社会主义包括维护平等主义的社会，人们的生产劳动在这个社会中受到尊敬，并被当作对他们的共同体的贡献，而那些寄生的行业，例如，通过把财富从穷人转向富人的挣钱手段；或者那些恶意行为，例如促销垃圾消费，推动虚假的实在概念以有利于财富精英；或者破坏工作保障等行为，则应当被消除干净。有必要确保可增强生态系统而不是削弱这一系统的农业实践能得以实施，并且实际上得到了实施，防止那些使这些实践成为不可能的竞争形式。就业需要得到保护，以便人们不至于成为工资的奴隶，而是要有经济安全保障，并且能够最大限度地实现他们的充分潜能，以增强他们的共同体的生命力。为达此目的，政府需要有准备地成为最后的雇主，需要他们成为主要经济部门的所有者。最重要的是，需要他们成为诸如交通运输、通信和教育系统这类自然垄断部门的所有者，并要促使工人合作得以发展。这类政策需要在世界范围内采用，这便意味着消除新殖民主义，世界经济的边缘和半边缘就是因为这种新殖民主义而受到中心区域的破坏性剥削的。

缓解跨国公司的恶性增长将会要求放慢能量和营养品流向当今世界秩序的权力中心。人类生态视角要求，在世界不同地区，那些破坏地区性开发的经济相互作用要根本性地减少，同时还要重新估价劳动和自然，克服阶级划分，尤其是在世界经济的边缘和半边缘地区更要这样，并且还要尊重生态系统的动力和健康。如果人类能容忍社会的监管和生产部门之间的相互作用所产生的反馈回路，那么同样有必要的是要限制这些相互作用，以便清除掉这一类反馈回路。为实现此目的，正如阿尔弗·霍恩堡所指出的那样，我们将有必要抛弃在世界任何地方为任何事情所进行的“一般用途的”货币兑换，其假定是所有的价值都是可以用同一单位来度量的，并且我们应当用本地货币（以及国家货币）来取而代之，货币之间的交换也应当受到严格控制。[②] 这既是政治制度的条件，也要求政治制度有所发展，人民通过这个制度能够管理自身。政府应当采取民主联邦制的形式，这种形式要覆盖从联合国到地方政府整个范围，并尽可能地使权力去中心化，但是，须要求更多的地方政府发展它们的共同体，以便增强它们作为其一部分的更广阔的共同体的生命和健康，其范围包括全球性生态系统。

生态学家西蒙·莱文（Simon Levin）提出一些同这些观念相一致的管理原

① Hans A. Baer, *Democratic Eco-socialism as a Real Utopia: Transitioning to an Alternative World System,* New York: Berghahn, 2018.

② Alf Hornborg, *Nature, Society and Justice in the Anthropocene: Unravelling the Money-Energy-Technology Complex,* Cambridge: Cambridge University Press, 2019.

则：维持异质性，保持模块性，保存冗余度，收紧反馈圈，减小熵增率，不生产任何不能循环的东西或者只生产可循环的任何东西，建立信任，“己所不欲，勿施于人”。[①]威廉·麦克唐纳（William McDonough）和迈克尔·布劳恩加特（Michael Braungart）在《从摇篮到摇篮：按我们造物的方式重新制造》（*Cradle to Cradle: Remaking the Way We Make Things*）一书中对此做了补充，他们指出，所生产的东西应当有助于丰富生态系统，成为新的增长的摇篮。[②]

这些原理，由于要求多层次管理，在地方层次通过转变城镇运动而努力控制和管理生态系统，正在得到发展。[③]生态文明是一种有实用性的乌托邦愿景，它呼唤人们采取行动。正如恩斯特·布洛赫在他的著作《乌托邦精神》中所指出的那样：

> 我在这里。我们在这里。
> 这就足够了。现在我们必须开始。生命一直掌握在我们手中。[④]

【作者简介】阿伦·盖尔（Arran Gare），澳大利亚斯威本大学教授，《自然与社会哲学杂志》主编。主要著作有：《超越欧洲文明》《后现代主义与环境危机》《生态文明的哲学基础：未来的宣言》。

【译者简介】杨富斌，北京理工大学珠海学院特聘教授。

---

① Simon Levin, *Fragile Dominion: Complexity and the Commons,* Cambridge: Mass. Perseus, 1999, pp.198–206.

② William McDonough and Michael Braungart, *Cradle to Cradle: Remaking the Way We Make Things*, New York: North Point Press, 2002.

③ Rob Hopkins, *The Transition Movement: From oil dependency to local resilience*, Cambridge: UIT Cambridge, 2014.

④ Ernst Bloch, *The Spirit of Utopia,* [1964] Trans., Anthony A. Nassar, Stanford: Stanford University Press, 2000, p.1.

从工业文明到生态文明：必要的转型 *

[美] 克里福德·柯布 撰 / 萧淑贞 译

【内容摘要】世界上大多数国家都在一定程度上存在工业文明，工业文明的崩溃虽然不会突然发生，但却不可逆转。工业文明崩溃将导致城市生活难以为继，并引发抗议和暴力。作为工业文明崩溃的一部分，政治极端主义抬头，世界范围内广泛的政治冲突将不可避免。工业文明必须走向生态文明，而生态文明的希望之源在乡村，在农村地区建立能够领导今后生态文明建设的组织是一项艰巨而又重要的任务。未雨绸缪地建设生态文明，需要发展一种灵活、适应力强的综合性哲学，这就是后现代主义的有机哲学；需要重订人与自然的关系，将人看作自然的有机组成部分，并合理使用自然水源；需要创建一种新型管理体制，一种适应乡村生活的、基于社区成员健康、平等和尊严的管理体制。

【关键词】工业文明；生态文明；有机哲学；乡村；社会治理

文化模式变化缓慢。现代社会用了几百年之久才放弃接受奴隶制的观念，但奴隶制依然以各种形式存在着。从工业文明转向生态文明同样如此，需要数百年的时间进行调整。遗憾的是，我们已经没有那么多时间，这个转变将在未来20—40年就会发生。工业文明需要为城市提供大量能源以保障城市运转，随着未来几十年外部能源的减少，我们将主要使用人力和畜力的能源。风能和太阳能并不能拯救工业文明，因为大量的石油和煤炭需要生产被重新利用的设备。绿色能源将有助于转型，但只是短期或局部的解决方案。到2050年，我们必须实现向生态文明的重大转变。

---

* 本文是克里福德·柯布在2020年10月“千岛湖生态文明理论与实践培训工作坊”活动上的特邀发言，编者有删改。

一 转型的必然：工业文明走向崩溃

许多人不会相信我所说的话。那些生活在城市、依赖廉价电力和汽油的人会想象我们的生活方式可以永远维持下去，另一种选择则不堪设想。每当我从冰箱里拿出食物或在炉子上烹饪，就会想象如果没有电，生活会是什么样子。我将无法在现代化的杂货店买到食物，无法在家里储存或烹饪食物，每天都需要买食物，但是怎么才能找到食物呢？农场太远了。简而言之，工业文明的崩溃意味着我们将无物可吃。这种想法很可怕，所以大多数人宁愿不去想它。我们更容易生活在一个梦想的世界，在那里什么都不会改变，我们在城市的便利生活将永远继续下去。

能源短缺和环境破坏限制了经济增长，从心理上讲，我们很难接受这样的事实。在所剩无几的时间里，城市中大多数人对技术的乐观态度意味着要想让公众支持深刻的变革几乎不可能。在崩溃的迹象确认无误之前，人们普遍认为技术会拯救我们，这就是机械主义或工业文明的希望。我们已经学会了相信人类心智具有无限的能力，却忽略了大自然所施加的限制。然而，如果技术不能拯救我们，那么支撑一体化经济的系统将开始失灵。驾驶汽车的电力和燃料成本将会上升，直到只有少数人能够负担得起为止，数以百万计的汽车、卡车和机器将作为无用的垃圾被丢弃，它们中的大多数因为没有足够的能源而无法操作。到2050年或2060年，在许多国家，人们将无法在城市生存，因为向城市运送食物的交通工具将停止运转，至少不会达到每天养活数十亿人所需的规模。

工业文明和城市生活的崩溃不会突然发生，它将随着时间的推移而发生，生活将逐渐变得更加困难，导致城市抗议和暴力。2008年，世界粮食价格翻倍，引发了粮食骚乱，许多国家已经发生了这种情况，这一经验是未来将经常发生的事情的早期预警信号。当廉价能源不再可用时，数以千万计的人将失去工作，他们会感到饥饿、愤怒和绝望，政府很难控制将成为生活常态，特别是在城市。今天的索马里就是一个没有真正政府的国家的例子，它通过氏族制度和传统的治理形式来维持内部秩序。索马里的结果表明，在经济螺旋式下降时，预计会出现那种有组织的犯罪，很难让公民维持正常的秩序。

因为政治权力与经济权力相联系，经济权力又与能源的使用相联系，工业文明的失败将在世界范围内引发广泛的政治冲突，既包括国家内部，也包括国家之间。当我们筹划一个生态文明的未来时，要认识到工业文明的死亡不仅仅是一种物理变化，它将改变生活的方方面面，这点很重要。

我们可以预期，作为工业文明崩溃的一部分，政治极端主义将在大多数国家抬头，工业文明的失败已经以愤怒、民族主义和非理性行为的形式显现。随着这一进程的展开，世界上没有一个人是安全的，因为冲突可能导致使用核武器或生物武器的危险持续存在。如果发生这种情况，地球上的很多生命会在几周内被毁灭或毒害。工业文明正处于崩溃的边缘，我们无法阻止这一崩溃。无论愿不愿意，我们都无法维持工业文明，我们所能做的就是使向生态文明的转型尽可能地和平、顺利。

二　转型的方向：从城市到乡村

现代世界是靠奴隶制——能源“奴隶”的使用繁荣起来的，英国广播公司戏剧性地展示了这一点。他们偷偷地将一个家庭从电网中解放出来，让 100 名志愿者在隔壁的房子里骑着发电自行车为那个家庭发电。例如，烤两片面包作早餐，需要 11 名自行车手工作。在一天结束时，BBC 把这个实验告诉了这家人，他们对在日常生活中使用的“奴隶”数量感到震惊。但这个实验还只是展示了直接的能源利用，不包括种植农作物和电视、电脑所需要的能源，也忽略了垃圾处理、运行城市交通信号灯或为提供防御的军队供应的能源，所有这些都表明了每个过着现代生活的人依赖一群能源“奴隶”的程度。因为能源“奴隶”是方便生活的来源，我们不能指望数十亿人会回心转意，毫不抵抗地放弃它们。

为了过上更好的生活，世界各地的人们涌入城市寻求经济机会。但是城市生活对很多人来说是艰苦的，地表到处都是坚硬的，很少有显而易见的生命。城市造成了巨大的精神空虚和混乱，因为城市把我们和自然分开，让我们在平常的生活中变得愚蠢。住在建筑物中，几乎可以忽略天气、季节，甚至一天中的时间。生活在城市里的人甚至不知道如何对自然条件做出反应，城市所产生的知识在未来将几乎没有价值，为了在一个能源匮乏的世界中生存，我们所有人都需要重新学习祖父母和先辈们所知道的关于种植农作物、用当地材料建造房屋、挖井、饲养动物以及在田野、森林中寻找野生药材的知识。如果这种教育现在就能开始，未来 40 年的转型就会更容易。

未来的希望之源在乡村，不在城市。在农村地区开始建立能够领导今后生态文明建设的组织很重要，这是一项艰巨但又重要的任务，那些即将能够领导我们度过这一转型时期的人恰恰是目前正在被忽视的那群人，因为他们抵制了现代生活的原则。在人类历史上，变革的领导者从未来自农村。城市里有政府官员、商人、牧师和学者，这些都是有权威的人。在军事领导人需要一支军队之前，农村人总是被认为无足轻重、无关紧要，没有人想到农村地区会出思想。然而，正是农民让人类与大自然保持着联系，观察它的规律和变化。农民选择适合当地条件的种子、学会如何将动物饲养整合到植物的生长周期之中、建立小型灌溉系统来调节供水、回收垃圾用以更新土壤并创造出将这些知识代代相传数千年的方法。城里人从来不重视这种知识，但如果没有它，古代的城市就会全部消亡。乡村把城市背在背上，城市没有感谢和感激。现在，我们再一次转向农村，以拯救残存的文明和以前被轻视的知识。

文明的唯一希望来自乡村领导者在即将到来的黑暗中寻找出路的潜力，培养领导力需要潜心树立一个好榜样。当电网、现代医学、训练有素的工程师和快速的流动性不再支撑我们时，创建一个新的社会结构将变得异常困难。没有化学物品的农业需要依赖将人类、植物、动物和土壤微生物的工作以一种平衡的方式结合起来的能力，我们的祖先用了几千年的时间才完善了这种均衡发展的方式。这些技能已经被现代意识形态的重压埋没，它们能否在10—20年内得以重新发展？我们可以从祖先那里学习，但是他们的很多知识在最近几代人中已经丢失了。即使只有几千人拥有正确的技能和知识，它也需要传播给数百万人，包括完全没有经验的人。除了耕种，每个人都需要学习现在工厂才应用的技能——食物保存、制作陶器、制作衣服、处理废物和加工木材，等等。图书馆倒是可用，但其中所容纳的大部分信息将没有多大用处。

中国、印度和非洲国家将在后石油时代拥有优势，因为这些国家还残留着基本上能够自给自足的村庄网络，建立在当地习俗的基础之上、能够带来稳定秩序的关系还没有完全消失，传承传统知识的过程仍然以微弱的形式存在。即使是在偏远的村庄，现代化也已经开始侵蚀延续了数百年的知识和习俗，但幸存下来的碎片将是重新开始的基础。如何才能改变中国地方官员主政的发展方向？当然不是通过争论或压力，那样没有人会改变。他们只会从直接的经验中发展出一种后现代的、生态的敏感性。当中国农村基层的积极分子开始建立新的社区，将生态原则付诸实践时，可以邀请政府官员参与进来，他们只能在实践中学习，重要的是要尽快让官员们对农村的新愿景敞开心扉，能够完全接受生态文明愿景的官员将是实现和平转型的关键。

三　成功的关键：从思想到方法的变革

重新开始的能力将取决于未来10年完成的准备工作。要想在未来延续一些文明形式，就需要重建今天的乡村生活，使之能够传授给他人，传承给子孙后代，这意味着在没有帮助的情况下，从事有机农业的农民和社区建设者需要重建现有教育系统的功能，意味着必须在世界各地实现教育转型。世界上任何地方的暴力都会蔓延到邻国，在任何地方防止暴力都是我们所有人的责任。一个人在一个社区所采取的任何积极的措施，都必须具有传播到整个世界的方法。

1. 思想前提：走向生态化综合

现代思想使我们的价值观变得幼稚或不成熟。现在，我们渴望机器制造的新的和闪亮的东西，看不起手工制造的旧东西。在日常生活中，我们视机器及其产品为神圣，已经抛弃了祖先几千年发展起来的传统。现代价值观期待一个方便和高效的未来，在没有能源支撑的情况下，随着现代生活迅速崩溃，我们将重新调整价值观以适应与自然和谐相处的现实生活。当种植足够的农作物来养活每个人成为一个主要的挑战时，我们将学会感恩地球、太阳和种子。我们今天认为神圣的东西将会消失，我们将忠诚于具有持久价值的东西。但这不会轻易实现，因为今天还活着的人将继续渴望在廉价能源下所经历的轻松生活。学会热爱并珍视赋予我们生命的自然元素，将需要几代人的时间。在这一过程中，我们都需要指导，因此，在大多数人还没有开始向生态文明转型之前，如何发展和传承这种智慧是今天的一大挑战，这就是中国传统智慧如此重要的原因。

在生物学中，生物体的 DNA 决定了它将成为什么类型的植物或动物，文化的精神则是社会的 DNA。从古代传统到马克思主义，中国哲学的许多方面构成了中国文化的精神。没有什么比智慧更实际的了，因此文明的重建有赖于每一代对这种智慧的保存和重塑。正如中国哲学根据情况变化吸收了孔子、佛陀和马克思学说一样，现在也需要不断保持适应新情况的灵活性。发展一种灵活、适应力强的综合性哲学很重要。因为现代科学在很多方面都取得了成功，不能忽视它。它需要被纳入一种更加包容的哲学之中，这种哲学能够欣赏科学的方法，但也能认识到它的弱点。我认为建设性后现代主义在这方面已经得到了检验，为了简单起见，就叫它“后现代主义”。现代科学把物理学作为理解的起点，后现代主义则把生物学或生态学作为基础，因此，也被称为“有机哲学”。后现代主义的一个重要优势是它承认了中国传统哲学的洞见，而不是把它们当作迷信。

在我看来，最好从医疗开始。中医学的身体观与后现代主义的有机体观有重合之处。现代医学的观点是疾病一定有一个单一的、简单的原因，但实际很少如此。大多数疾病是由物理、化学、生物和精神因素的不平衡造成的，有时西医会有所帮助，但通常它造成的问题比解决的问题更多，因为它总是只关注整体情况的一部分，对问题的诊断也是错误的。作为向生态文明转型的一部分，我们需要继续研究如何结合中西医的最佳元素，始终牢记，传统中医的生命观更全面。印度的阿育吠陀医学和其他文化的医学实践也将有助于对医疗的后现代理解，没有一种文化能回答所有的问题，后现代主义对真理的追求是多元的。

2. 基本目标：重订人与自然的关系

现代系统正处于自我毁灭的边缘，因为它忽视了自然，把人类置身于自然之外。因此，建设生态文明的一个重要任务是重新定义人类与自然之间的关系。

石油和天然气供应的减少将迫使人们改变。农民将不得不放弃化肥和杀虫剂，发展依靠自然力量的综合性农场，用于地膜和温室大棚的大片塑料的价格将会上涨，农民将更加依赖添加有机物质来修复土壤，代替这些现代设备，寻找有机补充物也将影响到城市居民。每一种能适应当地条件的作物种子的价值将大为显现，因为现代杂交种子所需的肥料变得过于昂贵。对牲畜的需求将迅速增长，主要用于食物、肥料和畜力量。每个农场不再专门种植两种或三种作物，而是种养各种各样的动植物，包括那些间接需要作为害虫捕食者和这些捕食者栖息地的物种。每个农民都将是一个生态学家，他们可以和邻居一起创造一个自然环境来支持生物进化的平衡。

但是，向生态生活的转变远远超出了农场直接发生的事情，这个国家生活的方方面面包括城市生活，都必须做出使有机农业成为可能的改变。为什么城市对农业转型如此重要？城市按照机械或钟表的时间运行，农业根据季节、动物的需求、降雨和土壤状况的自然时间来组织。在工业文明中，一切都必须符合工业的时间，废物处理也是如此；在自然界和农场里，废物被重复利用，一切都在循环中流动。在城市中，价值流入和废物流出都通过一条直线进行；在生态文明中，时间、废弃物和许多其他文化观念将不得不转向自然的节奏，全国都将支持有机农业。例如，农业逐年变得更加工业化、现代化和机械化的一个原因是需要将大量的食物从农村送到城市，去养活城市一半的人口。经营规模迫使农民必须符合第一或第二买家的要求，使农场符合工业的价值。农场与吃食物的城市人之间的距离越远，农场就必须变得越现代，在生产单一作物方面变得越专业化，农场就越不有机，越不能够自给自足。当农场的整个运营都面向城市的需求时，期望它们种植有机食品就是荒谬的悖论。改变农场的唯一办法就是改变城市和农场的关系。

未来几十年，当能源价格上涨时，城市生活将变得更加困难，工作、收入、交通、住房更少，犯罪更多，等等。由于气候变化，沿海城市也将面临水位上升和风暴活动增加的问题。城市需要大量的能源投入才能运转，没有廉价的能源，城市将变得无法居住。随着越来越多的市民在日常生活中注意到这些问题，他们会搬家。有些人也许会先搬到小一点的城市，再搬到城镇。最终，将有数千万人来到农村生活。通过这种方式，城市和农村之间的平衡将被恢复，使大多数人口在靠近种植粮食的地方居住。这将导致另一些问题，但就人与自然的平衡而言，从工业时间、废物管理到那些文化模式的生态形式，都将以这种方式发生转变。

缺水也将是一个问题，需要重新发现那些保存水以供将来使用的老方法，混凝土大坝会慢慢坏掉，因为混凝土是一种非常耗能的材料。幸运的是，中国有长期的水资源管理经验，完全依靠人的智慧和劳动。世界上最古老的自然防洪系统仍然在成都附近的都江堰运行，将岷江多余的水引入通道，用于灌溉，这个完美的实例说明了中国传统思想是如何疏导、利用河流的力量，而不是阻塞水流（我居住的加州萨克拉门托市，在一条主要河流上也有类似的引流系统）。

但是工业文明并没有以同样的方式设计与自然的关系。一个多世纪以来，我们在沙漠中建造了大城市，并使用优质能源长距离抽水。农场还利用电力将地下水抽到地表，其速度快于用自然水源补充地下水的速度。如果没有大量的能源投入，这些水系统将在未来开始失灵。洛杉矶和北京是世界上两个缺水的城市，如果没有从远处调来的水，它们能维持多久？

农业的脆弱性跟城市面临的威胁一样令人担忧。在当前条件下，中国大约45%的农作物生长在干旱风险高或非常高的地区。但是，当电价上涨，无法抽取足够的水来维持农作物产量时，这个数字还会上升得更多。此外，即使是在降雨量稳定的四川省，近年来也出现了严重的干旱和洪水。虽然中国北方和西部通常比南方更容易发生干旱，但中部省份也会周期性地发生干旱和饥荒。我提到这一切是为了提醒大家，任何地方的努力都无法让一个村庄或乡镇能为与天气有关的风险完全做好准备，尤其是现在的气候变化增强了降雨的变化。现代化破坏了自然系统，这种破坏将持续数百年或数千年。

3. 社会治理：创建新型管理体制

随着能源系统崩溃，席卷全球的饥荒和干旱将很容易摧毁文明。然而，我们不能仅仅从提供足够的食物和水的角度来考虑文明，即使我们计划如何对抗饥饿的威胁，也必须计划其他维持文明生活的技能发展，如食物储存、住房、运输、医疗保健、决策和学术发展。文明需要工匠和学者，也需要农民，还可能需要战士。

讨论未来的社会关系和治理甚至比分析与自然世界的关系更难。我们习惯了中央政府替我们解决问题，自己不用去想。现代政府有能力收税和提供服务，但是，现代税收制度是脆弱的。目前，增值税加企业所得税占中国政府收入的75%左右，这意味着政府严重依赖贸易和工业活动作为其税收基础。2012年之后，中央政府收入下降，将来可能会因为疫情而面临类似问题。未来能源生产的持续削减将对征税能力造成更大的损害，长期的能源短缺会损害工业经济和政府的运行能力。

政府还管理本国货币，这涉及对银行的监管。能源和货币供应之间没有直接关系，但有间接关系，因为货币主要通过商业部门流通，当工业面临能源限制时，商业部门将迅速崩溃。银行倒闭和货币供应量的减少似乎对农村地区并不重要，但许多农民现在也依赖信贷，如果货币供应量减少，他们就会破产。货币和银行业是整个工业文明向生态文明转型过程中需要维护的重要制度。在一些国家，用当地货币进行的实验证明了它们在维持家庭商业方面的有效性。在以往的经济衰退中，负利率的本地货币能够以惊人的速度恢复商业。发展超越单个城镇的区域货币可能有优势，但可以通过经验来学习发展本地货币的最佳使用范围。

过去6000年的人类文明未能回答的所有问题都将成为有待解决的问题。一些老问题将再次出现，最根本的问题是生态文明是基于平等还是等级的秩序。我们可能会认为每个人都将受到平等的尊重，但这是不可能的，奴隶制很可能会取而代之。在大多数国家，大部分土地为占人口10%的最富有的人所有。当人们离开他们在城市的家时，会发现所有的农田都被锁定了，他们将成为目前土地和公司所有者的仆人或奴隶。否则，新来者每年将不得不支付收成的一部分，这是农奴做的事。它不完全是奴隶制，但已经接近奴隶制了。中国比大多数国家更有可能避开这个陷阱，但只有确保资源共享的制度设计才能让中国避免奴隶制。

每个村庄、乡镇或地区的未来走向将取决于土地和水的分配方式，以及在人们死后交换或传给下一代的规则。只有在人们对如何处理财产和有关财产的冲突达成共识的情况下，决定这些程序的规则才能牢固地将人们联系在一起，形成一个统一的社区。这些所有权或控制权规则是文化中最基本的问题，因为它们将以一种非常现实的方式来定义社会价值：决定谁生谁死。特别是在转型的早期阶段，如果没有足够的食物给更多的定居者，村庄可能需要决定是接受还是拒绝新移民。

在转型过程中，有数百个问题需要解决。一切都将取决于对体制问题的提问和回答方式。我所说的“体制”问题指决定文化习俗和正式规则的过程。在现在的文明中，我们认为对这些大多数问题有一个明确的答案理所当然，答案很久以前就确定了。但随着我们转向一个新文明，每一个问题都将是新的。有三个最难也最基本的问题：（1）什么是真知？（2）集权的基础是什么？（3）通过什么过程来决策？

我们现在的大多数行为是由习惯决定的，是由我们早年内化的想法决定的。如果可能的话，向新文明的过渡要求我们能够清醒地面对自己的生活，我们不仅要有如何行动的直觉，还要知道为什么要这样做；我们需要打破旧规则，创造新规则。比如，当能源变得稀缺时，人们可能会试图以与能源相关的标准衡量所有价值，但这将是一个错误，社区的健康更为重要。然而，如果我们不能清楚地解释为什么社会平衡、平等或尊严比获得更多能源更有价值，那么最粗暴的价值观就可能会胜出。

衡量文明程度的一个标准是女性受到何等的优待。马克思主义提高了中国妇女的地位，值得高度赞扬。在生态文明中，是继续保持马克思主义在中国实现的更大程度上的性别平等，还是更新古代的哲学传统破坏女性的地位？也许这个问题可以作为一个有用的方式，开始讨论如何恰当地使用过去的传统，而不是简单地把这些传统的各个方面都视为神圣。但是，即使我们决定要保持性别平等，仍然必须学会如何创造条件，在一个更加农耕的社会中实现这一目标。换句话说，在生态文明中需要什么样的制度，才能使妇女在家庭和社区的日常生活中享有平等的权利。

四　结语

中国政府声明将寻求建立生态文明，这是一个很大的进步。但只是一步，大多数的政府政策仍然遵循现代性的原则，这意味着领导者们仍在寻求用技术解决自然极限的方案。因此，大多数政府官员都深深信奉现代主义的理念和计划，他们的想法并没有因为一个简单的声明而突然改变，一个需要发生的关键变化是中国农村地区应该如何发展的理念。现代工业文明的意识形态认为，我们应该让乡村看起来像城市；后现代主义的生态文明思想则认为，应该以乡村为榜样，按照自然的形象改造城市，这是价值观的彻底反转——从没有感情的机械思维转向基于感受自然节奏的有机思维。

我说这些话的目的是想指出在我们开始设想生态文明的结构时需要思考的一系列问题。从工业文明向生态文明的转变将改变我们生活的方方面面，工作方式和对待土地的方式是其中两个重要方面，但还不能孤立地考虑这些问题，而要开始考虑需要预见和管理的全方位的变化。

随着致力于实现文明转型的组织和网络的发展，每个人都要意识到挑战的复杂性，需要具有不同技能和想法的人参与其中。对于如何设计一种新文明，我们基本上处于一种集体困惑的状态，但有一件事可以肯定，我们需要彼此。只有共同行动，才能成功。

【作者简介】克里福德·柯布（Clifford Cobb），美国著名生态经济学家，社会公共政策专家，可持续发展研究专家，《美国经济学与社会学期刊》主编，中美后现代发展研究院高级研究员。主要著作有《开放的学校，更新的社群》（1992）、《绿色GDP》（与小约翰·柯布合著）（1993）、《系统教育改革：一个社群主义的方案》（1993）、《通向正义之路：亨利·乔治的哲学与经济学》（2001）。柯布是西方世界绿色GDP概念的最早提出者之一，2004年与《寂静的春天》作者一起入选并被评为“20世纪最有洞见的思想家”。

【译者简介】萧淑贞，北京师范大学社会发展与公共政策学院教师。

从全民抗疫的道德镜鉴中探寻公共卫生治理之道 *

朱海林

【内容摘要】在我国全民抗疫的过程中，公民道德建设和社会道德状况得到了全方位检视和全景式展现。新冠疫情防控既使制度之善、行动之善、关系之善、风尚之善体现的道德进步及其迸发的道德力量得到充分展现，也使疫情防控决策、干预、救治、保障及健康传播等各个环节中的道德难题和道德失范暴露无遗。面对我国疫情防控中的道德难题和道德失范，应该在坚持依法治理的同时，建立和健全公共卫生伦理治理体制。在依法治理与伦理治理的结合中提升公共卫生治理效能作为我国疫情防控的一条基本经验，是有效应对公共卫生危机、加快推进公共卫生治理体系和治理能力现代化的必由之路。

【关键词】全民抗疫；道德镜鉴；公共卫生治理

灾难是一面“镜子”，新冠疫情检验一切。无论是国家医疗卫生制度、公共卫生体系还是执政党的执政能力和国家治理体系，都在疫情防控中受到前所未有的考验；无论是国家发展理念和发展程度，还是社会道德状况和公民道德素质，都在疫情防控中受到一览无余的检视。面对突如其来的疫情，中国政府和人民勠力同心、团结应对，展现出举世瞩目的中国速度和中国力量，取得了重大战略成果，也付出了巨大努力和牺牲。中国全民抗疫取得的战略成果向世界展现的中国力量，既源于改革开放和现代化建设创造的物质基础和“集中力量办大事”的制度优势，也源自中国道德发展和进步迸发的万夫一力的道德力量。中国全民抗疫面临的困难和障碍，既缘于医疗卫生资源相对稀缺、公共卫生治理短板以及在疫

---

* 本文系国家社科基金项目“公共健康伦理的基本理论研究”（17BZX020）的阶段性成果。

情防控各环节中存在的现实难题，也缘于价值观和道德观层面的道德难题和道德失范。从道德镜鉴中反思我国战“疫”的经验得失，在依法治理与伦理治理的结合中提升公共卫生治理效能，是有效应对公共卫生危机、加快推进公共卫生治理体系和治理能力现代化的必由之路。

一 战“疫”成果彰显道德进步和道德力量

新冠疫情暴发以后，中国政府立即团结带领全国人民打响了一场全民抗疫的人民战争，通过最全面、最严格的管控措施在较短的时间内基本控制住了国内疫情，受到世界各国和国际组织的广泛赞誉。世界卫生组织总干事谭德塞对中国战“疫”做出了这样的评价：“中方行动速度之快、规模之大，世所罕见，展现出中国速度、中国规模、中国效率。”中国之所以能够创造全民抗疫的奇迹，向世界展现超常规的中国效率，除了改革开放和现代化建设创造的强大物质技术基础和中国特色社会主义所具有的“集中力量办大事”的制度优势，也源自有效的道德建设带来的道德进步和道德力量。正如厉以宁所说：“效率的任何增长总是离不开物质技术条件的。……但要知道，假定没有道德力量、信念、信仰等等在这些场合发生巨大的作用，依靠物质技术条件，人们仍然只能产生常规的效率，而不可能产生超常规的效率。”①

中华人民共和国成立特别是改革开放以来，我国社会主义道德建设不断取得新的进展。2001 年中央印发《公民道德建设实施纲要》，有力地促进了我国社会主义精神文明和公民道德建设。党的十八大以来，我国公民道德建设更是取得了显著成效。新冠疫情危机是一面道德的镜子，中国道德建设的丰硕成果在全民抗疫中得到了充分印证和集中展现，中国道德进步及其迸发的道德力量成为全民抗疫制胜的精神伟力，是产生超常规的中国效率和中国力量的道德基础。

道德进步表现为人民至上的价值取向主导社会制度安排，道德力量来自制度之善。中国特色社会主义制度是党和人民在长期革命、建设和改革探索中形成的科学制度体系，其优越性在抗“疫”大考中得到淋漓尽致的展现。在党中央集中统一领导下，中国政府迅速建立全国联防联控机制；全国各地抽调了 346 支医疗队共 4.2 万名医务人员驰援湖北②；火神山、雷神山两座应急医院，超过一万人参与建设，仅用 10 天时间建成并投入使用；武汉在很短的时间内建成 14 座方舱

---

① 厉以宁：《超越市场与超越政府——论道德力量在经济中的作用》，经济科学出版社 1999 年版，第 81–82 页。

② 央视网：《346 支医疗队 4.2 万名医务人员支援湖北》，http://tv.cctv.com/2020/03/17/VIDE6zFVSHkKpDo4MlTqJadl200317.shtml。

医院，实现对确诊和疑似病例应收尽收……仅短短的一个多月，中国就基本控制住了国内疫情，把自己从抗疫主战场变成了“世界上最安全的地方之一”。制度之善不仅来源于它的有效性，也来源于它的正义性和道德合理性，来源于它的价值取向和道义基础。在现时代，具有正义性和道德合理性的制度的价值取向和道义基础应该是什么呢？罗尔斯把“作为公平的正义”作为善的制度的根本规定，在这样的制度中，“每个人对与其他人所拥有的最广泛的基本自由体系相容的类似自由体系都应有一种平等的权利”①。可见，在罗尔斯那里，平等和自由是“作为公平的正义”的制度的根本价值精神。应该说，罗尔斯的正义论基本符合近代以来人类文明的发展趋势。马克思恩格斯认为，资本主义所以存在的合理性根据就在于否定封建宗法等级制度的自由精神，科学社会主义运动所要建立的制度正是“自由人联合体”的自由制度。中国特色社会主义制度则把“自由人联合体”的自由制度理论和自由精神一步步变为现实。中国特色社会主义制度之所以深得人民拥护，就在于它坚持人民至上的价值取向，把广大人民的平等、自由权利真正落到实处，充分体现了现时代善的制度的根本价值精神。在疫情防控中，党和政府始终坚持把人民群众生命安全和身体健康放在第一位，既对人民群众每一个个体的生命健康负责，调动一切力量和资源全力挽救每一个生命；又对人民群众整体的公共健康负责，在经济下行压力持续加大的情况下坚持疫情防控不放松，同时有序推进复工复产，并通过一系列保障民生的举措满足人民生活需要。

道德进步表现为“每个人都是道德行动者”的共识转化为全体社会成员自觉的道德行动，道德力量来自行动之善。广大共产党员和领导干部是道德行动者。他们不惧危险、身先士卒，在战“疫”中发挥了“主心骨”和模范带头作用，诠释了大公无私、“全心全意为人民服务”的先进性道德。广大医护人员是道德行动者。他们义无反顾、冲锋在前，用自己的全部能量乃至生命诠释了“医者仁心、护佑生命”的医学伦理精神。广大科技工作者是道德行动者。他们争分夺秒、与病毒赛跑，用自己的智慧和汗水诠释了严谨求实、勇于创新的科技伦理精神。广大公安干警、基层干部、社区工作者是道德行动者。他们迎难而上、全情投入，始终奋战在抗疫第一线，用自己的辛劳和热血诠释了忠于职守、敬业奉献的职业道德精神。广大志愿者是道德行动者。他们义无反顾、无怨无悔，用义务服务他人和社会的实际行动诠释了“无私奉献、不求回报”的志愿者精神。每一位普通人都是道德行动者。抗疫人民战争既需要不计生死、冲锋在前的战士，也需要以驻守家中、戴口罩、保持社交距离等不同方式为抗疫作贡献的普通人。

---

① ［美］约翰·罗尔斯:《正义论》，何怀宏等译，中国社会科学出版社 1988 年版，第 60–61 页。

在中国的抗疫斗争中，“每个人都是道德行动者”“宅在家里就是为抗疫作贡献”成为普通人的共识。“宅在家里”这一看似简单的、不需要付出意志努力的行动，不仅意味着对个人生命健康的珍视和爱惜，而且意味着对公共健康利益的敬畏和服从，体现了普通人“对自己和他人健康负责”的责任伦理精神。

道德进步表现为“命运共同体”理念指引社会伦理关系，道德力量来自关系之善。面对疫情，人民与国家是命运共同体：国家始终坚持把人民的生命健康放在第一位，不遗余力地守护人民生命健康，充分体现了中国特色社会主义制度的优越性。人民对此高度认同，并化为理解、支持、配合、参与抗疫斗争的自觉行动，爱国主义在全国各族人民团结抗疫中得到又一次升华。面对疫情，全国人民是命运共同体：坚持“全国一盘棋”、全国各地联防联控、全国人民团结一心，汇成了全民参与、团结抗疫的伟大人民战争。当疫情围困湖北，全国各地纷纷火线驰援、雪中送炭。全国19个省份包干对口支援湖北；全国各省市和军队300多支医疗队、4万多名医护人员闻令而动驰援湖北；全国各地一批批医疗和生活物资涌入武汉，汇聚成抗击疫情的磅礴力量。面对疫情，医患是命运共同体：医护人员对患者的使命感和患者对医生的信任感把双方联结成生死相依、并肩作战的战友。广大医护人员夜以继日、连续奋战，守望和践行着“背着病人过河”的使命，有的不幸感染病毒，有的甚至以身殉职。医护人员的勇敢坚毅、奋不顾身感动了无数患者，医患命运共同体和理想的医患关系状态在疫情防控中得到了充分展现。面对疫情，人类是命运共同体：中国践行人类命运共同体理念，坚持人道主义与国际主义，与国际组织、各国政府和人民同气连枝、互相支持。中国的抗疫斗争得到了大多数国家的理解和支持，中国获得了多国抗疫物资援助。中国基本控制住国内疫情之后，尽己所能地支持世界各国的抗疫斗争，向很多遭受疫情的国家提供了医疗物资和技术援助。

道德进步表现为伟大中国精神引领社会道德风尚，道德力量来自风尚之善。社会道德风尚是社会道德文明程度的重要体现。良好的社会道德风尚要靠优秀的民族精神和时代精神的引领。伟大中国精神正是中华民族精神和时代精神的统一，内蕴着中华民族的优秀道德传统和当代中国人民的崇高价值追求。中华民族历经5000多年屹立不衰，靠的就是伟大中国精神的引领。在中国革命、建设和改革的历史进程中，形成了从红船精神、井冈山精神、长征精神到抗洪精神、抗击“非典”精神、抗震精神等一系列伟大精神。正是在伟大中国精神的引领下，健康淳朴的社会道德风尚逐渐形成，并在疫情防控中得到充分展现。“国而忘家、公而忘私”的爱国主义精神，“不计生死、不计报酬”的奉献牺牲精神，唇齿相依、命运与共的团结互助精神等成为社会普遍认同和践行的时代伦理精神；重视公共健康和个体健康的价值，养成健康生活方式，对自己和他人健康负责成为社会普遍认可的道德行为模式和道德习惯；钟南山、李兰娟、张伯礼等为抗疫做出卓越贡献的科学家成为全民崇拜的偶像，崇尚英雄、尊重模范、学习先进成为社会风尚。

二　战“疫”困难折射道德难题和道德失范

新冠疫情危机是一面道德的镜子。它对我国公民道德建设的实际状况和我国社会道德发展的真实面貌予以了全方位检视和全景式展现，既彰显了我国道德进步及其迸发的道德力量，也折射出我国社会发展面临的道德难题和道德失范。

应该说，我国政府和人民在勠力同心、团结抗疫的过程中之所以面临重重困难和障碍，付出了巨大努力和牺牲，有着主客观多方面的复杂因素。其中，客观因素主要在于新冠疫情暴发十分突然，给人民生命健康和公共卫生安全带来的威胁巨大，而在短时间内又很难研发出特效药和有效疫苗；同时，疫情防控是一项复杂的社会系统工程，客观上面临公共卫生、法律政策和社会管理等方面的诸多难题。从伦理学角度看，我国新冠疫情防控面临的各种现实难题，深层根源在于价值观和道德观层面的道德难题和道德失范。

新冠疫情防控面临的道德难题是公共卫生、法律政策和社会管理等各种现实难题在价值观和道德观层面的反映，涉及社会、群体和个体等各个层面，体现在疫情防控决策、干预、救治、保障及健康传播等各个环节。比如，疫情防控决策面临的一个典型道德难题是公共健康与经济发展两个价值目标的冲突。在一般情况下，公共健康与经济发展两个价值目标是一致的：维护公共健康是实现经济发展的前提和基础；实现经济发展是维护公共健康的根本物质保障。但在新冠疫情防控中，二者之间面临着尖锐的冲突，甚至一度存在非此即彼、不可兼得的情形：为阻止疫情扩散实施的封城封路封小区以及停工停产等重大决策对经济发展的重大影响是不言而喻的，它使很多地方的经济发展处于停滞状态；而复工复产给公共健康带来的风险同样是不言而喻的。可见，公共健康与经济发展两个价值目标的冲突是疫情防控决策中的一个焦点性难题。

同时，在疫情防控干预中，面临着政府干预与公民自主的冲突。从2020年1月23日起，我国开始实施封城封路封村封小区以及追踪和强制隔离、追踪等最严格的全国性干预措施。这些干预措施客观上对公民的自主权利造成了明显的限制。在疫情防控患者救治中，面临着病人权利与公共健康的冲突。从伦理学角度看，保障患者获得及时救治的权利也是一种伦理的要求；但由于疫情暴发突然、医疗资源紧缺，很多病人的救治需要无法得到及时满足，不同疾病患者的救治需要之间发生了尖锐的矛盾和冲突。特别是在疫情防控初期，为集中力量应对疫情，一些医院暂停了一些常规医疗服务，一些非新冠肺炎患者的治疗受到了很大的影响。在疫情防控保障中，面临着资源稀缺与分配公正的冲突。由于疫情暴发对医疗防控物资需求的急剧增加，加上我国医疗卫生资源总体投入不足，一段时期医疗防控物资供应捉襟见肘，医疗卫生资源的公正分配面临难题。

道德难题作为各种现实难题在价值观和道德观层面的反映，是我国疫情防控面临困难障碍的重要客观因素，给新冠疫情防控道德选择带来了很大的困难。主体道德失范则是我国疫情防控面临诸多困难障碍的深层主观因素，是我国道德建设任务艰巨复杂、道德领域依然存在诸多问题的反映。事实上，正如《新时代公民道德建设实施纲要》所指出的，我国道德建设在取得显著成效、道德领域总体上呈现良好态势的同时，“一些地方、一些领域不同程度存在道德失范现象，拜金主义、享乐主义、极端个人主义仍然比较突出；一些社会成员道德观念模糊甚至缺失，是非、善恶、美丑不分，见利忘义、唯利是图，损人利己、损公肥私;造假欺诈、不讲信用的现象久治不绝”①。这些问题在新冠疫情防控中再次得到直接印证。

具体而言，在政治伦理领域，从总体上看，各级政府在抗疫人民战争中发挥着领导、指挥、组织、实施的关键作用。我国新冠疫情防控之所以能在较短时间内取得重大阶段性胜利，直接得益于各级政府及广大领导干部的责任担当。但也有少量疏于职守的现象发生，截至2020年3月2日，仅武汉一地依纪问责组织处理的干部就达654名。② 在经济伦理领域的道德失范主要表现为违反诚实守信、等价交换等市场经济基本规则、违背经济伦理甚至违法犯罪的行为和现象。截至2020年3月12日，最高检一共发布了五批妨害新冠肺炎疫情防控犯罪典型案例，涉及生产、销售伪劣产品、药品、医用器材，非法经营以及诈骗等各类妨害疫情防控的经济犯罪案件。从伦理学角度看，违背经济伦理、丧失经济道德底线是导致这些违法犯罪行为的道德实质和根源。在社会伦理领域的道德失范主要表现为社会对“少数人”群体的道德污名、社会歧视。特别是在我国疫情防控初期，一些地方、一些人谈“武汉人”“湖北人”色变，“武汉人”“湖北人”甚至一度被视为新冠病毒的代名词。在公民伦理领域的道德失范主要表现为故意隐瞒病史、旅行史和接触史，甚至故意传播疾病等无视公民义务和责任、违反公民基

① 中共中央 国务院印发《新时代公民道德建设实施纲要》，2019年10月。

② 人民网:《武汉在疫情防控工作中已火线提拔20人 问责处理654人》，http://cpc.people.com.cn/n1/2020/0302/c164113-31612821.html。

本道德的事情。这些行为和现象不仅背离公序良俗和公民道德底线，受到社会强烈的道德谴责，而且违背我国疫情防控的政策要求和相关法律法规，有的被以涉嫌以危险方法危害公共安全罪受到刑事处罚。

三　在依法治理与伦理治理的结合中提升公共卫生治理效能

恩格斯说：“没有哪一次巨大的历史灾难不是以历史的进步为补偿的。”① 事实确实如此。2003 年抗击“非典”之后，我国构建了一套包括全新的国家公共卫生信息系统和突发公共卫生事件应急制度体系在内的公共卫生危机应对机制。2009 年应对“甲流”之后，我国公共卫生突发事件应对体系得以重新评估和进一步完善。新冠疫情危机使人类再次经历生与死的严峻考验。当前，在我国全民抗疫取得了阶段性重大胜利的情况下，一些学者正在总结经验得失，从信息透明和科学研判、建立公共卫生防疫体系、科研评价导向、公共卫生投入等方面提出了诸多建设性意见。我们坚信，经历了新冠疫情的重大灾难，通过反思疫情防控的经验得失，我国一定能够补齐公共卫生治理短板，加快推进公共卫生治理体系和治理能力现代化。

从公共卫生治理的基本方式看，应该把公共卫生安全纳入国家安全体系，把公共卫生治理纳入国家治理体系，坚持依法治理与伦理治理相结合的治理理念和治理方式。面对我国疫情防控中的道德失范，应该在坚持依法治理的同时，建立和健全公共卫生伦理治理体制；在依法治理与伦理治理的结合中提升公共卫生治理效能应该成为我国疫情防控的一条基本经验。

在我国疫情防控中，依法治理是一贯坚持的基本理念和治理方式。坚持公共卫生依法治理，就是要在完善公共卫生法律体系的基础上，完善公共卫生法律运行，在公共卫生治理的各个环节均做到依法进行。同时，公共卫生依法治理离不开道德的支持。无论是法律政策的制定执行、行动方案的选择实施，还是主体的行为和活动以及利益关系的调整都不仅需要依法进行，而且需要道德调节，不仅需要具备合法性，而且需要具备道德合理性。事实上，依法治理与伦理治理相结合已经成为公共卫生治理的一个明显趋势。面对日益复杂的公共卫生问题，各国的应对已不再单纯局限于法律层面，而把越来越多的目光投向了伦理层面。公共卫生伦理治理不仅是依法治理的重要补充，而且是公共卫生治理的价值导向和伦理依据。它在对公共卫生实践发挥导向和激励作用的同时，也从伦理的角度出发予以规范和约束，治理道德失范行为和现象，从而保障公共卫生实践合法、合

① 《马克思恩格斯文集》第 10 卷，人民出版社 2009 年版，第 665 页。

乎道德地进行。

所谓“公共卫生伦理治理”，是以公共卫生道德规范体系建设及其应用为核心，发挥道德的作用和力量来规范和调节公共卫生活动和利益关系，实现政府、医疗机构和公共卫生机构及其专业人员、科研机构和科研人员、伦理委员会和伦理学家、相关民间组织等各类主体的协同合作以及公众的广泛参与，共同解决公共卫生伦理问题和道德失范，达致公共卫生治理之善和道德合理性。面对疫情防控中的道德失范，应该在坚持依法治理的同时，从内在和外在两种路径、内部治理和外部管理的结合入手，建立和健全公共卫生伦理治理体制。

其中，公共卫生伦理治理的内在路径是对公共卫生共同体的内部治理，解决公共卫生领域的自律和主体动机问题。主要包括三个维度：

第一，建立和完善公共卫生道德规范体系。“尊重生命”是生命伦理学的根本宗旨，是解决公共卫生伦理问题的基本理念，在公共卫生治理中应该把实现人的生命健康作为根本尺度。公益、效用和公正是公共卫生治理的三个基本伦理原则，是解决各类道德难题的指导原则。其中，公益原则要求把最大限度地满足维护整体人口的健康利益作为公共卫生治理的首要目标；效用原则要求在各种可能性中选择公共健康效用最大的方案和策略；公正原则要求在公共卫生治理的各个方面和各个环节实现实体公平和程序公正。此外，在公共卫生治理的具体领域还需要遵守相应的道德规范。比如，世界卫生组织在2016年发布的《传染病暴发伦理问题管理指南》中提出了应对传染病暴发的七个伦理原则——正义、善行、效用、尊重个人、自由、互惠和团结。[①] 建立和完善公共卫生道德规范体系是建立和健全公共卫生伦理治理体制的基础。从公共卫生实践看，它不仅是公共卫生制度安排、行为活动及其道德评价的标准，是治理公共卫生领域道德失范现象的道德“法则”，也是主体面对各种道德难题时进行道德选择的依据。

第二，树立和增强责任伦理和角色道德意识。公共卫生伦理治理的内在路径作为内部治理，说到底是要解决对主体动机的约束和导向问题。解决这一问题的关键在于强化主体的责任伦理和角色道德意识，促使主体承担相应的职业责任和共同责任，并对自身行为的后果负责。在疫情防控中，各级政府及其组成部门、公共卫生专业机构、医疗机构以及媒体都承担着相应的责任。同时，相关主体的职责和使命，最终必须落实到每一个个人身上，需要每一个个人树立和增强角色道德意识，即从个人所扮演的社会角色出发，履行自己的角色责任和使命，

① 世界卫生组织：《传染病暴发中的伦理问题管理指南》，熊宁宁等译，中国中医药出版社2020年版，第3页。

满足社会对自身角色的期待和要求。比如，冲锋在前、勇于担当是社会对领导干部和共产党员的期待和要求；医者仁心、救死扶伤是社会对医护人员的期待和要求；坚持客观、公正的报道，真实、及时地为公众提供疫情防控的相关信息是社会对媒体从业人员的期待和要求；“把论文写在祖国大地上”，通过科学研究为疫情防控做出实实在在的贡献是社会对科学家和科研人员的期待和要求；积极配合国家防控政策措施、“不给国家添乱”是社会对每一位普通群公众的期待和要求。如果每个人都能真正履行自己的角色义务和责任，满足社会的期待和要求，公共卫生治理的每个环节和要求就能真正落到实处，道德失范现象就可能不会出现。

第三，造就和依靠道德的公共卫生治理主体。推进公共健康治理体系和治理能力现代化，关键是要完善治理主体。客观地说，新冠疫情暴发之初之所以出现慌乱、恐慌和混乱，除了疫情暴发突然、传染性强、威胁性大等客观原因之外，一个重要因素在于管理不善、官僚主义、形式主义、官威意识等折射出的主体道德素质和道德自律问题。为此，必须转变各级政府的治理理念，强化属地责任和决策执行权威，完善对领导干部的激励、问责和容错机制。从公共卫生伦理治理的角度看，应该建立有效的公共卫生伦理自律机制，在各级卫生行政机构、疾病预防控制机构、卫生监督机构、社区卫生服务机构及公共卫生研究机构等公共卫生机构内部建立伦理审查机制。同时，要制定生命伦理、公共卫生伦理教育计划，加强生命伦理、公共卫生伦理教育和普及，对相关政府部门、公共卫生专业机构和专业人员、科研人员及公众开展生命伦理和公共卫生伦理教育，形成和践行尊重生命、善待生命的伦理观念，引导各类主体提升公共卫生伦理素养、增强公共卫生道德自律意识。

公共卫生伦理治理的外在路径是对公共卫生实践的外部管理，解决公共卫生伦理治理的他律和行为后果问题。主要包括四个方面：

其一，建立公共卫生重大决策的公众参与机制。公共卫生涉及广大公众的切身利益，不仅要科学理性，而且需要广泛的公众参与。尤其是在涉及公共健康、政治、经济及重大利益关系的重大决策中，应该设立由政府和相关管理部门、公共卫生机构和相关民间组织、科研机构、媒体和公众组成的交流平台、听证或共识会议，展开充分的沟通讨论，在主要和关键问题上达成共识，是保证决策民主化和科学化的重要基础。应该说，改革开放以来，听证制度在我国很多地方已经实施，在公共卫生相关决策，如SARS、禽流感、太湖蓝藻事件等一系列重大决策中，已经有了一定程度的公众参与，并取得了良好的社会反响。在未来公共卫生治理公共决策中，应进一步健全公众参与机制，完善公共卫生重大决策听证制度，加快完善相关法律法规，对立法、政策和监督听证等各个环节做出具有可操作性的明确规定，通过多层次、多平台的交流、沟通和协商，消除公共政策的伦理分歧，在公共卫生决策中彰显伦理智慧和贡献。

其二，完善公共卫生法律政策的伦理审查和监督机制。从操作层面看，一个重要抓手是加强伦理委员会的建设，突出伦理委员会的作用。我国关于伦理委员会的最早规定是1995年原卫生部颁布的《临床药理基地管理指导原则》，经过二十余年的发展，我国有关伦理委员会制度的法律规定不断完善，在《人体器官移植条例》《涉及人的生物医学研究伦理审查办法》《人类辅助生殖技术和人类精子库伦理原则》《药物临床试验伦理审查工作指导原则》等诸多法规中均有体现。目前，我国医疗机构、疾控中心和一些公共卫生机构普遍设立了伦理委员会，但伦理委员会的主要职责主要停留在对一些具体领域、具体事项或争议的伦理审查上，而对公共卫生治理全局尤其是总体性的法律政策的伦理维度、道德合理性评价尚未引起足够重视，公共卫生领域伦理监管的真空地带仍然存在。为此，要通过加强伦理委员会的建设，充分发挥伦理委员会的独立伦理审查功能；同时，完善伦理规制和监管程序，加强第三方的专业评估，形成科学合理的公共卫生决策责任制度，为公共卫生治理筑牢伦理底线和道德边界。

其三，建设良好的公共卫生治理环境特别是道德环境。公共卫生治理需要健康的自然生态环境和人文社会环境，建设健康的自然生态环境，要求实行最严格的生态环境保护，治理影响健康的突出环境问题。建设健康的人文社会环境，一方面，要在完善食品药品安全和公共安全体系，保障食品药品安全，减少公共安全事件对人民生命健康的威胁；另一方面，要建设良好的公共卫生道德环境，包括相关政治伦理、经济伦理、社会伦理和公民道德建设，在全社会树立应有的政治道德、经济道德、社会道德和公民道德标准，倡导健康道德观念和文明生活方式，尊重和保障处于社会最不利地位的“少数人”的平等权利，给予他们应有的伦理关怀，营造尊重、平等、团结、互助的道德氛围。

其四，汲取全民抗疫的道德经验不断推进公民道德建设。全民抗疫所展现的道德进步，特别是普通公众所体现的“所有人都是道德行动者”的崭新道德风貌，至少给公民道德建设带来了以下启示：一是注重道德要求的层次性。在战“疫”中我国社会所展现的道德水准，有的是英雄和先锋模范的先进性道德要求的体现，更多的则是普通公民驻守家中、出门戴口罩、保持社交距离等自觉遵守公共防控要求的低层次道德要求的体现。对公民道德建设而言，后者的涵养提升更为基础。二是要以英雄和先锋模范为原型丰富和发展中国精神，以中国精神引领社会道德风尚。钟南山、李兰娟等人一走进高校校园，就秒变“追星”现场，这一现象告诉我们，在全民抗疫中涌现出来的英雄和先锋模范受到人们的普遍称道，可以成为构筑崇尚英雄、尊重模范、学习先进的社会道德风尚的现实契机。三是要善于从中国传统文化中提炼有益资源。“中国文化的核心是生命的学问。”① 在疫情防控中，普通人之所以能自觉遵守公共防疫要求，从文化层面看，是“人命最重”“留得青山在，不怕没柴烧”等传统文化观念的直接体现。这说明从传统文化中挖掘、整理、提炼贴合当今时代潮流和百姓生活实际的道德观念和伦理精神，并不断注入新的时代内涵，可以使公民道德建设取得事半功倍的效果。

总之，解决新冠疫情防控面临的道德失范，进一步提升公共卫生治理效能，必须坚持依法治理与伦理治理相结合的治理理念和治理方式。只有把道德建设融入公共卫生治理，把善的价值导向和伦理精神贯穿于法律制度建设，推动伦理治理与依法治理、道德建设与公共卫生实践的良性互动，才能为公共卫生治理汇聚强大道德力量，在依法治理与伦理治理的结合中加快推进公共卫生治理体系和治理能力现代化。

【作者简介】朱海林，1974 年生，哲学博士，湖南师范大学道德文化研究中心、中国特色社会主义道德文化省部共建协同创新中心教授，博士生导师，主要从事生命伦理学研究。

① 牟宗三:《生命的学问》，广西师范大学出版社 2005 年版，第 1 页。

新冠肺炎疫情中老年人生命健康权保障：基于制度伦理的视角 *

刘玮玮　贾洪波

【内容摘要】保障老年人生命健康权既有利于老年人的尊严和晚年生活幸福，也有利于老龄化社会治理。制度伦理所具有的规范、协调和创新功能使其成为研究老年人生命健康权保障必不可少的理论视角。新冠肺炎疫情对老年人生命健康权造成了威胁。从制度伦理的视角看，面对新冠肺炎疫情所造成的威胁，我们应该遵循对老人公正、有利、关怀和尊重的价值取向，采取法治与德治相结合的实现路径，构建更加健全的权利保障制度，以切实保障老年人生命健康权。

【关键词】新冠肺炎疫情；老年人；生命健康权；制度伦理

传染性疾病向来威胁人类健康与生命安全，2020 年全球流行的新型冠状病毒肺炎亦不例外。在新冠肺炎疫情下，作为健康领域的弱势群体，老年人较之于其他年龄群体其生命健康权受到更大的威胁。老年人生命健康权的保障状况充分体现出一个国家的文明程度，如何切实保障老年人的生命健康权意义重大。本文试图从制度伦理视角对新冠肺炎疫情下老年人生命健康权保障问题予以解析，探寻疫情中老年人生命健康权的制度保障。

一　老年人生命健康权保障与制度伦理研究视角的介入

生命健康权并非老年人所独有的权利，它是每一位自然人都能享有的基本人权。生命健康权首次在我国法律中见于 1986 年出台的《中华人民共和国民法

* 本文系中央高校基本科研业务费项目“中国家庭代际支持转变与长期护理保险制度建设研究”（批准号：YWF-20-BJ-W-126）阶段性成果。

通则》，其第 98 条规定："公民享有生命健康权。"通常认为，生命健康权是指公民享有的生命安全、身体健康和机能完善的权利。[①]然而，对于生命健康权应该包含哪些权利，学术界说法不一。有些学者认为，生命健康权只包括生命权和健康权这两项人格权。[②③]杨立新则认为，生命健康权应该同时包括生命权、健康权和身体权这三项人格权，需要对公民的身体权予以承认，从而才能采取必要的民法保护手段。[④]这一主张逐渐在学术界成为主流意见，并于 2020 年正式纳入《中华人民共和国民法典》。

生命健康权是公民享有的最基本、最重要的人权，这一点体现在理论、规范和实践之中。在理论上，生命健康权具有基础性地位和母体性功能。"任何人类历史的第一个前提无疑是生命的个人存在。"[⑤]人的生命存在是社会存在的前提和基础。不仅如此，人的生命是最为宝贵的人权价值客体，它既是人权的载体，也是孕育其他人权的母体。没有生命就没有人本身，更谈不上人身自由、经济权利以及其他人权。因此，生命健康权在整个人权大厦中处于基座地位。在规范上，无论是在国际人权文书中，还是在各国法律中，生命健康权都是第一性权利，在紧急状态下国家为了满足生命健康权的优先性诉求，可克减自由权、经济权等其他权利。在实践中，生命健康权作为生存权、发展权的最起码权利形式，构成生存权、发展权的前提和基干，它在实践中，尤其是在今年我国的新冠抗疫中作为重点人权并得到有效保护。[⑥]

虽然生命健康权是每一个自然人都享有的最基本、最重要的人权，但是作为弱势群体的老年人在这项权利的实现方面存在各种障碍，老年人健康权甚至在我国健康权规范体系中处于边缘化地位。[⑦]对于我国这样一个面临"未富先老"和"未备先老"双重挑战的老年型国家而言，保障老年人生命健康权更是意义重大。

其一，为老年人的尊严和晚年生活提供保障。老年人尊严及其晚年生活幸福都是建立在生命健康权的基础之上，保障老年人的生命健康权也就保障了老年人的尊严及其晚年生活。以老年人的健康权为例，这一权利的客体就是健康，而老年人的健康对老年人的影响是多维的。老年人的健康首先会影响其劳动就业

---

① 孙亚明主编：《民法通则要论》，法律出版社 1991 年版，第 204 页。
② 李由义主编：《民法学》，北京大学出版社 1988 年版，第 565 页。
③ 龙斯荣、龙翼飞：《中华人民共和国民法通则释义》，吉林人民出版社 1987 年版，第 267 页。
④ 杨立新：《论公民身体权及其民法保护》，《法律科学》1994 年第 6 期。
⑤ 《马克思恩格斯选集》第 1 卷，人民出版社 1995 年版，第 24 页。
⑥ 汪习根：《疫情防控中生命健康权保障的中国经验》，《求是》2020 年第 12 期。
⑦ 何燕华：《老年人健康权理论逻辑及实现》，《湖南师范大学社会科学学报》2020 年第 4 期。

状况。由于人口健康是人力资本的重要组成部分，健康成为影响老年人继续从事劳动工作和参与社会的重要因素，有关研究表明，健康状况的改进能提升超过10%的劳动参与率。① 反之，如果老年人健康状况恶化，他（她）将难以进入劳动力市场继续工作。老年人的健康还会影响老年人的经济行为与福利状况，因为健康有助于老年人减少医疗支出，美国学者米恰德和苏思特（Michaud & Soest）在研究中发现夫妻双方的健康对家庭财富具有因果性效应②，老年人的健康同样对其家庭具有财富效应。反之，如果老年人健康状况不佳，他（她）将因此增加医疗支出并消费更多的家庭财富，这势必导致其经济状况的恶化。这一切正如健康的选择性流动理论所阐述：健康的人往往会向上移动，而健康状况较差的人会向下流动。③

其二，为老龄化社会治理提供保障。我国早在2000年就步入老年型社会，而且人口老龄化趋势在不断加剧。不断上升的老年人口比重对经济运行、社会建设、社会文化等各个方面都产生了深远影响。为了科学应对人口老龄化给社会发展带来的挑战，需要进行老龄化社会治理。老龄化社会治理与老年人生命健康权保障密切相关。首先，老龄化社会治理基础与老年人生命健康权保障密切相关。老龄化社会治理的基础是推动良治善治，构建老年友好型社会环境。④1991年通过的《联合国老年人原则》（第46/91号决议）将抑制老年贫困的措施归纳为自立、参与、照护、自我充实和尊严五大原则，这五大原则同时构成建设老年友好型社会的框架。⑤ 如果老年人的生命健康权得不到保障，那么老年人的自立、参与、照护、自我充实和尊严都将无从谈起，老年友好型社会也就无从构建。其次，老龄化社会治理核心与老年人生命健康权保障密切相关。健康是全球老龄化社会治理的核心要素，这是因为如果老年人群体健康状况良好，那么人口老龄化就能成为社会可持续发展的力量与人力资源的增长；如果老年人的寿命虽然得以延长，但是与之相伴的是健康上的各种障碍或者能力上的局限，这将意味着老年人对国家的医疗保健和社会服务的需求更高，人口老龄化就会成为社会的负担，因此世界各国都将健康作为老龄化社会治理的核心。老年人的健康状况又与其健

---

① 王俊、龚强、王威：《“老龄健康”的经济学研究》，《经济研究》2012年第1期。

② Michaud, P., & Soest, V. A., “Health and Wealth of Elderly Couples: Causality Tests Using Dynamic Panel Data Models”, *Journal of Health Economics*, 2008, 27(5), pp.1312–1325.

③ Elstad, J.I., & Krokstad, S., “Social Causation, Health Selective Mobility, and the Reproduction of Socio-economic Health Inequalities over Time: Panel Study of Adult Men”, *Social Science & Medicine*, 2003, 57(8), pp.1475–1489.

④ 黄瑶：《探寻中国特色老龄社会治理“良方”》，《中国社会工作》2019年第35期。

⑤ 杨燕绥、妥宏武：《为什么要构建老年友好型社会》，《人民论坛》2017年第19期。

康权的保障密不可分：一方面，全球老龄化社会治理是老年人健康权保障的现实呼应；另一方面，老年人健康权的保障又为人口老龄化治理提供保障。最后，老龄化社会治理目标与老年人生命健康权保障密切相关。老龄化社会治理的目标是及时调整好各种经济关系和经济活动，使其与人口结构的变化相适应，消除人口老龄化的各种负面影响，促进社会可持续发展。①社会可持续发展 (socially sustainable development) 是指通过减少公民在福利和健康方面的差异，提高社会中最弱势群体的生活状况和社会地位。②如果作为弱势群体的老年人其生命健康权得不到保障，将进一步拉大老年人与其他年龄群体在福利和健康方面存在的差异，这不仅影响代际公正，而且影响代际和谐，从而最终影响社会可持续发展，阻碍老龄化社会治理目标的实现。

老年人生命健康权保障意义重大，这一问题不仅成为当今法学和社会学关注的议题，同时也是伦理学研究的热点，从制度伦理研究视角的介入是必不可少的。“所谓制度伦理”是指对社会性正式组织为主体的规范体系和运行机制的内在联系的伦理思考和要求，其中包括对制度主体的伦理要求、对规范体系和运行机制的伦理安排、对制度本身的道德要求、对制度运行中一系列环节的道德评判和价值判断等内容。作为应用伦理学的分支，制度伦理主要具有三大功能。首先，制度伦理对于制度的主体、制度本身以及个体道德都具有规范和制约的功能。其次，制度伦理具有协调功能，它通过调整制度伦理关系，使各项制度及其运行处于和谐发展的秩序中，以达到资源的有效配置。最后，制度伦理还具有创新功能，能创建新的合理的制度体系。③所有的法律权利都是一种清晰的利益规定和利益分界，生命健康权亦不例外。合理的制度安排有助于形成良好的利益格局，从而促进权利的保障和实现，制度伦理所具备的功能可以实现合理的制度安排。因此，制度伦理应该成为研究老年人生命健康权保障不可或缺的理论视角。

二　新冠肺炎疫情对老年人生命健康权的威胁

作为自 1918 年西班牙大流感以来全球最严重的公共卫生危机，新冠肺炎疫情对老年人生命健康权既造成直接威胁，也造成间接威胁。

新冠肺炎疫情对老年人生命健康权的直接威胁主要体现在疫情直接危及老

① 何燕华：《老年人健康权理论逻辑及实现》，《湖南师范大学社会科学学报》2020 年第 4 期。

② 杜鹏、谢立黎：《以社会可持续发展战略应对人口老龄化——芬兰老龄政策的经验及启示》，《人口学刊》2013 年第 6 期。

③ 倪愫襄：《制度伦理研究》，人民出版社 2008 年版，第 13–28 页。

年人的生命安全，造成老年人身体伤害以及健康受损。虽然目前研究表明新型冠状病毒感染的肺炎具有人群普遍易感这一流行病学特征，[①] 但是相对而言，老年人群体不仅感染新型冠状病毒的风险更高，而且感染新型冠状病毒的后果更为严重。相关研究显示，合并基础性疾病的老年男性更容易感染新冠病毒，且死亡病例中大多数为 60 岁及以上老年患者。[②] 意大利卫生部于 2020 年 3 月 6 日发布的数据表明，意大利新冠病毒感染者平均死亡年龄为 81 岁。另据有关统计，西班牙被感染的病患 70% 以上为 65 岁以上的老年人，65% 的死亡病例不小于 80 岁。[③] 新冠肺炎疫情还造成老年人的身心伤害。由于老年人各项生理机能退化，抗病能力不如年轻人，老年人感染新冠病毒后更易发展成重症肺炎。[④] 国内学者的研究表明，新冠肺炎疫情期间居家不出的老年人中高达 55.8% 的人存在抑郁情绪。[⑤] 老年人原本就是健康领域中的弱势群体，在新冠肺炎疫情下，老年人较之于其他年龄群体无疑更容易产生不可逆转的身心损害，其生命健康权面临更严重的威胁。

新冠肺炎疫情对老年人生命健康权的间接威胁主要体现在疫情削弱了老年人的社会支持，阻碍了老年人的社会参与。新冠肺炎疫情对老年人社会支持的削弱集中体现在医疗支持、行动支持和能力支持三个方面。

其一，新冠肺炎疫情造成的医疗资源挤兑减少了老年人所能获得的医疗资源等医疗支持。医疗卫生资源的获得情况直接关系到个体生命的存在、延续及其质量，因而成为保障个体生命健康权的重要物质基础。老年人对医疗卫生资源的需求远胜于其他年龄群体，有关测算表明老年人消费的医疗卫生资源是一般人的 3–5 倍。[⑥] 突发的新冠肺炎疫情造成医疗资源的短缺导致资源分配的紧张与对立，处于弱势地位的老年人遭遇供给不足，他们所能获得的医疗资源大为减少。在面临医疗资源告急、卫生体系濒临崩溃的情况之下，欧美一些国家甚至采取将有限的医疗资源优先分配给余年寿命更长、治愈概率更高的年轻患者的医疗政策。[⑦]

---

① 国家卫生健康委办公厅、国家中医药管理局办公室：《新型冠状病毒感染的肺炎诊疗方案（试行第五版）》，http://www.gov.cn/zhengce/zhengceku/2020–02/05/content_5474791.htm，2020 年 11 月 20 日。

② Guan, W., Ni, Z., & Hu, Y., et al., "Clinical Characteristics of Coronavirus Disease 2019 in China", *New England Journal of Medicine*, 2020, 382(18), pp.1708–1720.

③ 韩硕等：《新冠病毒肆虐全球，疫情下四国老人生存状况调查》，《环球时报》2020 年 3 月 27 日第 7 版。

④ 王振雅、梁缘：《老人感染新冠肺炎更严重》，《健康时报》2020 年 2 月 7 日第 3 版。

⑤ 黄斌英等：《新型冠状病毒肺炎疫情下老年人的心理状态调查和防控分析》，《全科护理》2020 年第 8 期。

⑥ 孟庆普：《老年人消费卫生资源是一般人的 3~5 倍——基本医保资金支付将高速增长》，《健康报》2006 年 12 月 31 日第 1 版。

⑦ 韩硕等：《新冠病毒肆虐全球，疫情下四国老人生存状况调查》，《环球时报》2020 年 3 月 27 日第 7 版。

尽管我国没有采取这种不具备任何正当性的老年歧视医疗政策，但是在疫情期间尤其是早期，老年人在医疗资源的获取上还是受到了严重影响。这一方面是因为疫情期间为了保障新冠肺炎防控工作的顺利推进，医疗人员、住院床位及药品物资被抽调至肺炎防治一线，各地医疗机构仅对其他医疗服务提供较低限度的支持；另一方面是由于维持隔离秩序的需要，人员出行和部分日常医疗用品的流通受到较大限制，患者因此难以及时得到诊疗和药物，尤其对癌症等“大病”患者而言，其所需的药物、诊疗手段、服务设施更为稀有，分布更为不均。[①]

其二，新冠肺炎疫情影响了老年人所能获得的照料服务等行动支持。老年人由于疾病、年迈虚弱、伤残等因素而导致其认知能力、判断能力和行动能力的衰减乃至丧失，他们需要接受他人的日常生活照料和保健护理等行动支持来增强其行动能力，使其生命健康权得以实现。然而，无论是处于养老机构的老人，还是居住于家庭和社区的老人，他们所获得的照料服务都受到了新冠肺炎疫情的影响。就机构照料而言，一是由于疫情期间养老机构面临着较大的防疫物资和护理人员缺口，在人手不足的情况下难以维持服务质量；二是由于养老机构人员聚集，需要采取更加严格的人员观察、出入管理、定期消毒等举措，繁重的防控工作极大地增加了工作人员的负担，使其遭受严重的身心压力，从而影响到对老人的照料服务；三是由于疫情期间我国养老机构长期执行较为严格的封闭式管理，返院的老人和员工需要隔离，从而增加了养老机构空间的需求和医疗成本，再加上防疫物资和生活物资价格上涨，养老机构运营成本也进一步增加，运营资金链受到严重影响，这都会导致其服务质量下降。[②③]就家庭照料和社区照料而言，虽然这两种方式较之于机构照料受到疫情的冲击小一点，但是也受到了挑战。一是家庭照料者可能受疫情影响而被隔离，直接影响其对家里老人的照料；二是即便家庭照料者能够照料老人的日常生活，但是他们无法提供用药管理、康复运动、健康监测等专业性较强的照料服务，这些服务通常由社区医疗中心和社区养老服务机构提供，而疫情期间这些机构原则上暂停集中式服务和聚集性活动，从而影响了老年人的就医与健康管理；三是为了确保安全，社区为老人提供上门服务时需要进行严格的服务人员筛查和物资消毒，这会加剧服务资源的短缺和增加服务的稀缺性，影响对老人的照料服务。

---

① 刘远：《公共卫生危机中老年人权利的脆弱性视角分析——以新型冠状病毒肺炎疫情为背景》，《人权》2020年第3期。

② 刘远：《公共卫生危机中老年人权利的脆弱性视角分析——以新型冠状病毒肺炎疫情为背景》，《人权》2020年第3期。

③ 郭晓薇：《养老机构怎样闯过新冠肺炎疫情这道关》，《中国卫生》2020年第11期。

其三，新冠肺炎疫情挑战了老年人的能力支持。这里的能力主要是指老年人的防疫决策能力。疫情期间老年人如果能够进行恰当的防疫决策，将有助于抵御新冠病毒和保障生命安全。恰当的防疫决策取决于准确的信息沟通和可靠的决策辅助。然而，新型冠状病毒的复杂性使得老年人及其支持者都难以做出准确的信息判断和采取恰当的防疫决策。对于大多数人而言，新型冠状病毒是一个陌生的名词，它超过了目前人类科学的认知，人类对新型冠状病毒的了解只是冰山一角。面对各种媒体传播的有关新冠肺炎疫情的海量信息，人们不仅需要及时获取资讯，更为重要的是要从中辨别出信息的真伪并筛选适用于自身具体情况的有用信息，而要完成这一切，尤其是辨别信息真伪通常要求人们具备一定的精力、技巧和经验。这挑战了老年人的信息获取、甄别和筛选能力。由于各种生理因素和社会因素，老年人往往处于互联网时代的信息末端，他们难以适应新信息环境，其信息获取、甄别和筛选能力明显弱于其他年龄群体。面对突然暴发的新型疫情，由于没有获得准确的信息沟通和可靠的决策辅助，很多老年人自我防护意识差，他们认识不到新型冠状病毒肺炎的严重性，不愿配合执行防疫措施，这在一定程度上促使其更易被新冠病毒侵袭。

新冠肺炎疫情也阻碍了老年人的社会参与。老年人的社会参与主要包括老年公益活动、老年协会和社区政治参与这三大类型，它们都属于聚集性活动。为了有效防疫，新冠肺炎疫情期间我国多地发布关于停止或取消公众聚集性活动的通告，民政部也发文要求社区养老服务机构暂停聚集性活动，呼吁人们保持社交距离，要求人们尽可能待在家中，公众的日常出行和人际交往明显受限。面对这一形势，年青一代可以充分利用互联网通信设备来工作、社交和娱乐，但是老年人却难以灵活运用此类工具来满足其社会参与的需要。社会参与的缺乏使得老年人容易产生心理问题。有关研究表明，新冠肺炎流行期间，不能正常出行成为老年人不良情绪三大来源之首。[①]老年人的不良情绪又会影响其身体健康，最终影响老年人生命健康权的实现。

三　制度伦理视角下老年人生命健康权保障的价值取向

从制度伦理视角看，新冠肺炎疫情充分暴露出我国老年人生命健康权保障制度的弱点。无论是国家公共卫生应急管理体系，还是养老机构、社区等应对公共卫生危机的制度安排，抑或老年人家庭照料和老年健康社会工作的制度设计，

① 黄斌英等:《新型冠状病毒肺炎疫情下老年人的心理状态调查和防控分析》,《全科护理》2020年第8期。

都存在不足。为了更好地保障老年人生命健康权，我们需要构建更加健全的权利保障制度。

公正是构建老年人生命健康权保障制度的首要价值取向。新冠肺炎疫情挑战了现有医疗资源分配机制，考验了社会对待老人的态度。在医疗资源告急而不得不做出取舍的情况下，作为弱势群体的老年人往往成为被放弃的对象。因此，老年人的生命健康权要得到切实保障，首先需要整个社会能够公正地对他们。“公正是制度的首要价值，就像真理是思想体系的首要价值一样。”① 对于老年人而言，为了有效保障其生命健康权，他们迫切需要的是社会根本公正，而社会根本公正就是亚里士多德所说的“分配公正”，亦即社会给每个人分配权利和义务的公正。② 分配公正包含形式公正和实质公正两个方面。就形式公正而言，它要求同样的人必须同等对待，以及不同的人必须不等同对待。为了有效保障老年人生命健康权，一方面，我们应该通过制度安排大力保障每一位老年人包括食物、衣着、住房、医疗以及必要的社会服务在内的各项社会经济权益，他们不但应该享有与其他年龄群体等同的权益，而且老年群体内部之间不应存在待遇差距而应该平等对待；另一方面，制度制定者应该充分考虑老年人身心的特殊性，在社会资源分配尤其是医疗卫生资源分配上应该适当地向老年人倾斜，在相关制度安排上可以适当地为老年人及其照料者提供支持。就实质公正而言，它要求根据个体的贡献、德才、价值、平等、需要等原则来分配收益与负担。为了确保老年人得到公正待遇，制度安排上需要注意三点：第一，在按照贡献原则和德才原则（品德和才能实乃潜在的贡献）分配资源时要认识到老年人社会贡献的先在性以及社会贡献的现时性。老年人曾经用他们的德才为社会发展做出过贡献，不能因为他们年老后做出的贡献不如年青一代或曰他们年老后的才能不如年青一代而否定老年人目前享受社会成果的权利，人类社会是在无数代上辈与下辈承上启下的交替中进步的，今天的繁荣与文明建立在上代人艰苦奋斗打下的基础之上。第二，在按照需要原则和平等原则分配权利和义务时要认识到这两者只是针对基本权利的分配而言，按需分配人权和基本权利完全平等的依据源于每个人都是缔结人类社会的一分子，他们作为这个社会的股东理应享有这些权利，这里面无疑包括老年人，不能因为老年人现时不能为社会创造较大的价值而致使他们无法获得社会的认可和尊崇，任何时候老年人都是社会中不可或缺的一部分。第三，如果按照这些社会公正原则给老年人分配资源时老年人还是处于不利地位的话，那么应该实

① ［美］约翰·罗尔斯：《正义论》，何怀宏等译，中国社会科学出版社 1988 年版，第 3 页。

② 王海明：《新伦理学》，商务印书馆 2001 年版，第 312 页。

行补偿原则以保障老年人的生命健康权。这就像罗尔斯主张的那样，亦即获利较多者必须给予较少者以相应的补偿权利："社会和经济的不平等（例如财富和权力的不平等），只要其结果能给每个人，尤其是那些最少受惠的社会成员带来补偿利益，它们就是正义的。"①

构建老年人生命健康权保障制度还应倡导有利于老人的价值取向。在我国，有利有利他、行善事和助人为乐等含义。在英语语境中，"有利"（beneficence）一词暗含着仁慈、善良和慈善等举动，利他主义、仁爱和人道有时候也被认为是有利的形式。既然有利是指一种有益他人的行动，那么作为一种道德原则和价值取向，有利是指为他人利益行动的道德责任。虽然很多善举并不是义务的，但是有利却支持一种旨在帮助他人增进其重要的和正当的利益的义务。有利在一些伦理学理论中甚至占据中心位置。例如，功利主义系统地安排在有利原则（效益原则）之上，弗兰西斯·哈奇森和大卫·休谟将善举放在他们共同道德（common-morality）理论的中心位置。在这些伦理理论中，有利之所以处于中心地位，在某种程度上是因为它被人们认为这是一种激励我们为他人利益行动的人类本质的一个方面，在这些理论中这个目标与道德本身的目标密切相连。②无论是基于人性情感的需要，还是出于疫情防控的需要，老年人生命健康权保障制度安排都有必要将有利作为其价值取向，促进老年人正当利益的最大化。在生命伦理学中，有利原则包括两个要求：确有助益和权衡利害。③就确有助益而言，制度制定者应该将主动、积极地为老年人谋利益视为一种责任，设身处地地为老年人着想，全面保障和增进包括医疗资源、经济收入、社会保障、社会支持、社会参与等在内的老年群体的各种社会经济利益。就权衡利害而言，它的提出是因为现实中很多事情既能给人带来益处但也存在伤害，虽然有利包含了不伤害，但是有利并不意味着完全杜绝伤害，只是杜绝不必要的伤害，这就需要权衡利弊了。因此，制度制定者应该在充分考虑老年人实际情况基础之上，通过理性分析某一问题的利弊和全面权衡其利益得失，制定出一种能够让老年人利益最大化和损害最小化的优选方案。

关怀也应该成为构建老年人生命健康权保障制度的价值取向。关怀通常意味着一种全身心投入（engrossment）的状态，当代美国哲学家内尔·诺丁斯（Nel Noddings）因此认为关怀包含两种基本含义：一是关怀与承担等同，如果

---

① ［美］约翰·罗尔斯：《正义论》，何怀宏等译，第12页。

② Beauchamp, T. L., & Childress, J. F., *Principles of Biomedical Ethics* (Fourth Edition), New York: Oxford University Press, 1994, p.260.

③ 翟晓梅、邱仁宗主编：《生命伦理学导论》，清华大学出版社2005年版，第58页。

一个人承担或者操心某事并为之烦恼，也就是他在关怀此事；二是关怀意味着一个人对某人有一种欲望或者关注，他注意到某人的想法和利益。[①]我国向来就有关怀弱者的道德传统。例如，对于老人的关怀，儒家就有“老吾老，以及人之老”（《孟子·梁惠王上》）以及“人不独亲其亲，不独子其子，使老有所终，壮有所用，幼有所长，矜、寡、孤、独、废疾者皆有所养”（《礼记·礼运》）之类的主张。虽然儒家强调对弱者的关怀，但是儒家伦理更多地被称为“仁”之伦理而非关怀伦理，关怀固然是“仁”的基础却不是“仁”的唯一。最早将关怀作为一种伦理学范畴并创立起关怀伦理学的是当代美国心理学家卡罗尔·吉利根（Carol Gilligan）。在20世纪70年代，她率先将关怀与女性相联系，阐述了一种强调责任、关系、联系以及情境的关怀伦理学，[②]通过倡导关怀伦理以缓解现代社会的激烈竞争和紧张关系对人们造成的伤害。后来，诺丁斯在吉利根的伦理学基础之上对男女两性各自的自然特性和社会特性做了进一步分析，提出了一种与建立在男性伦理推理基础上的公正伦理截然不同的关怀伦理理论模型，她认为关怀伦理虽然建立在女性伦理推理基础之上，但却适用于男女两性。自此之后，弗吉尼亚·赫尔德（Virginia Held）、萨拉·拉迪克（Sara Ruddick）、特朗托（Joan C. Tronto）等多位女性主义伦理学家都对关怀伦理学予以继承和发展，在这种理论演进中关怀逐渐成为现代社会道德价值取向之一。关怀伦理学具备三个主要特征：一是试图根据具体情况来解决道德问题，而非诉诸抽象的和普遍化的原则；二是倾向于运用关怀而非原则、推理、判断和证明来分析和解决道德困境；三是注重人们的情感、感觉和需要、人与人之间的关系以及关怀的品质和能力。[③]在当前新冠肺炎疫情期间，我们很有必要倡导关怀伦理，尤其是要多关怀处于弱势地位的老年群体，这不仅是改进老年人生存与发展状况以保障其生命健康权的需要，也是继承和发扬我国关怀老人优良道德传统、促进代际和谐的需要。在关怀伦理学中，关怀被不同的伦理学家从不同的角度予以阐释，关怀分别被解读为某种德性、实践、关系、政治理论或者意向，其中德性之说占据主导地位，因为关怀最突出的特性就是一种品质。[④]关怀伦理的首要表达就是关注他人。[⑤]因此，老年人生命健康权保障制度首先要关注老年人，倾听老年人的声音，重视老年人的诉求，解决老年人的困难。由于关怀同时意味着具体的道德行

---

① 肖巍：《女性主义伦理学》，四川人民出版社2000年版，第45页。

② 田广兰：《公正与关怀——民生制度与实践的伦理原则》，《道德与文明》2011年第3期。

③ 卢风、肖巍主编：《应用伦理学概论》，中国人民大学出版社2008年版，第290页。

④ 肖巍：《女性主义关怀伦理学》，北京出版社1998年版，第240页。

⑤ 楚丽霞：《关怀伦理的心理特征及应用价值》，《道德与文明》2006年第3期。

动，因此制度制定者还应该将制度落到实处，通过履行制度以关怀老人。除此之外，对老年人的关怀也意味着通过制度安排和制度履行使保障老年人生命健康权成为社会治理的重要内容，让老人感受到关爱。

构建老年人生命健康权保障制度还应该遵循尊重这一价值取向。我国取得新冠肺炎疫情防控成功的重要经验之一就是尊重人权。为了进一步保障老年人生命健康权，有必要继续贯彻这一价值取向。尊重是生命伦理学的重要道德范畴之一，我们之所以强调尊重人是因为人是世界上唯一有理性、有情感、有目的、有价值、有信念、有建立和维持社会关系能力的实体。[①] 荀子曾云："仁者，必敬人。"(《荀子·臣道》)《礼记·中庸》曰："天地之性，人为贵。"《尚书·泰誓》云："唯人，万物之灵。"康德也指出："在这个目的秩序中，人（与他一起每一个有理性的存在者）就是自在的目的本身，亦即他永远不能被某个人（甚至不能被上帝）单纯用作手段而不是在此同时自身又是目的，所以在我们人格中的人性对我们来说本身必定是神圣的。"[②] 每一个人都应该得到尊重，老年人尤其需要得到尊重，这不仅是对我国尊老这一优良道德传统的继承和发扬，也是对老年人为社会和家庭所做出贡献的充分肯定与回报。对于老年人生命健康权保障制度而言，尊重老人首先意味着尊重老年人的生命健康权，在制度安排上不仅要确保资源适当地向老年人倾斜，更为重要的是要维护老年人的人格尊严。我们不应将老年人视为社会发展的拖累而歧视他们，老年人应该享有其应有的社会经济地位以及受到他人和社会最基本的尊重，让老年人有尊严地活着既是政府所应承担的责任，也是家庭所应肩负的责任。在强调个人自由的现代文明社会，尊重老人更多地意味着尊重老年人的自主性。所谓"自主性"是指一个人按照他（她）自己的价值和计划决定他（她）的行动方针的一种理性能力。[③] 从这一概念中可见自主性包含两个要素：一是人们有能力思考行为计划，二是人们有能力将计划付诸实施。现代社会对个人自主性的尊重源于强调个人自由与选择的自由主义道德与政治传统，它要求涉及他人的行为必须得到他人的允许，任何一个有健全思维能力的成年人对于涉及自身利益的行为具备自决权。[④] 这就要求制度制定者在做出与老年人生命健康权相关决策的时候应该尊重老年人的意愿，以老年人的意志为准。

不难看出，公正、有利、关怀与尊重这四大价值取向其实存在一致性。关怀老人不但有利于老年人利益的增进，而且有利于老年人公正待遇的实现。在现

① 陈元方、邱仁宗：《生物医学研究伦理学》，中国协和医科大学出版社2003年版，第48页。

② ［德］康德：《实践理性批判》，邓晓芒译，人民出版社2003年版，第180页。

③ 翟晓梅、邱仁宗主编：《生命伦理学导论》，清华大学出版社2005年版，第52页。

④ 卢风、肖巍主编：《应用伦理学概论》，中国人民大学出版社2008年版，第291–292页。

实道德生活中，关怀与公正是不可分离的，因为“爱与公正是一回事，因为公正就是被分配的爱”①。例如，任何公正的分配都是建立在尊重人的基本立场之上；关怀强调关怀者应该关注和理解被关怀方的感受，其实质也是尊重；而尊重老人又有利于老人利益的最大化。因此，公正、有利、关怀和尊重这四大价值取向虽然侧重点不同，但是这四者相辅相成具有统一性，共同构成了老年人生命健康权保障的伦理框架。

四 制度伦理视角下老年人生命健康权保障的实现

制度伦理的核心是加强制度建设。法治是制度建设和完善的有效途径。实行法治不仅是我国社会主义市场经济发展的必然要求，也是我国社会主义民主政治的基本要求。在我国抗击新冠肺炎疫情实践中，习近平总书记曾强调，疫情防控越是到最吃劲的时候，越要坚持依法防控，在法治轨道上统筹推进各项防控工作，保障疫情防控工作顺利开展。②新冠肺炎疫情下老年人生命健康权保障制度建设同样需要采取法治的途径，因为法治所具有的强制性、权威性、普遍性和操作性可以有力维护老年人的生命健康权。此外，老年人生命健康权保障制度建设还应该实施德治，这不仅是因为制度的执行有赖于主体的道德自觉性，而且是因为老年人生命健康权保障制度的落实还需要全社会形成尊老敬老的良好氛围。由此我们将法治与德治结合起来，切实保障老年人生命健康权，具体如下：

第一，加强应急管理。对政府而言，应该增设关于老年人疫情救治的公共卫生应急管理条规。这不仅是源自当前保护老年人免受新冠肺炎疫情伤害的需要，也是我国实现健康老龄化的需要。政府在构建公共卫生应急管理体系的时候，应该把老年人列为重点保护对象，增设关于老年人疫情救治的公共卫生应急管理条规，这些条规可以涉及疫情期间老年人疾病预防控制、老年人医疗服务优待、老年人重特大疾病医疗保险和医疗救助、老年人公共卫生法治保障等问题。无论对这些问题做出何种规定，制度制定者一定要充分考虑老年人的特点，抓好“预防、控制、治疗”三个环节的工作，确保老年人在第一时间得到有效救治。对养老机构而言，应该构建应急预防体系以提升其在危机环境下的服务能力。对于突然暴发的新冠肺炎疫情，我国针对养老机构发布了多项防控政策。然而，政府部门终究不如养老机构更了解自身在新冠肺炎疫情中所面临的困难与压力，养老机构还应该根据自身实际情况制定传染病应急预案，对公共卫生危机中的组织

① ［美］约瑟夫·弗莱彻：《境遇伦理学》，程立显译，中国社会科学出版社 1989 年版，第 70 页。

② 李介：《越是到最吃劲的时候，越要坚持依法防控》，《四川法治报》2020 年 2 月 7 日第 5 版。

运作、营销模式、隔离措施、消毒要求、物资筹措以及人员管理等方面做出预先评估和规定，这样更能及时、高效地应对公共卫生危机。

第二，满足老年人医疗服务需求和照护需求。为此，一是要深入推进家庭医生签约服务政策。虽然我国早在2016年6月就开始实行这项政策，但是由于政策执行的结构与情景因素，这项制度在我国存在“签而不约”现象，具体表现在各地不同程度地存在签约率虚高现象、居民对家庭医生签约服务的知晓率不高、签约居民的家庭医生服务项目利用率不高这三个方面。[①]在未来的工作中，应该通过促进政策目标合理化和精细化，增强医疗机构执行能力和家庭医生的服务意识，加强家庭医生签约服务宣传工作，培养老年人对家庭医生签约服务的正确认知，获得老年人的认同与支持，将家庭医生签约服务政策从“签而不约”转变为“签而有约”。二是要建立普遍性、常态化的照护培训制度。不仅要对医疗机构和养老机构工作人员加强用药管理、康复运动、健康监测、心理安抚等老年护理知识培训，更要对提供居家照护的个体服务人员以及老年人家庭照料者加强这方面的培训，建立一种普遍性、常态化的照护培训制度。

第三，帮助老年人理性面对新冠肺炎疫情。新冠肺炎疫情期间老年人及其支持者难辨信息真伪，往往做出错误决策，为此需要进一步健全辟谣机制。考虑到老年人网络使用率不高，应该充分发挥电视、广播、报纸等传统主流媒体的力量。主流媒体要强化服务性，提高辟谣信息传播的频次，将其立体地、全方位地呈送给老年人。同时，它们还应该优化辟谣信息的呈现方式，激发受众的阅读意愿，提升信息发布透明度，洞察老年人的心理需求，在谣言还未流行开来就能识别并迅速处置，引导老年人理性看待新冠肺炎疫情，帮助其采取正确的防疫决策。

第四，重视老年人社会工作。为此，应加强老年健康社会工作相关制度建设。虽然我国已经出台了《中华人民共和国老年人权益保障法》和《老年社会工作服务指南》等政策法规，但在老年人健康领域的社会工作开展所需的相关配套措施设计还没有真正开始，我国急需关于社会工作者的岗位设置、工资待遇、在职培训、与高校的合作等制度性安排。[②]另外，老年健康社会工作服务项目与内容也有待拓展。疫情期间老年人社会参与受阻，社会工作者要加强对老年人尤其

① 高和荣：《签而不约：家庭医生签约服务政策为何阻滞》，《西北大学学报》（哲学社会科学版）2018年第3期。

② 赵惠等：《我国老年人健康领域社会工作存在的问题分析》，《中国农村卫生事业管理》2016年第8期。

是在家隔离的孤寡老人的关心，通过走访探视，为其提供心理疏导、情绪支持、保障支持等服务，这些服务项目和内容也应以制度的形式加以规定，让人性化的老年服务得以制度化。

【作者简介】刘玮玮，哲学博士，华北电力大学马克思主义学院教授，主要研究方向为应用伦理学；贾洪波，经济学博士，管理学博士后，北京航空航天大学公共管理学院教授，博士生导师，主要研究方向为社会养老保障、社会医疗保障。

传统与现代

王船山神圣气本论的哲学典范 *

刘又铭

【内容摘要】宋明清时期的儒家气本论可分作神圣气本论、自然气本论两类。20世纪，两岸都推崇王船山哲学。不过，大陆学者在大理学（比传统理学范围扩大了的理学）的视域里表彰王船山的气本论；香港和台湾学者则少谈、避谈甚至不谈他的气本论。本文尝试对此差异作一个初步的会通、整合，目标在于阐明王船山哲学实实在在是个气本论无误，但这气本论却是蕴含着一个理本论在内的气本论，是跟一个理本论融合共构的气本论，也就是一个神圣气本论。文中除了王船山以神圣元气为本原、本体的观点外，还说明这个观点在心性论、修养工夫论上的表现。必须强调，本文重点在论证、确认王船山"神圣气本论"哲学典范的成立，而不是要逐一地、整全地探究他的哲学观点。

【关键词】王船山；气本论；理本论；神圣气本论；体中之体

所谓"气本论"，狭义地说，指的是以元气为宇宙本原与本体的一个本体宇宙论；广义地说，则又包括以这样一个本体宇宙论为基底所建立起来的心性论、修养工夫论、外王实践论等。

气本论往往整个地被看作一个哲学类型，来跟理本论、心本论对比并列。其实，从元气本体所蕴含的价值活性的强度来说，气本论应该进一步分为神圣气本论、自然气本论两类。神圣气本论一类，本体（神圣元气）所蕴含的价值活性跟理本论或心本论的本体相当，因此它就相当于一个气本论跟一个理本论或心本论的相融共构，并不跟后二者对峙对立。自然气本论一类，本体（自然元气）所

---

* 本文初稿发表于"宋明清儒学的类型与发展V"学术研讨会（台湾"中央大学"，2018年10月25–26日），刊此为修订稿。

蕴含的价值活性则有其限度，并非满全，因此它才真正跟理本论、心本论对峙对立、相互区隔。就思想性格来说，前者属孟学，后者属荀学。①

王船山在《张子正蒙注》里表明了他对张载气本论的接受继承，又在《四书训义》《读四书大全说》《大学章句衍》《中庸章句衍》（后两种在《礼记章句》中）里表露了他对朱子学的欣赏和认同。可以说，他的哲学典范首先是或基本上是个气本论，但这气本论里面又蕴含着一个理本论。明确地说，他的气本论是跟理本论相融共构的神圣气本论。

正文之前，先谈一下王船山神圣气本论的历史背景与历史渊源。

儒家气本论源远流长。先秦荀子就是个素朴自然气本论者。其后的汉唐儒家哲学主要是荀学一路，也多半是素朴自然气本论形态。董仲舒虽然讲了个带有人格神色彩的天，但他的哲学基本上也是如此。荀子、汉唐儒者的气本论侧重本原论（宇宙论）。虽然蕴含着本体论观点，却没有明显的建构本体论的问题意识（裴頠是少有的一个例外）。到了北宋，在魏晋道家老庄一系（王弼等的玄学）与隋唐佛教如来藏一系（天台宗、华严宗、禅宗）的本体论的刺激、召唤下，儒者才自觉地开始建构本体论。

北宋儒家本体论建构运动一开始，荀学派司马光延续着自然气本论的老路推进，孟学派周敦颐、张载则设法将旧有的自然气本论改造为神圣气本论，但他们的成果在当时影响不大。等到程颢“自家体贴出”一个突破性的“天理”概念，那筑基于纯精神、全副价值的本体（这是“神圣本体”的一种）的本体论正式登场，这才带出宋明两代精彩璀璨的理学来。

必须说，从魏晋到宋明轮流着盛行于一时的道家、佛教、儒家哲学都是各自基于一个价值满全的终极真实而建立。魏晋玄学以无为本，隋唐佛学讲法界缘起，宋明理学以理、心为本，都是这样。就因为这样，它们都有别于先秦两汉时期的一层世界观，而某个程度表现为两层世界观（当然，跟西方的两层世界观不尽相同）。我们或许可以将这样的共同点看作中国中古性哲学的标志，然后将魏晋到明代中叶这段时间看作中国哲学史甚至中国历史的中古时期。

回到宋明时期。这个世界到底有没有理学家所说的先天现成、价值满全的本原与本体？在经过长时期的现实考验之后，有些学者已经不再那么肯定了。从中晚明到清代，自觉地走出理学思维、比司马光更进一步的、全新形态的自然气

---

① 笔者对宋明清儒家气本论相关问题的看法，参见刘又铭《宋明清气本论研究的若干问题》，载杨儒宾、祝平次编《儒学的气论与工夫论》，台湾大学出版中心 2005 年版，第 203–246 页；《明清自然气本论的哲学典范》，《政治大学哲学学报》2009 年总第 22 期。

本论出现了。罗钦顺（1465—1547）、王廷相（1472—1544）、吴廷翰（1491—1559）、顾炎武（1613—1682）、戴震（1724—1777）都是代表人物。这一路向来处于儒家哲学的边陲，但它展现了华人文化的早期现代性，跟中晚明以来社会风习、一般学术互为表里，是跟当代华人社会脉动最接近、最通气的儒家哲学。

不过在中晚明的时候，朱子学、阳明学内部也分别出现了气学化了的思想。王俊彦将它们称作“理气是一”“心理气是一”两种气学，日本学者马渊昌也则将它们称作“朱子学系的气的哲学”“心学系的气的哲学”。但我建议将它们称作“与理本论相容的神圣气本论”“与心本论相容的神圣气本论”。理由是，它们都采用气本论间架，所以当然是气本论无误；但它们的气本体在价值上的表现强度都跟理学相当，所以它们应该有个进一步的共同名称叫“神圣气本论”，以便区别于自然气本论。实质上，它们是宋明理学为了回应现实考验、时代脉动以及气学思潮所做的自我补强，基本上还是宋明理学的一环，也依然属于中古性儒家哲学——带有一些早期现代性或者说往早期现代性走了一小步的中古性儒家哲学。

王俊彦的“理气是一”类气学有薛瑄、黄润玉、罗钦顺、魏校、崔铣、韩邦奇等人，“心理气是一”类气学有湛若水、唐鹤征、刘宗周、王畿等人。在笔者看来，“理气是一”类气学（我称作“跟理本论相容的神圣气本论”）里，罗钦顺可以删除（他是自然气本论者），而最后面应该再加个王船山（1619—1692）——他是这一类的集大成者。

宋明清儒家哲学里的气本论一直到20世纪才得到正式的归类与探究，王船山的气本论也是。在20世纪，两岸儒学圈都看重王船山哲学。不同的是，大陆学者在大理学（比传统理学范围扩大了的理学）的视域里表彰他的气本论，无形中忽略了他跟自然气本论者的差异；港台学者则仍然在传统理学的视域、氛围里关注他，而少谈、避谈甚至拒谈他的气本论，这便将他跟自然气本论者实质地隔开了。可以说，两岸的诠释各有所重，有必要作个会通、整合。

本文便是这会通、整合的一个尝试。在于阐明王船山哲学实实在在是个气本论无误，但这气本论却是跟理本论融合共构的气本论也就是神圣气本论。首先阐明王船山以神圣元气为本原、本体的观点，然后说明这个观点在心性论、修养工夫论上的表现。要强调的是，本文重点在论证、确认王船山“神圣气本论”哲学典范的成立与一贯性，而不是要逐一地、详尽地探究其中的各项哲学观点。

一　以气为本的本体宇宙论

1. 元气（太虚、太和、太极、天、阴阳）为宇宙的本原、本体

张载《正蒙·太和》说："虚空即气""太虚即气"，据此太虚当然就是气了。[①]然而他又说："太虚无形，气之本体"，这话却又导致太虚与气异质异层而太虚"遍运乎气而为之体"的误解。[②]不过王船山《张子正蒙注·太和》（以下简称本书为《正蒙注》）解释说："阴阳二气充满太虚"，又说："凡虚空皆气也"，还说："人之所见为太虚者，气也，非虚也。"[③]这就明白地表示，太虚一方面是个广大无限的空间的概念；另一方面又是气的概念。用今天的话来说，"太虚无形，气之本体"一句的意思应该如张岱年所说的，太虚是"气之本然"，是"气散而未聚、无形可见之原始状态"[④]。

太虚无形的本然之气这个概念的哲学意义是什么？《正蒙·神化》说："化，天道……一于气而已。"王船山解释道："化，气之化也。"可以说，这个世界最根本最原初最纯粹的存在就是太虚，也就是气，而所谓天道——宇宙中兴发价值、安顿一切的律动也就是存在的根本律动——恰恰可以理解为这气的开展、流转与变化。就这个意思来说，太虚、气就是道之实体或者说道体了。

《正蒙·太和》又说："太和所谓道。"王船山解释说："道者，天地人物之通理，即所谓太极也。阴阳异撰，而其絪缊于太虚之中，合同而不相悖者，浑沦无间，和之至矣。"这里张载和王船山两人都说得有点儿模糊，不容易掌握。不过，当我们把这里的"道"理解为道体义的道，整个理路就顺畅了。太虚之气（或者说太虚中的气）同时就是阴阳对比、细缊和合的太和之气；而这太和之气就是道体，就是贯通于天地人物之间最普遍最基本的因素、动力、机制（所谓"通理"，依船山学理路可以这样子理解），就是宇宙的终极真实——太极。

太极也是气吗？是的，王船山说："阴中有阳，阳中有阴，原本于太极之'一'，非阴阳判离。"（《正蒙注·参两》）又说："太极……其实阴阳之浑合者而已……赞其极至而无以加，曰太极。"（《周易内传·系辞上第十一章》）可见太极也是气。其实还可以补上一个"天"。王船山说："太虚即气絪缊之本体，阴阳合于太和……其升降飞扬莫之为而为万物之资始者，于此言之则谓之天。"（《正蒙

---

① 所引《正蒙》，据《张载集》，章锡琛点校本，中华书局 2008 年版。下同。

② 这是牟宗三对张载"太虚"概念的误读。参见刘又铭在《宋明清气本论研究的若干问题》第 219—222 页的讨论。

③ 本文所引王船山诸书，皆据《船山全书》，岳麓书社 2018 年版。下同。

④ 张岱年：《中国哲学大纲》，中国社会科学出版社 1994 年版，第 42–43 页。

注·太和》）又说：“天以太虚为体，而太和絪缊充满焉。”（《正蒙注·天道》）所以天也是气，也是本体的概念。

总之，王船山延续了张载以气为本的观点。在他来说，太虚、太和、太极、天、阴阳，五者都是纯粹本然之气，都是道体。他就以这样的太虚、太和、太极、天与阴阳作为宇宙的本原和本体。所以他有时候会进一步把太虚、太和说成“太虚一实之气”“太和絪缊之气”，说成“太虚絪缊之体”“太和絪缊之本体”“絪缊太和之真体”“太和絪缊之实体”；有时候又会打通太虚、太和、太极、天、阴阳等概念，说“太和絪缊为太虚”“天以太虚为体，而太和絪缊充满焉”①“阴阳之本体，絪缊相得，合同而化，充塞于两间，此所谓太极也，张子谓之太和”（《周易内传·系辞上第十一章》）“太虚之和气”“在天者和气絪缊于太虚”“天之所以为天而化生万物者，太和也，阴阳也，聚散之神也”（《正蒙注·可状》）等。

必须说，元气作为本原、本体，这是说元气是整体存在界最起初以及最终极的实体。就这个意义来说，它的地位是唯一的，是无可取代的。没有别的东西可以被说成是这样的本原与本体。也就是说，王船山哲学的形态，当就着整体存在来说，也就是最根本地说的时候就是气本论，并且也只能是气本论。

2. 气中的神与理是“体中之体”

朱子说：“天地之间有理有气。理也者，形而上之道也，生物之本也；气也者，形而下之器也，生物之具也。”②可以说，在朱子思想里，气是低阶、下位的存在，只能仰赖、等候着理来给予价值。然而，在气本论里，气自身就蕴含着或多或少的价值活性，并非价值中立或纯物质的概念。就王船山来说，他是从气的“神”“理”来讨论这个问题的。

《正蒙注·太和》说：“太和之中有气有神。神者非他，二气清通之理也……阴与阳和，气与神和，是谓太和。”又说：“神者，气之灵。”可以看出，（1）神是二气所内在本具，能让二气得以太和如如的灵妙机用与清通之理；（2）神虽然是气所内在本具，但它的存在地位并不寻常，所以王船山甚至将它跟气并列并提，说“气与神和”。下文将针对这两端做个说明。

《正蒙注·神化》说：“神行气而无不可成之化。”又说：“气之所生，神皆至

① 以上分别参见《正蒙注》的《太和》《参两》《天道》等。

② 《朱子文集》卷58《答黄道夫一》，陈俊民校编本，第六册，台北德富文教基金会2000年版，第2798页。

焉。气充塞无间，神亦无间。”再说：“天之气伸于人物而行其化者曰神。”复说：“气……其絪缊而含健顺之性以升降屈伸条理必信者，神也。神之所为聚而成象成形以生万变者，化也。”总之，神是气内在具有的一个奇妙的机制与力量，它运行伸展于气之内，发挥作用造成变化，让这个世界有条理、有秩序、有意义、有价值。有这样的神，这气当然不是现代科学脉络下物质性的气了。

由于这蕴含在气当中的神的作用实在太强大了，因此王船山又把神也看作一个“体”。《正蒙注·太和》说：“神者，气之灵，不离乎气，而相与为体。”《正蒙注·可状》也说：“非有阴阳之体，感无从生……则体中槁，而不能起无穷之体。体生神，神复立体。繇神之复立体，说者遂谓初无阴阳……”也就是说，首先当然是阴阳二气这个体，然后才就着这气中生机灵动的“神”，将它也肯定、标示、立定为一个体。气是第一重意义的体，神则是第二重意义的体，或者说是体中之体。由于第二重意义的体能够在第一重意义的体里头发挥其全面有效的作用，因此等于跟第一重意义的体“相与为体”。虽然说“相与为体”，但第一重意义的体是就整体存在来说的体，第二重意义的体则是单就价值的给出来说的体；两者作为体的意义、角度并不相同，因此所谓的“相与为体”并不造成矛盾。

关联着神，又有个理可说。刚刚的引文说到“神者……二气清通之理”。《正蒙注·太和》则说：“气以成形，神以居理。”看来神跟理紧密相关，似乎神本身就已经是某一种理，又似乎神是蕴含着理以及给出理的，但这样子说并不是很清楚。到底王船山的“理”是怎样的呢？

《四书训义》卷8《论语·里仁》说：“万物皆有固然之用，万事皆有当然之则，所谓理也。”《正蒙注·诚明》说：“理者，天所昭著之秩序也。”从这里看来，理就是事物的条理秩序与该有的准则了。但这只是理的一般意义。王船山的理除了这一般意义外，还有一层特别的意思。

《读四书大全说·论语·阳货》（以下简称为《读》）说：“理，行乎气之中，而与气为主持分剂者也。”《读·论语·子罕》说：“天之命人物也，以理以气……理只在气上见，其一阴一阳、多少分合、主持调剂者即理也。”《读·论语·泰伯》说：“气之妙者斯即为理。气以成形，而理即在焉……气凝为形，其所以成形而非有形者为理。”《读·孟子·公孙丑上》说：“理者，原以理夫气者也。则理以治气，而固托乎气以有其理。”此外，《周易内传·系辞上第四章》也说：“天地之所以宰万物者，理而已。”原来，理是气里头所承载所具备并且会直贯到形质（由气所凝成的形质）里面去的一个价值机制，它“主持调剂”着气与形质的价值表现。也就是说，理不只是气与天地万物当中的条理秩序准则，它还是条理秩序准则背后的一个机制与动力，这样的机制与动力主宰着气与天地万物价值表现的维度。

《读·孟子·尽心上》说："理与气相与为体，而气外无理，理外亦不能成其气，善言理气者必不判然离析之。"正因为理除了条理义外还是一个主持调剂、发动价值的机制，所以当然要和神一样，也跟气"相与为体"了。不妨说，作为在气里头跟气"相与为体"的理，其分量与强度跟朱子理本论的理本体大致相当，①所以我才会说王船山哲学是个"与理本论相容的神圣气本论"②。

神与理关系紧密，两者又都跟气"相与为体"，那么要怎样理解上引"神者……二气清通之理""神以居理"的意思，将两者区分开来呢？或许可以这样说，两者确实紧密相融相涵，但神侧重说明气里头那价值活性的全体与自身，理则侧重说明那价值活性的作用机制与具体表现；神用来说明较一般、较基本的层面，理则在讨论价值论题时更为适用。

二 基于气质的心性论

1. 人性即气质中之性，日生日成

朱子学高举义理之性，认为义理之性是受到气质牵绊才表现为扭曲的、不充分的人性也就是气质之性的。王船山则基于神圣气本论的立场，不愿意这样子分成两层地说。

基于气自有理的理路，王船山是直接从气质来讨论人性的。《四书训义·中庸》说："阴阳五行之气化生万物，其秀而最灵者为人，形既成而理固在其中。"《正蒙注·太和》说："神之有其理，在天为道，凝于人为性。"《正蒙注·诚明》说："天以其阴阳五行之气生人，理即寓焉而凝之为性。"《读·孟子·告子上》说："人之凝气也善，故其成性也善；犬牛之凝气也不善，故其成性也不善。"而《读·论语·阳货》也说：

> ……初学不悟，遂疑人有两性在……所谓"气质之性"者，犹言气质中之性也。质是人之形质，范围着生理在内；形质之内，则气充之。而盈天地间，人身以内人身以外，无非气者，故亦无非理者……故质以函气，而气以函理。质以函气，故一人有一人之生；气以函理，一人有一人之

① 朱子学的理本体并非牟宗三所谓的"只存有而不活动"，它也是既存有又活动，只不过它的活动性在价值上对气的主宰力与通透力比阳明学的心本体弱而已。参见刘又铭《〈大学〉思想的历史变迁》，载黄俊杰编《东亚儒者的四书诠释》，台湾大学出版中心2005年版，第22页。

② 参见刘又铭《宋明清气本论研究的若干问题》，载杨儒宾、祝平次编《儒学的气论与工夫论》，台湾大学出版中心2005年版，第207–208页。

性也。

人性其实就是气质之性——在气质本身直接蕴含、直接给出的人性。具体地说，当人有了生命，也就是有了由天地间最为灵秀之气所抟聚而成的一定的形质时，这一定的形质就持续地包蕴、聚合着专属的、一定的气在内，然后这专属的、一定的气当中的价值活性——神——所蕴含着的理就凝成一个稳定的作用机制，以人性的角色出现、存在。

要注意的是，这“气质之性”的本身，便已经是所谓的“义理之性”或者说“天命之性”了，它不是作为一个负面或次等的概念而提出的。所以王船山接着上面的话又说：“其为天之流行者，初不以人故阻隔而非复天之有。是气质中之性，依然一本然之性也。”（《读·论语·阳货》）在他来说，人的形质本来就是由天地间的本然之气所抟聚而成的，并且抟聚为形质之后，其本然之气也没有就此被封闭住，事实上它们是不受阻隔持续作为天的一气流行的一环的，因此其中所涵的理也就是气质之性就仍然是个“本然之性”了。不妨说，这一点——人身形质中之气所函的理并没有折损——便是王船山神圣气本论进路下一个重要的特色。

但既然人性在现实上只能是气质中之性，只能因着一定的气质、形质而有而成立，那么在人出生以后，气质、形质的不断生长与发展——显然那不是固定不变的——就会继续对人性的存在与样态起决定性的作用。王船山说：

> 夫天命者，岂但初生之顷命之哉……二气之运，五行之实，始以为胎孕，后以为长养……形日以养，气日以滋，理日以成……故天日命于人，而人日受命于天。故曰性者生也，日生而日成之也。（《尚书引义·太甲二》）

当人受气而生时，那气中的理便凝为人性。但这只是“天命之谓性”的起始，在那之后，借着呼吸饮食，借着身体形质的成长扩充，新的气不断加入，于是其中所蕴含着的理也不断地汇入、凝成人性。可以说，人出生之后，那不断接受新气而成长的过程便也是不断接受天命而不断凝成人性的过程。王船山这个观点或许可以称作“两阶段成性论”，或者说“进行式的成性说”吧！

2. 性行于情中，性是心之主

气中之理在人身形质中凝成人性，从这点出发，我们要怎么具体地理解心、性、情的样态呢？王船山在早期作品《周易外传·系辞上传第十一章》中说："性以发情，情以充性……体以致用，用以备体。"这样说好像有些问题，性自己能直接发而为情吗？由气中之理所凝成的性可以这么生机畅旺、活灵活现吗？

王船山在较晚的《读·孟子告子上》提出一个可能是修正过的、比较严谨的说法：

> 情元是变合之几，性只是一阴一阳之实。情之始有者，则甘食悦色；到后来蕃变流转，则有喜怒哀乐爱恶欲之种种者。性自行于情中，而非性之生情，亦非性之感物而动则化为情也。
>
> 盖吾心之动几，与物相取。物欲之足相引者，与吾之动几交，而情以生。然则情者……吾之动几与天地之动几相合而成者也。
>
> 盖恻隐、羞恶、恭敬、是非之心，其体微而其力亦微，故必乘之于喜怒哀乐以导其发，然后能鼓舞其才以成大用。喜怒哀乐之情虽无自质，而其几甚速亦甚盛；故非性授以节，则……

性理作为心中的一个隐微之"体"（正如理作为气中的一个"体"），是就着气当中那价值活性的作用机制来说的。至于情的发生，那就得从整个生命自然活动的一面来说了。扣紧神圣气本论的立场，王船山强调说，首先是人心在跟外物互动中发出了情，这情的生机活动"甚速亦甚盛"，但是在这情当中自然就会有性的作用存在着。这里，恻隐、羞恶、恭敬、是非之心便是性，便是隐微的性体（虽然带有些许情的姿态），它们以幽微之力"乘之于喜怒哀乐以导其发"，这就是"性行于情中"然后从价值上主宰引导那情（"授以节"）的意思。所以，从本体宇宙论来说，是理作为体（体中之体，第二重意义的体），在气中对气发用；而从生命观来说，则是性作为体，在情当中对情发用。这个观点也影响到王船山关于"心统性情"的看法：

> "心统性情"，统字只作兼字看。其不言兼而言统者，性情有先后之序而非并立者也。实则所谓统者，自其函受而言。若说个主字，则是性情显而心藏矣，此又不成义理。性自是心之主，心但为情之主，心不能主性也。(《读·孟子·公孙丑上》)

在朱子，"心统性情"有两个含义。其一从全体、整体义说心，然后说这心统括、兼有性与情两层；其二从情（广义的情）当中活动着、思辨着、抉择着的部分说心，然后说这心能自觉地统摄、主持、安顿性与情，让性在情中顺畅发用。这两个意思各有其恰当的理路，但王船山只接受第一个含义（心的统括义、整体义），而对第二个含义（心的统摄义、主持义）则有所保留。

应该是为了凸显性对心的价值上的“导（引导）”与“授（授节）”（这当然是从理对气的“主持调剂”一义来的），王船山才反对第二个含义（心主性情）的。他认为那样子说其实是颠倒了。因为活动义、思辨义的心只能主情，不能主性。完整地说应是，性主心（包括思辨义、抉择义的心，以及情），而心（思辨义、抉择义的心）则只能主情。必须厘清的是，他这观点跟朱子并不冲突。因为朱子是从工夫论视角来说心主性情的，他是就着性的存在地位反对心主性情的。

基于同样的原因，王船山虽然接受第一个含义“心统（统括、兼有）性情”，却又强调说，没把“心统性情”说成“心兼性情”是有意义的。他的意思是，用“兼”字会显得性、情两者的存在地位不相上下，只有用个“统”字，才会显得后面性、情二字的次序是有意义的——性先于情，性主情，两者不是并立的、平等的关系。

总之，从整体义的心来看，心统括性、情；但就思辨义的心来说，却是性主心（以及情）。王船山真的是有意凸显性作为心（整体义的心）里面一个隐微有力（虽然这力道也是隐微）之体的角色，以及它对心（思辨义的心）与情具有引导、授节的作用，这跟前面他有意凸显理作为气里面一个体中之体的角色，以及它对气有主持调剂的作用是一致的。

三　“穷神合天”的修养工夫论

基于思想中所内含着的理本论维度，王船山严厉抨击王阳明良知学所导致的弊病，并且跟朱子一样地谈存养（主敬）、省察（致知）以及知、行（都是两端兼顾并提）。整体来看，他修养工夫论的脉络、意趣跟朱子相似，但又鲜明地表现了气本论的特色。以下就是他基于神圣气本论立场所呈现的、跟朱子学有明显差异的几个特点。

1. 工夫宗旨：穷神合天、合天存神

上文说过，在气当中，神、理两者相融相涵，神是那价值活性的全体与自身，理则是那价值活性的作用机制与具体表现。相较之下，神比理是个更整全的概念，所以王船山有时候就先说个神，然后再从神来说理：“神之有其理，在天为道，凝于人为性。”（《正蒙注·太和》）

或许同样的原因，王船山在修养工夫上也喜欢从“神”这个概念切入来谈。

在《正蒙注》中，他多次提到“存神”“穷神”二词，同时又说：“……神则内周贯于五官，外泛应于万物，不可见闻之理无不烛焉……明乎此，则穷神合天之学得其要矣。”又说：“……合天存神之学切于身心者如此，下学而作圣之功在矣，尽己而化物之道存矣。故《正蒙》以此终焉。”[①]他的修养工夫基本上是扣紧神圣元气中蕴含的“神”来说的一个“穷神合天之学”或“合天存神之学”。或可以说，他修养工夫论的宗旨是穷神合天、合天存神（需注意的是，天即是气）。

重要的是，王船山存神穷神、合天（气）的工夫并非心学家所说的那种直接顿悟的法门，也不是单单满足、陶醉于存神穷神合天的美好境界的思维。前面引文已经说过“神则内周贯于五官，外泛应于万物，不可见闻之理无不烛焉”，《正蒙注·神化》又说：“君子欲穷神而不索之于虚，欲知化而不亿测其变，惟一于精义而已。”复说：“非存神，未有能过化者也。”再说：“非精义以入神，则存非存，知非知。”可见他还是要经由讲明义理来入神、存神，然后存神的结果也是可以进一步“烛理”与“知化”，并且据以应物化物、润化群生的。

2. 格物的独立与格物、致知的实质二分

《读·大学》说：

> 朱子说“格物、致知只是一事……”此是就者两条目发出大端道理，非竟混致知、格物为一也……若分言之，则格物之成功为物格，物格而后知至，中间有三转折。藉令槩而为一，则廉级不清，竟云格物则知自至，竟删抹下“致”字一段工夫矣。
>
> ……知至者，“吾心之全体大用无不明”也；则致知者，亦以求尽乎吾心之全体大用，而岂但于物求之哉……格物、致知亦自为二，而不可偏废矣。

这是说，格物工夫的结果其实只是“物格”，而非“知至”；必须再有个致知的工夫，总共经过三个转折（格物到物格，物格到致知，致知到知至），然后才能知至；格物、致知是两个不同的工夫，不可偏废，尤其不可抹杀致知一项。

《读·大学》又说：

> 大抵格物之功，心官与耳目均用，学、问为主，而思、辨辅之，所思

① 《正蒙注·参两》;《正蒙注·可状》。

所辨者皆其所学、问之事。致知之功则唯在心官，思、辨为主，而学、问辅之，所学、问者乃以决其思、辨之疑。“致知在格物”，以耳目资心之用而使有所循也，非耳目全操心之权而心可废也。

这是说，格物兼用到心与耳目，主要是去学去问也就是去吸收知识，而只借助于思、辨的辅助来整理学、问所得的知识材料。致知则单单是心的工作，主要是思、辨，必要时才借由耳目去学、问以便解决思、辨时的疑点。两者各有所重，《礼记·大学》所谓的“致知在格物”其实只是指运用耳目、提供材料让心的思辨有个依据罢了，并非说耳目的作用（学、问）可以垄断心的作用（思、辨）而心可以搁置作废。

必须注意到，朱子是借由格物来致知的，每次格物都指向致知。因此格物比较是表层、过门，而致知才是内里、实质。也就是说，朱子学里，格物、致知一体两面，并且以致知为核心、主干。相较之下，王船山是将格物、致知实质地二分了。并且，表面上，他是替致知说话，强调致知不可被删抹、废除；但在效果上、实质上，他却是把原本次要的、作为过门的格物工夫独立、凸显出来了。

在朱子理本论那里，天理本体与气不离不杂，但天理又超越于气，每件事物或多或少、或隐或显都是天理超越地对气主宰的结果，所以格物的重点只是穷究事物当中的天理本体，只是追求那天理的呈现。一旦天理豁然朗现，这格物阶段的种种就不那么重要了。就因为这样，格物工夫多少只是个用筌补鱼的过程，独立性、重要性相对不足。但在王船山神圣气本论这里，天地间彻头彻尾是一气的流行，“理”则只是元气本体里面的一个“体中之体”，因此首先必须更翔实、更完整地考察气的进退回旋、转折上下的具体情状相关脉络，然后才能就着那情状脉络进一步去思辨、体会那里头的理。应该是这样的原因，王船山才会（相较于朱子）主张一个更完整、更有系统的独立的格物工夫，以及就着那格物的所得来进一步思、辨的独立的致知工夫的。

应该说，由于其哲学首先或者说基本上是个气本论，所以王船山把格物工夫给独立、凸显出来了。但由于其气本论里面又蕴含着一个理本论，所以王船山又继续维持着一个基于格物但同样具有独立意义的致知工夫了。

3. 习与性成

前面提到，基于神圣气本论，王船山主张人性在初生之后还会因着气的持续汇入而“日生日成”。这个观点在修养工夫论上就表现为“习与性成”。

王船山在讨论《尚书》的“习与性成”时说：“有在人之几，有在天之几。

成之者性，天之几也；初生之造、生后之积俱有之也。取精用物而性与成焉，人之几也；初生所无，少壮日增也。”[①] 他的意思是，人性的凝成有天、人两层。天的一层，从出生时的给定到出生后的积聚都有份。人的一层则只能在出生以后，经由“取精用物”来进行。也就是说，在人出生以后，人性的日生日成是天、人共同造成，是人可以参与的。

人要怎样“取精用物”来参与性的日生日成？王船山说：

> 夫所取之精、所用之物者何也？二气之运、五行之实也……二殊五实之妙，翕合分剂于一阴一阳者，举凡口得之成味，目得之成色，耳得之成声，心得之成理者皆是也……君子自强不息，日乾夕惕，而择之、守之以养性也，于是有生以后日生之性益善而无有恶焉。若夫二气之施不齐，五行之滞于器，不善用之则成乎疵者；人日与偷昵苟合，据之以为不释之欲，则与之浸淫披靡，以与性相成，而性亦成乎不义矣。（《尚书引义·太甲二》）

原来，在生命过程中所取所用、所守所养的一切，或者关乎民生日用，或者关乎美丑善恶，根本地说或终极地说，都是气（阴阳五行）所开展而来的，因而都于“成性”有份。于是，因着取舍抉择的差异，那结果的好与坏、善与恶、义与不义也就大相径庭了。

四　结语

王船山以整体存在的终极实体——气——作为理论表述的逻辑起点，而气中的神、理则以“体中之体”的角色来跟气“相与为体”。从这点来看，则作为王船山哲学的起始、基底的气本论维度是不可否定不可抹杀的。避开、越过这一个环节去谈王船山哲学只会造成诠释、理解上的曲折、混乱和模糊而已。总之，王船山哲学应该看作气学版的朱子学，看作塞了个理本论在里面的气本论，看作我所谓的“跟理本论相容的一个神圣气本论”。

可以说，一方面，由于接受、采用了中晚明以来崛起的气本论框架，王船山哲学多了一些宋明理学原本所没有的、属于华人文化早期现代性的成分——例如格物的实质独立、人性的日生日成等。但另一方面，由于这气本论框架里面又蕴含着一个先前已经发展成熟了的理本论，所以王船山哲学基本上仍然是宋明理

① 《尚书引义·太甲二》。

学的一环。合起来看，王船山哲学可以看作宋明理学在最后阶段，为了回应现实挑战、历史走向而不得不有的一个蜕变升级与自我补强。

【作者简介】刘又铭，台湾政治大学中文系退休教授，主要从事儒家哲学，尤其是荀子哲学、荀学哲学史、宋明清儒家气本论、当代新荀学的研究。

我们应该以什么方法解读孟子之良心

杨泽波

【内容摘要】如何理解孟子良心的概念，涉及研究方法问题。儒家生生伦理学将良心解读为建基于生长倾向之上的伦理心境，这不是经验主义，因为它不以经验为逻辑起点，它的起点是“内觉”；伦理心境虽然来自经验，却具有强烈的先在性，正是这种先在性决定它可以成为道德根据。同样，这种解读也不是先验主义，一则它不满足将先验作为一个不可追溯的前提，而是希望对伦理心境做进一步的追问；二则它不将伦理心境赋予绝对普遍和必然的特性，走的是从特殊中求普遍，从偶然中求必然的路子。否定经验主义，拒斥先验主义，强调这两种方法都不适合儒家生生伦理学，直接影响着对于传统形上理论的看法。依据这种解读，要破解儒学的形上之谜，当从“借天为说”和“认其为真”两个环节进入。前者是顺着天论传统的习惯说事；后者是以此形成某种信念或信仰，加强道德的力量。这种新解读彻底颠覆了历史上以天说性的传统，对于重新审视儒家学说的形上系统、否定天或天理的实体化，具有极为重要的意义。

【关键词】儒家生生伦理学；良心；伦理心境

“良心”是孟子性善论的核心概念，对这个概念的把握程度直接影响到对孟子的理解深度。自我从事孟子研究伊始，就不满足于“天之所与我者”“我固有之”这种传统说法，希望能够对其加以具体的理论说明。近年来我在建构儒家生生伦理学过程中更明确指出，当从狭义伦理心境和生长倾向两个方面诠释良心。狭义伦理心境来自社会生活和智性思维对内心的影响，是良心的主干，为社会属性。生长倾向是“才”，来自天生，是良心的底子，为自然属性。综合言之，良心不过是建基于生长倾向之上的伦理心境罢了。① 对于笔者的这种解读，赞成者

① 杨泽波：《儒家生生伦理学引论》，商务印书馆 2020 年版。

少，批评者多；接受者少，不置可否者多。一些学者不同意我的某些具体观点尚在其次，最重要的是对我的方法深度怀疑，抱以不理解的态度。因此，有必要对自己的方法加以说明。

一　儒家生生伦理学不是经验主义

在一些学者看来，我以伦理心境诠释良心采取的是经验主义的方法，这是他们无法接受的。在这里再次申明，我的方法并不是经验主义。

经验主义是西方哲学的重要流派，这一流派将知识的来源归于经验，强调一切知识都源自对于感官经验的感性内容的归纳抽象。基于这一立场，经验主义以感性经验作为研究的始发点。儒家生生伦理学与此不同，它的始发点不是经验，而是“内觉”。我最初研读《论语》的时候，从孔子思想中分疏出智、欲、仁三个要素。后来发现这种方法有很大缺陷，因为它还没有交代我们是如何知道自己有这些要素的。在建构儒家生生伦理学过程中，我将起始点进一步向前移，不再以三个要素，而是以“内觉”作为起始点。所谓“内觉”即是人对内的一种直觉能力，通过“内觉”，我们可以发现自己正在思考如何成德问题，发现自己正在提出物欲要求，发现自己对于内在的道德根据有所觉知。这就是我所说的“我觉故我在”。虽然这个说法来自笛卡儿的“我思故我在”，但二者又有不同。考虑到笛卡儿那里“思”的含义歧义严重，我将其内涵限定为直觉式的觉知，不再说“我思故我在”，改说“我觉故我在”。“我觉故我在”这个命题的提出，标志着儒家生生伦理学已经脱离了经验主义的藩篱。

儒家生生伦理学不是经验主义，还因为它的结论不是对经验的归纳抽象。通过“内觉”我们觉知道德根据正在呈现，这种呈现的主体即是良心。但这一步仅仅是觉知了良心，还谈不上对良心的真正认知。为此，我又借助智性的力量，对良心进行了详尽的分析，从而得出良心本质上是一种伦理心境的结论。伦理心境内含两方面的内容，一是狭义伦理心境；二是生长倾向。这两方面的内容均出于严密的理论分析，不是对社会中某些具体个人经验的概括。狭义伦理心境的情况即是如此。我的分析是从发现孟子“孩提之童，无不知爱其亲者，及其长也，无不知敬其兄也”这一名言的内在矛盾开始的。“孩提之童，无不知爱其亲者”这一句没有问题，不仅是人，很多动物幼小时都知道亲近其母亲。但“及其长也，无不知敬其兄也”这一句问题很大，既然是“及其长”，就说明已经到了一定的年龄，就已经无法证明良心是生而即有的了。为此我从社会生活和智性思维两个方面做了分析，说明人内心的道德标准，孟子所说的“是非之心”，是社会生活和智性思维对内心影响的结果。在此期间，我举过生活中水龙头、一米线、电池回收、减少一次性纸杯使用等例子，但那只是便于理解，不是对这些经验事例加以归纳。另外，在分析中，我还发现仅有狭义伦理心境还不行，因为它无法回答这种伦理心境以什么为依托以及最初向善的动因问题。为了使理论达至完善，我推论出除狭义伦理心境之外，人一定还有一个更为基础的东西，这就是生长倾向。而我对生长倾向的证明，同样不是借助于经验，不是借助于自然科学，而是一种纯粹的哲学分析。

我否认儒家生生伦理学是经验主义，最重要的还在于伦理心境的性质。伦理心境是在生长倾向基础上社会生活和智性思维对内心影响的一种结晶物。从表面看，伦理心境与经验有关，但需要特别强调的是，它作为道德根据，又具有强烈的先在特性。“先在”是我特别重视的一个概念。这里讲的“先在”简单说就是先于伦理道德问题而在。“先在”有两个所指。首先指生长倾向。生长倾向是人来到世间的那一瞬间就有的，在处理伦理道德问题之前当然已经存在了。这叫作“先天而先在”。另外指狭义伦理心境。狭义伦理心境是后天的，来自经验，但在处理伦理道德问题之前同样已经存在了。这叫作“后天而先在”。“先天而先在”比较好理解，因为生长倾向原本是生而即有的，所以在处理伦理道德问题之前一定已经存在了。麻烦在于“后天而先在”。狭义伦理心境来自社会生活和智性思维对内心的影响，这个来源当然是经验的，是后天的，但诡谲的是，这种影响作为一种结晶物，在处理伦理道德问题之前确确实实又已经存在了。人的内心有一种神奇的功能，经验的具体内容进入后，随着时间的延长、频率的增加，会升格为一种抽象的结晶物，这种抽象物在处理相应问题之前已经存在了。比如，没有人生来就了解水资源的宝贵，就知道废旧电池有害，我们知道这些完全是因为受到了社会生活和智性思维的影响。但当我们见到水龙头没有关好，见到旧电池的时候，内心早已有了是非的标准。为了解释这种奇特的现象，我特意提出了“时间之叉”的说法。意思是说，狭义伦理心境确实来自后天，但它却始终处在时间的交叉点上：对于形成而言，它是后天的；对于处理伦理道德问题而言，它又是先在的。正是这种先在性，保证了由经验而来的伦理心境可以成为心学意义的“是非之心”，可以成为成德成善的根据。一个是生长倾向的“先天而先在”；另一个是狭义伦理心境的“后天而先在”，二者虽有差别，一个先天，一个后天，但在具有先在性这一点上则是一样的。儒家生生伦理学特别重视伦理心境的这种先在性，这种先在性已经脱离了经验的范畴，不能将其归于经验主义。

二 儒家生生伦理学也不是先验主义

儒家生生伦理学同样不属于先验主义。先验（transcendental）是西方哲学的古老观念，可以追溯到柏拉图，后经康德的改造，影响更大。在西方哲学传统中，不可追问是先验的一个重要特征。柏拉图的理型，康德的范畴，无不如此。我不承认儒家生生伦理学是先验主义，一个重要原因便是对这个问题有不同理解。在我看来，世界上任何东西都有原因，都可以追问，一直问到不能问的那一点为止。刨根问底是哲学的使命。以不可追问限定先验，其实是一种偷懒的办法。儒家生生伦理学强调作为伦理心境的良心有先在性，从一定意义上说，与先验有相近之处。但儒家生生伦理学没有到此为止，继续往前走，以期找到先在的源头。经过艰苦努力，终于有了答案。良心由狭义伦理心境和生长倾向构成。从时间断面来看，狭义伦理心境遇事呈现，知是知非，无所不能，十分神奇，但追根溯源，不过是社会生活和智性思维对内心的影响所致。狭义伦理心境又以生长倾向为基础，而生长倾向是人作为有生命的物来到世间那一刻就具有的，完全是天生的。通过这两个方面的工作，儒家生生伦理学追问到了良心的来源，这一步工作先验主义一般是不做的。

在西方哲学中，先验还有另一个重要特征，这就是具有绝对普遍性和必然性。这种情况与智者学派的兴盛有密切关系。智者学派将思想置于感觉之上，这种办法因为无法保障认识的客观性，受到了柏拉图的批判。为此，柏拉图提出了理型世界的概念，认为理型世界存在于现实世界之外，先于经验，是普遍而必然的。亚里士多德没有完全跟着柏拉图的路子走，但他创立的“四因说”中还是有一个形式因。形式因是普遍必然的，将这种普遍必然的形式运用于质料之上，可以得到确定可靠的知识。康德以先验形式整理经验质料的办法，其实也源于这个思路。在康德看来，认识既有形式，又有质料；形式是先验的，具有普遍性和必然性，质料是经验的，具有流动性和任意性；只有用先验的形式整理经验的质料，才能获得可靠的认识。因为有此背景，普遍性和必然性一直是先验的核心特征。我强调儒家生生伦理学不是先验主义，有意避开这个概念，不仅是因为儒家从没有以先验形式保障道德根据普遍性和必然性的观念，① 更是因为这门新学说根本就不奢望追求先验主义所希望的那种普遍性和必然性。

我们知道，本体的说法一般认为到汉代才有，中国文化讲本体只是本根之

---

① 这个问题应当引起重视。中国哲学因为没有智者学派这个背景，所以没有这方面的问题意识。儒家学说将道德根据挂到天上，讲“天之所与我者”，讲“天命之谓性”，讲“乾道变化，各正性命”，是为了解决道德根据的形上性问题，而不是为了解决道德的普遍性和必然性问题。即使宋代受佛教影响，有了“理一分殊”的观念，其用意也与西方追求绝对普遍性必然性的思路不同。当然儒家并非完全没有考虑这方面的问题，但它是以“类”的方式，以人同此心，心同此理的方式来解决这个问题的。儒家这种办法表面看似乎不及西方哲学严格，因为“类”总是相对的，达不到绝对普遍和绝对必然，但这恰恰是儒家学说的可贵之处，使其没有走上绝对主义乃至一神教的道路。现在一些学者没有认识到这个问题的重要性，仍然希望以超越的天来保障道德的普遍性和必然性，这其实仍然是一种以西释中的做法。

义，与西方的ontology不同。但孔子之仁、孟子之良心，一直是作为本体存在的，而在这种本体（根）中没有时间和空间的位置，这又与ontology有相近的一面。换言之，孔子论仁、孟子论良心，乃至后来的心学论道德本心，都与时空无关。“千百世之上至千百世之下，有圣人出焉，此心此理，亦莫不同也。”“东海有圣人出焉，此心同也，此理同也。西海有圣人出焉，此心同也，此理同也。南海北海有圣人出焉，此心同也，此理同也。”[①] 千百世指时间，东海西海指空间。良心不受千百世的影响，也不受东海西海的影响，所以良心没有时空性。但是，根据儒家生生伦理学对良心的诠释，良心作为本体有着明显的时空性。这是一个意义极为深远的改变。

良心来自社会生活和智性思维对内心的影响，这就决定了良心一定有时间性。这个问题当首先从社会生活的角度分析。社会生活本身是发展变化的，不要说孔子生活的两千多年之前的春秋时代，就是一百年之前的社会生活和现在也已经有了很大区别。社会生活不断发展变化，受其影响，作为道德根据的良心也会随之发展，这种发展本身即蕴含着时间性。智性思维也是一样。智性思维必须借助语言进行，语言是发展变化的，智性思维会随着语言的变化而变化。这种变化也是一种时间性。另外，良心还有生长倾向的来源，生长倾向这个说法本身就意味着它只能归于历史发展，而历史发展就是一种时间性。虽然对于个体而言，其生长倾向来自自己所属那个类的漫长发展历程，其变化对个体的影响十分微弱，乃至可以忽略不计，但这并不能代表生长倾向没有时间性。

空间性也是同样的道理。良心的空间性主要表现在狭义伦理心境上。社会生活是具体的，不可能有抽象的社会生活。每个人都生存在一个空间的具体的点上，这个具体的点与其他具体的点一定会有差别，由此形成的狭义伦理心境也会有所不同。智性思维的作用也是一样。人的智性思维必须在特定的文化背景下展开，必然受到语言的影响，语言都是具体的。具体语言的不同，决定智性思维方式的不同，进而决定了狭义伦理心境的不同。良心的空间性还表现在生长倾向上。如同生长倾向的时间性一样，其空间性并非特别明显。因为人作为一个类来说，其生长倾向应该有较强的相通性。但这不代表生长倾向的空间性可以完全忽略不计，因为即使人作为一个类而言，其生长倾向差不太多，在这个意义上谈空间性意义不大，但如果其他星球上也存在具有生命的类，其生长倾向是否与我们相同，仍然有待讨论。

儒家生生伦理学以伦理心境诠释良心，因为社会生活、智性思维有时空

---

① 陆九渊:《年谱》,《陆九渊集》，中华书局1980年版，第483页。

性，生长倾向有时空性，所以良心一定有时空性。良心即是本体（根），将良心赋予时空性，也就等于赋予本体以时空性。这与西方哲学 ontology 不能含有时空性完全不同。造成这种情况，并非是我不了解西方的这个传统，而是根本不认可西方的这种致思方式。追求绝对普遍和必然，是西方哲学的美好理想，也是其一以贯之的传统，由此形成了以 ontology 为核心的整个学理系统。为了这个理想，西方人努力奋斗了两千多年，但这个理想从未真正实现过，这个具有绝对普遍和必然的 ontology 始终没有找到，而这种思想方式的负面作用却越来越突出了。在文化方面，将自己的生活方式作为唯一的标准；在政治方面，以自己的政治模式当作唯一的模式，都是其具体的表现。ontology 与霸权主义有着天然的关联，事实上充当着霸权主义的理论基础，这个问题必须引起人们足够的警觉。儒家生生伦理学拒斥先验主义，以伦理心境诠释良心，一方面承认良心是本体；另一方面又将时空性加入其中，不赋予这种本体以绝对的普遍性和必然性，就是出于这种考虑的。

当然，我这样做并不代表良心作为本体只是特殊和偶然的，事实上在这种特殊和偶然中同时又包含着普遍和必然。从时间和空间的角度看，良心作为道德根据，具体标准是变化的。孔子所代表的鲁国文化的某些是非标准，早就发生了改变，已经不再适应今天的社会生活了。但变中又有不变，孔子关于仁的很多论述，作为道德规范，在今天仍有重要指导意义。这种特殊中求普遍，偶然中求必然，才是寻求普遍性和必然性的正确路径。在本体中加入时空因子，完全颠覆了儒学的传统观念，带来的变化实在是太大了，随着下文的层层展开，其重要性将会逐步展现出来。

儒家生生伦理学希望刨根问底，探寻道德根据的真正来源，不以先验为托词止步不前，尤其是在本体中加入了时空因子，不赋予其绝对普遍和必然的特性，希望走特殊中求普遍，偶然中求必然的道路。这些都说明它早已跳出了先验主义的窠臼。

三　“借天为说”与“认其为真”：儒学的形上之谜

否定经验主义，拒斥先验主义，强调这两种方法都不适合儒家生生伦理学，是一个重大改变，定会引申出一系列新的问题。否定经验主义的问题相对较为简单，我在其他地方已做过处理，[①] 拒斥先验主义的问题则要复杂得多。先验问题一直与学理的形上性有关。在儒学历史上，天一直担负着保障儒家学理形上性的

① 杨泽波：《我们应该如何确认自己的欲性》，《复旦学报》2017 年第 6 期。

重任。儒家生生伦理学拒斥先验主义，对良心的诠释只讲到狭义的伦理心境和生长倾向，没有讲天，这是否意味着在儒家生生伦理学中天不再是一个重要因素？果真如此的话，那应该如何理解历史上儒家以天作为道德的形上根据呢？这是一个十分困难的任务，我称之为“儒学的形上之谜”，以期引起人们的足够关注。

我们知道，孔子创立了仁的学说，但没有说明仁究竟是什么，更没有说明仁来自何处。这两个问题都很重要，尤其是后者，如果这个问题不解决，儒家道德学说就不可能达至完备。孔子之后，人人纷纷以自己的方式来解决这个问题。这些努力，不管是《孟子》的“天之所与我者”，还是《中庸》的“天命之谓性，率性之谓道，修道之谓教”，有一个共同之处，都是将道德的根源归给天。至少从孟子开始，以天说性，将仁和良心视为上天之禀赋，已成为固定的模式。然而，根据上面的分析，良心是建基于生长倾向之上的伦理心境，生长倾向是其底子，狭义伦理心境是其主干。如果将天理解为自然，生长倾向可以说与天有一定的关联，因为这种倾向就是自然界在长期发展过程中自己“长”出来的。[①] 但生长倾向不是良心的主干，良心的主要部分是狭义伦理心境。狭义伦理心境来自社会生活和智性思维对内心的影响，是人在具体的社会生活中自己形成、自己发展的，并非来自上天的赋予。以狭义伦理心境解说良心，坚决否定良心来自上天的赋予，是儒家生生伦理学的不可动摇的原则。[②] 但问题是，既然良心的主干是狭义伦理心境，并非上天的主动给予，为什么古人要将良心与天联系在一起呢？这当然与古人对良心的看法较为简单，没有区分狭义伦理心境和生长倾向有关，因为如果不了解良心的主干是狭义伦理心境，只从“才”的角度看良心，上天创生一切，自然也包括人之“才”，由此而说良心是天生的。但即便如此，问题仍然没有彻底解决，我们仍然可以继续追问：为什么古人要将天作为创生一切的主体，进而以天来说性呢？

要了解这个问题，需要从古代天论发展的特殊背景说起。殷人重帝，天的地位并不突出。灭殷后，周人提出了“皇天无亲，惟德是辅”的口号，为其政权的合法性寻找依据，天的地位由此得到了很大的提升。“皇天”之“天”带有明显的原始宗教意味，是一种主宰，它不偏向于哪个人，关键看是否有德。因为殷人无德，周人有德，天把命转给了周人。周人这种做法，就是我说的“以德论天”[③]，其性质是赋予天以道德的含义，以证明自己的政权是合理合法的。西周末

---

① 这个问题已超出了本文的范围，当另文详述。

② 在一次会议上，面对学者的质疑，我公开讲，谁要是对此有怀疑，请具体告诉我上天是如何赋予人以良心的（比如告知我们要遵守交通规则，在一米线后等待，电池不能乱丢，等等）。果真如此，我愿意执弟子之礼，拜其为师。但我坚信，没有谁能够提供答案，因为上天本就没有这种神通。

③ 详见杨泽波《从以天论德看儒家道德的宗教作用》，《中国社会科学》2006年第3期。

年当政者无法保证自身的德性，社会矛盾日益激化，导致人们对先前“皇天无亲，惟德是辅”的观念产生了怀疑，出现了“怨天”“疑天”的思潮。在这种思潮的冲击下，周人引以为豪的带有宗教色彩的天走向了衰落。

孔子正生活在这个特殊的年代。受周人“皇天无亲，惟德是辅”观念的影响，孔子心目中的天仍然带有很强的神秘性。在天仍有重要影响的西周末年，对于孔子这样一个对周代文化极为看重的人来说，不可能完全丢下周人对于天的信仰不管。孔子将“畏天命”①作为“三畏”之首，是一个很好的证明。但是必须清楚看到，由于之前有强大的“怨天”“疑天”的思潮，加上孔子性格朴实，不故弄玄虚，所以其思想重点又在人而不在天。这种思想重点的转移意义深远，标志着儒学从一开始便脱离了之前原始宗教的性质，坚定地向着人文的方向发展。下面一段材料有助于这个问题的理解：

> 太宰问于子贡曰：“夫子圣者与？何其多能也？”子贡曰：“固天纵之将圣，又多能也。”子闻之，曰：“太宰知我乎！吾少也贱，故多能鄙事。君子多乎哉？不多也。”（《论语·子罕》第六章）

太宰问子贡，孔子为什么如此多才多艺。子贡说，“固天纵之将圣，又多能也”。孔子听到后大不以为然，纠正说，因为自己年少贫贱，所以才学会了不少卑贱的技艺。这段对话词句上并无太多深意，但将其置于当时特定的思想背景下就不一样了。假如孔子不是生在“怨天”“疑天”的时代，或孔子是一个喜欢故作玄虚的人，他完全可以顺着子贡谈天的话头，说自己之才能来自上天。

上述两个方面都很重要。如果没有周人“皇天无亲，惟德是辅”的观念，孔子不可能有“天生德于予”②这样的感叹；如果没有“怨天”“疑天”的思潮，没有朴实的性格，孔子创立的儒学不可能重人不重天。有鉴于此，与很多学者更加重视孔子信仰意义不同，我更加看重“怨天”“疑天”思潮对孔子的影响，更加看重孔子朴实性格对其思想的影响，更加看重孔子思想转变对其后中国文化发展性质的影响。照我的理解，孔子是中国文化发展人文转向的定音锤。孔子这一转向意味着儒学已经从原始宗教中解脱了出来，而没有像世界上其他文明那样走宗教的道路。这才是孔子思想最为宝贵、最有价值的地方。

---

① “君子有三畏：畏天命，畏大人，畏圣人之言。小人不知天命而不畏也，狎大人，侮圣人之言。”（《论语·季氏》第八章）

② “子曰：‘天生德于予，桓魋其如予何？’”（《论语·述而》第二十三章）结合《论语》的文脉，这一句只是一时的感叹，不宜理解为孔子对于自己德性出于天的郑重申明。

但是，如同任何事物都有惯性一样，先前带有深厚宗教色彩的天失落后没有消失得无声无迹，仍然以其他方式顽强存在着。上面讲过，孔子大力提倡仁，但没有说明仁来自何处。孔子之后，人们努力以自己的方式解决这个问题。《性自命出》中出现大量的关于性的论述，明言“性自命出，命自天降”，正说明当时人们已经不再满足孔子就仁谈仁，就德谈德，希望为仁和德寻找一个终极的根据。稍晚一些的《孟子》也是如此。孟子创立性善论，直接纳仁入心，以心解仁，对孔子思想有很大的发展。为了将其理论基础搭建牢固，孟子不得不为其确定形上根据，直接以天说性：

> 耳目之官不思而蔽于物，物交物，则引之而已矣。心之官则思，思则得之，不思则不得也。此天之所与我者。（《孟子·尽心上》第十五章）

耳朵眼睛不能思，容易被物引诱，心的器官可以思，思能得到，不思则不能得到。这些都是上天给我的。这里的“天之所予我者”与《性自命出》的“性自命出，命自天降”说法虽有差异，因为“性自命出”的性还不是性善之善，但其致思方式有很强的相通性，本质都是顺着思维的惯性，以天作为道德的终极根据。其后《中庸》讲“天命之谓性”，《易传》讲“乾道变化，各正性命”都出于同样的想法。它说明，在孔子之后，以天作为仁、作为良心的形上根源，已成为无法避免的趋势。我将这种情况统称为“以天论德”。“以天论德”与前面讲的“以德论天”是两个不同的概念。“以德论天”是以统治者个人是否有德来证明政权的合法性，“以天论德”则是将天作为道德的终极根据，说明人的道德是天给的。虽然二者的性质完全有别，但“以天论德”又是由“以德论天”发展演变而来的，没有周人的“以德论天”不会有儒家的“以天论德”。当然，“以天论德”毕竟与“以德论天”不同。周人“以德论天”之天是人格神，有强烈的宗教意味。儒家“以天论德”之天不再是人格神，只是顺着天的话头，借用天的惯性为道德寻找终极根据，以天说事而已。

孟子与万章的一段对话可以作为这种理解的佐证。这段材料十分重要，我曾多次引用。万章就尧将天下让与舜之事请教孟子。孟子说，天子不能把天下让与人。万章又问，那么舜有天下是谁给的呢？孟子回答说，天给的。万章问，是天谆谆然告之的吗？孟子继续答，不是这样的，天不会说话，只是以行与事告诉人而已：

> 天子能荐人于天，不能使天与之天下；诸侯能荐人于天子，不能使天子与之诸侯；大夫能荐人于诸侯，不能使诸侯与之大夫。昔者，尧荐舜于

天，而天受之；暴之于民，而民受之。故曰，天不言，以行与事示之而已矣。（《孟子·万章上》第五章）

此段最后一句“天不言，以行与事示之而已矣”最值得玩味。它说明禅让之事老百姓接受，即“民受之”，最为关键：民接受则可，民不接受则不可。但非常奇妙的是，为了说明这个问题的重要性，孟子又讲“天与之”。与“民受之”相比，“天与之”的说法显然有点虚。从今天的视角看，孟子绕了一大圈，把问题归到上天的做法，似乎是多此一举。但如果置于当时特定的思想背景下，就不难明白，孟子将问题挂到天上，完全是因为之前有源远流长的天论传统，天的思维惯性依然非常强大，以天说事，可以大大加强论说的力度。

这个道理就是戴震讲的“借天为说”：

其归之天不归之圣人者，以理为人与我，是理者，我之本无也，以理为天与我，庶几凑泊附着，可融为一。是借天为说，闻者不复疑于本无，遂信天与之得为本有耳。[①]

按照戴震的说法，孟子强调人原本就有礼义，但礼义由何而来，是一个大问题。如果像荀子那样将其归于圣人，那么圣人的礼义又从何而来呢？程朱为了避免这个问题，特将礼义归于天。但必须清楚，这种做法只是“借天为说”，使人们不生怀疑而已。简要而言，“借天为说”是对一个问题没有办法确切回答的时候，顺着之前天论传统的习惯，以天作为其终极根据，以加强其力量，根绝人们怀疑的一种做法。从这个意义上说，“借”字的真实含义是“顺”，“借天为说”其实是“顺天为说”。我一再讲戴震这一说法可谓是惊天之语，直接道破了儒家道德学说的奥秘。

当然，必须进一步强调，孟子以天作为道德根据的终极来源，“借天为说”，不是故意说假话骗人。这个道理有点类似于康德所说的“认其为真”[②]。在康德那里，“认其为真”是指这样一种情况：我不知道它是不是真的，但从信仰的意义上宁愿相信它是真的，愿意以真诚的态度来对待它。儒学将道德根据归给天，也类似于这种性质。中国有悠久的天论传统，天在政治、道德、文学、音乐、建筑等各个方面都有重要影响。在这种传统中，一旦将道德的根据归给天，也就使道德理论具有了形上性，人们就会对此抱有信任态度，直至将其视为一种信仰。孟子讲“天之所与

---

① 戴震：《孟子字义疏证》，《戴震全集》第1卷，清华大学出版社1991年版，第186页。

② ［德］康德：《判断力批判》，邓晓芒、杨祖陶译，人民出版社2002年版，第334页。

我者”,《中庸》的作者讲“天命之谓性”,《易传》作者讲“乾道变化，各正性命”的时候，都是抱有诚意的，真心相信道德的根据来自上天。天有形上性、超越性，不可欺不可罔，将道德根据与天联系在一起，道德也就有了形上性、超越性，同样不可欺不可罔。这是中国人特别重视天人合一的重要原因。天虽然高高在上，是超越的，但又是内在的，与人息息相关。人如果不欺骗自己，听从良心要求成德成善，尽心知性知天，存心养性事天，就做到了与天的一致，既超越又内在，又内在又超越，最终实现了天人合一。人在做，天在看；人无论做什么，上天都知道；修合无人见，存心有天知——坊间这些名言名句背后贯穿的都是这个道理。

《儒家生生伦理学引论》中有这样一段文字，表达了这个问题意义之重大：

> 虽然只是“借”，只是“顺”，但在当时的背景下，特别是考虑到思维惯性的巨大力量，人们又以“认其为真”的方式，愿意真诚地相信它，使儒家学说实际上具有类似的宗教作用，足以支撑人们的心灵。这就好像康德以“认其为真”的方式对待宗教，使其学说既不同于先前的宗教，又能够保持人们的信念一样。所不同的是，康德这一思想只是一种理论建构，儒家文化却早已这样实际生活了两千多年。这是何等合理，何等神奇，何等玄妙，何等惊艳啊！[①]

一个“借天为说”，一个“认其为真”，前者是顺着天论传统的习惯说事；后者是以此形成某种信念或信仰，加强道德的力量，二者共同搭建起儒家学说的形上架构。它帮助我们明白了这样一个道理：尽管古人无不相信道德根据来自天的禀赋，由此甚至构成一种独特信仰系统，但这种情况只能从信念的角度理解，究其实，天并不是也不可能是道德根据的真正来源。这种看法彻底颠覆了历史上以天说性的传统，对于重新审视儒家学说的形上系统，否定天或天理的实体化，具有极为重要的意义。

【作者简介】杨泽波，哲学博士，复旦大学哲学学院教授，博士生导师。主要研究孟子和现代新儒学，主要著作有《孟子性善论研究》(1995，2010，2016)、《贡献与终结——牟宗三儒学思想研究》(五卷本)(2014)、《儒家生生伦理学引论》(2020)等。

① 杨泽波:《儒家生生伦理学引论》，商务印书馆2020年版，第210页。

用进步儒学取代自由儒学 *

[美]安靖如 撰/胡晓艺 译

【内容摘要】本文的核心论点"进步儒学"(progressive Confucianism)是一个清晰而有效的范畴,它对大部分当代儒家都适用,可以成功地吸收所谓"自由"儒学的用处而不遭受我所展示的"自由儒学"陷入的难处。本文首先举例说明进步儒家如何被错误地贴上了"自由"的标签,进而探讨一些有影响力的20世纪新儒家如何使用"自由"一词,更进一步探讨常被贴上"自由儒家"标签的当代学者的情况。概言之,考虑到内容与修辞这两方面因素,即使一些学者已经满足于"自由儒家"标签,我仍主张以"进步儒家"取而代之,尽管另外一些有着"双重信仰"(dual commitments)的儒家学者仍然倾向于"自由儒家"甚或是"儒家自由主义者"的叫法。最后进一步阐明进步儒家所使用的"进步"概念的含义。

【关键词】进步儒学;自由儒学;自由(*ziyou*)

对于儒学学者而言,我们生活在变动不居却令人兴奋的时代。儒学面临着很多挑战,但同时经历着波澜壮阔的复兴。儒学的价值在中国被广泛讨论,世界各地对之的兴趣也在增长。在此背景下,哲学家有责任尽自己最大所能,明晰儒学研究已有的不同进路。今天,学者与各领域专家都从不同视角看待儒学,如历史的、哲学的、宗教的和文化的视角;其中有人主张儒学能够新生,有人则寻求回到儒学的过去。另外,学者们也争论当代儒学与西方哲学,如与马克思主义、自由主义、康德主义、保守主义与共和主义的关系问题。儒学是否应该与这些思想学派相融合?这对于儒学造成的改变,应被理解为面向共有的现代性对自身做

---

* This paper was originally published in *Journal of Confucian Philosophv.and.Culture*.2019(Vol.32),pp.41-63.

出的积极改造，还是西方文化霸权侵入的消极后果？

在此极富争议的论域下，本文探索使用“进步儒家”与使用“儒家自由主义”或“自由儒家”表述的区别，并认为“进步儒家”的范畴相对于诸“自由”的表述较有优势。下面是我们对“进步儒学”的初步定义：进步儒学是一种对于儒学传统的不断发展的承诺，它重视批判性吸收现代性对于我们多元社会的独特影响。进步儒学无意于复制过去的制度结构，除非这些结构对于促进儒学的核心价值在当代世界的实现仍然有效。许多进步儒家视个人与集体的道德进步是儒学寻求实现的核心价值，另一些人认为对压迫的诸种批判是走向道德进步的关键步骤。而我想强调的是，尽管道德进步经常处在进步儒家理论建构的核心位置，进步儒家也非常关注制度建构、制度设计，并对可以商榷的当代制度（包括可商榷的典礼仪式，下面会进一步阐述）进行主动批判。尽管进步儒学的一些特定内容与现代其他“进步的”社会运动做出的结论具有相似性，然而进步儒家要强调两点：第一，进步儒学与其他进步主义有同也有异，在其相似处，进步儒家仍保持自己立场的独特性；第二，这些相似性并非来源于对外来观点的简单借入，而是基于儒学内在的发展对于人类社会共有变化的回应（比如城市化与工业化这样的现代潮流）。

首先举例说明进步儒家如何被错误地贴上了“自由”的标签，进而探讨一些有影响力的20世纪新儒家如何使用“自由”一词，进而探讨常被贴上“自由儒家”标签的当代学者情况。概言之，考虑到内容与修辞这两方面因素，即使一些学者已经满足于“自由儒家”标签，我仍主张以“进步儒家”取而代之。

古今东西的哲学家普遍认同语言的明晰与精确使用至关重要。《论语》记载了孔子“正名”的主张，因为关键范畴的误用会导致迷惑甚至混乱。在此精神下，本文首先列举两例关于一些儒学学者以值得商榷的方式将其他学者贴上“自由”的标签。第一个例子来源于王怀聿（Huaiyu Wang, 2016）的一篇文章《在压迫的层级与滋养的风格之间：为公民秩序的儒家方式辩护》（“Between Hierarchy of Oppression and Style of Nourishment: Defending the Confucian Way of Civil Order”），它的论述目标是“阐明儒家公民秩序的真正意义与根基，并与来自自由主义的与女性主义的批评作辩护”。① 文章的第一部分仁慈而有洞见地给出了班固的“三纲”（Three Norms）理论的解读。一个更常见的“三纲”的翻

① Wang, Huaiyu, “Between Hierarchy of Oppression and Style of Nourishment: Defending the Confucian Way of Civil Order”, *Philosophy East and West,* 2016, p.559.

译方式是“三种束缚”（Three Bonds），但王怀聿强烈反对这种理解方式，整体而言我认为他的论证令人信服。问题出现于当王怀聿转向他对于儒家公民秩序的辩护，与基于“现代自由与平等价值”的那些批评之间进行的时候。他写道：“让我开始于一种典型的自由主义的批评，正如安靖如在他的《当代儒家政治哲学》（*Contemporary Confucian Political Philosophy*）①中所展示的那样。”但是我的批评并非“自由主义的”批评方式，而是明确被表述为一种“进步儒家”的批评方式。实际上，人们需要非常仔细地阅读王怀聿的文章才能理解我的关切所在。他顺带提到了我对于传统中国社会中的压迫与女性可以期望的“有限贞德”之联系的担忧，但是继而转向对自由主义（比如根据 Will Kymlicka 做出的推论）的一般探讨，并且批评自由主义不能建构“真正化育人心与启明人智的公民秩序”。②王怀聿对现代自由主义的批判的一些观点我表示认同，但这些观点与我对于压迫的儒学批判毫不相干。实际上，王怀聿只涉及了我对于压迫的实际关切，即压迫限制了受压迫者成为完整的道德主体——而这只在他文章这一部分的最后段落中间被提及。③

相较于王怀聿自己所辩护的“儒家的”立场，他通过将我的观点标榜为“自由主义的”排除了儒学在现代世界展开的多种可能。他也停止了与我所主张的实际立场展开讨论，而代之以自由主义的批评，使得我的实际立场隐然不彰。类似问题也可以在著名的大陆儒学学者蒋庆的作品里见到。2013 年，蒋庆的三篇关于儒家宪政主义的作品的英文翻译发表，同时发表的还有四位学者对蒋庆观点的评论，与蒋庆对这些评论的回应。四位评论者中的三位——陈祖为（Joseph Chan）、白彤东与李晨阳，他们自认为是儒家学者。蒋庆在回应的近开头处写道：“鉴于他们的思考很大程度上反映了自由主义的立场，我也以系统的方式回应自由的民主的价值全系统……这对我也是一次展示中国儒学对这些趋势的回应

---

① Angle, Stephen C., *Contemporary Confucian Political Philosophy: Toward Progressive Confucianism*, Cambridge, UK: Polity Press, 2012.

② Wang, Huaiyu, “Between Hierarchy of Oppression and Style of Nourishment: Defending the Confucian Way of Civil Order”, *Philosophy East and West*, 2016, pp.570–571.

③ 我们两人的争论或许在于是否认同儒家以个体的道德进步为核心追求与成圣的最后可能性。我相信儒家确实持有这样一种信仰，且它并不在于“‘德’与英语‘virtue’的简单对应”（王怀聿，2016：575），而是立足于一种更宽泛意义上的，我相信也被广泛接受的儒学。王怀聿在同一页上的一些论述表明他同意道德进步是重要的，但是否认被我叫作“压迫”的结构性限制确实阻碍了这样的发展。这确是我论点的要义，但是他在此处的评论太过简单，让我难以完全理解。

的机会。”[①] 在接下来的往答中，蒋庆确实不时回应了评论者提出的特定议题，但是他从未认同这些评论者或许提供了理解儒学的不同方式。他独自对“中国儒学的回应”负责，并将他人观点理解为将民主视为“政治的普遍结构”，儒家价值在其中只能扮演补充角色。[②] 蒋庆将此领域视为只能由两种选择构成——他自己的铁板一块的儒学，与同样铁板一块的自由主义，这种理解的一种结果是在他对于四位评论者的回复中，他没有做出任何让步，没有对自己所需要的观点进行任何修改或补充，因为他认为他们根本不懂儒学。

比起他所批评的漫画形象，一种对蒋庆（以及对王怀聿的评论）的回应是坚持认为自由主义不是铁板一块的，自由主义的许多变种更加有趣并值得拥护。但是我在这里的兴趣更多的是儒学而非自由主义。至此我们已经看到两个关于学者误把儒学立场贴上“自由主义”的标签的例证，但是该如何理解一些儒者公开接纳自由主义的情况？这真是进步儒学所是吗？让我们思考20世纪“新儒家”牟宗三与徐复观对于自由主义的态度。他们都视孔子与儒学扩展了自由主义或“自由精神”，并均认为为自由精神之完全实现，被称为“自由民主”的政治制度在当今儒家社会仍然需要。更进一步，他们都在不同程度上看到了当代自由主义或是在西方或在中间台湾与香港社会所面临的问题或限制。下面，我将讨论把这种观点叫作自由主义是否奏效。首先，让我们详细考察两位学者的观点。

尽管牟宗三与徐复观所使用的讨论自由主义的术语有异，但两人的基本观点十分相似。他们首先视自由主义为一种个人可能拥有的态度。根据徐复观的观点，自由主义的精神在于“自作主宰”，他将其与“良心理性”相关联。[③] 个人须在一定程度超越传统，根据新的挑战主动更新传统，而非作为外在权威的被动接受者。徐复观认为这种自由精神是普遍的，实际上，孔子是它的模范，尽管它在南宋新儒家那里达到顶峰而衰落。[④] 对于牟宗三而言，他强调他所称的“主体自由”与“道德自由”，这里我们需要谨记的是中文的“自由”可以被翻译为“liberty”或者“freedom”，而我们所讨论的“自由主义”是“liberalism”。牟宗

① Jiang, Qing, *A Confucian Constitutional Order: How China's Ancient Past Can Shape Its Political Future*, Translated by Edmund Ryden and edited by Daniel A. Bell and Ruiping Fan, Princeton: Princeton University Press, 2013, p.161. 进一步可参考蒋庆对于陈祖为的回应的中文本：蒋庆《整全性与主导性的支配价值——“政治儒学”对自由主义学理的回应之一：以陈祖为教授为例》，2016年，儒家网，https://www.rujiazg.com/article/3931.

② Jiang, Qing, *A Confucian Constitutional Order: How China's Ancient Past Can Shape Its Political Future*, Translated by Edmund Ryden and edited by Daniel A. Bell and Ruiping Fan, Princeton: Princeton University Press, 2013, p.196.

③ 徐复观：《为什么要反对自由主义》，载《学术与政治之间》，台北学生书局1980年版，第459页。

④ 徐复观：《为什么要反对自由主义》，第460页。

三认为，成为一个真正的自由主义者有四个关键：尊重个性、尊重人格价值、宽容与理性。自由主义首先是一种可以被培养的个体的状态，他认为孔子是第一个也是最伟大的一个这种自由个性的例证。①

牟宗三与徐复观都主张牟宗三称为的“客观自由”，即能够保护政治的（也可能包括其他的，见下文）自由的客观结构，对于主体自由之完全实现必不可少。②牟宗三有时使用传统词汇讨论这一问题，比如他说道德与政治自由之间是一种内在的“体—用”关系。更广为人知的是，他说我们的主体的道德自由必须“限制自己”（“自我坎陷”）以符合客观的政治结构，使其能够保护客观自由，也因此主体自由才能实现。③徐复观公开主张儒家因其在避免独裁政府方面的无能而未尝获得完全实现，他强调，“压迫”在本质上是政治性的并来自政府。因此，儒学需要“民主政府，其政统属于全体人民，治统是政府”④。

因此，在徐复观看来，传统儒家的自由主义并不完美，至少部分是因为缺少合适的政治制度。尽管同时他也认为所有的自由主义都不完美，尤其是西方自由主义也可以从儒学受益。牟宗三甚至更加强调现代自由主义的弊端。他也担忧西方式的自由主义，在长时期的“具体化”过程中失去了富有生机的精神（如主体自由），结果是它提倡一种价值中立的“灰色世界”。在其他地方，他使用“泛自由主义”的术语表达了相似的担忧，它指一种遍在的自由，这种自由挑战所有的规则与等级却失去了与道德的联系。牟宗三认为这在汉语世界可被视为一种值得商榷的五四时代反传统的遗产。⑤牟宗三说，真正的自由主义者，不仅仅孜孜以求于人格价值之实现，而且也承诺“可以适用于家庭生活的父子、兄弟、夫妇之间的规范”⑥。牟宗三反复强调人文教育或“教化”因其塑造人们使用自由与权

---

① 彭国翔的新作对于此篇具有很大帮助，新作对于牟宗三对政治的见解有着详尽校对，并有他自己富有洞见的评论。牟宗三：《时代与感受》，载《牟宗三先生全集》第 23 卷，台北连靖出版社 2003 年版，第 36–37 页，转引自彭国翔《智者的现世关怀：牟宗三的政治与社会思想》，台北连靖出版社 2016 年版，第 363 页。

② 这是一种对何信全（Ho, Hsin-chuan）的观点的特别强调，尽管何信全也说牟宗三与徐复观遗漏了论点的最重要方面而并不完整，有待更深入的哲学的与实践的创新。何信全：《儒学与现代民主：当代新儒家政治哲学研究》，中国社会科学出版社 2001 年版。

③ “内在的体用功能”，参见彭国翔《智者的现世关怀：牟宗三的政治与社会思想》，第 354 页；“自我坎陷”，参见牟宗三《政道与治道》，台北学生书局 1991 年版。

④ 徐复观：《为什么要反对自由主义》，第 395 页；徐复观：《儒家对中国历史运命挣扎之一例：西汉政治与董仲舒》，载《学术与政治之间》，台北学生书局 1980 年版，第 461 页。

⑤ 牟宗三：《时代与感受续编》，载《牟宗三先生全集》第 24 卷，台北连靖出版社 2003 年版，第 265 页，转引自彭国翔《智者的现世关怀：牟宗三的政治与社会思想》，第 353 页。

⑥ 牟宗三：《时代与感受续编》，第 51 页，转引自彭国翔《智者的现世关怀：牟宗三的政治与社会思想》，第 367–368 页。

利的方式而具有本质意义。①

根据我们现在所考察的徐复观与牟宗三的观点，把他们贴上“自由主义者”的标签是否有意义？无论作何回答，我们应该称他们为进步儒家吗？为了回答这两个问题，我们需要考虑以下四点：第一，他们所指的“自由”精神或主体性的多数方面过于宽泛，以至于可以适用于几乎所有健全的传统。没有人应该完全被动地满足于无任何批判性地型塑于他或她的传统，就如同我们所有人都应该保持开放和理智的态度对待我们的传统一样。正如麦金太尔（Alasdair MacIntyre, 1988）所强调的那样，富有生命力的传统取决于它的参与者的不断问答。②第二，普遍更满意于牟宗三与徐复观在关注自由个体的道德主体性的意义上使用“自由”理念。第三，在很大程度上，徐复观与牟宗三都没有花太多精力彻底思索使得儒家主体性与道德价值在现代社会充分实现的客观的政治结构所需要的细节。他们反而借用了现成的西方“自由民主”“人权”的理念与建制。我认为，他们关于现代世界需要传统中国缺少的制度保护的观点令人信服。但是在一定程度上，他们不是完全根据儒学自身开展他们的“开出新外王”的规划，因此在一定意义上，一些对于他们的政治主张并非深入的“儒学的”的批评是正确的。第四，牟宗三由于坚持认为即使以自由主义的形式，传统家庭规范应当被现代儒家所保持，而与他的同时代的自由主义者分道。这似乎以另一种方式说明了牟宗三并未彻底思考基于经济和社会结构已经发生的许多变化，儒家在今天意味着什么。综上所述，前三点尽管原因不同，但都支持了将牟宗三与徐复观标榜为自由儒家。然而第三点与第四点则表明尽管在一些方面他们可成为进步儒家所致力的目标的样式，他们也并非完全意义上的进步儒家。

来自清华大学的儒家学者唐文明对于牟宗三及其遗产的两个批判性评论可以帮助我们厘清牟宗三对儒学的发展的短板所在。唐文明认为，牟宗三的“自我坎陷”的核心理论设计使得现代儒学的制度化建构的问题过于简单。一方面，它似乎允许传统儒家价值与现代制度之间的太多分离，牟宗三由此规避了精准找出

---

① 牟宗三:《时代与感受续编》，第432–433页，转引自彭国翔《智者的现世关怀：牟宗三的政治与社会思想》，第359页。

② MacIntyre, Alasdair C., *Whose Justice? Which Rationality?*, Notre Dame: University of Notre Dame Press, 1988. 这里或许很适合提及另一种儒学被称为“自由主义”的语境，即狄百瑞（William Theodore de Bary）的《中国的自由传统》(*The Liberal Tradition in China*）一书。这本书采用一种并不严格的“自由主义”主张儒学，尤其是宋明新儒学以一种改良的人道福祉的关切，而非一种僵化死板的意识形态的关注为中心。参见狄百瑞（1983）书中第6–7页与散见各处的观点。De Bary, William Theodore, *The Liberal Tradition in China*, New York: Columbia University Press, 1983.

制度必须做出的改变以及这些改变如何支持儒家价值的艰苦努力。[①]“自我坎陷”如魔法棒一样有效，使得牟宗三在没有仔细思考的情况下支持自由民主。另一方面，唐文明认为，牟宗三这种忽视制度细节的学术传统在更大程度上被像刘述先与杜维明（在英语世界中以 Tu Wei-ming 为读者所熟知）这样有影响力的知识分子所继续。唐文明写道，这些学者关注的是如“全球对话”与“宗教间对话”这样的模糊的方案，而只取得很少的实质性效果。[②]我并非完全赞同唐文明关于制度化的观点，但同意自由主义与牟宗三及其追随者的哲学的联系的根基并不牢固。我们可以同意牟宗三与杜维明认为儒学已经进入了一个新时代的观点，但或许不能同意自由主义应在那个时代扮演何种角色。进步儒学需要提出自己独特的社会批判与制度方案。

让我们从或许可以被叫作 20 世纪儒家的混合遗产，转向明确同时援引儒学与自由主义的当代学者的讨论。我想关注的方法论议题是：这些学者是将儒学与自由主义视为两种独立的主张而他们试图加以调和，还是在他们的思想中儒学发挥着更为根本的作用？也就是说，他们是混合的“儒家—自由主义者”（或者叫作“自由儒家”），还是最好被理解为自由化的（或者更准确地说，“进步的”）儒家？只要我们看一些真实的例子，这种区分就会变得更加清晰。

一个例子是来自山东师范大学的学者胡岩 2014 年的一篇文章，文章探讨了被他称为的“儒家自由主义”方兴未艾。[③]胡岩同时观察到，现在一方面是许多儒家似乎对自由价值的至少一些理念表示共鸣；另一方面是一些自由主义者似乎从与五四运动相联系的对中国传统的激进批判的立场中退回。他接下来概述了这两种传统（自我、自由与正义的概念）的再接洽所带来的关键性理论障碍；他看到比起形式正义的结构，在像社会正义的议题上有更多达成一致的空间。这篇文章的细节论述对本篇文章的探讨并不重要，因为文章作者的目标是去发现而非支持或批判那种趋势，而重要的是胡岩如何理解这种趋势。他明确地将其视为两种各自拥有自身的价值的独立的传统，由于一种逐渐增长的能力而去认可“他者”传统所拥有的价值而最终（部分地）走到一起。他并没有视这些改变为一种或另一种传统的内在发展所驱使，而是认为彼此存在一种相互认同，即两种传统比最

① 唐文明:《隐秘的颠覆：牟宗三、康德与原始儒家》，生活·读书·新知三联书店 2012 年版，第 291 页。

② 唐文明:《隐秘的颠覆：牟宗三、康德与原始儒家》，第 290–291 页。

③ 更早的关于“儒教自由主义”的探讨的文章，参见刘军宁《儒教自由主义的趋向》，载《共和·民主·宪政——自由主义思想研究》，生活·读书·新知三联书店 1998 年版，它似乎没有在学术界引起太多反响，也没有被这里讨论的胡岩 2014 年的这篇文章所引用，参见胡岩《“儒家自由主义”如何可能？》，儒家网，https://www.rujiazg.com/article/3931，2014 年。

初所设想的有着更多的共同点，而对于究竟什么是使得传统自身进一步改变的动力并没有被表述清楚。

上述文章简单提及了一位儒学学者姚中秋，他也以笔名“秋风”写作。他对现在的语境饶有兴趣，因为他以自由主义者身份开始他的学术生涯——他有古典自由主义与奥地利经济学派的背景，并曾将哈耶克的诸多著作译为中文——但是他逐渐认同自己为一个儒家。尽管可以认为秋风是“双重信仰”（dual commitment）模式的代表，寻求一种儒学—自由主义的混合，但是随着时间的推移，他对于儒学的认同加深了，也许甚至达到一种有问题的程度，对此我之后还会讨论。他的主要的思想的训练是强调法权思想在传统儒学中的作用，以此限制领导者的权力，因而支持一种理性的社会秩序，并且主张在现代情形下，这种儒家法权主义需要进一步发展。[①] 他也强调了“以自由主义的观点来理解与重新诠释儒学”的必要性。[②] 他说被自由主义所激励与挑战的结果是，“儒学价值与思想将会得到一种对生活的新的有效期，一种‘新生转进’”，这种说法是正确的；他在2012年的一篇文章的副标题是“一位自由主义者的立场”[③]。但是他对于儒学的历史优劣及儒学未来必须发展的方向，并非取决于他对于自由主义的承诺。相反，他认为，为了更好地实现他所视为的儒学对于一个合理的社会秩序的核心承诺，儒学必须进一步发挥已有特征。

秋风的写作显示出“儒家法权主义”的支持者面临的一种困难，即必须在显示儒家的传统已经或多或少拥有了“法权主义”因素，与此种因素的传统类型或程度尚且不足之间保持微妙的平衡。毕竟，即使是最“保守主义的”（甚至是“原教旨主义的”）儒学诠释者今天也承认，一种现代儒学化的政治不能够重建传统的专制政体、礼教支持系统与其他机制。因此儒学法权者必须解释为什么事情需要改变。但同时，他们必须主张对于仍能算作“儒学”的现代发展而言，传统中有着足够的法权思想资源。我将其称作“微妙的平衡”，并非意味着我认为它不可能达成。但是它很容易走错方向，并且秋风对于传统不时过于软弱，容易落入当代儒学所需要的所有概念与制度在传统中已然存在的观点。比如，在一篇文章中，他讨论了传统的“名分”概念与现代权利和责任理念的相似性。[④] 确有相

① 例证参见秋风《儒家法律观发微》，载《儒家式现代秩序》，广西师范大学出版社2013年版，第133–156页。

② 秋风:《儒家复兴与中国思想、政治之走向》，载《儒家式现代秩序》，广西师范大学出版社2013年版，第25页。

③ 姚中秋:《儒家复兴与中国思想、政治之走向：一个自由主义者的立场》，《思想》2012年第20期。

④ 秋风:《儒家法律观发微》，载《儒家式现代秩序》，第138页。

似，但也存在关键性不同，会影响两种不同理念能否成功保护现代公民。相似的是，秋风所写的另一篇关于汉儒将《春秋》诠释为“经法”的方式，并对比了普通法的理念的文章，[①] 它再一次表明尽管确实有很多有趣的相似性，经典文本诠释不能像现代政制与法律可以的那样服务普遍的现代公民。我并不是要论证现存西方的自由政体设计的唯一性，或者是最好的可能的现代主义的形式。进步儒学的中心原则是现代政治可以是独特的儒学式的，但是“正名”式的与《春秋》诠释的方式对于现代儒学法权主义的建构都不足够。现代的并且是进步的儒学需要超越这种方式，不必以模仿当代自由主义的方式进行。因为秋风的最近的作品关注儒学传统中与“法权政体”的对等性，而非儒学需要进一步发展的方式，我认为现在很难说他是否愿意去接受进步儒学的规划安排。

当代大陆儒家学者中最为著名的公开宣称“自由儒家”名号的是山东大学黄玉顺教授。在一篇名为“自由主义儒家何以可能?”的文章中，黄玉顺强调了他不是在追问“自由儒学是否可能”，他认为像徐复观这样的前代学者的理念与实践已经清晰地表明了可能性，他的问题是自由儒学为何可能。黄玉顺也阐明了他自己对于儒学——他把它称为“生活儒学”的理解方式，它不限于自由主义的形式。他满意于对自己思想的、经验的（形下）、政治的方面标榜为“自由主义”，但是认为生活儒学也有儒学独有的形上与本质的维度，那与自由主义无关。在这种联系之中，黄玉顺说他尽管尖锐地反对台湾儒家李明辉的更为形上的观点，但大体上同意李明辉对于大陆儒家正在进行的理论建构“方向错误”的政治批评。[②]

根据黄玉顺的说法，[③] 自由儒学之所以可能的原因是就像所有思想的形式那样，儒学必须适应社会生活结构的潜在变迁。他勾勒了一幅中国社会发展与相应的政治变革的总体图画，最终推论出中国正在经历一个“新轴心时代”的理念，这个时代既包括向着更个体主义的社会生活的剧变，也包括广泛的民主政治的兴起。他相信这个过程在中西方都开始甚早，并且坚持认为这是中国发展的内在过程，而非被由西方或者其他外在因素强迫进行的外在过程。黄玉顺追问道，那么我们如何理解黄宗羲对于专制主义的批评，或者戴震对于宋以来的正统的批判?

① 秋风:《儒家法律观发微》，载《儒家式现代秩序》，第 147 页。

② Huang, Yushun, *Voice from the East: The Chinese Theory of Justice,* Translated by Hou Pingping and Wang Keyou, Reading, UK: Paths International, p.2. 更多关于李明辉与黄玉顺的“大陆新儒家”的批评，参见 Angle, Stephen C., “The Adolescence of Mainland New Confucianism”, *Contemporary Chinese Thought,* 2018, 49, p.2.

③ Huang, Yushun, *Voice from the East: The Chinese Theory of Justice,* Translated by Hou Pingping and Wang Keyou, Reading, UK: Paths International, pp.10–12.

在黄玉顺看来，像是西方帝国主义这样的外在因素无益于解释中国向现代性转进的起源，而只是解释这个转型过程为何如此漫长和艰难。无论如何，这个过程正在良好地进行，并且为自由儒学可能的正义性基础提供根基。黄玉顺写道：包括儒学对于正义的理解在内的任何有关正义理论的关键，都不在于个体是否遵循现存规范，而是现存规范自身是否公正。这就是“制度的公正”的问题。孔子自己承认现存规范（礼）也需因时而变，因此所有规范都应当被反思。就像黄玉顺在其他地方所讲的那样，“根据中国的正义理论，制度是否合适取决于它是否拥有人性的基础”①。黄玉顺对儒学自由主义的结论是，孔子不是保守的，而是革命的；如果他生活在今天，“他一定是一个自由主义者”②。

对于黄玉顺的观点的简明总结清晰地展示出他提出了一些具有挑衅性的论断，但是就本篇文章而言，关键是他的立场是否可以用“自由儒学”被最好地描述。无疑他的立场并非“双重承诺”模式：他视儒学发生的被他所描述为“自由的”改变是儒学自身的要求，以适应中国社会生活结构的潜在变迁。但是把黄玉顺所构想的改变描述为“自由的”是否最为合适？我可以设想持肯定回答的三种理由。第一，黄玉顺或许相信被我们称为“自由的民主”的制度组合是现时代唯一真实的选择，正如徐复观与牟宗三认为这是儒学所需并寻求直接从作为“新政治”的西方自由民主版本借鉴过来的那样。第二种可能性是黄玉顺事实上相信自由的民主对于现代个体主义的普及尤其需要。他强调个体主义在社会、经济与政治生活中的普遍性，援引大量中美例证认为其他大陆儒学学者的保存以家庭为基础的伦理与强调传统儒家角色的努力是混乱的与危险的。③

在考察认为黄玉顺是“自由主义者”的第三点原因前，首先我要对前两点原因进行反驳。黄玉顺的论断的问题是他基于以家庭为基础的社会与完全以个人为基础的社会之间的错误的二分。我同意现代社会生活与纯粹的家庭主义相比需要一些更接近个人主义的方面，但事实上现代儒家不应该接受任意一极。就像我的另一篇文章中所认为的那样，对于现代儒学而言，只采纳儒学总是把人际关系作为重点，而忽视我们所扮演的角色的传统界限的观点是可能的。④人格与运用

① 黄玉顺：《自由主义儒家何以可能？》，《当代儒学》2016年第10期；黄玉顺：《中国正义论纲要》，《四川大学学报》（哲学社会科学版）2009年第5期。

② Huang, Yushun, *Voice from the East: The Chinese Theory of Justice,* Translated by Hou Pingping and Wang Keyou, Reading, UK: Paths International, 2016, pp.17–18.

③ Huang, Yushun, *Voice from the East: The Chinese Theory of Justice*, Translated by Hou Pingping and Wang Keyou, Reading, UK: Paths International, 2016.p.18；黄玉顺、安靖如：《全球视野下儒学的转进及其路径：中美儒家学者对话（上）》，《齐鲁学刊》2017年第4期。

④ 安靖如：《进步儒学与人伦》，《孔学堂》（双语版）2018年第2期。

的能力在一种关系网络下的个体化过程中形成；现时的存在的礼仪（广义上儒学的“礼”）定义了这个过程的起点，但是礼仪实现自身既通过角色扮演的过程独立实现，也服从于批评与改变。[①]如果此番分析正确，那么黄玉顺对于现代社会生活仅仅以个人为中心的观点的服膺就过于匆促。认为我们的政治制度必须尊重每一个个体固然是正确的，但是对于我们的社会公共生活来说，完全的个体主义、自由民主是唯一选择的观点并不正确，并且只要有能够提供有效的当代儒学政治形式的其他选择，黄玉顺关于自由主义是儒家的唯一选择的观点就经不起推敲。这么说绝不是要否定黄玉顺的所有分析，就像我已经注释的那样，他自己也十分坚定地认为儒学的礼须服从于批判与改变。

坚持贴上“自由主义者”标签的第三点原因是自由对于儒学而言是核心目标。毋庸置疑的是，一种特定类型的自由或自治对于儒家而言总是重要的：人们被期望以自由而自发的方式做出合乎德性的行为。这就是孔子在七十岁的时候所达到的“从心所欲，不逾矩”。[②]我注意到牟宗三与徐复观谈及像是“主体”或“道德”自由时也强调儒学的这个方面。基于与外在自由的强烈共鸣与自由主义对之的强调，仅仅因为它赞成内在自由与自发性就把儒学贴上“自由儒学”的标签极具误导性。当我与黄玉顺有机会公开讨论这个议题的时候，尽管他坚持认为对于儒学而言继续谈论自由至关重要，但他承认“自由儒学”的说法可能会产生问题。他认为一种可能的解决方式——至少在中文中，是使用“自由儒学”（Liberty Confucianism）代替“自由主义儒学”（Liberalism Confucianism）。[③]尽管我绝对赞同“自由”在多方面对于儒学而言意义重大，并且儒学学者必须能够继续“谈论自由”，但中文称谓的变化“自由儒学”（Liberty Confucianism）仍然太接近“自由主义”（liberalism），它必然带来语词合并都会碰到的问题。取而代之的是，我们应该谈论进步儒学，并承认不同的自由对于进步儒学的重要性。

“进步儒学”仍面临的一个问题是：我必须承认“进步”（progress）与

---

① 我此处的观点受郝大维（David Hall）与安乐哲（Roger Ames）的巨大启发，Hall, David L., and Roger T. Ames, *Thinking through Confucius*, Albany: State University of New York Press, 1987；我参考了南乐山（Robert Cummings Neville）的观点，强调批判地评估“礼”的重要性，Neville, Robert Cummings, “Confucianism and the Feminist Revolution: Ritual Definition and the Social Construction of Gender Roles”, *The Good Is One, Its Manifestations Many: Confucian Essays on Metaphysics, Morals, Rituals, Institutions, and Genders*, 2016, pp.199–211, Albany: State University of New York Press.

② 《论语》2.4。在与作者交流中，任建涛引用的正是这段去论证叫作“自由儒学”的正当性。

③ 黄玉顺、安靖如：《全球视野下儒学的转进及其路径：中美儒家学者对话（下）》，《齐鲁学刊》2017 年第 4 期。

“进步的”(progressive)(以及它们的中文对应“进步”)本身都是复杂的概念，这有可能导致“进步儒学”自身的理念不清。尽管如此，与“自由儒学”相比我们仍应使用这个术语，为了得出这个结论，在文章最后部分，我将探讨鲍文欣(Bao Wenxin, 2017)的著名文章《“进步儒学”：含义模糊的标签?》(“‘Progressive Confucianism’: A Label with a Vague Meaning?”)。[①]鲍文欣注意到，特别是在《当代儒家政治哲学》(*Contemporary Confucian Political Philosophy*)的中文版序言部分，我承认并试图解决围绕“进步的”语义模糊性的一些问题，但是他令人信服地说明事情比我承认的更为复杂。鲍文欣借鉴高瑞泉的分析说明中国现当代学者在至少四种意义上使用“进步”概念:(1)对社会的完美主义的信仰;(2)对主体道德的进步与完善的信仰;(3)对人类理性、认识能力、知识与科学技术持续进步的信仰;(4)对人类控制自然世界的能力持续提高的信仰。[②]鲍文欣继续指出，不仅个体的、主体的道德进步明显是儒学的核心目标，而且像朱熹和王阳明这样伟大的新儒家也不时在此意义上使用“进步”概念。[③]

鲍文欣接下来主张，社会的完美主义，即认为人类社会将要或者应该朝向更好的状态进步的观点，并不是传统儒学观点的主流，第三种与第四种观点也不是。由于我经常把进步儒学注解为(部分意义上)关于个体的与集体的道德进步，他看到了在此阐明的必要：社会的完美主义已经成为包括我自己在内的许多现代儒家的中心问题，这个事实是20世纪与21世纪发展的产物。这不是不同意社会的完美主义的重要性，而是强调它已经成为生活的一部分，它改变了前现代儒学的单一维度，使得儒学传统与其他传统进行对话。我认为鲍文欣在一定程度上是正确的(并且他那审慎的关于“进步”在几位重要的20世纪学者的思想中所扮演的角色的研究使他脱颖而出)[④],但是值得注意的是，对于新儒学而言处于中心地位的生生不息理念的强调，至少为现在的儒学的社会的完美主义传统提供

① 鲍文欣:《进步儒学：含义模糊的标签?》,《澎湃新闻》2017年6月6日。

② 鲍文欣补充道：对很多现代学者而言，进步或多或少不仅指涉人类行动之事，而且也是天道自身运行法则(宽泛地使用“天道”一词，以包括进化论者、儒家与马克思历史唯物主义信仰者的观点)。鲍文欣:《进步儒学：含义模糊的标签?》,《澎湃新闻》2017年6月6日，参考高瑞泉《中国现代精神传统》，东方出版中心1999年版。

③ 朱熹尝言，“主忠信是劄脚处，徙义是进步处，渐渐进去，则德自崇矣”(朱熹:《朱子语类》第3卷，中华书局1986年版，第1086页)。王阳明尝言，“自今当与诸君，努力鞭策，誓死进步”(王阳明:《王阳明全集》,上海古籍出版社1992年版，第171页)。参见鲍文欣《进步儒学：含义模糊的标签?》,《澎湃新闻》2017年6月6日。

④ 参见鲍文欣《进步史观与传统精神生活：新理学的内在问题》,《华东师范大学学报》2013年第6期；鲍文欣:《章太炎：悲观主义与“进步”观念》,《南京大学学报》2015年第2期。

了坚实的立足点。另外，我想要强调的是，我使用“进步”一词并非指涉一种特定的、预先设定的目的论。

简言之，在鲍文欣的帮助下，我得以澄清“进步儒学”的“进步”意义的双重性——开放的社会完美主义与个体的道德完美主义，而不强调高瑞泉所指出的第三点和第四点理解方式。然而这还不够，因为进步儒学的核心是这两种类型的进步必须同步进行。社会进步只有在个体道德进步的情况下才得以可能，并且（也许更为显著的）道德进步只有因为社会进步才得以可能。这是“内圣外王”的二元性，这点我在其他研究中大量强调，也正是基于这种联系，进步儒学对压迫的所有形式进行批判，并主张政治参与的必要。因此，那些继续支持基于性别形式的压迫或者否认人们进行坚实的政治参与的现代儒学学者并非进步儒家。

现在是时候回顾我们已经讨论的内容。我们关注这样一种趋势，一些当代儒学学者抵制在现代性情形下儒学需要以重大的新方式发展，其中一些学者把富有建设性的其他学者对现代性回应的努力都贴上“自由主义”的标签。我们看到像徐复观与牟宗三这样的 20 世纪儒家认识到发展一种新的、儒学形式的政治的必要，但是在很大程度上，他们仍满足于舶来西方自由民主制度并且没有详尽思考儒学对于现代社会与政治制度的含义。最后，我们考察了不同时间而被贴上“自由儒学”标签的当代儒学学者，但是我认为“自由主义”并非是一个与他们观点合宜的概念。我们需要一个不同的范畴、一种更好地表达儒学在现当代因根植于自身的核心价值所经历的积极发展的理念。我认为“进步儒学”的说法是与时俱进的有效方式。结论是，我强调抵制“自由儒学”的标签并不是要提前解决像是形式自由与社会价值的相对重要性这样的实质性问题，特别是在今天流行的西方政治论域中，“进步的”可以等同于一种为了更强有力地对抗压迫与不平等而交换形式自由的意愿。① 进步儒家是否应同意此种观点还在于细节的论证，而这超出了本篇的讨论范围。关键是记住进步儒学不是一个中立立场的进步主义与一个支离的儒家承诺的混合物，而是一种儒学的现代形式，它必须用自己的话语找到回应这些挑战的方法。这样的讨论现在正遍及东亚与其他地区，我在此的目标是澄清我们彼此讨论的程度。

① 特别感谢一位匿名评论者提出这个议题。

【作者简介】安靖如（Stephen C. Angle），美国弗里斯全球研究中心（Fries Center for Global Studies）主任，弗里曼学者（Mansfield Freeman），卫斯理公会大学（Wesleyan University）东亚研究教授、哲学教授。

【译者简介】胡晓艺，1994 年生，女，汉族，江苏徐州人，中共中央党校（国家行政学院）哲学教研部博士研究生，研究方向为中国哲学、生态哲学。

西方儒家民主研究评介

[澳]何包钢 撰 / 朱亚辉 译

【内容摘要】 归纳国外儒家和民主之关系讨论的四种范型和儒家民主研究的三种模式。以此为认知参照和研究方法，评述金圣文、肖恩·奥德怀尔、丹尼尔·贝尔和陈祖为等著述家的研究成果，揭示这些作品虽然立场各不相同，但却呈共同特色而具有相同的问题，都强调公民和公民社会的重要性，为促进儒家思想的全球化，提出了其混合模式的新研究领域，但也突显出相同的局限，那就是他们的研究仅局限于狭窄的“英美学术界”，缺乏对儒家民主的制度分析，也忽略了东亚儒学圈中当地人的著作，尤其明显地遗漏了大量的中国文献。这既展示了继续探讨的广阔空间，也意味着研究方法变革的期待性。

【关键词】 儒家民主；研究模式；东亚儒学；制度分析

当代所有主要文明都面临民主的挑战。在某种程度上，民主与主要宗教传统之间的联系就是一个证明：“基督教”“伊斯兰”和“佛教”等词语被置于“民主”之前，形成所谓的“基督教民主”或“伊斯兰民主”或“佛教民主”，这些名称自然备受争议。另外，宗教与民主的联系也体现在政党平台上，例如德国的“基督教民主党”，柬埔寨的“佛教自由民主党”或南亚和中东的众多“伊斯兰党”，儒家也不例外。在过去的二十年中，“儒家民主”一词在整个东亚地区广泛传播，许多书籍和数百篇文章探讨了民主与儒家之间的多方面关系。像基督教民主、伊斯兰教民主和佛教民主一样，“儒家民主”的概念也是颇有争议，并有不同的定义和解释。

最近，香港城市大学的金圣文（Sungmoon Kim）教授出版了《德治后的民主:迈向务实的儒家民主》①，在日本Kyushu大学任教的肖恩·奥德怀尔（Shaun O'Dwyer）出版了《儒家的前景：重新评估》②。这两本书以截然不同的方式为儒家民主研究做出了贡献。金圣文的目标是为儒家民主建立一个坚实的知识基础，而奥德怀尔彻底批评了“儒家民主”这个理念；金圣文倡导儒家民主，发挥了儒家和民主可兼容可混合这种思路，而奥德怀尔则拒绝儒家民主，进一步强化了儒学和民主相冲突的这种思路和观点。尽管他们的立场完全不同，但是他们的作品有一些共同特色而具有相同的问题。他们都强调了公民和公民社会的重要性，都促进了儒家思想的全球化，并提出了一个关于儒家民主混合模式的新研究领域。但是他们都仅限于狭窄的“英美学术界”，缺乏对儒家民主的制度分析，并且忽略了东亚儒学圈中当地人的著作，尤其是明显地遗漏了大量关于儒家民主的中国文献。

本文旨在通过对西方儒家民主研究评介来探索儒家民主向何处去的大问题。本文先介绍西方儒家民主研究，然后比较评介金圣文和奥德怀尔在西方儒家民主研究的工作，并建议采用问题驱动方法或基于经验的制度方法来应对一系列新的挑战和问题，以推动儒家民主研究，特别是我建议通过中西学者之间的建设性对话来克服一些西方儒家民主研究中的问题。

在展开问题讨论之前，我先介绍一下我对儒学的认知过程。我是高中第一年级时接触了儒学。那个时候我不懂儒学，却被一定要求写大字报批孔。就在这个背景下，儒学的东西流传到我的血液之中。大学时期开始对儒学感兴趣，自己就在寝室中读《论语》，整个一学期，收获很大，终身受益。到国外我也一直在思考儒学的问题。在国外读博士期间，办公室挂了孔子和罗尔斯的画像，以鼓励我对一个理想的道德世界的追求。对儒学，发表了几篇英文文章。第一篇文章讨论儒学和少数民族问题，游走在自由主义跟儒学之间，通过二者的对话来看待少数民族权利问题，这是我第一篇关于儒学的英文文章。③后来写了关于儒家与民主的四种关系。④也在《政治理论》上发表了一篇关于儒学商议的英文文章。⑤

---

① Sungmoon Kim, *Democracy After Virtue: Toward Pragmatic Confucian Democracy*, Oxford: Oxford University Press, 2018.

② Shaun O'Dwyer, *Confucianism's Prospects: A Reassessment*, New York: SUNY Press.

③ Baogang He, “Confucianism versus Liberalism over Minority Rights: A Critical Responses to Will Kymlicka”, *Journal of Chinese Philosophy*, Vol. 31, No. 1, March 2004, pp.103–123.

④ Baogang He, “Four Models of the Relationship between Confucianism and Democracy”, *Journal of Chinese Philosophy*, Vol. 37, No. 1, March 2010, pp.18–33.

⑤ Baogang He, “Deliberative Culture and Politics: The Persistence of Authoritarian Deliberation in China”, *Political Theory,* Feb. 2014, Vol. 42, No. 1, pp.58–81.

此外，还写了一篇文章，是讨论中国汉语文字的发展，[①]这与儒学发展有密切的关系。我认为儒学过去是一种农业社会的产物，它的理论满足了农业社会的需要，提出了相应的政治秩序的理论。在现代条件下，儒学应更新发展来满足一种商业兴起后的工业社会条件下的政治理想和价值，由此引出了儒学民主的话题。

一　儒家民主学

早期对儒家民主的研究倾向于考察儒家思想是否与民主相冲突或与民主相兼容的问题，而最近关于儒家民主的研究则探讨了儒家和民主应如何并可以结合的问题。赞同冲突模式的学者认为，儒家和民主在核心价值和意识形态结构上都有冲突。冲突论的理论家认为，孔子的思想与自由主义思想完全不一致。比如亨廷顿就认为，儒教的核心价值观，例如等级制，精英主义和圣人统治与自由民主制是格格不入的。这种观点强调了儒家的核心因素，如威权政体的取向、家长制权威的倾向、皇权政治、等级制和权力的不平等分配等，这些都不利于民主的发展。相反，那些采用兼容模式的人认为，儒学的某些要素与民主思想和制度兼容。中国学者，例如梁漱溟、余英时、成中英和林毓生，都强调了儒家与自由主义的相容性。

近年来，有些学者已经尝试超越冲突论和兼容论这两种模型来探索新的方式。从逻辑上讲，兼容性模型意味着一种混合，即儒家和民主可以混合为一种新的东西。确实，香港大学政治学系陈祖为教授的儒家完美主义的理论将儒家思想与自由民主制度相结合。自由民主制度是由儒家的理论而非自由的权利观所证明的。陈祖为捍卫了儒学追求道德完美的立场，并且从儒家理论来论证自由民主制度，抛弃了从个体主义和权利的视角来论证民主的传统做法。[②]相比之下，丹尼尔·贝尔（Daniel Bell）的《中国模式》努力把民主和贤能治国结合起来，并提出了儒家的民主贤能模式。在这种模式中，贝尔将儒家的精英制与民主制度相结合，强调了富有经验、能干和善良的领导人的重要性，并为“公正的等级制”提供了有深度的理由。[③]这些不同版本的儒家民主理论体现了当代儒家迎接民主挑

① Baogang He, “The Power of Chinese Linguistic Imperialism and Its Challenge to Multicultural Education”, in James Leibold and Yangbin Chen, eds., *Minority Education in China: Balancing Unity and Diversity in an Era of Critical Pluralism,* Hong Kong: The Hong Kong University Press, 2013, pp.45–64.

② Joseph Chan, *Confucian Perfectionism: A Political Philosophy for Modern Times*, Princeton, NJ: Princeton University Press, 2014.

③ Daniel Bell, *The China Model: Political Meritocracy and the Limits of Democracy*, Princeton, NJ: Princeton University Press, 2015; and Daniel Bell and Wang Pei, *Just Hierarchy: Why Social Hierarchies Matter in China and the Rest of the World*, Princeton: Princeton University Press, 2020.

战的一种雄心勃勃的创举。尽管如此，儒家民主理论必须成为现实生活中的一个有机组成部分，并接受经验的验证。

尽管孔子和杜威这两个伟大的哲学家相距2500多年，但是新加坡国立大学哲学系教授陈素芬却把他们的思想综合为一种理想的儒家社群民主："一个和谐的社群，每个成员都可以根据自己的能力和需求来贡献、参与和受益。"①陈素芬教授认为，杜威的实用主义哲学为儒学民主提供了一个有力的哲学基础。

最近中国学者白彤东出版的有关儒家思想的书籍，非常有意思。白彤东在《反对政治平等：儒家案例》中，提出了对自由民主下政治替代物会是什么样的一个问题。在该书中，白彤东认为儒家思想提供了一个富有启发的替代思想。儒家思想赋予那些爱民的、有德行的、实践和知识能力较强的人有更多的政治决策权。目前，大多数民主思想家以加强平等来克服民主弊端，但是白彤东认为最好的方案是混合政体，即儒家的贤能政治加上民主以及自由法律和权利制度。当然这种混合政治与平等主义的特质会发生冲突，但是它更能获得善政，并通过限制民主来捍卫自由价值。②

上述多是专著，下面介绍两篇重要论文。李晨阳早在1997年于美国《价值研究杂志》上发表论述儒家与民主关系的文章，把儒家与民主关系分为三类，并呈现出三种观点：第一种观点"要儒家而不要民主"，即儒家思想非常优秀可以抵制自由主义的民主思想。第二种观点"要民主而不要儒家"，即自由主义的民主思想一定会冲垮儒家思想。第三种观点认为，儒家可以跟民主思想相结合，产生出一种"儒家民主"。李晨阳提出了第四种观点，即儒家思想体系和自由主义的民主思想体系可以各自独立存在，也可以互相竞争、互相制约、互相矫正。③

我2010年发表在《中国哲学杂志》的论文把人们对儒家和民主的关系讨论归纳为四种范型，即矛盾范型、兼容范型、混合范型、批判范型。以亨廷顿为代表的观点属于矛盾型，认为儒学是中国民主进程的障碍；相反，有许多学者采用了兼容性的态度，指出儒家文化的核心要素就民主而言是积极的。混合范型居于矛盾范型和兼容范型两者中，认为东亚的民主实践总是东西方文化的混合产物。在矛盾范型和兼容范型中，民主是评判标准和终极真理，而儒学被视为是被动的：它要么为了民主应当被放弃，要么需要被改进从而使其与民主兼容。批判范

① Tan Soon-Hoon, *Confucian Democracy: A Deweyan Reconstruction,* NT: Suny Press, 2003.

② Tongdong Bai, *Against Political Equality: The Confucian Case*, Princeton: Princeton University Press, 2019.

③ Chenyang Li, "Confucian value and democratic value", *The Journal of Value Inquiry*, 1997, 31(2), pp.183–193.

型采用逆向思维：在批判范型中，儒学被看作政治标准的仲裁者，儒学可以被用来修正民主政治的某些问题并对其提出可行建议。批判范型并不是矛盾范型的简化形式，因为它承认并尊重自由民主的核心价值，并且并不排斥民主政治。[①] 批判范型的分析模式就是换个思路，原来都是从民主的标准来判断儒学、看儒学里面哪些因素是跟民主相混合的，现在换个思路就是从儒学的角度对民主批评。比如，有学者到中国儒家传统里去找发展协商民主积极资源。实际上，就是把中国的儒家传统当作一种工具，把协商民主当作目的。我们可以倒过来考虑这个问题，即把协商民主看成是完成中国文化传承和发扬的工具。

如果用上述四种模式，并且考虑三种民主模式，即竞争性的选举民主、协商民主、精英民主，那么儒学和民主的关系就更为复杂。如果以这三种模式为主轴，再加上述四种分析范型，把它们放在一个表中，那么就会产出十二种关系。根据这十二种关系，就可以建立起一个分析性框架，分析各种各样的关系，而不只是强调吻合或冲突。吻合和冲突两种方法都过于简单。实际上，最有意思的研究是如何使此两者很好地混合，而金圣文确实在这方面做出了新的贡献。

二　新进步和新贡献

金圣文在韩国出生和长大，他的名字是其祖父起的，望其孙子能成为一代圣人学者。金圣文没有辜负其祖父的期望，在儒学研究方面独树一帜。他本科毕业于著名的私立大学，并在美国著名的马里兰大学获得博士学位。他获得著名哲学家本杰明・巴伯（Benjamin Barber）的指导，在西方接受了严格的分析哲学训练。目前他出版了多部关于儒家民主的理论著作。

金圣文将儒家民主理论争论转移到了一个适用于东亚社会的“儒家民主模式”的新问题上来。金圣文倡导儒学的公共理性，包括了“孝”“信”和“社会和谐”。[②] 他考察了韩国大法官判决的案例，发现了韩国司法体系中大量地使用儒学的思想和术语，因此他称之为一种儒学法治。

金圣文在《德治后的民主：迈向务实的儒家民主》中提出建立一个儒家民主的规范性理论。金圣文努力使儒家思想民主化，并希望这种新的儒家民主哲学有助于创建一种儒家民主文化，让东亚公民从民主的视角来重新思考儒家传统。

① Baogang He, “Four Models of the Relationship between Confucianism and Democracy”, *Journal of Chinese Philosophy*, Vol. 37, No. 1, March 2010, pp.18–33.

② Sungmoon Kim, *Confucian Democracy in East Asia: Theory and Practice*, Cambridge: Cambridge University Press, 2014; Sungmoon Kim, *Public Reason Confucianism: Democratic Perfectionism and Constitutionalism in East Asia*, New York: Cambridge University Press, 2016.

当然，实现这一愿望是一项艰巨的任务，但这仍然是中国和东亚社会的一个重要的现实问题。

金圣文的儒家民主理论与“传统的儒家美德”无关。在现代社会条件下，即在一个平等的公民、多元价值观冲突的社会中，金圣文认为“美德之后的民主是一种不受……传统儒家美德一元论约束的民主政治理论”。金圣文的儒家民主理论完全基于一系列平等的公民身份，一方面儒家民主理论应该抛弃圣贤道德原则来规范权力的运作；另一方面，儒家民主既必须建立在大家遵守程序的道德规范之上，又必须建立在政治参与和解决利益冲突的民主程序的现代观念的基础之上。

基于此，金圣文认为陈祖为和贝尔的上述作品缺乏一个稳固的民主理论基础，他试图为儒家民主建立一个更坚实的道德和思想基础，来解决他们的“摇摇欲坠的基础”。为此，他试图将陈祖为的完美主义模式与贝尔的民主贤能主义相结合，而这种结合是建立在实用的规范性基础上的。《德治后的民主：迈向务实的国家民主》的雄心勃勃的任务是重建务实的儒家民主，综合两种对立的理论，即综合儒家的参与性民主理论和儒家的精英政治理论。

金圣文的实用儒家民主理论有三个部分：政治参与、民主价值、民主程序和实质，这三个部分内容在该书的第一部分前三章分别论述。在第1章中，金圣文认为贝尔的儒家贤能政治理论忽略了政治参与，而陈祖为通过个人参与政治生活来提倡儒家的完美主义的理论是在提倡一种纯理想的理论模式，他们的理论是不稳定的。[①]金圣文认为我们必须要用权利理论来捍卫人们的利益，并解决一系列社会冲突问题。金圣文批评儒家精英理论家仅仅通过选举来理解民主，却没有注意到政治参与的重要性。他批评儒家的完美主义者将重要的政治决定留给了少数政治精英。[②]他认为政治参与是民主的核心价值，是任何强大的儒家民主理论的有机组成部分。金圣文的理论策略是“重新思考民主的工具性概念”，在现代政治下，对复杂的社会互动进行务实的制度协调。[③]儒家民主不应该成为一种掌权者的工具，而是在务实的基础上，它能继续并维持着儒家文明，并成功地解决东亚道德多元化的问题。[④]

在第2章中，金圣文批评了熊彼特的民主工具论和杜威的公民民主论的片

① Sungmoon Kim, *Democracy After Virtue: Toward Pragmatic Confucian Democracy*, Oxford: Oxford University Press, 2018, pp.78, 10, 49, 78.

② Ibid., p.35.

③ Ibid.,p.51–52.

④ Ibid..

面性，他认为，他的儒家民主模式兼容了这两者——“既具有工具价值又具有内在价值”[①]。在民主化初期，民主是作为一种工具性价值引入的，但是当民主处于巩固阶段时，它就慢慢地制度化和内部化为一种非工具理性价值。金圣文对工具主义和内在价值的综合理解，可以从他对韩国民主化经历的个人反思中得到很好的理解。

在第 3 章中，金圣文还批评儒家完美主义理论未能与民主程序建立一个有机的联系。因此，金圣文详细阐述了儒家完美主义者的目标，如精英统治与民主程序之间的密切联系。[②]除了儒家美德以外，“儒家民主权利”既被理解为一种民主程序的产物，又被理解为“儒家民主国家所追求的完美主义者的品格”[③]。换句话说，正如他的书标题所暗示的那样，儒家民主是在超越传统儒家美德的意义上追求美德。

《德治后的民主：迈向务实的国家民主》的第二部分有三章内容讨论正义问题。第 4 章论证惩罚罪人的公共理性。常识告诉我们，犯人犯了罪，理应得到相应的惩罚，这是应得的。金圣文却从社群主义角度提供了一个儒家式的论证：当个人的行为从根本上威胁一个社区的道德基础，尤其是破坏了儒家的孝顺、礼节礼仪、祖先崇拜和社会和谐时，“这种犯罪应该加以惩罚”[④]。

在第 5 章中，金圣文从分配正义的角度来论证自足的重要性，并通过批评那种“超出自足点的财富和收入的不平等并不重要”的论点[⑤]，来重新构建起一种儒家民主的充足理论，即把自足理解为一种平等的权利和机会。

在第 6 章中，金圣文讨论了从国内和国际两个方面论证人道主义干预的必要性。贝尔规定了人道主义干预的条件：干预者具有潜在道德诉求并且干预本身具有一定道德意义，即解放那些暴政统治下被压迫的人民。金圣文发展了一种儒学人道主义干预的理论，列出了进一步的规范性条件：必须得到被干预的政治团体成员的充分辩护并得到其广泛的认可。[⑥]此外，国际社会在澄清和讨论干预问题上也应起到重要的作用，“通过关注国际社会在道德上的作用，我们可以消除孟子政治思想中对干预的含糊不清的歧义”[⑦]。当然，这种儒家人道主义干预的理

① Sungmoon Kim, *Democracy After Virtue: Toward Pragmatic Confucian Democracy*, Oxford: Oxford University Press, 2018, p.16.

② Ibid., p.17.

③ Ibid., p.108.

④ Ibid., p.18.

⑤ Ibid., p.18.

⑥ Ibid., p.180.

⑦ Ibid., p.184.

论用途还需要实践来检验。

虽然金圣文的书强调了“儒学第一”，[①]但他是以英语写作，他的论证方式与西方分析哲学的论证方面很相近。他的论证方面中儒家品味很少。相反，贝尔（D. Bell）的著作有很多的儒家元素，他寻找儒家根源，并发展出独特的政治贤能主义理论及其论证方式。由此人们会提出问题：金圣文的儒家民主理论中儒家成分占多少？当他用西方术语重新解释儒家时，这还是儒家吗？也许读者自己可以做一个思想实验，即在金圣文讨论儒家民主理论中，把“儒家”这个词去掉，看看我们是否仍然能够把握民主的基本含义。

与金圣文建构儒家民主理论形成鲜明对比的是肖恩·奥德怀尔将“儒家民主”带入经验世界中，他从现实出发，对东亚儒家民主的前景深表怀疑，并反对儒家民主理论脱离现实的政治想象。奥德怀尔的理论目标是：（1）重新考虑儒家哲学对当代东亚的重要性；（2）重新考虑个人主义与集体主义的辩论。在《儒家的前景：重新评估》中，他直言不讳地拒绝了儒家民主，“我认为儒家民主没有必要”[②],他也拒绝了他自己早期所提倡的社群主义版本的儒家民主。奥德怀尔的思想路线属于民主与儒家冲突的模型；与此不同，金圣文的著作则属于民主与儒家不仅兼容而且可以结合的模型。

奥德怀尔的书有七章，个人主义是贯穿全书的一个重要观念。如何回应个人主义、集体权利、社会和习俗，是儒家民主需要处理的问题。他拒绝了儒家民主：“我认为不需要儒家民主”[③]，并且他怀疑“在今天，是否可以把东亚社会还称之为一个儒家社会”[④]。为了驳斥儒家民主，奥德怀尔从第1章开始讨论儒家传统，然后在第7章再次讨论这个问题。第一个也是最重要的问题是，“全面的儒家文化和道德特征还在东亚社会中存在吗？”[⑤]金圣文认为东亚社会仍然是儒家，[⑥]奥德怀尔却恰恰相反：他把日本和韩国视为“或多或少的自由民主国家”。他质疑新加坡是否可以被视为儒家社会。对于奥德怀尔来说，把当代中国视为儒家社会也是值得怀疑的，因为在中国社会中权利文化和政治抵抗日渐增多，基督教徒人数不断增长，并且在城市和中青年中出现了后现代主义的价值观。当代所有东

① Sungmoon Kim, *Democracy After Virtue: Toward Pragmatic Confucian Democracy*, Oxford: Oxford University Press, 2018, p.191.

② Shaun O'Dwyer, *Confucianism's Prospects: A Reassessment*, New York: SUNY Press，p.vii.

③ Ibid., p.vii.

④ Ibid., p.v.

⑤ Ibid.,p.v, 229.

⑥ Sungmoon Kim, *Democracy After Virtue: Toward Pragmatic Confucian Democracy*, Oxford: Oxford University Press.

亚国家都难称之为一个儒家社会。东亚社会的现代转型、多元化和多样性使人们怀疑儒家能否为东亚提供有意义的思想（第 7 章）。在现代多元社会中，儒学不可能重新获得制度和文化上的霸权地位（导言和第 7 章）。因此，在中国大陆和朝鲜发展任何一种儒家民主的可行性极低；儒家式的民主政治及其公共政策大概只能在保证言论自由和人权的日本、韩国和中国台湾地区等社会中才可能发展。在第 7 章中，奥德怀尔讨论了在多元社会中，强加儒学道德标准似乎很难。

奥德怀尔借鉴他在日本的生活经历，注意到他在日本的教学经验治愈了他的“早期的儒学社群民主主义倾向”[①]，提出了一些反对儒家民主的论点。第一，儒家的孝顺和顺从的传统观念和实践抑制了道德个人主义的发展（第 1 章）。第二，儒家礼仪加深和强化了地位不平等，因此有悖于当代平等和个人尊严的价值观（第 3 章）。第三，从历史上看，日本哲学家井上哲次郎在 20 世纪初提出的“忠孝统一的理论”为日本民族主义和军国主义提供了合法性，并使日本天皇成为没有缺陷的人，因为他有神性。因此尽管天皇在第二次世界大战中扮演了不光彩的角色，但他没有被弹劾，未受到起诉（第 5 章）。第四，从概念和认知上，儒家民主理论隐藏着家长式权威和精英主义的思想，这些思想远离当代平等的价值观念（第 6 章）。这些批评儒学民主的观点在细节上和逻辑上补充了前面所说的冲突模式，但是在实质上仍然没有摆脱冲突的框架。奥德怀尔也质疑金圣文的儒家民主理论中儒家公共理性概念（第 7 章）。金圣文认为亲情是儒家公共理性的道德心理特征，但是根据奥德怀尔的观点，“亲情是一个本质上有争议的概念”[②]。从规范上讲，儒家的公共理性要求公民具有崇高的道德理想和品行，这在一个多元社会中似乎很困难，因为其他公民会信奉不同的宗教和道德理想。强加儒学的伦理道德势必带来风险，迫使其他信奉不同道德生活观念的公民付出沉重的代价。[③]

奥德怀尔在拒绝儒家民主的时候，也提出了一系列替代性的创新的想法。他认为儒学重点应从集体主义转移到个人主义上，他批评了儒家的道德完美主义，因为它“在一个多元化的社会中是一个不理想的选项”[④]。他认为，尽管儒家有一套道德自律理论，但在个人独立自治上却非常薄弱。一旦有暴君，儒家有为皇帝提谏议和退出政治的选择，而缺乏抵抗权。他拒绝了儒家的“挤压下的自我”观点，即通过文化和社会角色找到一个丰富和有意义的生活，他主张“无拘

---

① Shaun O'Dwyer, *Confucianism's Prospects: A Reassessment*, New York: SUNY Press,p. vii.

② Ibid., p.221.

③ Ibid., p.225.

④ Ibid., p.229.

束的自我”的概念，即“使自己来自由选择并承担其责任”（第 2 章）。奥德怀尔讨论了墨家对儒家礼仪的批评，他认为礼仪是普遍的，扎根于人类社会生活中，适用于东西方社会（第 3 章）。他将孝道解释为一种普遍的美德，一种跨文化的普遍的人类心理特征（第 4 章），他也提出了一种理想的自由多元主义类型（第 7 章）。

两位作者都局限于“英美学术圈”，以解决“东亚以外的道德和政治哲学问题”，他们都专注于有关儒家思想的英语著作，没有涉及中文世界对儒学的讨论。虽然他们的做法是可以理解的，但是非常可惜。如果他们展开一场关于儒家民主的英文著作与中国著作之间的思想对话，例如关于儒家法治思想的讨论，将有助于思想启发和进步。

三　儒家民主研究的未来方向

儒家自古以来推崇精英治国，当代儒家民主的理论也有精英主义倾向。丹尼尔 · 贝尔的儒家民主理论强调了以能力和美德来选拔和提拔干部的重要性。在这个背景下，金圣文倡导以公民为基础的民主方法。他认为儒家政治理论的目的应致力于改善东亚公民的公共生活,并应“让公民自己接受儒家民主理论”[①]。金圣文希望通过让东亚公民（不仅是学者）从民主的角度重新考虑儒家传统，促使儒家思想民主化。当然，实现这一愿景是一项艰巨的任务，但这仍然是一个重要的现实问题。

金圣文认为，儒家需要拒绝精英主义和家长权威领导。儒家民主必须依靠有公德心的公民，必须依赖公民的示威或抗议来行使民主权利，从而使儒家民主运作起来。陈祖为赞同这种观点，他引用麦迪逊（Madison）的观点，即民主在一定程度上取决于公民的能力，来选择有美德和智慧的领导者。[②] 我完全支持金圣文提倡的公民原则，这将是一场改变儒学的学术革命（因为儒学一直是知识精英主义的一个话题）。在贤能政治中，我们需要引入公民原则来全面评估精英能力。为了避免贤能统治的通病，儒家民主需要依靠有道德和有爱心的公民及他们的抗争。此外，在不同部门需要强调不同的美德或道德品质，例如，工会领袖必须具有强烈的社区意识，一个强大的公民社会需要不同的美德来运作。未来如何将公民原则和精英主义思想相结合，将成为儒家民主理论和实践中一个新的挑战

① Sungmoon Kim, Democracy *After Virtue: Toward Pragmatic Confucian Democracy*, Oxford: Oxford University Press, p.193.

② 陈祖为（Joseph Chen）:《儒家完美主义：一种当代的政治哲学》，普林斯顿大学出版社 2014 年版。

性课题。

与金圣文一样，奥德怀尔（O'Dwyer）探索了儒家如何为非营利组织和宗教组织做出贡献。非营利组织已成为一种新的社会现实，例如在日本，为老年人的公共福利做出了卓越贡献。①此外，奥德怀尔以韩国总统金大中（Kim Dae Jung）为例来提倡以信念为基础的政治。金大中在儒家的道德原则指导下进行抗争和谏议，以基督教的宽恕的价值观点来促进自由社会福利政策。金大中挑战独裁统治并促进韩国民主化，他的价值理念和信念是混合的，综合了儒家和基督教的价值，他是民主人士的典范。未来的儒家民主研究应很好地专注于这样一个政治家，但是我们需要新的术语来研究这样一个混合型领导人。将金大中只描述为“儒家民主人士”过于简单和偏颇。

同样，金圣文也涉及混合文化问题：他认为当代东亚文化是一种新型的混合文化，既包括社会中的民主因素，也包括文化中的儒学因素，由此形成了一种混合的政治模型。这种混合模型与前面提到的冲突模型和兼容性模型背道而驰，它处于中间位置。金圣文考察了复杂的兼容的制度和行为实践，特别是东亚的民主化实践始终是西方文化和儒家文化的创造性结合。该模型可在不同层次上以多种方法描述民主与儒家是如何融合的。也许，未来的儒家民主需要探讨以下问题：在不同的时间和地点，儒家和民主的不同成分的最佳比例是多少，以满足各地的民主化的不同任务。

为了发展对不同文化组合的分析，我们必须承认“孔子民主”一词在概念上的局限，甚至考虑放弃“孔子民主”一词。因为“孔子民主”的问题始于“孔子民主”这个概念自身，它是个体化的，因为它与孔子一个人相关联，听起来像是一个人的政治哲学，而不与现代价值直接相关联。自由主义、民主、社会主义等现代术语都与个人名字没有关联，它们是一种抽象的概念，可运用于各个社会中，尤其是“社会主义”这个术语比“马克思主义”这个术语具有更广泛的吸引力。密尔是自由主义的理论大家，但是“ Millism”这个术语并不存在。只要人们仍然使用“孔子民主”来表达一种民主的现代价值，就不可避免地存在知识上的限制。中文术语“儒家”和“儒学民主”比“孔子民主”更好，因为“儒学”是研究儒家传统的学者的集合。这没有“个人化”的含义，西方学者理应用汉语本身的术语来理解各种儒学，阐述儒家民主的理念。我呼吁“非孔子化”，中国使用“儒学”这个概念就比英文的“孔子民主”更好。我们需要一个现代的术语，一个非个人化的术语来表达儒家的价值。

---

① Shaun O'Dwyer, *Confucianism's Prospects: A Reassessment*, New York: SUNY Press，pp.229–300.

21世纪儒学开始全球化，已经超出了我们传统理解的那个仅仅由中国人以中文的形式加以书写的儒学。现在儒学全球化有一个特点，即白人用英文写儒学。美国有一本书叫《波士顿的儒学》(Boston Confucianism)，跳出了一个由黄种人实践儒学的这么一个传统框架。但是，美国人写儒学并不是美国人的国家认同，也不是他们的民族文化认同；与此不同，中国人写儒学是一个民族文化的认同问题，涉及完成中国文化传承和发扬的重大问题，这是一个重大区别。香港学者也用英文写了一大批的儒学著作。1949年后，一批大陆学者到香港研究所谓的“新儒学”，当时钱穆、牟宗三都是用中文写的。但是，不少新儒学的继承人是在用英文写，最有代表的就是陈祖为(Joseph Chan)。用英文来讨论儒学可以通过英文将儒学推向全球。但这也有缺点，一旦用英文写，不用汉语文字来写，就会失掉一些东西。中国的儒学发展怎么跟这些学者沟通、对话、提升，然后又能超越他们，这对中国儒学发展是一个新的挑战，这就涉及中华文明走向世界的问题。

上面评论的两本书以及杜维明[①]、丹尼尔·贝尔和其他许多人的著作，在促进全球化的儒学上起了积极推动的作用，它们推广儒家思想，它们是全球英美知识运动的一部分，其中一些学者建议用儒家思想考察东亚以外的道德和政治哲学问题，[②]并把儒学提升为一种全球学说。当儒家作为一种全球性人文主义思想而具有全球性身份时，它将彻底改变儒学话语的本质。未来的儒学民主将会继续遵循这一趋势，并参与和回答西方的全球民主理论中的一些尚未解决的重大问题。也许，未来的儒学民主研究必须通过解决全球问题来赢得全球听众。也许，未来的儒学民主研究需要吸收西方关于全球民主及全球正义的理论，并升级为真正的全球理论，以解决与气候变化、难民和移民有关的一系列全球治理问题，并提出儒学的方案。

四　未来儒家民主研究的问题

当然，全球化的儒家思想还远远不够，它需要解决当地问题并建立当地联系。儒家民主需要研究儒家民主的话语如何与国家和地方政治及身份联系起来的问题。未来的儒学民主研究需要解决身份问题，特别是儒家民主中的本地和全球身份之间的紧张关系。从历史上看，中国、韩国和日本之间一直在争论谁是正宗的儒学。可是在今天，在日本及中国香港和台湾地区，儒教越来越被视为只是中

① *Confucianism and Human Rights*, Edited by Wm. Theodore de Bary and Tu. Wei-ming, New York: Columbia University Press, 1998.

② Shaun O'Dwyer, *Confucianism's Prospects: A Reassessment*, New York: SUNY Press，p.14.

国的民族象征，最近港台地区正处于非儒学进程中，甚至有美国学者把“一带一路”倡议看成是中国在全球推广儒家的问题。可是，在20世纪90年代，儒学在东亚被推崇为一种地区性的文化认同，以促进东亚区域合作。未来的研究需要考察儒家民主在东亚地区合作中的作用，如果在各种东亚地区机构中都存在儒家民主，并且具有儒家的地区身份，这将大大地促进区域整合。未来的儒家民主需要研究在制度层面的儒家民主是否可以增强东亚地区的认同感，从而促进东亚地区主义的发展，就像欧洲联盟的同行们所做的那样。特别是，我们需要研究儒家协商是否可以有助于解决儒家身份问题。推进儒家民主研究的另一个领域是儒家法治，是考核儒家民主研究的一个领域。儒家民主研究必须解决的一个现实的紧迫问题：儒学如何摆脱为皇权辩护的传统角色，使儒学成为在现代法治建设中的一个积极有用的文化资源。

儒家民主研究的未来需要采取以问题为导向的方法。只讲全球化的儒家思想是远远不够的，它需要解决当地问题并建立与地方的密切联系。目前儒家研究中有一个严重的理论退隐问题，即它参考西方学者著作进行有关民主理论问题的学术探讨，而没有解决相关国家和地方的实际生活问题。在实践中不打扰现实生活，不涉及实际问题，只是在书本中提倡儒家民主，阐明一种纯理论的立场。这种退隐实践的深层原因是：一旦涉及实际问题，人们立即发现，例如在韩国或中国台湾地区人们根本就不提儒家思想。为了避免儒学民主是否经世致用的问题，有些学者只是讨论历史中或理论中的儒学民主问题，如牟宗三的儒学民主理论，而不触及真正的民主化进程中一系列的问题。如果越来越多的学者沉迷于纯粹的理论体系而又不关心实际的地方问题，儒家民主理论与东亚民主化的具体联系就会越来越小。

从儒学的角度来重新看民主的发展颇有意义。从儒学看现行民主的一系列缺点，儒学就可以提出一系列的改良方案。很多人探索过这个问题，罗杰·阿米斯（Roger T. Ames）是一个美国的哲学家，他专门批评自由民主理论的本体论理论框架。自由民主理论一般建立在个人主义的基础上，阿米斯认为应该用儒家的关系理论去取代个人主义。[①]一旦整个理论框架的根基改变了，一系列的东西就变了，这是儒学对民主改造的一个根本思路。还有一个思路就是对权利的纠偏。当代人要权利，涉及许多具体的和根本的问题的解决，比如，如何理解权利？怎么使用权利？以及各种具体权利跟义务有什么关系？陈祖为曾经讲过，权利不是每天要用的东西，只是在不得已的时候去用。日常生活应该强调的是美德。如果我们朋友之间每时每刻都讲权利，这样会让人很不舒服。朋友之间遇到

① Roger T. Ames, *Confucian Role Ethics: A Vocabulary*, Hong Kong: Chinese University Press, 2011.

问题通过商量来解决，只有到不得已的时候我们才运用权利。

未来的儒家民主研究还必须解决一系列新的实际挑战和问题。儒家精英民主如何处理西方社会中的民粹主义问题？儒家民主如何充分地解决选出无能的领导人问题？有一个很值得讨论的问题就是如何改良两党竞争制度。美国两党相互谩骂、指责，失去了真正理性的讨论，出现了重大的危机。政党制度如果要改良的话，一个方法就是发挥中国古代的谏官制度。谏官不会争权，不会只是谩骂、指责。在中国的背景下怎么样把谏官制度发展起来，这也是一个大问题，这涉及儒学法治。儒学法治有悠久的历史，早在604年日本的圣德太子制定了《十七条宪法》。《十七条宪法》当中有：和为贵、以民为本、不乱本性，这都是儒家的民本思想。第十七条是对君王的一种约束：凡事不可断独，必与众宣论。

从比较政治的角度来看，儒学在当代东亚政治上的作用很微弱。这涉及儒家民主如何纠正协商民主的低效性问题，儒家的王道理想如何有助于构建一种有效且公正的民主协商制度？儒家如何反思自己的民族理论构建一种新的少数民族权利理论？儒学如何修改改土归流传统，为当代解决少数民族矛盾提供新的思路？如何应对贝尔的“公平的等级制”所带来的挑战？[①] 儒家必须令人满意地回答上述问题并通过实证检验，否则，“儒家民主”理论尽管鼓舞人心，但仍然是空虚的或停留在书本中。

五　研究儒学民主的方法问题

最后，我想讨论一下他们的研究方法。金圣文的书更加注重理论性、论证性和综合性，他的方法主要是解释性的：他往往选择某些经典的儒家作品，并附加上他自己的解释。相比之下，奥德怀尔的书采用历史和经验方法来讨论与儒家民主相关的实际问题。奥德怀尔的经验方法和金圣文在其书最后一章中倡导的经验方法理应是儒学民主研究的主导方法。

儒学民主研究有各种各样的方法。主导方法是文本解读方法、哲学方法和经验方法等。哲学方法思考儒学的价值。比如说王道政治，那是中国几千年以来对理想政治的一种追求，相当于罗尔斯对良序社会的追求。我认为哲学方法必须强调分析方法，如上面说的四种关于儒学和民主的分析模式。此外，我认为儒学民主研究必须强调制度方法，儒学民主理论必须转化为一种儒家民主的机制和制度，儒家民主的制度表现或设计，或儒家民主的现代转型都应成为儒学民主研究

① Daniel Bell and Wang Pei, *Just Hierarchy: Why Social Hierarchies Matter in China and the Rest of the World*, Princeton: Princeton University Press, 2020.

的主轴。不幸的是，上面讨论的两本书都缺乏制度方法，该书索引中根本没有“制度”这一术语。重视儒家民主的制度问题，可使他们的研究工作受益。如果金圣文和奥德怀尔都从经验和制度上考察儒家的谏议制度和乡学制度，那么这就丰富了他们关于儒家的公共理性的讨论。如果金圣文研究了近十年来香港迫在眉睫的普选问题，那将为其所说的实用主义儒家民主理论提供一个经验基础。未来儒学民主必须研究儒学在选举制度的建构、修改和完善上到底起了何种作用；儒学在建立、发展和完善协商民主制度上到底起了何种作用。目前儒学民主理论研究仍然处于哲学想象的阶段，儒家民主思想必须解决现实世界中的现实问题。我坚信，任何儒家民主模式都应以经验为基础，任何儒家民主理论至少要有一个制度机制，而且这个制度需有现实力量的推动和支撑。这种基于经验的制度的方法必须在规范政治理论中占据首要地位。无论儒家民主理论表述得多么出色，它都必须经过实证和制度检验。有时一个吸引人的想法只是一厢情愿。热情或渴望重新创立儒学民主理论发挥了重大的作用，但理论最终仍然需要进行严格的检验，以发现思想在现实生活中是否可行。目前儒家民主研究的哲学方法和文本方法包含太多的主观判断，它们可能与现实生活无关。未来儒家民主研究必须进行方法论的革命，围绕儒家经典进行解释性工作永远做不出一个儒家民主。儒家民主必须依赖于信奉儒学的学者和公民通过制度建设把儒学和民主有机地、创造性地结合起来。知行合一是新儒学变成民主的主要方法。

【作者简介】何包钢（Baogang He），1994 年在澳大利亚国立大学获政治学博士学位，现为澳大利亚迪肯大学校级讲座教授，澳大利亚社会科学院院士，华中师范大学中国农村问题研究院特聘教授，曾任新加坡南洋理工大学人文与社会科学学院公共政策与全球事务系主任，新加坡国立大学东亚研究所高级研究员。主要从事西方政治理论、比较政治学、国际政治和中国协商民主政治研究。何包钢教授是罗尔斯《正义论》的译者之一，出版了 7 本英文著作，84 篇国际社会科学引证期刊系统中的英文文章，其中两篇文章是目前国际社会科学引证期刊体系中名列前百分之一的高引证论文。他的英文文章发表在《科学》《英国政治科学》《政治视角》《政治理论》等著名期刊上。中文著作包括《寻找民主与权威之间的平衡：浙江村民选举之经验研究》（与郎友兴合作，华中师范大学出版社 2002 年版）、《民主理论：困境和出路》（法律出版社 2008 年版）、《协商民主：理论、方法和实践》（中国社会科学出版社 2008 年版）。

【译者简介】朱亚辉，四川师范大学哲学学院研究生。

马克·波斯特历史唯物主义批判论析

许恒兵　许　迪

【内容摘要】作为后马克思思潮在美国的重要代表之一，波斯特基于单一的主客体范式解读历史唯物主义，并对历史唯物主义的劳动前提、理性学说和辩证法进行了全面的批判性检视，认为随着社会现实的新变化，其已经丧失了批判的潜能。受福柯权力技术批判理论的启发，波斯特明确提出必须寻求替代马克思的新方案，以此更好地批判当代资本主义社会的新的权力形式。波斯特仅仅以主客体范式解读历史唯物主义，恰恰遗漏了构成历史唯物主义之核心标识的生产关系范式。回归这一范式解读历史唯物主义，它不仅没有丧失其内在具有的批判潜力，而且为波斯特所推崇的权力技术批判和信息方式奠定了基础。

【关键词】马克·波斯特；历史唯物主义；权力技术批判；生产方式；信息方式

在当代西方学界，一种对待马克思思想的错误倾向，在于他们以社会现实的变动为由否定马克思思想的当代价值。在他们看来，面对不断变动的社会现实，马克思创立的历史唯物主义已经丧失了批判潜力，需要寻求新的方案以继续保有对新的现实的批判性。如果说马克思的思想以批判著称，并因这种持续的批判而不断彰显出无尽的生命力，那么否定马克思思想的批判潜力，无异于宣判其生命力的终结，因而不能不引起我们的重视。为了驳斥这一普遍倾向的荒谬性，本文拟对其典型代表波斯特的解读进行论析，以求澄明一个基本的事实，那就是我们仍然生活在马克思思想所辐射的时代，面向未来，我们所要追求的不是“替代马克思”，而是“没有马克思，我们根本就无法继续前行”。

一 对历史唯物主义的主客体范式解读与批判性审视

对于历史唯物主义，波斯特认为其要义在于通过主体—客体二分法来概念化历史领域，并基于这种解读而对其展开了全面的批判。首先是对历史唯物主义之“劳动前提”的批判。在他看来，“历史唯物主义学说的命运取决于马克思的‘人们为了生活而劳动’这一基本‘前提’”，正是通过这一概念，马克思彻底改变了社会理论的方式，“它必须抛弃人类在精神中自我建构的空中楼阁，以便达到劳动的动物的世俗大地，这个劳动的动物创造了世界，然后成为它的客体，仅仅为了意识到这一辩证的迂回，并且又希望最终再次创造世界——这一次以自由的形式”。波斯特认为，正是基于这一前提，历史唯物主义分享了黑格尔主义阐释历史的子前提，即认为“社会领域包括主体（劳动者）和客体（物质），两者的相互作用导致双方的转化”①。在波斯特看来，马克思通过坚持客体的独立性而抵制了黑格尔将二者的关系压缩成主体内在关系的唯心主义倾向，并基于这种主客体关系有力地批判了资本主义制度中的异化和剥削现象。

波斯特进而分析了历史唯物主义的另外一个前提，即马克思的理性学说。波斯特认为，马克思确实在认识论上进行了重大革新，即其区分了革命理论和革命实践，从而由此摒弃了思辨理性的认识论，这尤其体现在马克思在《关于费尔巴哈的提纲》中的如下论述，即“关于离开实践的思维的现实性或非现实性的争论是一个纯粹经院哲学的问题”，但他认为马克思并没有进一步探究理论和实践之间的关系，并面临着一系列困难。第一个困难是，马克思的理性学说假设“个体理论家能够且应该概念化总体性”，而基于主客体范式，波斯特认为，马克思将实现人类解放的重任交付给了无产阶级，而他的理性学说又赋予知识分子特有的权威性。由此，波斯特判定：“马克思主义虽然看起来是革命的，骨子里却是受制于传统认识论的保守学说。”这种“受制于”尤其体现在正如自由主义者在借助于普遍性的自由将阶级的霸权合法化一样，马克思在同样的意义上使用着“普遍性”，即“如果资产阶级革命只是在政治领域内（因此只是部分地）解放了人类，那么无产阶级革命将在社会领域并因此彻底解放人类。彻底解放之所以可能，是因为工厂的工人——与资产阶级不同——构成一个普遍的阶级”。但是，波斯特认为，马克思并没有给予无产阶级何以是一个“普遍的阶级”以有效的证明，而只是依靠理性的假设，“马克思允许自己赋予无产阶级革命没有什么

① ［美］马克·波斯特：《福柯、马克思主义与历史：生产方式与信息方式》，张金鹏译，夏凡审订，南京大学出版社 2015 年版，第 39–40 页。

保证的东西，是因为他持有的理性能力的假设。他的话语占用赋予无产阶级普遍性的权力，因为他认为哲学—理论家做出这样的判断是他的正当职能。实际上，这一判断是理论家惯用的手段”①。正是这种对理性权力的保持甚至扩展，波斯特认为，马克思剥夺了民众的力量规定实践界限和目标的能力，并给予知识分子支配解放运动的权力，从而“在历史进程中，理论‘指导’实践的功能成为理论对实践的直接统治。知识分子是革命身体的大脑，无产阶级是革命身体的肌肉，是资本主义生产方式中脑力劳动与体力劳动的分工在反资本主义运动中的镜像反映”②。

同样是基于主客体范式，波斯特还对马克思运用辩证法来说明历史变迁进行了批判性检视。在他看来，马克思的“辩证法教导说，社会制度具有内在矛盾。自我解体的种子就在其结构之中，尤其是在阶级冲突之中。历史变化因此不是社会场景中某些特性的进化增长，而是作为主人与奴隶竞争结果的社会的整体转变”，与自由主义将历史的展开固定在一开始就存在的冲突中不同，“辩证法揭示了客体和主体的内在变革，不依靠表演历史剧的固定角色。替代自由主义的好人与坏人版本，辩证法树立了一个处在不断自我创造过程中的人性形象，每一批人物都以反抗与改造的方式从过去中脱颖而出”。如此一来，马克思能够提出对现存社会制度的系统批判，揭示它的暂时性，并预见历史转型的一条可选路径。不仅如此，马克思通过辩证法的运用还改造了理性的本质，那就是将其从抽象的理性转变为依赖于历史形势的具体理性，“对于马克思来说，理性远非思辨的理性和演绎的理性。它与批判统治的任务密切相关，进而与社会领域密切相关”③。但是，波斯特认为，马克思的辩证法却引发了一些重大难题。首先，辩证法中存在着目的论的因素，一种指向社会矛盾解决的前进运动，即使历史中并不存在那种运动；另外，辩证法中存在着同质化倾向，因而并未从根本上超越黑格尔的唯心主义辩证法。他指出：“黑格尔的伟大抱负是一元化的现实观，他的辩证法策略总是要发现事物之间的联系，这些联系在亚里士多德逻辑的粗浅过程中经常被遗失了。历史唯物主义继承了黑格尔辩证法的这一特性，有时近乎一种进化论。将阶级斗争范畴运用到不同历史时期，把一种不必要的稳定性引入了分析。”正是基于这种分析框架，主客体矛盾的逻辑不间断地继续着，从一种生产方式转向另一种生产方式，历史也由此一以贯之地朝着既定的目的迈进，其中不允许偶然

① ［美］马克·波斯特:《福柯、马克思主义与历史：生产方式与信息方式》，张金鹏译，夏凡审订，第45—46、48—49页。

② ［美］马克·波斯特:《福柯、马克思主义与历史：生产方式与信息方式》，第49页。

③ ［美］马克·波斯特:《福柯、马克思主义与历史：生产方式与信息方式》，第50–51页。

性，甚至不允许差异性。波斯特认为，如果历史唯物主义的目标之一是证明实践和制度的暂时性，以避免陷入为现实辩护的意识形态，那么其首先要做的事情便应该是指出差异的存在，但马克思的辩证法却通过调和或综合的逻辑来驯化过去，克服它奇异的、有威胁的性质，在这种理解中，“现在这个时代都作为过去的顶峰出现，在过去实践的绝对优势中寻求支持”。

正是基于单一的主客体范式，波斯特对历史唯物主义进行了广泛的检视和质疑，认为其并没有与自由主义的历史观区分开来，特别是两者都通过主体—客体二分法来概念化历史领域，在他看来，正是“这一主—客体关系限制了历史唯物主义的批判能力”①。鉴于此，波斯特明确提出要寻求替代马克思的新方案。

二　寻求替代马克思的新方案：从劳动方式到信息方式

基于上述分析和批判，波斯特明确指出：“从社会批判理论的视角看，对马克思主义价值的质疑可谓是姗姗来迟。马克思主义自身现在可能是对社会批判的一个障碍。所需要的是对马克思主义的无情、系统的批判，这一批判，根除一开始就有问题、已经成为障碍的要素，以及那些自身已经被证明不能胜任的要素，同时保留那些仍具有批判力量的要素。”其中，这一障碍性要素主要是主客体范式。在他看来，伴随着劳动形式的变化，这一范式已经无法提供有效的阐释批判框架。具体来说，20 世纪晚期以来，伴随着第三产业的兴起，劳动开始采取一些人作用于另一些人的形式——或更为深刻的，人作用于信息以及信息作用于人。特别是在经济的高端部门，信息操作开始成为人的基本活动。与工业资本主义时代中的劳动主要体现为人作用于物不同，信息社会的劳动主要体现为人作用人，从而整个社会领域开始被作用于身体的权力技术网络所构建，并表现出新的统治逻辑，“这一逻辑避开了主体—客体关系的特性而遵照权力技术方式”，而由于历史唯物主义仍然坚持黑格尔式的主体—客体范式，因而已经无法提供运用于新的统治逻辑的批判框架。对此，波斯特明确指出：“如果马克思主义劳动前提被工业资本主义的巨变所支持（至少是潜在的），那么在 20 世纪晚期的发达社会中，那一支持开始灰飞烟灭。简言之，人们不再能把人劳作于物设想为实践的基础范式。”并进而提出：“如果发达资本主义在旧的劳动社会的构型之上正在变成一个信息社会，那么劳动前提就不再成为批判的第一原理。统治不能从劳动活动、从主体加工物质以生产产品的观点得到理论解释。需要一种新的在不同基础

① ［美］马克·波斯特：《福柯、马克思主义与历史：生产方式与信息方式》，张金鹏译，夏凡审订，第 52–53、40 页。

上概念化社会领域的逻辑。”①

波斯特的替代方案就是用信息方式替代劳动方式，而福柯的努力为其提供了重要的理论支援。正如上文所说，既然信息操作已经成为基本活动，那么替代马克思的劳动前提的“新前提”就必须能解释社会空间中信息的突出位置。他指出：“我尤其感兴趣的是，确立对历史学家福柯的信任，评论他用来替代现存模式的那些范畴，评价他的作为信息方式的批判理论的那些立场所取得的成就。”②在他看来，正是福柯的“话语 / 实践范畴符合新前提的标准”，“福柯已经提出了历史唯物主义的另一个有效前提。在这一前提下，社会领域被作用于身体的权力技术网络所构建。人和物还是存在的，但适用于批判理论的可理解的层面在别的地方，在那些特定的安排所在的地方，通过这些安排，‘话语 / 实践’被创造出来了，并将社会领域构建为众多不同的统治方式”。福柯的权力技术批判认为，话语与实践相互缠绕在环环相扣的构型中，这些构型的首要特性是一个集团对另一个集团的统治，从而批判理论的所指应该是基于特定的话语 / 实践安排所形成的统治方式。波斯特认为，虽然福柯的“权力技术前提”尚未得到充分的概念化，但显然得到了历史语境的有力支持。进一步来看，福柯的权力技术注重差异化的历史叙事方式，即注重对每一种权力技术的内在运作进行具体分析，寻求其间的差异性和特殊性。受此启发，波斯特认为，历史叙述不应该按照马克思的辩证法进行总体化的说明，而是应该“用差异观念作为指导方针”，“不去寻找总体化的、普遍的苦难，历史学家们就可以找到特殊的统治方式，指明权力技术（福柯语）的运作，并追踪它们各不相同的、非连续的发展线索”③。

在具体分析和阐明福柯的权力技术批判范式的基础上，波斯特指出：“如果相信新的社会构型（信息方式）正在发达社会中出现，在那里，知识正日益被卷入统治方式，且反抗的焦点已经偏离了生产过程，那么福柯的图式是历史编纂学议程中最紧急的一项。”④在他看来，虽然福柯的努力并非全然没有问题，但其为他所寻求的信息方式提供了最好的解释架构，“在信息方式的分析语境中，福柯近来的文本显现出它们的全部重要性。信息方式为话语 / 实践范畴提供了可能的历史条件。同时话语 / 实践范畴为信息方式提供了最好的解释架构”，因为正是这一范畴“使批判理论注意到涉及经验、塑造经验的语言系统。监视、忏悔、精

① ［美］马克·波斯特：《福柯、马克思主义与历史：生产方式与信息方式》，张金鹏译，夏凡审订，第36、43–44页。

② ［美］马克·波斯特：《福柯、马克思主义与历史：生产方式与信息方式》，第57页。

③ ［美］马克·波斯特：《福柯、马克思主义与历史：生产方式与信息方式》，第43、53页。

④ ［美］马克·波斯特：《福柯、马克思主义与历史：生产方式与信息方式》，第78页。

神分析——这些是凭借其语言学序列而造成巨大影响的‘权力技术’”，从而“统治在这里取得的形式不是个人控制（封建制度的）的，也不是活动的结构性操纵（资本主义的），而是复杂的语言结合”。而波斯特所强调的信息方式，就是指各种弥漫于社会中的语言经验形式，其囊括了诸如电话、电视、计算机等，其主旨就是研究这些语言经验的新形式以及蕴含在其中的权力支配关系，他指出：“社会领域正在急剧改变，基于电子交流装置的社会互动的新形式正在取代较为老旧的社会关系，而语言经验的空间是新的社会架构的重要领域。因此批判理论必须认识到这一情势的新奇性，并相应地重构它的概念标准。固守着生产方式理论的马克思主义无法开启进入新社会世界的路径。”①

三　批判的批判：回归历史唯物主义生产关系范式

波斯特基于劳动形式的变化对历史唯物主义进行全面检视，并得出其已经丧失了现实批判潜力的结论，是由于其完全遵循近代以来所确立起来的主客体范式解读历史唯物主义。这种解读恰恰遗漏了构成历史唯物主义之核心标识的生产关系范式。回归这一范式解读历史唯物主义，波斯特对历史唯物主义“劳动前提”、理性学说和辩证法的批判性分析从根本上隶属于“无的放矢”，它不仅没有丧失其内在具有的批判潜力，而且为波斯特所推崇的信息方式和权力技术批判奠定了基础。作为马克思哲学变革的理论成果，历史唯物主义正是通过扬弃主客体范式而开启新的理论空间的，而这种开启正是通过确立生产关系范式所实现的。

早在《德意志意识形态》中，虽然受政治经济学知识匮乏（恩格斯语）的限制，马克思尚未制定出生产关系的概念，但已经确立起了社会关系对于阐释历史的基础性作用，其中，马克思明确指出，要“从直接生活的物质生产出发阐述现实的生产过程，把同这种生产方式相联系的、它所产生的交往形式即各个不同阶段上的市民社会理解为整个历史的基础”。随后，伴随着政治经济学批判的日益深入，马克思明确提出了生产关系对于阐释历史的基始性地位和作用。下面，我们对历史唯物主义之“生产关系”范式展开具体论述，并就波斯特对历史唯物主义的批判展开分析。在《雇佣劳动与资本》中，马克思明确指出：“各个人借以进行生产的社会关系，即社会生产关系，是随着物质生产资料、生产力的变化和发展而变化和改变的。生产关系总合起来就构成所谓社会关系，构成所谓社会，并且是构成一个处于一定历史发展

① ［美］马克·波斯特：《福柯、马克思主义与历史：生产方式与信息方式》，张金鹏译，夏凡审订，第134、138页。

阶段上的社会，具有独特的特征的社会。古典古代社会、封建社会和资产阶级社会都是这样的生产关系的总和，而其中每一个生产关系的总和同时又标志着人类历史发展中的一个特殊阶段。”① 这段论述充分表明，在马克思的视域中，正是特定的生产关系发挥着型塑特定社会形态的作用，并因此成为马克思阐释特定的社会形态及其历史变迁的基础。固然，马克思并没有全然丢弃“劳动”视角，在《政治经济学批判·导言》中，马克思开宗明义地指出：“摆在面前的对象，首先是物质生产”，但问题还在于，“说到生产，总是指在一定社会发展阶段上的生产——社会个人的生产”。② 这是因为，马克思明确指出：“人们在生产中不仅仅影响自然界，而且也互相影响。他们只有以一定的方式共同活动和互相交换其活动，才能进行生产。为了进行生产，人们相互之间便发生一定的联系和关系；只有在这些社会联系和社会关系的范围内，才会有他们对自然界的影响，才会有生产。”③ 也就是说，“物质生产”只有置于特定的生产关系中才能显现出其历史性的本质，并因此成为阐释历史的基础。固然，各个社会类型中的物质生产总有共性的一面，也就是波斯特所指认的“主体是人，客体是自然”，而且马克思认为，把握这种共性有其积极的一面，“生产一般是一个抽象，但是只要它真正把共同点提出来，定下来，免得我们重复，它就是一个合理的抽象”。但是，问题的关键还在于，如果只是执着于这个抽象，则理解不了任何一个时代，“总之，一切生产阶段所共有的、被思维当做一般规定而确定下来的规定，是存在的，但是所谓一切生产的一般条件，不过是这些抽象要素，用这些要素不可能理解任何一个现实的历史的生产阶段”④。就此而言，波斯特认为历史唯物主义只是从“劳动”或“主体”的视角理解历史，便只能是片面化的理解，并因此种片面化理解而扭曲了历史唯物主义阐释历史的机制。

基于主客体范式，波斯特认为马克思将革命的希望寄托于无产阶级，但实现这一希望的关键却主要不在于无产阶级本身，而在于包括马克思自己在内的少数知识分子，正是他们通过理性权力塑造着无产阶级的革命运动，从而在马克思那里，所谓的理论指导实践实际上乃是理论统治实践。究其根源还是在于，波斯特没有看到马克思所揭示无产阶级的历史使命绝不是少数知识分子理性设定的，而本身就是无产阶级所处历史地位所客观规定的结果，马克思对无

---

① 《马克思恩格斯文集》第1卷，人民出版社2009年版，第544、724页。

② 《马克思恩格斯文集》第8卷，人民出版社2009年版，第6–9页。

③ 《马克思恩格斯文集》第1卷，人民出版社2009年版，第724页。

④ 《马克思恩格斯文集》第8卷，人民出版社2009年版，第9、12页。

产阶级历史地位和使命的揭示本身是建立在特定的生产关系的基础上的。对此，柄谷行人的认识是深刻的，他指出，一直以来，“人们不是把《资本论》作为展示了资本主义向共产主义演化的‘自然史’之历史法则来阅读，便是在《资本论》之前的文本中去发现其‘主体性’的契机”，实际情形是，“资本家和劳动者在这里都不是主体，而是被他们所处的位置所规定的”。①而这个位置只有在资本生产关系中才能获得定位，正是因为如此，马克思在规划自己的任务时明确指出：“我们想更切近地考察一下经济关系本身，也就正当其时了，因为这种经济关系既是资产阶级生存及其阶级统治的基础，又是工人遭受奴役的根由。”在《共产党宣言》中，马克思更是明确指出，“共产党人的理论原理，决不是以这个或那个世界改革家所发明或发现的思想、原则为根据的”“这些原理不过是现存的阶级斗争、我们眼前的历史运动的真实关系的一般表述”②，马克思所创立的用以指导无产阶级的理论本身就是无产阶级历史地位和作用的客观反映；理论指导实践就绝不是理论统治实践，而是在引导无产阶级认清自己的历史地位和作用的前提下为其展开革命提供根本指引。

波斯特还认为，马克思的辩证法并没有超越黑格尔的主奴辩证法，历史被马克思描述成永恒的主客体相互转化的周而复始的过程，并由此表现出目的论的、同质化的缺陷。这种理解同样是单一的主客体范式解读的结果。正如上文所述，马克思对无产阶级历史地位和作用的揭示乃是立足于生产关系的平台展开的，从而其对历史的辩证描述绝不是基于主客体地位的相互转化，而是深入由生产关系塑造的现实的运动中，探究其内在的限制和否定因素。在《资本论》的第二版“跋”中，马克思明确指出：“辩证法在对现存事物的肯定的理解中同时包含着对现存事物的否定的理解，即对现存事物的必然灭亡的理解。”③这种对事物之“必然灭亡”的理解绝不是依托于对未来的先行价值性预设的一种外在式批判，而是基于事物客观运动过程中的内在批判，也就是说，辩证的批判本身就是对事物自身运动中的矛盾的揭示。对此，马克思明确指出，“一种历史生产形式的矛盾的发展，是这种形式瓦解和新形式形成的惟一的历史道路”，从而对于资产阶级社会而言，推动其向新的社会形态转型的根本动力就是资本生产力和资本生产关系的客观矛盾运动，即“资本主义生产由于自然过程的必然性，造成了对自身的否定”④。基于此种认识，波斯特所诟病的马克思的辩证法同时是对历史的

① ［日］柄谷行人：《跨越性批判——康德与马克思》，赵京华译，中央编译出版社 2011 年版，第 16 页。

② 《马克思恩格斯文集》第 2 卷，人民出版社 2009 年版，第 712、44–45 页。

③ 《马克思恩格斯文集》第 5 卷，人民出版社 2009 年版，第 22 页。

④ 马克思：《资本论》第 1 卷，人民出版社 2004 年版，第 562、874 页。

目的论的和同质化的理解同样是无根据的批判。正是由于总是基于现实自身中的矛盾运动展开批判，所以每一种社会形式内在的否定方式虽然存在着共性的一面，但与此同时又显现出差异。对于马克思而言，把握这种差异更为重要。

总之，正是由于疏离了生产关系范式，波斯特对历史唯物主义所展开的批判便是没有依据的，且力图寻求替代方案的努力也是无效的。只要回归生产关系范式解读历史唯物主义就可以发现，它不仅没有丧失其内在具有的批判潜力，而且为波斯特所推崇的权力技术批判和信息方式奠定了基础。归根到底，无论是权力技术批判还是信息方式，它们所要揭示的正是现代社会中人的处境问题。比如，波斯特提出要以信息方式替代生产方式，其目的就是揭示当代社会之“话语结合”的统治形式。但是，权力结构从来都不能超越经济结构，从而揭示人所遭受统治的方式，只有置于一定的经济关系的平台上才能获得彻底的阐释和说明。马克思指出：“这种生产方式的主要当事人，资本家和雇佣工人，本身不过是资本和雇佣劳动的体现者、人格化，是由社会生产过程加在个人身上的一定社会性质，是这些一定的社会生产关系的产物。”也就是说，雇佣工人所遭受的统治和奴役，绝不是资本家主体意志的产物，无论是资本家还是雇佣劳动，他们的历史境遇只有置于资本关系的平台上才能获得有效的揭示。历史唯物主义生产关系范式的核心在于主张特定的生产关系统摄特定的社会形态整体，从而“从直接生产者身上榨取无酬剩余劳动的独特经济形式，决定了统治和从属的关系，这种关系是直接从生产本身中生长出来的，并且又对生产发生决定性的反作用”。这一本体论层面的关系在方法论上的内在要求在于，“任何时候，我们总是要在生产条件的所有者同直接生产者的直接关系”，“为整个社会结构，从而也为主权关系和依附关系的政治形式，总之，为任何当时的独特的国家形式，发现最隐蔽的秘密，发现隐藏着的基础”①。按照波斯特所推崇的信息方式，计算机通过独特的“话语结合”行使着权力的作用，并型塑乃至操控着使用者的意识，但是，这种权力作用本身绝非计算机作为一种“机器”自身的功能，归根到底，其作为一种新的权力形式，仍然是资本逻辑的延展。的确，当代社会形成了诸如电视广告等最新的语言形式，它们发挥着塑造消费者意识的政治权力作用，但正如在资本关系下，资本逻辑不仅统摄着生产领域，同样统摄着消费领域，从而一系列消费话语的权力作用归根到底是资本权力的延展，对计算机这种机器的历史本质及其权力作用也只有置于特定的生产关系的平台上才能获得有效的揭示。

① 马克思：《资本论》第3卷，人民出版社2004年版，第894、996页。

【作者简介】许恒兵，哲学博士，国防大学政治学院马克思主义理论系教授，主要从事当代马克思主义哲学研究；许迪，哲学博士，国防大学政治学院马克思主义理论系副教授，主要从事当代马克思主义哲学研究。

《认识论元批判》：破解思维与存在关系之谜的马克思主义方案 *

侯振武

【内容摘要】在《认识论元批判》中，阿多诺在批判胡塞尔现象学时，呈现了一种尝试破解思维与存在关系问题的马克思主义认识论方案。在这一方案中，阿多诺揭示了思维与存在关系的三重内涵。阿多诺认为，在抽象思维与作为思维对应物的存在的关系上，胡塞尔继承了巴门尼德—柏拉图的哲学传统，其纯粹自我观念陷入了思维自身游戏的怪圈。进而，他将其原因追溯至胡塞尔对认识过程的曲解，即现实思维与作为其把握之对象的存在的关系，在此，胡塞尔的意向性理论虽试图把握外在于思维的实在存在，但最终依然是一种服膺同一性原则霸权的物化思维。最终，秉持历史唯物主义精神，阿多诺分析了这种物化思维与作为其产生根源的社会存在之间的同构性。上述三重内涵层层推进，彰显了马克思主义认识论纲领的批判性，同时也表明，认识论问题的解决有赖于对社会历史的考察。

【关键词】阿多诺；胡塞尔；《认识论元批判》；思维；存在

认识是人与世界打交道的一种基本方式，它关涉着哲学史上一直争论不休的基本问题：思维与存在之间的关系。反过来，这一基本问题的凸显，也有赖于近代哲学以来认识论逐渐独立并成为哲学研究的核心论域之一。由此，认识论成为阐明思维与存在之间关系的重要场域。不过，在马克思之前，无论是唯心主义还是旧唯物主义，虽看似路向各异、针锋相对，但都未能真正驳倒对方并提供

* 本文系国家社会科学基金重大项目"阿多诺哲学文献的翻译与研究"（项目编号：20&ZD034）和天津社科规划项目"阿多诺社会批判理论中的认识论维度研究"（项目编号：TJZXQN20-002）阶段性成果。

可行的解决方案。对此，马克思在《关于费尔巴哈的提纲》中做了极好的总结："从前的一切唯物主义（包括费尔巴哈的唯物主义）的主要缺点是：对对象、现实、感性，只是从客体的或者直观的形式去理解，而不是把它们当做感性的人的活动，当做实践去理解，不是从主体方面去理解。因此，和唯物主义相反，唯心主义却把能动的方面抽象地发展了，当然，唯心主义是不知道现实的、感性的活动本身的。"马克思开启的实践哲学路向批判地超越了这二者，他指出："人的思维是否具有客观的真理性，这不是一个理论的问题，而是一个实践的问题。人应该在实践中证明自己思维的真理性，即自己思维的现实性和力量，自己思维的此岸性。"[①] 就与唯心主义的区别而言，马克思的主张意味着，认识作为人的思维活动，固然要去把握思维结构，但不能仅通过解剖思维结构来解决，而是要进一步深入现实存在当中。就与旧唯物主义的区别而言，马克思所认为的现实存在并不是僵死静止的，而是在实践中形成的，同时，这虽强调了实践之重要性，但这种重要性应理解为相对于理论的优先性，而不是传统形而上学意义上的第一性。

不过，马克思虽开启了解决认识论问题的新境界，但相对于他的政治经济学批判、社会历史理论等而言，他对认识论问题的探讨无疑是零散简略的。之后的马克思主义者必须继续面对认识论问题，这不仅是出于理论上超越唯心主义与旧唯物主义的需要，更是出于马克思主义哲学内蕴的关注人类生存的实践指向。阿多诺的《认识论元批判——胡塞尔与现象学二律背反研究》（以下简称为《认识论元批判》）就是这样一种尝试。在这部由牛津时期（1934—1937）研究手稿整理而成的著作中，阿多诺以胡塞尔现象学所呈现的认识论方案为标靶，从四个层面对思维与存在之间关系这一古老而又常新的哲学基本问题做出了自己的思考，并由此突显了破解认识论问题时社会历史维度的重要性。

一　抽象思维与作为其对应物的存在

在《认识论元批判》中，阿多诺回顾了胡塞尔之前的唯心主义传统处理思维与存在关系的方案，其重点是巴门尼德和柏拉图，阿多诺将二者的哲学界定为"起源哲学"或"第一哲学"（prima philosophia）。这一哲学传统对思维与存在之间关系的解决可以概括为一个命题，这就是巴门尼德提出的"思维与存在本同一"，胡塞尔的现象学则可以被视为这一哲学传统中的一种更为精致的现代版本。

在《论自然》的"真理之路"部分中，巴门尼德对"存在"这一哲学的最高范畴做了一系列描述。他认为，存在是连续不可分的、静止不动的、完满的

① 《马克思恩格斯选集》第 1 卷，人民出版社 2012 年版，第 133–134 页。

“一”，因为存在若是可分的、非连续的，就会发生存在的各个部分的聚合和分散，就会有生灭变化，如此就与流变的现象无异，也就不再是至高无上的第一者。除了以上属性之外，存在的另一属性更为值得注意，这就是只有存在才能被思维、被表述，由此形成了“思维与存在本同一”的命题。虽然在巴门尼德这里，这一命题主要是作为对存在的一种描述而从属于存在范畴，但它已透露出了此后的唯心主义认识论的秘密，即存在的这种至高无上只是虚有其表，思维才是真正的起源、第一者，甚至思维成为存在是否应当为存在的标准：“那能够被谈论、被思考的必定是存在者，因为它就在那里存在。”① 可以说，“思维与存在本同一”命题的本质是一种同语反复，在这里，思维与存在是同一个起源的不同头衔，思维是其“本名”，而存在作为思维的对应物，不过是其在面对外在世界时使用的“化名”，为的是将流变现象归于存在之下。这一理路更为明确地呈现在柏拉图哲学中。为了弥合被巴门尼德断然分开的存在与非存在两个领域，也为了解决秉持巴门尼德模式的前期理念论的本体论困境，在后期理念论中，柏拉图将存在与非存在均视为“通种”。如此一来，存在就成了所有事物均“分有”的普遍理念，亦即所有事物之本质。至此，以思维构造存在、以存在统摄现象的哲学理路得以形成。

阿多诺认为，胡塞尔当然处于巴门尼德—柏拉图所奠定的哲学传统当中，因为他试图在现象学中处理所谓的“绝对起源的存在领域”，而且将之视为“直观的探究可以达到的，并产生着具有高度科学尊严性的、明证性的、无限丰富的知识”②。在胡塞尔看来，这种存在是一种“唯一的绝对存在”。那么，这种存在的真正面相是什么呢？是“主体存在，作为自为地、原初地构造起来的存在，而总体的绝对存在是先验的主体之全体的存在，这些先验的主体共同存在于现实和可能的共同体之中”③。显而易见，这种主体并非现实的人，而是最终被胡塞尔作为现象学之阿基米德点的纯粹自我。

在《观念Ⅰ》之前，胡塞尔多是在否定的意义上使用纯粹自我概念，特别是康德的用法，认为其不过是“一个在杂多体验的上空漂浮着的怪物”④。随着“他者”之“自我”问题的浮现，胡塞尔开始在肯定的意义上使用纯粹自我概念，即将纯粹自我理解为“自我极”，这是一种主体极，与对象极相对，是意向活动

① ［加］大卫·盖洛普：《巴门尼德著作残篇》，李静滢译，广西师范大学出版社 2011 年版，第 78 页。

② ［德］胡塞尔：《纯粹现象学和现象学哲学的观念》第 1 卷，李幼蒸译，商务印书馆 2018 年版，第 172 页，译文有改动。

③ ［德］胡塞尔：《第一哲学》下卷，王炳文译，商务印书馆 2018 年版，第 263 页，译文有改动。

④ ［德］胡塞尔：《逻辑研究》第 2 卷，倪梁康译，商务印书馆 2018 年版，第 695 页。

或“我思”的功能性的中心，或者说，纯粹自我是蕴含在“我思”中的形式的“我”，是各种具体的“我思”中的“我”的极化。因此，纯粹自我以背景的方式在一切“我思”中起作用，这种作用不可实体化，否则就可能会走向被胡塞尔视为误入歧途的客观唯心主义。同时，为了不陷入独断论以及与之相伴生的怀疑论，胡塞尔又认为纯粹自我是可以被把握的，当然不是作为实在对象而被把握，而是自我的自身把握，因而又是一种特殊的“我思”活动。简言之，纯粹自我不仅能够实现自身把握，而且所有实在对象作为认识对象，都是由纯粹自我所构造的。由此，纯粹自我成为现象学构造与把握对象的起源、第一者。

由上可见，胡塞尔试图基于纯粹自我概念来解决唯心主义传统内生的种种问题，并进而稳固其现象学之根基。因此，阿多诺将这种运思路向称为“绝对安全性理想”，不过，他并不认为这种理想实现了，甚至可以说，这种理想必然无法实现。对此，他做了一个巧妙的比喻：“安全性作为最终的和孤独的偶像遗留下来，就像一张长期贬值的钞票上的百万面额那样。”印有百万面额的贬值钞票无法购买人们所期待的真正价值百万的现实商品，这一面额只是安慰人心的空洞符号而已；类似地，唯心主义的认识论方案无法提供它所许诺的对现实的思维的合理解释，无论它的起源或第一者是什么，最终都将沦为抽象，其不过是将人的现实思维活动进行抽象之后的产物，并不具有真正独立于人的自在性。赋予它的诸如绝对性、直接性、无条件性、第一性等谓词，都是对现实的思维活动的遮蔽。因此，任何一种追求起源或第一者的哲学都内在地包含着一个不可克服的二律背反——“哲学能够将之作为第一者来追求的原则，必须是普遍的，除非该原则想被证明为偶然的”，但同时，“作为概念，第一者和直接者总是被中介的，并因此不是第一者”①。自巴门尼德、柏拉图到胡塞尔的唯心主义传统，实际上都是在思维内部兜圈子，将现实思维裂变为抽象思维与作为其对应物的、看似独立但实际上仅是其衍生物的存在，并试图以这种存在来映射现象世界，从而达到对后者的完全把握。这种认识论方案是不可能真正认识现实思维的，其实质是一种头足倒置，即将现实思维的抽象路径颠倒为抽象思维的所谓构造或生成路径。换言之，它源于对其试图解决的一个问题的曲解，即现实思维与作为其试图把握之对象的存在的关系。

① ［德］阿多诺：《认识论元批判——胡塞尔与现象学的二律背反研究》，侯振武、黄亚明译，谢永康校，上海人民出版社 2020 年版，第 192、4–5 页。

二　现实思维与作为其试图把握之对象的存在

在以往的认识论争辩中，由于主体与客体的二元论预设，认识的完成要么是主体主动去认识客体，要么是客体以某种形式刺激主体而被认识。就前者而言，认识客体的方式中包含了主体的加工活动，但难以解决的问题是这种认识如何确保客观真理性；就后者而言，以刺激作为认识的方式似乎尊重了客体的客观性，但又忽略了主体的能动性，而认识只有对于具有能动性的主体来说才是有意义的。胡塞尔现象学力图摆脱上述两难困境，其关键就是对实事本身的直接面对和把握："合理地和科学地判断实事就意味着朝向实事本身，或从话语和意见返回实事本身，在其自身被给予性中探索实事并摆脱一切不符合实事的成见。"①如果转换为本文术语，那么所谓的"实事本身"就应当是作为现实思维试图把握之对象的存在。它应当是自身给予的，因而是无理论地进行直接描述的对象。为了达成这一点，胡塞尔提出了意向性理论。

意向性是意识或认识的本己特性，所谓"意向"就是意识朝向对象的过程，因此，在胡塞尔看来，主体意识与客观对象之间不是分裂的、不是先对立起来，然后再去寻求如何将二者联系起来，而是二者原本就是一个整体。这强调的是认识的"构造"意义，即认识对象是在主体的意向性活动中被构造出的，不需要主体通过某种中介活动就能达到。与康德一样，胡塞尔并不否认实际的认识过程总是从个别对象开始的。同时，胡塞尔又认为，如果预先没有关于对象本身的一般性、本质性的意识，我们是不能获得关于单独一个对象的意识的。所以，在对一个个别对象的认识中，就已经包含着对这个对象的本质的认识，即对这个对象的本质的认识是在先被给予的。

那么，这种关于本质的认识又是从何而来的？我们有何理由说某一本质就是某类个别对象的本质？这就需要"观念化的抽象"。在这种抽象中，被把握到的、作为当下被给予的是"客体的'观念'、它的普遍之物。要预设这个行为，这样，与同一种类的个别因素之杂多性相对的这个种类本身——而且是作为同一的——才能够在我们面前出现"。因此，"观念化的抽象"是对本质或"种类本身"的直接把握。在这种把握中，本质是直观得来的，是"直接被给予的"，并且带着"确定的对象内容"。②当然，这里把握的本质是具有普遍性的，因而不同于感性的或实在的对象，但却具有与后者类似的直接性。

---

① ［德］胡塞尔：《纯粹现象学和现象学哲学的观念》第1卷，李幼蒸译，第87页，译文有改动。

② ［德］胡塞尔：《逻辑研究》第2卷，倪梁康译，第1050、1032–1033页。

阿多诺认为，胡塞尔现象学的上述努力表明，“发达的资产阶级自身意识不再能够满足于抽象概念的拜物教……这种意识必须掌握实事本身”[①]。但他同时指出，现象学的这一目的是不可能实现的。在胡塞尔面向实事本身进行意指时，就已经包含着与该对象相关的一系列一般性内容的预设了，阿多诺对此是赞同的。然而，这种预设并非如胡塞尔所认为的是某种先天的东西，而是社会意识的内容，它的产生和发展是以往的认识与实践的结果。要将之从当下的认识过程当中发现出来，凭借的不是直接把握，而是反思批判。这本应是胡塞尔所澄清的，但他并未做到这一点。因此，在阿多诺看来，在胡塞尔现象学中，原本相互中介的概念与对象，因其现象学方法而依然始终是两个相互分离的极点。现象学最终既没有真正面向实事本身或作为现实思维之对象的存在，也没有获得真正丰富具体的本质。

如果再进一步追溯根源，那就是胡塞尔依然受制于同一性原则的霸权：“决定着胡塞尔的唯心主义特征的……是其持久的同一性要求。”[②]从认识论角度来说，概念是同一性思维的产物。以概念把握世界、以思维与世界打交道，是人的特性，也是人的有限性的体现，因为人的理性和生命的有限性使得我们不可能去认识每一个别事物，也不可能对每一个别事物都从头开始地形成知识。因此，在我们的认识过程中，同一性原则是必需的。但同时，任何普遍概念的形成都意味着将不同对象之间相互异质的内容过滤掉，提取其中具有共同性的方面。任何一个概念都不可能把对象的一切特性都纳入概念之中，未被纳入概念中的东西总是无限的。如果我们能够对认识过程中的这种辩证法有清醒的认识，我们就既能很好地利用概念来把握对象，同时又不至于忽略掉对象中未被纳入概念的丰富内容。胡塞尔也强调认识与认识对象的关系，并认为这是认识论中首先需要明察的根本问题，但他在谈这一问题时，不是在人的现实认识的意义上进行的，而是指向“普遍认识，不附带任何实存的设定关系，无论是与经验的自我的关系，还是与一个实在世界的关系”[③]。这种“普遍认识”实际上已经是同一化操作的产物。这造成的结果便是认识论将本作为认识对象的存在“还原为意识。对于这种意识来说，和解意味着所有的东西都是自相等同的”[④]。而这种意识是一种抽象的、自

---

① ［德］阿多诺：《认识论元批判——胡塞尔与现象学的二律背反研究》，侯振武、黄亚明译，谢永康校，第 167 页。

② ［德］阿多诺：《认识论元批判——胡塞尔与现象学的二律背反研究》，侯振武、黄亚明译，谢永康校，第 157 页。

③ ［德］胡塞尔：《现象学的观念——五篇讲座稿》，倪梁康译，商务印书馆 2019 年版，第 88–89 页。

④ ［德］阿多诺：《认识论元批判——胡塞尔与现象学的二律背反研究》，侯振武、黄亚明译，谢永康校，第 71 页。

在的、被视为某种先验条件的东西，即被视为起源的抽象思维。至此，从抽象思维出发，经作为其对应物的“纯粹存在”，再到本作为认识对象的存在，似乎构成了一个严密的体系。但这个体系由于同一性原则的霸权，始终是空洞的，活生生的具体对象则被抛弃了。

需要注意的是，阿多诺对同一性原则的批判是反对该原则的“霸权化”，而不是要彻底否弃它，完全站在非同一性一边，因为与人无涉的彻底的非同一性对于人来说是不可理解的。在某种程度上，他与胡塞尔一样都要求把握“人化”对象，不过这种“人化”不是仅限于思维，更不是将之抽象化，而是基于现实的实践活动。正是由此，阿多诺对同一性原则霸权的批判并不止于思维结构，而是深入社会层面。在他看来，胡塞尔认识论在处理思维与存在的关系时的错误，从社会根源层面上来说是资本主义社会的物化机制的结果，这种物化也是在同一性原则霸权的支配下进行的。换言之，思维中的同一性原则的霸权正来自这种社会存在的物化，相应地，我们可以将被同一性霸权操控的思维称为“物化思维”。

三　物化思维与作为其产生根源的存在

《认识论元批判》之为“元”（Meta-）批判，不仅在于揭示胡塞尔现象学提供的认识论方案在理论上的不可克服的内在悖论，更在于揭示其背后的社会悖论，即现象学作为一种物化思维与作为其产生根源的物化的社会存在的关系。从文本上来看，阿多诺在书中对这一维度的讨论虽然相对零散，但其中显示出了阿多诺从认识论批判深入到社会批判的努力，是我们不可忽视的部分。

在《认识论元批判》中，阿多诺对胡塞尔现象学的批判总体上可以分为三个方面，这三个方面也是胡塞尔现象学的关键内容，即绝对逻辑主义立场、意向性理论和纯粹自我观念。在进行这三方面批判时，阿多诺始终坚持对其背后的社会存在意义上的悖论进行揭示。本文第二部分讨论了阿多诺对意向性理论的批判，这里接续前文，呈现阿多诺从意向性理论批判出发进行的社会批判。在阿多诺看来，胡塞尔现象学的实质就是物化意识，也就是将原本经过主体思维运用同一性原则所建构的东西当作了自在的东西，当作了主体应当无成见地“接受”的东西:“它无法再进一步被定义，它是描述上的终极之物。”[①] 这是胡塞尔现象学诸种悖论的症结，在意向性理论中当然也是如此。如前所述，胡塞尔真正关心的是本质、“种类之物”，而这是通过直接把握获得的，这也正是意向性结构的关键最终落在被给予之物（即向主体显现之物）上的原因。因此，所谓的“主体构造能

① ［德］胡塞尔:《逻辑研究》第2卷，倪梁康译，第499页。

力”，实际上就是这种对预先被给予之物的直接把握能力。而在阿多诺看来，被给予之物的这种直接性只是假象，这一假象背后蕴藏着的，是现实主体及其思维成就的物化。

在意向性结构中，胡塞尔将被给予之物规定为主体本己的。但阿多诺认为：“对于主体来说，这种主体本己的东西依然完全是异己的。进行认识的自我将被给予之物当作自己的‘意识事实’紧紧抓住，它必须盲目地接受被给予之物，必须将之承认为一种直截了当的他者、不依赖于自己之劳动的独立之物。”① 简言之，这种表面是主体本己的被给予之物，实则要求消除主体行为的能动性。马克思曾提及：“作为资本家，他只是人格化的资本。他的灵魂就是资本的灵魂。”② 类似地，在胡塞尔这里，所谓的主体的“行事与理性经济主体（它仅仅是其财产的功能承担者）别无二致”③，被给予之物作为主体的财产是主体的崇拜对象。经过如此“阉割”的主体显然不再是活生生的现实主体，而变成了“无力的接受者，他完全依赖在先被给予的现实，并且仅致力于接受；但是，通过同样的机制，个体变得如此互不相干，变成了众多物中的一个物”④。在对个体孤立化的假象的接受中，必须预设主体是普遍的才能维持其稳定性，但这种孤立的“普遍本质”无疑遮蔽了主体原本应有的社会性、现实性与历史性，因而摆脱了一切自然性的、经验性的联系。这种主体是一种异化了的单子式主体，它“隔绝了不同时间中的不同个体的意识，而从来没有考虑意识行为进行时的集体统一性，没有考虑思维综合的社会因素”⑤。与这种主体观念相应，原本经过现实主体中介的东西、作为现实主体思维产物的东西被视为自在之物，这是一种与商品拜物教类似的认识拜物教。正如体力劳动凝结在商品当中，而商品在拜物教的视野中被视为变成一个可感觉而又超感觉的物那样，作为思维即脑力劳动产品的认识成果，在胡塞尔现象学的认识论视野中也变成了类似的“物”。同时，正如商品拜物教将价值归于自在商品，而不是将之规定为一种社会关系那样，认识拜物教没有看到认识成果背后的脑力劳动，没有看到作为现实认识活动的“脑力劳动分工影响着那些对

① ［德］阿多诺：《认识论元批判——胡塞尔与现象学的二律背反研究》，侯振武、黄亚明译，谢永康校，第117页。

② 《马克思恩格斯文集》第5卷，人民出版社2009年版，第269页。

③ ［德］阿多诺：《认识论元批判——胡塞尔与现象学的二律背反研究》，侯振武、黄亚明译，谢永康校，第117页。

④ ［德］阿多诺：《认识论元批判——胡塞尔与现象学的二律背反研究》，侯振武、黄亚明译，谢永康校，第174页。

⑤ ［德］阿多诺：《认识论元批判——胡塞尔与现象学的二律背反研究》，侯振武、黄亚明译，谢永康校，第51页。

所有主题来说似已规定了的问题的内在形态”。阿多诺认为，这两种拜物教之间的相似性并非偶然，也并非仅仅是类比意义上的，而是有着内在关联。认识成果的物化是思维的自身异化，思维是按照同一性原则来处理对象的。这是一种抽象过程，它“可回溯到商品形式当中，后者的同一性存在于交换价值的‘等同’中”①。在《否定辩证法》中，阿多诺进一步指出：“交换原则，将人的劳动还原为（社会）平均劳动时间这个抽象的一般概念，与同一化原则是同源的。在（商品）交换时，这个原则有其社会模型，而且没有这个原则就不是交换。正是通过交换，非同一的单个人的存在和绩效变成可通约的，即同一的。这个原则的扩展将整个世界视为同一的、视为总体性。”②这个世界包括人们的物质世界和精神世界，相应地，人们进行“等价交换”的除了作为体力劳动成果的商品，还有作为脑力劳动成果的认识，而遗忘它们的社会起源就意味着物化。

综上可见，主体是以重构的方式将社会存在纳入社会意识当中。意识作为一种社会意识，固然是主体的直接产物，但其并非由主体臆想创造的，其内容来自社会存在。在此意义上，我们又可以将物化意识视为物化的社会存在的“衍生物”。因此，阿多诺认为，“不能简单地说唯心主义是非真理性的。它是其非真理性中的真理”③。也就是说，胡塞尔现象学及其所属的唯心主义是对一个错误世界或物化了的世界的真实反映。因此，《认识论元批判》破解思维与存在关系之谜的尝试，彰显了马克思主义认识论的精神，也就是说，认识论问题的解决，不能在传统意义上的单纯的认识论视域中实现，而是必须深入对社会历史的考察中。

四　认识论问题之社会历史维度

在《〈政治经济学批判〉序言》中，马克思写道：“物质生活的生产方式制约着整个社会生活、政治生活和精神生活的过程。不是人们的意识决定人们的存在，相反，是人们的社会存在决定人们的意识。”④这是对历史唯物主义基本原理的一次经典表述。而阿多诺也曾为历史唯物主义下过一个极为简要的定义：“历史唯物主义是对社会性发生的回忆。”⑤这里的“社会性发生”，实际上就是马克

① ［德］阿多诺：《认识论元批判——胡塞尔与现象学的二律背反研究》，侯振武、黄亚明译，谢永康校，第45、60页。

② ［德］阿多尔诺：《否定辩证法》，王凤才译，商务印书馆2019年版，第167页。

③ ［德］阿多诺：《认识论元批判——胡塞尔与现象学的二律背反研究》，侯振武、黄亚明译，谢永康校，第204页。

④ 《马克思恩格斯选集》第2卷，人民出版社2012年版，第2页。

⑤ ［德］阿尔弗雷德·索恩–雷特尔：《脑力劳动与体力劳动：西方历史的认识论》，谢永康、侯振武译，南京大学出版社2015年版，第176页，译文有改动。

思表述中的“制约”过程。阿多诺在《认识论元批判》中的工作，正是按照这一理论取向展开的。通过前文，我们基本上呈现了阿多诺是如何展开其对胡塞尔现象学的批判的，进而我们更为关心的是，阿多诺，甚或马克思主义传统究竟能否提出一套足以抗衡源远流长的唯心主义传统的认识论架构。鉴于此问题之难度以及阿多诺自己的理论风格，我们并未在他这里找到现成的答案。不过，基于马克思主义认识论纲领以及阿多诺的工作，我们还是能寻得一条可能有所助益的线索，这就是作为认识与社会存在之中介的主体。当然，这一主体不同于胡塞尔的纯粹自我，而是马克思所说的“现实的个人”意义上的主体。关于这一主体的中介作用，可以从两个方面来看。

一方面，主体作为认识与社会存在之间的同构性的中介。根据历史唯物主义原则，社会存在与社会认识之间具有同构性，从认识论的角度来说，这种同构性是指认识的范式、方法、概念乃至具体命题，其归根结底是来自社会存在。这种同构性是事实，并且是由主体来实现的，而主体之所以能够做到这一点，正在于其双重身份——既是知识的直接生产者，也是社会现实中的实践者。主体作为社会意识的生产者与社会存在的参与者，有能力而且必然会对其所面对的社会存在以重构方式纳入意识当中。因此，我们不能将社会意识与社会存在简单地一一对应起来，更不能将二者混淆。对此，阿多诺说道：“不仅认识的客体是由主体中介的（实证主义会承认这一点），而且反之亦然：主体就其自身而言就是他必须去认识的客观性的要素之一，是社会过程的要素之一。”[①] 在此，主体中介作用的发挥是以社会现实的客观性为前提的。这就是说，一旦某一对象进入我们的研究视野，它就已经被打上了主观烙印，而这种主观烙印又是在人类社会历史发展过程中形成的。

既然意识与社会存在的同构性是事实，那么，我们形成的认识岂不都是真理性的？显然并非如此。这种同构性只是达到真理的必要条件而非充分条件，且不论我们认识过程的曲折性，物化意识与物化的社会存在之间的同构性也并未带来真理；恰恰相反，物化意识遮蔽了其背后的社会存在的真理，从而是一种作为谎言的意识形态。如果将之视为真理，那么就恰恰陷入了实证主义所主张的“价值中立”原则当中。因此，这种同构性的实现还要加一限定，即“批判地”。表面看来，物化意识之影响只是在对社会历史的认识当中，而我们的自然科学知识的对象恰恰正是对外在于且独立于认识者的“物”。然而，我们所认识的自然从

① Theodor W. Adorno, “Einleitung zum *Positivismusstreit in der deutschen Soziologie*”, *Theodor W. Adorno: Gesammelte Schriften*, Bd., 8, Rolf Tiedemann, Hg., Frankfurt am Main: Suhrkamp, 2015, S.296.

来不是“自在自然”，而始终是“人化自然”，其中包含着我们在思维中建构起来的自然图景，这才是我们的直接认识对象。如果将二者相混淆，这同样是一种物化意识。无论是社会科学知识还是自然科学知识，都有必要破除物化意识的阻碍，当然对于马克思主义者来说，最为紧要的是破除社会历史领域中的物化。

另一方面，主体作为实现以认识批判社会现实的中介。表面看来，马克思主义在分析认识与社会现实的同构性时，与试图从社会要素中发现知识的根源的知识社会学走的是同一条道路，但正如阿多诺所说，这种社会学始终坚持的是实证主义的无矛盾性的立场，它消解了虚假意识与正确意识的差别，也就消解了虚假社会与正确社会的差别，消解了矛盾。而虚假社会中的矛盾正是马克思主义辩证法在进行社会批判时据以运转的动力：“辩证思想没有让这种矛盾流于抽象，而是将之作为概念运动的动力。”①

那么，这种矛盾是什么？当然，虚假社会与正确社会之间的差异本身就是一种矛盾，而它又是从虚假社会自身的矛盾当中生发出来的，后者可能是更为紧要的。关于此，本文前面已经提及，即现象学所记录的“社会状况中的一个基本矛盾”：主体仅仅作为无力的接受者。因此，虚假社会本身的矛盾就是其得以运行的原则，即霸权化了的同一性原则，由此，这个社会就是一个非人道的物化社会，它“既与其成员的利益相矛盾，也与整体的利益相矛盾”②，是必须被超越的。当然，这种超越不是单纯价值维度上的，而是必须有坚实的科学依据。因此，真正应做的工作是对当下现实存在着的，但又是必然会被超越的虚假社会矛盾的具体研究，而一种超越了物化意识的认识论也是这一研究应有的组成部分。

当然，对于一套真正立得起来的马克思主义认识论来说，上述思路依然显得抽象单薄，而且尚有关键环节有待证立。例如，关于认识与社会存在之间的同构性，如何在发生论的意义上证成，或者说证明这种同构性的必然性，而非单纯的历史性描述、例证或类比。虽然我们不能在超越于人的语境中思考认识与现实之间的关系，也没有必要去设想除人之外的另一种类，但从理论上来说，我们的理性要求我们去追求普遍性，因此需要某种具有“准先验的”或逻辑上的回答，从而呈现思维与社会存在之间的“奠基性关联”。当然，这种关联不能回到黑格尔式的大全体系当中，否则就会陷入将思维与现实同一化的幻觉，同时也不能采取还原论的方式，否则就会退回旧的机械唯物主义。马克思、恩格斯开启的历史

① ［德］阿多诺：《认识论元批判——胡塞尔与现象学的二律背反研究》，侯振武、黄亚明译，谢永康校，第3页。

② Theodor W. Adorno, “Einleitung zum *Positivismusstreit in der deutschen Soziologie*”, *Theodor W. Adorno: Gesammelte Schriften*, Bd., 8, S.299.

唯物主义路向为解决这一问题提供了新的可能性，不过索恩－雷特尔的如下论断同样不无道理：马克思、恩格斯“没有给我们留下从底层建筑走向上层建筑的梯子的图纸”①。今天，如何具体地勾画这幅图纸是一个有待解决、同时又不得不承认相当难以解决的问题。对于当前马克思主义认识论研究来说，依然需要直面这一具有历史与逻辑的双重向度，同时又关乎我们生存状态的问题，依然需要努力为之寻求新的解答。

【作者简介】侯振武，哲学博士，南开大学哲学院、南开大学政治哲学与和谐社会建构研究中心副教授，主要研究方向为西方马克思主义哲学、社会哲学。

① 张一兵：《发现索恩－雷特尔：先天观念综合发生的隐秘社会历史机制》，北京师范大学出版社2018年版，第171页。

重探马克思生产方式概念的生成语境与当代意义

——评周嘉昕*《马克思的生产方式概念》

黄玮杰

【内容摘要】《马克思的生产方式概念》基于马克思“生产方式”概念的思想史演变及其所遭受的误解与挑战，以“述行式”的视角揭示了马克思“生产方式”概念生成过程背后所蕴含的现代性社会历史背景。伴随着“生产方式”概念的形成与成熟，马克思站在科学的视角一方面以特定形式下的生产为支点，揭示了现代性社会的内在张力，另一方面则将矛头指向作为现代性社会之理论镜像的德国古典哲学与古典政治经济学，将后者指认为资产阶级意识形态的同谋。作为历史唯物主义理论的核心概念，“生产方式”所包含的重要理论意蕴有助于深刻接合历史唯物主义的诸范畴，深化关于历史唯物主义重大内涵的理解。从具体的“生产方式”范畴出发理解“生产”等历史唯物主义概念，有助于我们还原历史唯物主义的真实内涵，厘清马克思“两个伟大发现”之间深层关系，回应当代西方思潮对马克思历史唯物主义及其重要概念的质疑，明确历史唯物主义对新时代中国特色社会主义伟大实践的重大理论意义。

【关键词】历史唯物主义；剩余价值；现代性；资本主义

---

* 周嘉昕，教授，博士生导师，南京大学哲学系马克思主义哲学专业教师。南京大学马克思主义社会理论研究中心研究员，南京大学人文社会科学高级研究员兼职研究员，荷兰阿姆斯特丹国际社会史研究所访问研究员（2015—2016），英国兰卡斯特大学高级研究院访问学者（2007—2008）。中国马克思主义哲学史学会理事，中国青少年研究会理事，江苏省马克思主义理论研究会副秘书长。主要从事马克思主义哲学史、国外马克思主义哲学等领域的研究。

在当前马克思主义哲学研究氛围下，回顾马克思主义经典文献，构建马克思主义哲学的中国话语，已成为国内学界的普遍共识。与之相关，基于全球化态势所带来的挑战，直面当代西方资本主义新变化，是推进历史唯物主义研究以及挖掘《资本论》当代意义过程中无法回避的环节。对此，周嘉昕教授所著的《马克思的生产方式概念》通过考察“生产方式”这一历史唯物主义概念的形成背景以及理论内涵，为重思现代资本主义的结构性变化及其理论反映，提供了一条有意义的路径。本文将从方法论、结构及创新性观点等维度评估《马克思的生产方式概念》的理论贡献与缺失，从而围绕生产方式的讨论提出当代展望。

一 “述行式”视角下的“生产方式”概念

正如周嘉昕教授在《马克思的生产方式概念》中所言，马克思“生产方式”概念一直是马克思主义哲学研究学界所关注的重要范畴；在马克思主义哲学发展史中，“生产关系”概念先后扮演了三种不同的理论角色，即“作为社会主义替代资本主义历史必然性规律的证明”“作为资本全球化视域中落后国家和地区发展的分析工具”和“作为晚期资本主义社会政治和文化意识形态批判的理论工具”①（以下所引此著，均只夹注页码）。以此为前提，《马克思的生产方式概念》着眼实践史和思想史的发展脉络，基于既有阐释框架所遭遇的理论困境，提出了以“述行式”②的视角重新考察“生产方式”概念内涵的路径：

> 作为历史唯物主义的核心范畴，生产方式概念并不是以一种“表象式”的，而是一种“述行式”的话语方式展开的。也就是说，马克思自己从来没有给出生产方式概念的一个明确定义，而是在具体问题的分析和讨论中，在同其他一系列范畴相互关联、共同作用的意义上运用这一范畴从而建构历史唯物主义的科学方法。（第 4 页）

基于此独特视角，《马克思的生产方式概念》分三部分分析了围绕“生产方式”概念而构建起来的范畴体系及话语生成背景。第一部分主要由前三章构成，主要阐释了作为现代性话语的“生产方式”概念，在现代思想发展过程以及马克思本人的思想发展历程中的形成方式。在此基础上，周嘉昕教授进一步透过对“从‘资产阶级生产方式’到‘资本主义生产方式’”的考察，折射了马克思“两

① 周嘉昕：《马克思的生产方式概念》，江苏人民出版社 2019 年版，第 1 页。

② 述行（performative）理论源自维特根斯坦的语言哲学语境，后由约翰·奥斯丁等日常语言哲学家加以阐释，它强调概念的意义不取决于其指称对象，而取决于其在使用过程中的实际用法和达到的实际效果。

个伟大发现”之间的逻辑递进关系。

《马克思的生产方式概念》的第二部分将关于“生产方式”范畴的讨论进一步提炼，从哲学角度考察了“生产方式”概念与历史唯物主义基本问题间的关系，全面考察了马克思围绕“生产方式”范畴所构建起来的概念群。同时，透过“生产方式”概念的“述行”，此部分回应了从20世纪以降，国际学界围绕历史唯物主义范式所提出的“物化”“人”“辩证法”等重大问题。

《马克思的生产方式概念》的第三部分则从当代视野出发，回应了当代西方左派对于马克思“生产方式”概念的挑战。在此视域下，尽管鲍德里亚、拉克劳、齐泽克等西方左翼基于当代资本主义文化、意识形态的最新发展，拓展了马克思主义社会批判理论的范围，但他们终因抛弃了以“生产方式”这一具体范畴为红线的历史唯物主义路径，而缺失了全面深刻分析当代全球化资本主义机理的宏大格局。

基于由这三部分所构建起的理论结构，《马克思的生产方式概念》一方面以“生产方式”概念及其生成过程的“史前史”为线索与背景，从新的角度梳理和回顾了马克思自身理论走向成熟的轨迹；另一方面则紧扣现代社会的特定历史背景，将关于生产方式以及历史唯物主义的相关讨论，放置在具体而生动的现实历史过程中进行考察，以具体历史语境中的“生产方式”范畴作为棱镜，折射了现代社会的生成及其历史发展趋势。以下，我们将就《马克思的生产方式概念》中的一些代表性观点展开批判性讨论。

二　“生产方式”概念与现代性社会及其批判

在“述行式”视角下，《马克思的生产方式概念》提出了“用历史唯物主义的方法来研究历史唯物主义”（第14页）的方法论。在此视角下，“生产方式”概念意义的呈现，离不开现代性社会的具体历史环境与语言环境。

具体而言，正如周嘉昕教授在书中所指认的，马克思“生产方式”概念的形成离不开西方现代思想史中的三个重大概念：私有财产、劳动与自我意识（第2页）。这三者恰恰是“现代世界兴起的理论再现”（第25页）。然而，这种“理论再现”无疑是在资产阶级立场上产生的，三者背后蕴含着资产阶级的意识形态。基于这种考虑，《马克思的生产方式概念》的第一章通过回溯自然法、财产权、劳动价值论、自我意识等现代性话语，从思想史内部探讨了“生产方式”概念范畴得以生成的话语条件：

以生产方式概念为核心的历史唯物主义理论本身是工业现代性的产

物，它的批判性内在源于现代社会本身。……生产方式概念同样是一个现代性的产物，是对工业现代性基础上的个人和社会历史的存在样态的把握。（第 75–77 页）

对此，《马克思的生产方式概念》选择了具有哲学性意味的“生产方式”之“方式”（即“形式”）概念作为切入点，回顾了“形式”概念的哲学史源流，指认了马克思的“形式”范畴在内涵上与哲学史所保持的一贯性，即对象的本质或内在规律。在此，《马克思的生产方式概念》实际上蕴含着一个重要的哲学认识论内涵。不同于传统哲学将“形式”归结为形而上的理念与主体思维的抽象所汇合的交点，马克思恰恰是从社会具体结构出发，将“形式”理解为现实社会运动过程所产生的“现实抽象”效果。换言之，无论是形式，还是生产形式、生产方式，它们在马克思哲学范畴中，皆不是思维抽象所达及的彼岸世界，而是现实社会发展过程中历史性形成的“历史抽象”。

在此基础上，《马克思的生产方式概念》进一步在马克思自身的思想发展过程中还原“生产方式”概念形成的原初语境。值得注意的是，此著作强调了“生产方式”概念在马克思理论中的第一次出场，是在《1844 年经济学哲学手稿》中为回应黑格尔《法哲学原理》和古典政治经济学而形成的。在此语境下，马克思开始使用“生产方式”来探究“需要”问题。尽管在具体的经济学研究过程中，马克思遭遇了自身的理论困境，但从生产方式出发考察市民社会“需要的体系”，已然为一种新的现代性批判格局打开了理论空间。然而，正如此著作所提及的，这种基于“生产方式”所打开的理论维度并非完全是思想家哲学抽象性思考的产物。关于生产方式的思考实际上发生于现代性社会内在张力的展开过程中。换言之，纵然我们不否认在人类学意义上直接生活的物质生产及其方式是人类社会发展一以贯之的基础，但生产方式的主导性效应及其批判性意蕴的直接呈现恰恰是伴随现代性社会的确立而走向台前的。由此观之，过往理论发展过程中所产生的，诸如“生产决定论”“经济决定论”等对马克思理论的歪曲，恰恰是将“生产”“生产方式”等历史唯物主义概念放置在了超历史的维度后形成的不良后果。与之相反，“生产方式”等重要概念在马克思的语境中始终充盈着丰富的时间性和历史性，它们不仅是思维抽象出的结果，更是历史发展抽象出的产物。

事实上，即使是在马克思自身理论发展过程中，“生产方式”概念也伴随着他所遭遇的现实历史状况的变化而发生着改变。《马克思的生产方式概念》中的一个重要章节“从‘资产阶级生产方式’到‘资本主义生产方式’”，正是通过这种考量深化了关于“生产方式”概念的思想史研究。在此，透过考察这一概念变迁，《马克思的生产方式概念》实际上回应了一个马克思主义理论学术史上的重要问题：“两个伟大发现”（唯物史观和剩余价值理论）之间的关系。在历史唯物主义理论诞生之初，在《德意志意识形态》《哲学的贫困》《共产党宣言》等同时期相关著作中，马克思皆在“资产阶级生产方式”的理论分析框架下展开批判。周嘉昕教授认为，尽管这种理论分析框架在历史唯物主义一般原则基础上，对现代资产阶级社会展开了科学的批判，但不可回避的是，这一理论框架仍然有待完善。这主要体现在两方面：第一，既有的“资产阶级生产方式”理论框架尚无法具体说明机器大工业生产组织方式下资本家剥削工人的机制；第二，在既有的“资产阶级生产方式”理论框架下，马克思对于“工商业危机将导致资产阶级生产方式灭亡”的趋势做出了乐观的判断，然而1848年革命的失败却促使马克思不得不重新思考既有的理论框架本身。基于这种状况，《马克思的生产方式概念》具体叙述了从“资产阶级生产方式”到“资本主义生产方式”的概念变迁背后马克思思想发展的历程。伴随着剩余价值理论的确立，特别是再生产理论和广义剩余价值理论的完善，马克思最终在“资本主义生产方式”的范式下解决了既有阐释模型所残余的理论问题。可见，马克思在“生产方式”概念理解上的深化，与其对资本主义社会的认知变迁息息相关。《马克思的生产方式概念》正是由此侧面回应了唯物史观（哲学）与剩余价值理论（政治经济学）间的关系：

> 在以揭示“剩余价值”为主旨的“劳动价值论”基础上，“资本”的内在对抗性、历史性本质的揭示首先表现为“价值形式”分析中的辩证特征。但这样一种合理形态的辩证法，不仅仅体现在“价值形式”之上，而且贯穿于“生产方式”之中。因此，资本主义生产方式批判不仅是“政治经济学”的“批判”，而且也就是马克思主义意义上的“哲学”的“批判”。（第217页）

总体而言，《马克思的生产方式概念》基于现代性社会的时间性和历史性特质，分析了具有历史内涵的“生产方式”概念。在此视域下，如果说古典政治经济学与德国古典哲学是现代性社会在理论上的镜像，那么以“生产方式”作为核心范畴的历史唯物主义，则一方面是对古典政治经济学与德国古典哲学等现代性话语的批判；另一方面是对现代性社会本身的批判。这一路径恰恰是“两次伟大发现”之间一以贯之的线索。

三 “生产方式”概念与历史唯物主义基本问题的重思

除了在思想史背景下展开对“生产方式”概念的“述行式”分析外，《马克思的生产方式概念》还在此基础上重新对历史唯物主义的基本问题展开了思考。不可否认，“生产方式”是历史唯物主义的核心概念。《马克思的生产方式概念》在考察“生产方式”以及相关的历史唯物主义概念群时，试图避开既有研究的困境，拒斥纯粹抽象的概念讨论。在其视域下，“生产方式”概念所蕴含的并非抽象的存在形式，而是具体的社会历史线索，其批判性也正在于此。无论是古典政治经济学还是德国古典哲学，当它们将特定范畴（如劳动、私有财产、国家等）赋予永恒不变的时间性时，它们也即沦为既定社会结构的隐性同谋。诚如马克思自己所揭示的，他的理论的批判性在于其从暂时性方面去理解既有的社会范畴。[①] 这一点正是马克思历史唯物主义的重要底蕴，它在政治经济学批判语境中深刻地呈现为“对整个工业现代性基础上的人类社会结构及其历史趋势的说明”（第 228 页）。换言之，这种“从暂时性方面去理解”的研究方式意味着对于历史性、历史发展趋势的重视。在马克思理论中，批判性与历史性总是有机地结合在一起，这是理解马克思历史唯物主义不可忽视的维度。

对此，周嘉昕教授在《马克思的生产方式概念》中重点讨论了历史唯物主义的“历史”概念，以及其与“生产方式”概念的关系。他在书中第四章第二节中指认，“历史唯物主义并不仅仅是一门‘部门’哲学，也不仅仅是‘历史 + 唯物主义’，而是一种马克思在德国古典哲学和政治经济学批判中自觉确立的用作指导的理论方法，其核心概念就是‘生产方式’”（第 235 页）。在此，“历史”概念和“唯物主义”概念恰恰具有相通的内涵，二者共同指向了一种从社会历史内在张力来理解社会存在的方法，而这种内在张力的发源地正是特定社会的生产方式。

在此基础上，《马克思的生产方式概念》进一步讨论了“生产方式”（作为核心）与其他历史唯物主义范畴的关系。其中一个重要的问题就是“生产方式”与“生产力”的关系问题。事实上，“生产力”概念在当代西方左翼语境中，往往成为激进学者攻击马克思理论的靶子。对此，受张一兵教授和吉登斯影响，周嘉昕教授主张从“生产方式”的角度来理解“生产力”概念；换言之，即在社会历史内在张力的展开过程中，将“生产力”理解为生产过程中形成的结构功能度，或者说结构化形式。关键在于，这种结构包含着内在发展的潜能（第 255

---

① 《资本论》第一卷，人民出版社 2008 年版，第 22 页。

页)。以此为观照,《马克思的生产方式概念》反驳了阿多诺等西方学者所提出的"生产有罪论"。在周嘉昕教授看来,这里的一个关键问题是,马克思从未脱离特定的生产方式来谈论作为纯粹客体的生产力。在此意义上,生产力从来不等同于技术;相反,它指认的是社会主体以某种特定的方式,利用技术改造自然的共同活动。因此,无论是"有罪"还是"无罪",生产力的属性都与其背后所蕴含的特定的深层社会形式,即生产方式息息相关(第259页)。可见,若要真实地呈现生产力与人类主体间的关系,就必须在世界历史发展的格局下,从现实生产方式的内在张力的具体发展过程角度审视二者关系的变迁。与此同时,基于生产方式的理解视角,《马克思的生产方式概念》亦驳斥了抽象"生产决定论"。站在历史发展的角度,生产所起的决定性作用恰恰不是马克思臆造的话语,而是真实生产方式内在变迁在现代性社会的具体呈现。

四 评估与展望

总体而言,周嘉昕教授的著作《马克思的生产方式概念》通过回到马克思"生产方式"概念得以生成的现代性环境,突显了"生产方式"概念的述行性意义。在整体理论构建特质上,《马克思的生产方式概念》较为突出的一点是,它系统还原了马克思使用"生产方式"概念所面对的直观现实条件及古典哲学、古典政治经济学话语体系。由此,《马克思的生产方式概念》确证了一种深刻理论的形成绝非仅仅源自理论家天才式的构想和推导;事实上,它与理论家所直接遭遇的历史情境和话语条件息息相关。这一点在马克思理论发展过程中亦是如此。现代工业体系之形成所带来的社会内部张力的进一步凸显,从外部证伪了古典政治经济学和古典哲学所规划的平衡体系。

"生产方式"概念的逐渐成熟以及以此为基础所构建的历史唯物主义理论的深化,与马克思所面对的现代性状况息息相关。《马克思的生产方式概念》通过这种历史性的研究路径,深刻阐释了"生产方式"概念的提出与深化所带来的时代价值。伴随着现代社会的纵深式甚至过度式发展,作为历史唯物主义核心范畴的"生产方式",其强大的现代性反思效用在今天依然具有重大的理论意义。在《马克思的生产方式概念》的末章中,周嘉昕教授基于马克思"生产方式"的概念性内涵,反思了"生产方式"概念及其所代表的思考方式在当代西方左派话语中的变更与衰落。然而,《马克思的生产方式概念》在这部分的探讨主要还是围绕贝尔、鲍德里亚、齐泽克等思想家的各自思想,阐发其理论意义和缺陷,却尚未直接针对当下资本主义生产方式变迁及其理论映射做出具体的回应。例如,尽管《马克思的生产方式概念》已然对马克思主义理论在西方国家发展过程中的

“文化转向”作了一定的叙述，但令人意犹未尽的是，作者尚未从资本主义内在机制的角度，进一步解释这种转向与20世纪西方生产方式变迁之间的具体关联。

又如，尽管《马克思的生产方式概念》通过对贝尔、奈格里等人思想的分析，回应了关于后工业、后福特制社会的讨论，但它却尚未进一步分析后工业、后福特制生产方式在全球化资本主义格局下的具体角色。同时，它也尚未分析这种新的生产方式是否将为新社会形态的来临提供革命性的潜能。基于奈格里等意大利自治主义学者关于后福特制生产方式与共产主义社会之间关系的研究，我们尤其期待《马克思的生产方式概念》的作者站在马克思主义的角度对新型生产方式下涌现的各类公共性形式做出进一步分析，深入考察这些新型公共性形式究竟是新世界的福音，还是资本主义的同谋。

在哲学视域下，《马克思的生产方式概念》在思想史叙事过程中阐释了马克思“实践”概念与“生产”概念之间的关系。值得深思的是，从“实践”向“生产”的概念过渡，是否意味着从哲学分析向具体历史叙事的范式递进？在此，生产方式是否是理解“生产”概念之历史具体性内涵的关键？对于这个问题的讨论，牵涉到由结构主义思潮所开启的对实践和结构之间关系的讨论。当列维－斯特劳斯将（文化、象征）结构作为条件放置于实践之前时，他实际上是试图将丰富而具体的历史积淀性内容注入对实践形式的理解中。对此，马克思所转向的具有丰厚历史意蕴的生产及其形式（生产方式）范式，是否能为现代哲学关于历史与结构的讨论打开新的研究空间？无论如何，这些问题都促使我们必须从历史学和人类学的双重维度出发，进一步发掘马克思“生产方式”概念的多重意蕴，结合历史唯物主义所揭示的普遍规律与中国丰富的历史积淀，不断发展马克思主义哲学的中国话语。

【作者简介】黄玮杰，1990年生，南京大学哲学系暨马克思主义社会理论研究中心助理研究员，南京大学法学博士，主要研究领域为马克思主义哲学、当代国外激进思潮。

君子之学也，以美其身：蔡方鹿先生印象

张怀诚

1. 简要学术履历

蔡方鹿，男，1951 年 10 月生于四川眉山，二级教授、博士生导师。国家社会科学基金学科规划评审组专家，享受国务院政府特殊津贴，四川省学术和技术带头人。独著《中国经学与宋明理学研究》入选“国家哲学社会科学成果文库”。2017 年主持国家社会科学基金重大招标项目“中国道统思想研究”。独立获得四川省哲学社会科学优秀科研成果一等奖两次。独著《中华道统思想发展史》，2019 年入选人民出版社“哲学史家文库”。

2. 主要学术成果

蔡方鹿先生在海内外发表论文 400 余篇，其中在《哲学研究》发表 12 篇，在《人民日报》“大家手笔”栏目发表 2 篇，其《儒学在当代新文化中的位置》被《新华文摘》1990 年第 8 期全文转载，其《宋明理学之经典诠释思想刍议——兼论与西方诠释学的异同》被《中国社会科学文摘》2011 年第 7 期转载。在 CSSCI 核心期刊发表 110 多篇，被人大复印报刊资料《中国哲学》等专题全文转载近 50 篇。出版个人专著 15 部，合著 11 部，主编 12 部。策划主办国际会议 8 次，主持召开国内会议数十次。20 多次出访国外和海外，出席国际会议和交流。承担国家社会科学基金重大、年度项目，日本、国内省级项目等十余项。获得省部级一等奖、二等奖、三等奖，“全球华人国学成果奖”等 12 项。

3. 重要学术思想

概括而言，蔡方鹿先生重要学术思想主要体现在五个方面：

其一，对中国哲学范畴的研究，并扩展到对中国学术思想史的研究。从1985年起参与张立文教授主编的“中国哲学范畴精粹丛书”的研究与写作，合著《道》《气》《理》《心》《性》等书。[①]并独著《知》一书，该书是对中国哲学认识论或曰知识论最核心范畴及其理论的深入系统研究。此系列丛书注重对中国哲学范畴的研究，系统梳理了道、气、理、心、性、天、神、变、知等中国哲学范畴的内涵和相互关系理论及其发展演变的历程。该丛书出版后，产生了较大影响，并在日本、韩国、中国台湾等地再版。

而后，蔡方鹿先生将此哲学范畴的研究及方法融入中国思想史和宋明理学研究中，逐步展开对中国思想文化的最一般范畴——道，以及宋明理学的核心理论——道统、心性等问题的系统阐发和研究，形成《中华道统思想发展史》《宋明理学心性论》等相关专著。《中华道统思想发展史》是中国大陆学术界第一部对中国思想与文化的发展影响甚大的道统思想展开的系统深入研究的专著，也是对以道统思想的流传演变为发展线索的中国学术思想史进行整体性梳理的专著。《宋明理学心性论》亦成为我国学术界多年来对宋明理学心性问题进行系统研究的重要专著。

其二，由理学家个案研究，融通为对宋明理学的整体把握。从1979年开始研究理学家张栻，所著《一代学者宗师——张栻及其哲学》[②]及《朱熹与中国文化》《程颢程颐与中国文化》《魏了翁评传》等相关专著侧重对理学家的个案研究。主编《首届张栻学术讨论会专辑》《新视野 新诠释——朱熹思想与现代社会》等亦是对著名理学家思想的深入探讨。以此为基础作纵向和面上展开，对理学进行整体把握与研究。著《宋代四川理学研究》《宋明理学心性论》，合著《宋明理学新探》《蒙文通经学与理学思想研究》等，主编《书院与理学》《张栻与理学》等。这些对理学的研究，即是以理学家为点，以理学思潮为面，以整个中国哲学发展史为线，通过点、面、线三者结合，在相互联系中，作纵横比较，全面、系统、深入地研究中国哲学与宋明理学的理论构成、特征及其在中国思想文化发展史上的地位，研究探讨宋元明时期哲学与理学的相互关系。防止只见树木，不见森林，脱离理学思潮和整个中国哲学的发展演变去孤立地研究某一理

① 笔者也是这套丛书和这五本书的主要撰稿人。

② 笔者曾为该书撰写书评。

学家的弊端。即注意掌握在中国哲学史上，以义理之学为主导的理学作为一代学术思潮，造就了一批理学思想家，推动了哲学和理学思想的发展。理学思潮中涌现出在主要方面，即认同义理及价值观方面大致相同，而在其他一些方面有所不同（如具体的理学思想，哲学本体论、认识论观点的不同，对训诂考释及其与义理的关系的见解不同）的各个流派。这些理学流派在相互争鸣中又相互影响，既有理学内部各流派的争鸣和相互影响，也有非理学流派与理学流派之间的争鸣、辩难和相互影响，由此促进了学术的繁荣和思想的发展。各个理学流派中又有一两位杰出的思想家为其理论代表。理学思潮及宋学造就了一批理学家，孕育了各理学流派；而流派和思想家又反过来影响了理学思潮，体现为理学思潮。各思想家及其学派作为理学思潮中的代表人物和学术流派，他们结合时代发展的要求对儒家经典所作的阐释发挥和以己意说经，革新了汉唐经学，促进并推动了儒学和中国哲学的持续发展，成为中国哲学发展到宋代及元明时期的新理论形态和新思想，而离不开对宋以前中国哲学和儒学、经学的继承、扬弃与创新发展。蔡方鹿先生认为，研究宋元明时期的理学，应在充分的个案研究的基础上，再融会贯通，对理学家、理学思潮、整个中国哲学发展史的流传演变及相互关系等有一个基本的认识和掌握。在此思想方法的指导下，蔡方鹿先生在宋明理学研究领域取得了丰硕的成果。

其三，通过对理学的整体深度透析，走向由理学而经学的系统研究。在深入系统研究理学的基础上，蔡方鹿先生于宋明理学与经学的关系研究着力颇深，并将宋明理学之经学思想放在中国经学的整体视域中加以考量。其所著《朱熹经学与中国经学》是这一构想的一大尝试。其后经过对宋明理学与经学个案研究的逐步深入而走向了对理学经学化的整体性领会，凝聚十数载心血著成的《中国经学与宋明理学研究》一书，对宋明理学与经学的相互关系、个体性与整体性特征有独到的见解。该书收入首届“国家哲学社会科学成果文库”，代表了宋明理学与经学关系研究的水平，也是蔡方鹿先生由中国哲学局部领域走向整体性把握的重要成果。对此，著名现代新儒家代表人物美国成中英教授评价说：“作者以开阔性的视野对经学和宋明理学进行了比较研究，并进一步扩展和完善了该研究领域。这本学术著作具有很强的创新性，它也是中国经学和宋明理学研究的一个显著的进步。”[①] 给予了充分的肯定。该书出版后，钟肇鹏、张立文、陈荣照、曾春海、王煜、陈逢源、杨世文、刘宗贤、蔡雅如、朱璐、成中英等十几位国内外著名专家学者先后在海内外刊物发表书评，肯定了蔡方鹿先生在中国经学与宋明理

① 成中英:《〈中国经学与宋明理学研究〉评介》,《社会科学研究》2016年第6期。

学研究上所取得的成果和见解。《中国经学与宋明理学研究》一书继获得四川省哲学社会科学优秀科研成果一等奖之后，又获得首届“全球华人国学成果奖”和“纳通国际儒学奖”。

蔡方鹿先生重视宋明理学经典诠释思想的研究，撰有《宋明理学之经典诠释思想刍议——兼论与西方诠释学的异同》①《王阳明经典诠释思想与伽达默尔诠释学之比较》②，以及《关于中国解释学类型的思考》③等。在这个研究领域也有自己独到的见解。

其四，时代思潮与巴蜀地域文化研究相结合。作为四川学者，蔡方鹿先生在研究时代思潮和儒家主流文化的同时，也关注巴蜀地区的地域文化探究，将中国哲学与儒家文化在巴蜀地区的传播以及巴蜀地区文化的独特地域性朗现出来，致力于蜀学与巴蜀文化研究的深化与推广。蔡方鹿先生已出版《巴蜀哲学与文化探讨》，主编出版了《蜀学与中国哲学》。已经完成的《巴蜀文化通史·哲学思想卷》和《蜀学与经学研究》就是其致力于巴蜀文化研究的重要项目成果。其蜀学与巴蜀文化研究的特点在于突出人物为主线，以巴蜀地区的历代重要思想人物文翁、严遵、扬雄、张道陵、范长生、卫元嵩、李荣、王玄览、赵蕤、马祖道一、李鼎祚、宗密、三苏父子、张栻、魏了翁、虞集、杨慎、来知德、费密、唐甄、刘沅、廖平、邹容、吴虞、郭沫若、蒙文通、刘咸炘、贺麟、唐君毅等和各个学派、与时代思潮的联系为重点来探讨巴蜀地域文化与中原文化及其他地域文化的交融、异同和相互影响，呈现巴蜀文化的地域性格及其对中国思想文化发展的贡献。蔡方鹿先生已发表了诸如《朱子学在南宋巴蜀地区的传承与开展》④《巴蜀哲学对中国哲学发展的贡献》⑤等涉及巴蜀文化研究的论文99篇，出版有关巴蜀文化研究的著作8部。在巴蜀地域文化研究领域做出了努力和贡献。

其五，致力于儒学的推广普及与现代化研究。儒学中有很多值得当代社会吸取的优秀成分，然而因为历史原因以及受时代变迁的影响，中华儒学的现代化转型并不十分成功。蔡方鹿先生致力于做有助于儒学在当代的传播和现代建构的工作，以期为传统儒学的继承和发扬尽一份力。其个人专著《儒学——传统与现代化》《华夏圣学——儒学与中国文化》《儒学纵横》等力求贴近生活，适应社会现代化的需要，追求古为今用。合著《中国文化与中国社会》，主编《儒家德

---

① 《中国社会科学院研究生院学报》2011年第1期，被《中国社会科学文摘》2011年第7期转载。
② 《现代哲学》2012年第2期，被人大复印报刊资料《中国哲学》2012年第7期全文转载。
③ 《华南师范大学学报》2013年第5期。
④ 台湾《政大中文学报》2010年第13期。
⑤ 《哲学动态》2013年第1期。

治思想探讨》，以及发表的诸如《儒学在当代新文化中的位置》[①]《传统理想人格和价值取向及其现代意义》[②]《儒学在当代中国新文化建构中的位置及未来发展前景》[③]《中华和合文化研究及其时代意义》[④]《经济全球化与中华文化的未来发展》[⑤]《国学也要现代化》[⑥]《国学中的精华应成为普世价值》[⑦]《儒家生态伦理思想的现实意义》[⑧]等数十篇文章，皆是蔡方鹿先生对儒学现代化问题的思考和探索。

蔡方鹿先生还多次深入四川各地主办召开了诸如"朱熹思想与国学普及推广研讨会""西昌市国学经典儿童诵读会"等多种活动来推广普及中华优秀传统文化。主持编写了校本教材——《魏了翁》作为地方中小学生的读本，培养青少年热爱乡贤，把爱国体现在爱家乡的情怀上。

4. 代表著作及其简介

（1）《中国经学与宋明理学研究》具有原创性。入选2011年"国家哲学社会科学成果文库"，评审专家意见是："作者对中国经学各个历史时期发展概括的把握是准确到位的，对儒家经典阐释是有见地的，对宋明理学各派及重要代表人物思想的分析是全面、深刻的。作者在一个比较广泛的视野内展开了经学和宋明理学的比较研究，所引材料翔实、层次分明、思路清晰、论证透彻、文字晓畅，是一部非常有力度的学术著作。"著名哲学家美国成中英教授在他的《〈中国经学与宋明理学研究〉评介》中指出："拓展了中国哲学史的研究领域，并且深化了对中国儒家历史的深入理解与把握。通过将经学与理学结合，进行了深入、系统和综合的研究。这本书全面探讨了经学与理学的关系，揭示了经学理学化的历史必然性、时代意义和价值，是对中国哲学、中国思想文化学术界做出的重要贡献。这本书在研究经学和理学的关系中取得了开创性的进展。它进一步促进、深化了过去学术界对于经学和宋明理学学派的研究，克服了许多困难，达到了这一理论创新。"[⑨]为学术界把中国经学与宋明理学结合起来展开研究，开拓中国经学与中国哲学研究领域做出了贡献。获得四川省哲学社会科学优秀科研成果一

① 《书林》1990年第2期，被《新华文摘》1990年第8期全文转载。

② 香港《法灯》1992年第124期。

③ 载《儒学与廿一世纪》，华夏出版社1995年版。

④ 《光明日报》1998年1月17日。

⑤ 《河南大学学报》2000年第6期。

⑥ 《光明日报》2006年9月5日。

⑦ 《人民政协报》2007年3月26日。

⑧ 《人民日报》2016年1月29日。

⑨ 《社会科学研究》2016年第6期，第189–190页。

等奖。

（2）《朱熹经学与中国经学》具有开拓性。著名朱子学研究专家、浙江大学束景南教授在《朱子学与经学研究的新突破》书评中指出：“这是第一部全面系统研究朱熹的经学思想的专著，是对朱熹思想研究的新突破新开拓，填补了朱子学与经学（宋学）研究的空白。……蔡著第一次深入地对朱熹的经学思想进行了全面系统的研究，深刻揭示了朱熹经学思想的特点，揭示了朱熹的经典诠释学，在一些重要的问题上超越了前人。……对朱熹经典诠释学的研究，是《朱熹经学与中国经学》研究朱熹经学最具特色和最具开拓创新的方面。……（蔡著）是当今朱子学研究和经学研究深化的标志。”[①] 中国社科院资深研究员、著名经学研究专家钟肇鹏先生发表书评指出：“近年来研究朱熹的著作很多，但是全面系统研究朱熹经学的专著这大概是第一部。作者独立完成近五十万字的《朱熹经学与中国经学》是难能可贵的。该著在研究内容和方法上多有创见，是一部具有开拓性的力作。”[②] 海外著名学者、新加坡国立大学中文系主任陈荣照教授发表书评《评蔡方鹿〈朱熹经学与中国经学〉》指出：“（蔡著）立意宏博，在朱子学研究领域开辟了新的途径。……蔡教授以其深厚的中国哲学的根底、坚实的理论基础，并运用中西会通的诠释方法，对朱熹经学作了现代审视和反思，使其得以客观与全面地再现。全书取材精当，广征博引，考辨详确，具有颇高的学术价值与意义。”[③] 著名朱子学与易学研究专家、台湾政治大学曾春海教授撰文指出：“蔡方鹿在其《朱熹经学与中国经学》一书里，把易学研究与经学研究相结合，把经学研究与哲学研究相结合，贯通哲学诠释与经学诠释，对中国经学之宋学的集大成者朱熹的经学和易学作了深入、系统的研究，积多年研究之功，以其深厚扎实的学术功底，探索未知的学术创造精神，锲而不舍的钻研求新态度，使朱熹易学在其整个经学系统之中得以完整、客观地再现，为学术界的易学、经学和朱子学研究作出了重要贡献。”[④] 从以上诸多海内外著名专家学者发表的书评可以看出，蔡方鹿的朱熹经学研究具有重要的学术价值和理论意义，产生了重要的学术影响，得到了海内外学术界的一致好评，为朱子学和中国经学研究做出了贡献。获得四川省哲学社会科学优秀科研成果一等奖。

（3）《中华道统思想发展史》具有创新性和领先性。著名哲学史家中国人民大学张立文教授发表书评指出：《中华道统思想发展史》“全面系统地探讨梳理了

① 《中华文化论坛》2005 年第 1 期，第 145–148 页。

② 《社会科学研究》2005 年第 5 期，第 197 页。

③ 新加坡《亚洲文化》第 29 期，第 200–201 页。

④ 台湾《哲学与文化》三十一卷第十期，第 174 页。

道的理论和道的传授形式及其发展演变的思想脉络。…… 该书以道为核心展开，按照客观历史的脉络，列举翔实的史料，进行严谨的论证，因而具有较高的学术价值和史料价值，以及深厚的历史感和强烈的时代感。它是认识和理解中国文化传统、把握中国哲学和文化的特质、特征和精神的重要参考书"[①]。该书是一部开拓性的中国文化与哲学史专著，是国内第一部系统、全面、深入研究对中国文化产生深远影响，在中国文化和思想史上占有重要地位的中华道统思想产生、发展、演变的历史及其理论的学术著作。所著《中华道统思想发展史》入选人民出版社"哲学史家文库"（2019年），在此基础上申报国家社会科学基金重大项目"中国道统思想研究"获得立项，为中国学术思想史研究做出了贡献。

5. 蔡方鹿先生学术感言

"谋道"重于"谋食"；诚信严谨，求真尚实；关注现实世界，关心各种社会重大问题；做"经师"，更做"人师"；把教学和学术研究与人文关怀结合起来，也就是古人所说的道德文章缺一不可，否则就像荀子所批评的"君子之学也，以美其身；小人之学也，以为禽犊"（《荀子·劝学》）。

【作者简介】张怀承，湖南师范大学道德文化研究院教授，博士生导师。第六、七届国务院学位委员会哲学学科评议组成员，第八、九、十届全国博士后管理委员会专家组成员，中央马克思主义理论研究与建设工程首席专家，湖南省优秀社会科学专家，省级教学名师。兼任中国伦理学会荣誉副会长，湖南省孔子学会会长。承担国家社会科学基金课题三项，出版著作二十余部，发表论文百余篇。

---

① 《中国社会科学》1997年第6期。

《哲学探索》编委会成员简介

（以姓氏拼音字母为序）

Roger T. Ames（安乐哲） 夏威夷大学哲学系名誉教授，《东西方哲学》前主编和《中国国际评论》创始主编，北京大学人文讲习教授，北京大学博古睿研究中心学术咨询委员会联席主席。

卞绍斌 东南大学人文学院哲学与科学系教授、博士生导师、哲学系主任，道德发展研究院副院长。加拿大皇后大学、美国布朗大学、纽约州立大学奥尔巴尼分校哲学系访问学者。中国伦理学会理事、中华德国哲学学会常务理事、中国康德学会副秘书长。

蔡方鹿 四川师范大学哲学学院二级教授、博士生导师，国家社会科学基金学科规划评审组专家，享受国务院政府特殊津贴，四川省学术和技术带头人。

陈　彪 哲学博士，中国社会科学出版社副总编，编审。

John B. Cobb，Jr.（小约翰·B. 柯布） 世界著名后现代思想家，过程哲学家，建设性后现代主义领军人物，中美后现代发展研究院创院院长，美国人文与科学院院士，中央社会主义学院特聘教授。

Gil Delannoi（吉尔·德拉诺瓦） 法国政治科学研究中心终身高级研究员，巴黎政治学院讲座教授。

樊和平 东南大学人文社科资深教授，东南大学学术委员会副主任，人文社会科学学部主任，道德发展研究院院长；教育部“长江学者”特聘教授，国家“万人计划”首批人文社会科学领军人才；教育部社会科学委员会哲学学部委员；中国伦理学会名誉副会长；教育部哲学教学指导委员会副主任；国家教材局专家委员会委员。

高　楠（本名高凯征） 辽宁大学文学院教授，博士生导师，国务院突出贡献专家，全国模范教师。中国中外文艺理论研究会副会长、中国文艺理论学会常务理事。

Arran Gare（阿伦·盖尔） 澳大利亚斯威本大学教授，《自然与社会哲学杂志》主编。

Baogang He（何包钢） 澳大利亚迪肯大学国际与政治学院讲座教授，澳大利亚社会科学院院士，华中师范大学中国农村问题研究院特聘教授，曾任新加坡南洋理工大学人文与社会科学学院公共政策与全球事务系主任，新加坡国立大学东亚研究所高级研究员。

郝长墀 美国Fordham大学哲学博士，哈佛燕京学社访问学者；武汉大学哲学学院教授，博士生导师，珞珈学者特聘教授，2008年入选教育部新世纪优秀人才支持计划。曾任比较哲学教研室主任、哲学学院副院长、哲学学院学位评定委员会主席、《哲学评论》主编；*Frontiers of Philosophy in China* 编委，武汉大学克雷茨曼道德与信念研究所所长。

Adrian Ivakhiv（阿德里安·J.伊瓦克耶夫） 美国佛蒙特大学讲席教授，生态文化实验室主任。《宗教、自然与文化研究》期刊副主编，《媒介+环境》杂志联合主编。加拿大环境研究协会主席。生态哲学家和文化理论家，其研究和教学集中在生态、文化、身份、宗教、媒体、哲学和创造性艺术等交叉领域。

刘孝廷（刘啸霆） 哲学博士，北京师范大学教授，北京师范大学科史哲所所长，中德莱布尼茨国际研究中心主任；享受国务院政府特殊津贴专家，教育部新世纪优秀人才支持计划；中国自然辩证法研究会副理事长（法人），中国科协科学探索中心副主席，国际有机宇宙论学会（BCA）主席，亚洲自然哲学学会主席。

雷　勇 政治学博士，教授，四川师范大学科研处副处长。

Chenyang Li（李晨阳） 美国康乃迪克大学哲学博士。曾在美国中央华盛顿大学任哲学教授、系主任；2010年应邀到新加坡南洋理工大学创建哲学系，担任系主任。曾任国际中国哲学学会会长、中国留美哲学会会长、美国哲学会亚洲委员会委员。

李建华 哲学博士，武汉大学哲学学院教授、教育部“长江学者”特聘教授，享受国务院政府特殊津贴专家。

李宗桂 中山大学哲学系教授、博士生导师，中山大学文化研究所所长；曾任教育部文科重点研究基地中山大学马克思主义哲学与中国现代化研究所副所长，中央马克思主义理论研究和建设工程首席专家。

马正平 四川师范大学文学院二级教授，博士生导师，享受国务院政府特殊津贴专家，四川省政府文史研究馆馆员。

Vesselin Petrov（文森林 · 彼德洛夫） 数学博士和哲学博士，保加利亚科学院哲学与社会学研究所教授兼所长，保加利亚过程研究中心主席，《巴尔干哲学期刊》主编。

宋洪兵 历史学博士，中国人民大学国学院教授，博士生导师。中国人民大学杰出学者（青年学者），中国人民大学法家研究中心负责人，中国先秦史学会法家研究会副会长兼秘书长。

唐代兴 四川师范大学伦理学研究所二级教授，特聘教授，四川省学术和技术带头人，享受国务院政府特殊津贴专家。

王海明 著名伦理学家、政治学家，北京大学哲学系教授、三亚学院国家治理研究院特聘教授。

王晓华 深圳大学人文学院教授，身体美学研究所所长，中国青年生态批评家学会副会长，中国生态美学学术委员会副主任。

王 寅 四川外国语大学资深教授，美国中美后现代发展研究院高级研究员，中西语言哲学研究会会长，体认语言学研究会会长，全国语言与符号学会副会长，中国认知语言学研究会副会长。

Zhihe Wang（王治河） 美国加州克莱蒙特研究生大学哲学博士，曾任中国社会科学院《国外社会科学》副主编。现任美国中美后现代发展研究院常务副院长，《中国过程研究》共同主编，兼任国内多所大学客座教授，国际生态发展联盟常务理事。

文兴吾 四川省社会科学院二级研究员、资深研究员，享受国务院政府特殊津贴专家，四川省学术和技术带头人，四川省自然辩证法研究会副理事长。

吴冠军 华东师范大学政治学系主任，欧陆政治哲学研究所所长、教育部"长江学者"特聘教授，《海归学人》主编、《华东师范大学学报》英文版执行主编，入选上海领军人才。

吴书林 哲学博士，四川师范大学哲学系教授、青年杰出学者。

夏 莹 清华大学人文学院哲学系长聘教授，教育部青年"长江学者"，当代国外马克思主义研究会副会长。

肖 柯 法学博士，四川师范大学文化教育高等研究院研究员。

谢地坤 中国人民大学杰出学者，特聘杰出人文教授，中国社会科学院高级职称评审委员会委员，《东西方哲学年鉴》中方主编，国际哲学联合会执委。

杨学功 哲学博士，北京大学哲学系教授，博士生导师，马克思主义哲学教研室主任；北京市哲学学会会长。

于奇智 法国艾克斯－马赛大学人文科学（哲学学科）博士，华南师范大学文学院二级教授，外国哲学、比较文学与世界文学博士研究生导师，外国哲学与世界史博士后合作导师，中国现代外国哲学学会理事，中华全国外国哲学史学会理事，中国现代外国哲学学会法国哲学专业委员会理事。

张海东　四川师范大学教授、副校长。

张桂权　四川师范大学哲学学院教授。日本东京大学访问学者，全国现代外国哲学学会理事。

张学广　哲学博士，教授，西北大学哲学学院院长，陕西高校教学名师，加州大学伯克利分校访问学者，兼任中国现代外国哲学学会理事，陕西省哲学学会副会长，陕西省价值哲学学会副会长。

周勤勤　哲学博士，中国社会科学院大学哲学院常务副院长、博士生导师，编审，教授。

《哲学探索》征稿启事

当今人类已陷入后世界风险社会，日益加大的人口压力、不堪重负的环境生态、足以毁灭地球的核武器和核工业、无节制研发的新技术、世界大流行的疫灾、更加丛林化的国际政治－经济，无限度膨胀的刚性生活需求和更加坚挺的物质主义伦理－文化等，演绎出层出不穷的根本生存问题，必将以不同方式向哲学领域涌现，寻求最终的存在论解释；与此同时，传统哲学也获得当世激励，哲学自身那些根本的、长在的、永恒的问题必将接受多元存在境遇的再审问。由此促进哲学的当世繁荣，需要更新的交流载体和平台。基于此，四川师范大学哲学学院创办的《哲学探索》集刊，其宗旨是“追踪当世哲学发展的方向、态势、进程，报道后人类进程哲学思想、成果、方法，聚焦风险世界重大哲学问题、讨论、争鸣”。热忱欢迎海内外哲学家和中青年哲学学者踊跃投稿。

一　基本准则

本刊以学术质量为生命，对稿件实行严格的“查重”和“三审”制度。编辑部既充分尊重匿名评审专家的意见，更认真对待作者提出的任何异议，以确保客观公正。为一流学者搭建高水平的学术交流平台，更为青年俊才构筑思想精神的家园。

二　常设栏目

1. 思想家自述（篇幅：15000–30000 字）

为中外哲学家、思想家提供系统地自我推介体系性思想、理论和方法的交流平台。

2. 前沿问题研究（篇幅：10000–20000 字）

（1）原创的哲学思想；新哲学词典诠释；新的哲学观念或思想的辩证探讨。

（2）生活世界不断涌现出来的重大最新存在问题的哲学思考、检讨、追问。

3. 哲学与人类未来（篇幅：10000–15000 字）

（1）人口、环境、新技术（尤其人工智能、基因工程、会聚技术、大数据分析、人脸识别）、疫病、海洋争夺、太空开发、军备竞赛等涌现出来的人类问题与哲学－伦理责任。

（2）后人类进程中的政治和教育等方面的哲学问题。

4. 传统与现代（篇幅：10000–15000 字）

（1）哲学自身的根本的、长在的、永恒的问题的当世呈现或再审问。

（2）哲学范式传统的比较研究；古今经典文本的新解或重释。

（3）连续统进程中的生活哲学、生活伦理、生活美学问题。

5. 学术专访（篇幅：8000–9000 字）

（1）基本主题：哲学的当代发展与未来。

（2）内容要求：内生极强碰撞力和张力空间的最新思想火花、哲学灵感、形上直观。

（3）受访对象：成名哲学－思想家；中青年哲学学人。

6. 批评与对话（篇幅：8000–20000 字）

（1）范围：高水平的哲学新著书评；古今不同哲学思想、方法的比较研究与批判；当世哲人不同哲学主张、观点、思想的批评与交流；当世重大哲学问题的讨论与争鸣。

（2）要求：杜平庸；尚真知；论理道。

7. 巴蜀哲人（篇幅：10000–15000 字）

（1）巴蜀历代哲学家—思想家的哲学－思想研究。

（2）当世巴蜀哲学学人的创新性研究成果。

三　酬劳与版权

本刊以学术质量为准则，实行优稿优酬。

本刊已加入信息网络系统，凡来稿即视为同意加入网络版，发放的稿费同时包含网络版稿费。

凡在本刊刊发的文章，版权归本刊所有，任何形式与媒介的转载、翻译、结集出版均须事先取得本刊编委会的书面许可，并注明出处和版权归属。

四　投稿

本刊只接受电子投稿。唯一收稿信箱：zhexts@sicnu.edu.cn。

联系电话：028-84765981；028-84761198。

五　稿件体例

1. 文稿请按题目、作者、内容摘要、关键词、正文、参考文献、英文文摘（包括题目和关键词）、作者简介之次序撰写。若研究论文为基金项目，请在首页末以注释方式列出课题项目名称、课题编号。

2. 需要在文末提供作者工作单位、学位、职称和研究方向等简介；附作者详细通信地址、电子邮箱、电话和微信号。

六　引证标注

1. 引文注释与参考文献合二为一，置于文尾，格式如下：

（1）参考文献的页码注于文中引文的后引号外面，如："……" [1]（P.28）

（2）参考文献实行通标序号。格式：[1][2][3]……

（3）多次引用同一条参考文献，须注明不同引注序号。

2. 示例：

[1] 韦政通 . 中国思想史 [M]. 上 . 上海：上海书店出版社，2003.

[2][5][12] 郝大维、安乐哲 . 通过孔子而思 [M]. 何金俐译 . 北京：北京大学出版社，2005.

[3] 汪林茂 . 工具理性思路下的清末文字改革运动 [J]. 浙江大学学报 (人文社会科学版), 2008(5).

[4][6]Ronald Farmer, *Beyond the Impasse: The Promise of a Process Hermeneutic*, Mercer University Press, 1997.

[7]Eggers, Daniel.Hobbes and Game Theory Revisited: Zero-Sum Games in the State of Nature, *The Southern Journal of Philosophy*, 2011,49(3).

3. 说明性和解释性注释，标注于当页下，采取"每页编号"，格式：①②③……

《哲学探索》编委会

2021 年 5 月